贵州省本科教学法学专业综合改革试点项目
编号:601403202/600001
本书为该项目阶段性成果

企业法律实务教程

主　编 杨　逊

副主编 张　建　周剑云

肖祥云　罗一博

西南交通大学出版社

·成　都·

图书在版编目（C I P）数据

企业法律实务教程 / 杨逊主编. —成都：西南交通大学出版社，2022.7

ISBN 978-7-5643-8773-0

Ⅰ. ①企… Ⅱ. ①杨… Ⅲ. ①企业法－中国－高等学校－教材 Ⅳ. ①D922.291.91

中国版本图书馆 CIP 数据核字（2022）第 117868 号

Qiye Falü Shiwu Jiaocheng

企业法律实务教程

主编 杨 逊

责任编辑	赵玉婷
封面设计	墨创文化
出版发行	西南交通大学出版社 （四川省成都市金牛区二环路北一段 111 号 西南交通大学创新大厦 21 楼）
发行部电话	028-87600564　028-87600533
邮政编码	610031
网　　址	http://www.xnjdcbs.com
印　　刷	成都中永印务有限责任公司
成品尺寸	185 mm × 260 mm
印　　张	16
字　　数	400 千
版　　次	2022 年 7 月第 1 版
印　　次	2022 年 7 月第 1 次
书　　号	ISBN 978-7-5643-8773-0
定　　价	48.00 元

课件咨询电话：028-81435775

图书如有印装质量问题　本社负责退换

前 言 PREFACE

笔者多年来组织或承担了大学法学本科高年级学生和攻读法律硕士学生的法律实务课程（有的高校称为“高峰体验课”）的教学，除此而外，还多次参与了对律师、仲裁员、企业法务、基层政府法制部门、基层法官、检察官等人员的法律实务培训，这些教学和培训均获得了学员们的普遍好评。但是，在教学和培训中，学员们对学习法律实务没有正式的教程普遍表示遗憾和不解，希望笔者能够将讲稿和培训提纲整理成册，以敷继续学习之用。这无疑成了笔者编写这一教程最直接的动因。笔者不避挈瓶之知，探赜索隐，结合教学和培训中出现的一些主要问题，对原讲稿和培训提纲予以爬梳剔抉，增补提炼，在此基础上，终于编写成了本教程。

学习法律实务，是以学员已经具有了比较系统的法律基础理论知识为前提的，其教学目的主要是突破学员知识与运用转换的“瓶颈”障碍，提高学员具体运用法学基本理论知识解决法律实践问题的能力。因此，本教程与其他法学基础理论教程的一个根本区别，在于本书不将重点放在理论体系的建构，而是侧重对学员法律实践思维方式的训练，对涉及法学基础理论的内容，则尽可能略去。法律实务涉及的范围非常宽泛，几乎所有的法律制度的遵循都存在法律实务问题，而与人们活动通常结合最为紧密和广泛的，则是民商事法律实务。在民商事活动中，企业又具有一定的特殊性，其民商事活动的能力、规模、方式、影响等，往往是公民个人以及其他民商事主体不能比拟的，公民个人以及其他民商事主体的民商事法律实务经验，企业往往难以借鉴，但是，企业民商事法律实务经验，多数可以成为公民个人以及其他主体进行民商事活动的有益参考。笔者基于以上考虑，确定了本书以企业民商事法律实务为编写的主要内容。尽管如此，本书的内容对企业以外的其他民商事法律主体了解民商事法律实务，仍然具有一定的参考价值。

但是，以企业民商事法律实务为内容的教程，如果要在内容上做到面面俱到，无疑也会相当臃肿。笔者认为，一方面，作为以实践思维训练为主的教程，没有必要追求大而全，为了体现编写本书的目的，应当突出本书的特点，使本书内容相对集中、精练，对一些不是通常情况或者属于专门法律部门而其内容需要大量篇幅介绍的，这次笔者不得不舍弃，如公司治理法律实务、票据行为法律实务等等，待今后另册再予以补充；另一方面，编写本书，是以笔者以前承担的大学法律实务课程讲稿以及对法律实务人员的培训提纲为基础，而以前的讲稿和培训提纲内容具有专题性，故而笔者也尽可能地使本书体现了这一特点，虽然各章的内容大体符合民商事法律实务划分的实践做法，各章之间也存在相应的内在联系，符合教程循序渐进的学习要求，但各章也可以看作各个相对独立的专题。每章内容大体分为三节：第一节主要介绍本章内容涉及的基本问题；第二节主要介绍实践中的突出问题、实务操作方法或应当注意的要点等内容；第三节主要是通过案例讨论和分析，指导学员运用本章学习的内容进行实务训练。

本书另一个突出的特点是强调实务训练，而实务训练的内容主要为解决实务问题的操作训练以及对案例分析的思维训练。为此，本书选择了部分实务问题和案例，供学员进行实务训练。这些实务问题均实际产生于法律实践，本书选择的案例也都是实际存在的案例，为了适应教学的需要，我们对这些案例仅作了部分文字加工，删去了其无法律意义的内容，使其法律问题更加突出。由于本书对案例的分析讨论，必然涉及对案例中当事企业管理情况的臧否，因此，我们也隐匿了所有案例中当事企业的名称以及其他可特定化其主体的信息，以避免因本书的公开出版而对案例中的当事企业造成不必要的负面影响。同时，对需要学员自己动脑分析的案例，我们仅在后文中指出了思考方向，而没有提供标准答案。我们认为，这样更有利于教与学的互动。一方面，教员可以根据学员的情况，在思考方向的框架内，对不同知识结构的学员提出精细程度不同的训练要求，灵活地引导学员进行不同强度的思维训练；另一方面，案例的分析没有标准答案，可以扩展学员思维的空间，允许不同的学员采取不同的法律方法获得“可接受性”的分析结论，同时，也有利于调动学员实务训练的主动性，从而达到本书希望的教学实效。当然，本书除适用于大学法学专业高年级学生辅助学习外，也适合在职法务人员的培训以及法律实务人员自学。

本书成稿之后，笔者曾征求了部分法律实务人员的意见，他们在充分肯定其基本内容的同时，也提出了一些很好的修改建议。笔者根据他们的建议，对本书作了进一步的修改，借本书出版之际，笔者对他们表示由衷的感谢！

对本书的出版，笔者仍心怀忐忑，其究竟是挹斗扬箕，抑或货真价实，诚望有识之士评判和赐教，对此，笔者将不胜感激！

编者

2022 年 2 月 22 日

目 录 CONTENTS

上编 企业民商事非诉法律实务

上编

企业民商事非诉法律实务

第一章 企业民商事非诉法律实务概述

第一节 企业民商事非诉法律实务的相关概念

一、企业经营管理事务

企业在其存续期间，需要开展经营管理活动。这些活动的目的、内容和要求，构成了企业的经营管理事务。企业的经营管理事务，一方面必须符合国家的一定制度，另一方面又需要运用相应的专门知识。因此，按照国家的一定制度规范及相应的专门性知识分类，可以将企业经营管理事务划分为企业营销、企业财务、企业商务、企业内部治理、企业法律等事务。企业经营管理事务与其经营管理活动紧密相关，但它们是不同的概念，企业经营管理活动是处理其经营管理事务的行为，而企业经营管理事务是其活动的内容，它限定了企业经营管理活动，并通过企业经营管理活动得到实现。对企业来说，划分和安排经营管理事务是否科学合理，体现了企业经营管理的专业化水平，对其经营管理活动具有重要影响。

二、企业民商事法律事务

企业法律事务，就是企业为了保障其经营管理活动顺利开展，需要根据法律并运用法律专门知识处理的事项的集合，其中涉及民商事法律部分的，即为企业民商事法律事务。企业民商事法律事务相对企业其他事务而言，有以下特征：

1. 专业性和不可替代性

企业民商事法律事务不同于企业的其他经营管理事务，它是根据民商事法律规范产生并需要运用法律专门知识和经验予以处理的事情，因而具有民商事法律专业性和不可替代性。企业无论经济实力强弱和经营规模大小，都应当重视企业民商事法务工作，尽可能使企业法务工作专业化，如果没有条件聘用具有法律专业知识的法务人员或设置专门的法务部门，在进行重大决策时，最好也专门向律师咨询，听取其法律意见。

2. 伴生性和服务性

企业民商事法律事务是企业在经营管理活动中进行的引发各种民商事法律关系产生、变更和消灭的工作，它以企业的其他经营管理事务为基础，并对企业其他经营管理事务的处理提供民商事法律保障，因此，相对于企业其他经营管理事务来说，它具有伴生性和服务性。这里的伴生性，是指企业民商事法律事务一般是伴随着企业经营管理事务的产生、变化、消灭而产生、变化、消灭的；这里的服务性，是指企业民商事法律事务是为企业经营管理提供民商事法律服务，避免或消除企业经营管理中可能产生的法律风险，保障其经营管理活动的顺利开展。企业民商事法律事务一旦产生，即具有相对独立性，对企业经营管理事务具有规范、预测、指引和保障实现的作用，企业法务人员要正确理解这一点，不要将企业民商事法律事务的伴生性或服务性理解为附随性或服从性。

3. 规范性

企业民商事法律事务根据法律规范产生，是法律规范内容在企业经营管理活动中的具体表现。一方面，它本身即是一种规范性事务，必须以法律规范作为其根据并受法律规范制约；另一方面，它又对企业其他经营管理事务具有规范性的制约作用，它不仅仅对企业其他经营管理活动提供民商事法律服务，同时还对企业其他经营管理活动进行法律的合规性审查和法律的合规性指引，企业的经营管理活动，只有合法才能产生企业所欲的法律效果，因此，它又具有规范性特征。

三、企业民商事法律实务与企业民商事法律事务的区别

企业民商事法律实务与企业民商事法律事务，在表示事物根本属性方面，两者是一致的，都是指以民商事法律属性为根本特征的企业应办、已办和将办的事情。但是，二者也有区别，主要体现在：

首先，企业民商事法律事务，主要指企业经营管理活动中具有民商事法律属性的事项本身，重在表明这类事务与企业其他事务的区别；而企业民商事法律实务，则主要指企业民商事法律事务的实际或事例，重在表明企业民商事法律事务实现的具体方式、过程和实际状态。如卖家企业签订买卖合同将其产品出售给买家企业，这属于其民商事法律事务，但如何规定合同内容、采取何程序审查和签订合同，则属于其法律实务。

其次，企业民商事法律事务，是因企业经营管理活动需要并直接根据民商事法律制度产生，与其实现的具体场合无关，因而是一种制度性事实；而企业民商事法律实务则根据企业民商事法律事务产生，除了体现法律制度的要求外，还体现了实现法律事务的实际情况，如条件、场合规则、实现方式等等，这些实际情况必然融入法律事务实现的过程之中，所以，企业民商事法律实务，是制度性事实与其实现的具体条件和方式等实际情况的结合。如当事

人之间签订合同的偏好性选择、有关机构办理法律事务的工作制度和安排、符合法律的地方性规章的遵守等等，这些实际的规则、方式以及要求，构成了企业法律实务必不可少的知识性内容和结构性要素，因此企业民商事法律实务比企业法律事务具有更加丰富和具体的内容。最后，企业民商事法律事务包含了法律专门知识，但企业民商事法律实务除了包含专门的法律知识外，还包含了法律知识的运用经验，如实务经验丰富的企业法律工作者，能够高效地透过企业活动中复杂关系的表象，准确地抓住其法律本质，敏锐地发现法律风险等，就离不开法律实践经验。因此，企业民商事法律实务除了法律理论知识，还有法律实践经验，而实践理性，总是具有理论理性不能代替的意义。

四、企业法务

企业法务，是企业法律事务和企业法律实务这两方面的统称，但在具体语境中，有时仅指企业法律事务，有时仅指企业法律实务，有时则可能包含两者。企业法务，绝大部分为民商事法务。企业根据其需要，有的专门设置了法务部门，由多名从事法务的人员处理企业法务；有的仅在综合部门设置了法务工作岗位，法务人员隶属于综合部门；有的内部没有专门的法务人员，日常法务工作由行政管理人员兼任，遇有兼任法务人员不能处理的法务工作，则交由外聘的法律顾问处理。

五、企业民商事非诉法律实务

企业民商事法务，根据其内容是否涉诉，可以区分为民商事非诉法务和民商事诉讼法务。企业民商事非诉法务，主要包括：企业交易与投资活动中的法律尽职调查、企业商务谈判中的法律实务、企业合同法律实务、企业资产保全与处置中的法律实务、企业内部治理与劳资关系中的法律实务、企业财务活动中的法律实务以及企业争议非诉解决中的法律实务等等。当然，企业民商事非诉法律实务的内容不仅限于上述范围，还包括企业的设立、合并与分离、转让以及清算、解散等，但由于这部分民商事非诉法务不是企业开展经营管理活动时的常态性法务，为了更突出企业的常态性民商事法律实务的内容和节约本教程篇幅，因此，我们省略了这部分实务的内容。

开展好企业民商事非诉法律实务工作，对于企业来说，具有重要意义。

首先，有利于企业防范经营管理风险。企业经营管理过程中，会面对各种经营风险和管理风险的防范，如经营管理决策失误、资产流失或利润耗散、交易是否违法、合同是否存在重大漏洞等，如果疏于防范或防范不当产生经营管理风险，轻则企业遭受损失，重则企业失去活力甚至难以存续。企业经营管理风险，除了市场因素外，多数都是企业失范行为和无序行为导致的，防范经营管理风险，最重要的措施之一，就是做好企业民商事非诉法律实务工作，规范企业的经营管理活动。

其次，有利于提高企业市场竞争力。社会主义市场经济中的竞争，是一种有序竞争，企业只有依照法律规范自身的经营管理活动，其市场行为才能获得法律的制度性支持，由此才能有效地利用社会的制度性资源。这种制度支持力和资源的有效利用，在市场环境中就是企业除资本、技术、经营管理智慧等因素外的一种不可替代的竞争力。这一方面的企业法律实务工作做得怎样，某种程度上决定了企业在市场的汪洋大海中能够航行多远。

最后，有利于提高企业经营管理决策效率和增加决策的正确性。一方面，市场经济是效率经济，盈利机会有时是转瞬即逝，企业决策的效率往往决定了一个企业是否能够比别的企业更先抓住这种机会。另一方面，资本只有在轮回运动中才能带来利润，相同单位时间内资本轮回的周期率不同，决定了资本的利润总额不同，周期率越高，其利润额越高。规则本身不仅具有规范力，同时也具有组织力和预测力。规则在规范企业内部经营管理活动的同时，能够将企业内部不同的部门之间的运行依照合理的程序组织成高效的企业的整体活动，消除无序和减少内耗，提高经营管理决策效率。与此同时，对任何盈利机会，企业可以根据法律规则进行衡量，预测其是否潜藏着可能的法律风险，以及这些风险是否可以弥补或者克服，从而对是否应当抓住这一盈利机会作出正确的理性判断，有效避免市场行为的盲目冲动。

第二节　企业的法律观与企业民商事法律实务

一、企业法律实务属于“活法”的范畴

在法学理论上，一般认为法有三种存在形态，即观念的法、制度的法和生活中实际被人们遵守的法。

观念的法是抽象而普遍的，人只要生活在法律社会中，就会有法的观念。人们观念中的法，可能只是对法律的看法或者态度，也可能是系统的关于法律的知识，但无论只是对法律的简单看法还是关于法律的系统知识，都会影响人的意识和行为。一个人对法律的观念是否正确，决定了他是否能够正确认识法律，是否会将法律的要求内化为一种自觉意识；法律的要求在意识中的内化程度，决定了他是否或者在怎样的程度上会将法律作为一种行为标准。企业应当树立正确的法观念，不仅要自觉守法，还应当积极用法。企业对法的观念、态度如何，往往决定了企业对法律的运用程度如何。在我国，制度的法是以立法的结果状态存在的，体现为具体的法典、法规等形式，它们共同构成统一的法律制度。一般来说，法律规范能够明确地告诉人们可以做什么，不能做什么，必须做什么以及违反它们应当承担怎样的后果。人们守法和用法，实际就是对制度的法的遵守和适用。生活中的法实际就是制度的法在生活中得到的遵守和应用，即存在于社会现实之中的法，具体来说，存在于政府行政、检察活动、法官审判活动以及公众的社会生活之中。它通过具体的法律行为、法律文件、法律文书，乃至社会生活的现实来表达，是最生动、最富于变化的法[①]，因此之故，这部分法，通常被人们称为“活的法”。

企业民商事法律实务，即属于“活法”的范畴。企业开展经营管理活动，必须根据相关法律规范获得经营能力，同时，在经营管理活动中必须遵守相关法律规范，并根据实践经验，运用法律规范，预防法律风险和解决争议。这里，企业民商事法律实务，一方面将企业行为纳入了法律制度当中，使企业活动成为实际的民商事法律秩序的一部分；另一方面则是将法律规范具体转化为企业行为，赋予了抽象的相关法律规范丰富多彩的实际生活内容。在这一

① 卓泽渊：《法的价值论（第二版）》，法律出版社2006年版，第3页。

意义上，企业民商事法律实务不仅仅是一种守法、用法的活动，也是一种丰富法律规范内容、营造法律秩序的创造性活动。

二、企业法律观念对企业法律实务的意义

当然，法并不就是法律，法的存在形态当中，只有制度的法才可称为法律。法律是严密的规范体系，观念形态的法需经过论证并通过立法程序才能成为法律。但是，在法律规范的实施过程中，仍然离不开人们守法的自觉意识，离不开人们对法律理论、法律概念、法律方法的运用，如法律规范的含义或者法律规范适用的正当性常常须运用法律理论、法律概念予以阐释和论证，才能确定其是否可以适用于某一具体的场合或者是否可以规范某一特定的行为，等等。正确的法观念，是人们对法的正确认识，其对法律的制定、实施、遵守等都具有重要意义。

法律规范在社会生活中被人们遵守和适用，制度的法就从抽象变为具体，获得丰富的实际内容，就成为生活中的“活法”。生活中的“活法”，是得到人们遵守的法律，是在实际生活中实现了的法律，因而是有“生命”的法律。公众主要不是通过系统学习法律理论知识而是通过实际的法律生活了解法律、理解法律，进而形成法的观念的。生活对人具有塑造的能力，在实际生活中“活的法”，是人们可以直接感觉到法律规范作用的法，人们通过遵守“活的法”，养成习惯，进而影响人们的心理，深化人们对法律的认识，丰富人们关于法律的观念。因此，法律执行的状态是否良好，对公众能否形成正确的法观念至关重要。法律执行的良好状态，除了司法人员的正确适用、公众的自觉遵守外，也与企业的能动作用有关。所以，企业在法律生活中，并非只是被动的守法主体，也应当是营造法律执行良好状态的积极参与者和这一良好状态的坚强守护者。在这一过程中，企业首先应当超越法律实用主义，正确认识法律的价值，树立法律的信仰和理想，只有树立正确的法律价值观，才能真正用好法律。价值对于人的意义，一方面，在于对人的需要的满足，作为对于人的需要满足的价值，表现着外在物与人的关系的应然状况，包含着人的希望与理想的成分；另一方面，价值对于人类的行为和思想具有根本的指导意义，它在满足人的需要的同时，包含着人类的要求与愿望，是人的思想与行为的目标，它在指导人类的同时，又评价着人类关注的外在物与自己之间的关系以及人类的相关思想与行为。因此，价值是人类维持生存与走向完善的双重需要。[①]

在法律实务中，法律价值判断并非脱离现实需要的抽象说教，而是蕴含在每一次具体现实需要的法律判断之中并影响着其具体内容。统一的法律和科学的法律适用技术再加上法律共同体共同奉行的价值标准，才能保障法律适用结果的可预见性。“法律因为有了法官才有了生命，法治因为有了法律共同体才具有了灵魂。”[②]企业法务工作者应当充分认识到自己是法律共同体中的一员，积极地参与到法律适用的实践过程中去，运用其法律知识、法律适用技术以及企业法律实务经验，维护法律适用的公正性和合理性。企业应当增强自身的法律理性，正确判断经营管理行为的法律意义，既要追求功利，又要抑制不正当的功利冲动。因为，

---

① 卓泽渊：《法的价值论（第二版）》，法律出版社 2006 年版，第 12-13 页。

② 苏治：《论司法过程中的类比推理》，载陈金钊、谢晖主编《法律方法》第 3 卷，山东人民出版社 2004 年版，第 95 页。

企业承担社会责任、维护市场秩序和为实现其价值理想奋斗，都是建立在企业追求利润的基础之上的，追求利润、实现利益最大化是企业最本质的属性之一，是企业活动的动力来源，问题的关键不在于是否追求功利，而在于追求的是什么功利和怎么追求功利。[①]只有通过合法的方式追求合法的功利成为企业广泛的共识和普遍的自觉行为，才能生长出良好的市场秩序和营造出良好的法治状态。良好的市场秩序和良好的法治状态，又进一步影响企业关于法的观念，增强其法律理性，巩固其法律信仰。当然，现实生活中，有些企业法务工作者不能正确认识法律的价值，仅仅将法律当作工具，在企业经营管理活动中，不能正确并充分地发挥法律的功能，有的企业甚至将法律当作损人利己的工具，最终会招致不利后果，承担相应法律责任。所以，企业法律实务，是离不开对法律及其价值的正确认识和运用的。企业应当创造具有正价值的企业法律实务经验，在享受自由和权利的同时，有责任虑及其行为对其他企业的影响，否则，企业不正当行为的相互影响，将使企业防不胜防，其恶果也会加诸其身。

生活中的"活法"，蕴含着人们法律生活的丰富经验和智慧，通过实践传承，还可以形成优良的传统并增强人们共同生活理性。观念的法、制度的法以及实际生活中的法相互作用，是形成具有特色的民族法律文化和精神的一个重要因素，由此可以提高民族凝聚力和创造力，促进民族发展。企业正确的法观念，是企业文化和企业精神的一部分，而良好的企业文化、企业精神，则是构成民族文化与民族精神不可缺少的一个部分。

三、企业法律实务是能动的法律实践活动

法律只有在生活中得到遵守和适用，才具有活力并不断成长。在法治社会，法律实践必须在一定的法律制度框架内展开，这是毫无疑问的，法律既是人们的行为标准又是价值判断标准，人们在生活实践中的具体判断，应当根据法律进行衡量或者作出价值选择。当然，人们在守法和用法过程中，不但会将法律规范转化为具体的行为方式，而且还会不断创造出符合法律本旨的新的行为方式，正是这种具有创新性的法律实践，才是法律持续进步的基础和活力。

企业民商事法律实务的能动性，首先体现在企业对其法务工作的目标和意义具有明确的认识，积极发挥法务人员的作用；其次体现在其法务人员法务工作的主动性或自觉性，他们能够使自己的行为既服从于自觉确定的法务工作整体目标，也服从于企业经营管理中每一具体法律关系的目标；再次体现在企业民商事法律事务具有符合企业实际的科学管理流程，法律事务管理节点设置合理，既有原则性，又有灵活性；最后还体现在企业对其法律实践活动，具有反思和总结的能力，可以根据实践的需要，控制、调整或者修正自己的行为，减少失误，提高效率，创新方式或者方法。

企业的经营管理活动，与企业法律实务是紧密相连的。作为企业法务工作者，要做好企业法务工作，在方法上，应当掌握以下要点：

1. 区分企业经营业务与其法律事务

① 卓泽渊：《法的价值论（第二版）》，法律出版社 2006 年版，第 628 页。

大多数情况下，企业法律事务是蕴含在其经营业务之中的，需要运用法律专门知识将其区分出来，归入法务部门或者法务人员的工作内容之中，按照企业经营业务流程设置相应的法律事务处理程序。企业在有条件的情况下，应设置独立的法务部门，如暂时没有条件，也应当将法务从其他业务中独立出来，由专人负责，经营业务部门或者人员处理经营业务，法务部门或人员处理法律事务，经营业务与法律事务不能混淆或相互替代，让法务部门或者人员把好经营业务中的法律事务关。但是，这种区分不等于隔绝，而是为了更好地运用法律专业知识处理好法律事务，保障企业经营业务的顺利开展，更好地实现其经营目标。

2. 区分法律事务与法律实务

企业在处理企业法律事务时，不能浅尝辄止，以法律事务代替法律实务，应将企业法律事务具体化为企业法律实务。因为，面对纷繁复杂的市场交易，同样的法律事务可能具体的法律实务要求不同，只有从实务的要求出发，才能使法务工作符合实际。如合同法律风险审查，同一企业的相对方不同，或者交易内容不同，其法律风险可能不同，具体防范要求亦不同，仅仅依据合同法律制度的规范对合同进行审查是远远不够的，还需要根据合同交易的特定情况以及可能的特定风险防范要求进行审查，才可能满足具体合同法律风险的防范要求。同时，唯有从法律实务的角度，才能将法律事务的各个环节落到实处，才能抓好法务工作的细节。在大多数情况下，细节，乃是决定事业成败的关键。

3. 规范法务工作流程

法务工作流程的一般内容是：

第一，衔接。在应当由法务部门提供法律意见的经营活动流程中留有法务部门介入的接口，使法务部门与其他业务部门衔接，业务部门为程序发动部门，法务部门为法律风险把关部门，法务部门对业务部门请求的事项提供法律意见。

第二，参与。企业某些经营活动，必须由法务人员同业务人员一起到场了解情况或随时提供法律对策的，法务工作流程应明确指派法务人员参与的条件、程序、方式以及被指派人员的工作职责等内容，法务部门应业务部门的请求或根据企业领导的安排，按照流程指派法务人员参与该经营活动，履行法务工作职责。

第三，尽调。法律决策需要根据调查了解的情况作出的，法务部门即应开展相应的尽职调查。法务尽职调查，可以同企业的其他业务部门尽职调查共同进行，也可以单独进行。法务流程中应当明确尽调人员的职责、尽调前准备工作的要求、尽调提纲和要点的确定程序以及最后尽调情况汇报提纲或者尽调报告的制作、提交、运用、归档等内容。

第四，核保。在经营活动中债权人要求债务人依法提供适当的财产担保或者由第三人提供担保，以避免债务不能履行时债权人不能实现其债权遭受财产损失。企业法务人员，要对债务人提供的担保进行审查核对，以确定担保是否可靠。

第五，起草和审查合同。企业的经营活动，大多需通过签订合同来实现，起草和审查合同，一般情况下，是企业法务人员的日常工作，法务工作流程中，应当具有合同起草和审查的内容。

第六，评议。相关事项需要法务部门通过评议后提出法律意见的，法务流程应当明确评议的程序、评议提起的条件、评议的主持、评议结果的提交以及评议记录等内容。

第七，业务跟踪。法务部门不仅仅是咨询机构或者议事机构，同时还是法律事项的实施机构。为保证其他部门的业务人员正确落实法务部门的意见或者法务部门要正确实现其法律决策，法务流程应当明确企业经营事项开展过程中法务的跟进程序、条件以及法务跟踪人员的职责，以监督、掌控和及时处理经营业务开展过程中或合同履行过程中可能的法律风险。

第八，保全。企业法务时常会有证据保全、资产保全以及财产保全等法律实务工作，法务工作流程应当分别明确上述各种保全提出的条件、节点、效果评估等工作的内容、要求和程序，确保上述保全得到及时有效的实施。

第九，处置。企业除正常经营获取利润外，有时也会因为债务人不能履行债务而自愿用其资产抵偿债务，或者债务人不履行司法判决，经司法执行程序以债务人财产抵偿债务人债务等情况，企业因此获得一定的资产。企业有时甚至在司法程序中将一定的资产转让给第三方，己方退出诉讼或者执行程序，由第三方承续诉讼或者执行程序。这些情况下的资产处置主要是法律处置，法务工作流程应当明确资产处置的发起、审批、资产估价、资产移交等程序。

当然，上述法务工作流程只是一般的内容和要求，并不一定完全满足每一个企业的法务工作流程的实际，企业可以根据自身情况，参考上述一般的内容和要求，制定符合自身实际的法务工作流程。

4. 从法律实务的角度，建立法务管理档案

多数企业一般也有经营管理档案制度，但少有从法律实务角度建档的。从法律实务角度建档，至少有以下必要：

一是规范经营管理的必要。企业建立法律实务档案，不仅仅使法务工作规范化，同时也可以促使企业的其他经营管理活动规范化。因建档需要，法务人员会自觉对企业经营管理活动进行法律追问，从而可以避免企业的脱范行为或者率性行为，促使企业实现理性经营和诚信经营，并从中获得竞争优势。例如，通过长期的理性经营和诚信经营，企业可以与交易相对方建立起稳定良好的伙伴关系，这种伙伴关系是关系合同产生的基础条件，而关系合同[①]优越于单次性合同，使企业对外可以极大地降低管理成本、市场营销成本，极大地增强企业抵御市场价格波动的风险能力。

二是保全证据的必要。企业在经营管理活动中，必然与其他市场主体产生民商事法律关系，当事人之间是否产生纠纷，何时产生纠纷，有时并不取决于企业单方面的意志。为了在纠纷解决过程中有效地维护自身的合法权益，最好对每一项民商事活动都建档，及时将该项活动产生的合同、函件、单证以及对方提供的资信等材料存档，以备不时之需。建立法务档案，是企业自我保全证据的有效措施。

三是监控和防范法律风险的必要。建立法务档案，可以增强法务人员监控和防范法律风险的责任感，促使企业法务人员尽职跟踪企业民商事活动的全过程，关注其中具有法律意义的所有环节和时点，监督企业依法、合规进行民商事活动，及时发现隐患，及时处理，避免小隐患酿成大风险，或者对不可避免的风险预先采取防范措施，以减少风险可能给企业造成的损失。

---

① 孙良国：《关系契约理论导论》，科学出版社 2008 年版。

四是总结经验教训的必要。企业要理性经营，必善于总结经验教训。一个企业是否善于反思，一定程度上表现为该企业是否具有理性或者理性的程度如何。档案材料的充分利用，即是企业对自身经营管理活动的一种反思，它有助于企业从对过去的体悟中增强自身的预判力和决策的妥当性。企业可以充分利用法务档案，经常总结经营管理得失，从中汲取经验教训，不断完善自身规章制度，增强企业治理能力；企业还可以充分利用法务档案，分析和掌握合同相对方特点和偏好，不仅有利于下一步的商务谈判、合同履行，也可以从中学习对方的优点和长处，弥补己方的不足，增强己方的策略性和市场竞争能力；企业可以充分利用法务档案，分析和总结经常出现的合同漏洞类型以及民商事活动中所遇到的各种法律风险产生的原因，检视弥补合同漏洞方法和应对法律风险措施的有效性，不断丰富防范合同漏洞的方法和提高防范法律风险措施的针对性。

5. 制作“决策树”，帮助判断法律风险

企业经营管理行为，常常伴随对法律风险的判断。企业法务人员，应当充分运用法律规范的预测功能，事先考虑到企业行为面临的各种法律风险，分析影响法律风险的各种因素，判断各种风险的程度和各种风险变为现实的可能性大小，帮助企业做出正确的经营管理决策，并及时采取适当的措施，阻断风险变为现实的各种因素，防范可能的法律风险。在这一工作中，制作“决策树”[①]，不失为一种较好的思维方法，即将决策可能的风险画为“树枝”，风险的程度画为较小的“树枝”，影响各个风险的因素画为更小的“树枝”，据此进行比较，从中选择风险较小、影响风险变为现实的因素最少的方向做出决策。如果以大写的数字一、二、三代表可能的决策，以大写的英文字母 A、B、C、D、E、F 代表可能的风险，以小写的英文字母 a、b、c、d、e、f 代表可能影响风险成为现实的因素，以甲、乙、丙、丁代表风险可控因素，可以画出图 1-1。

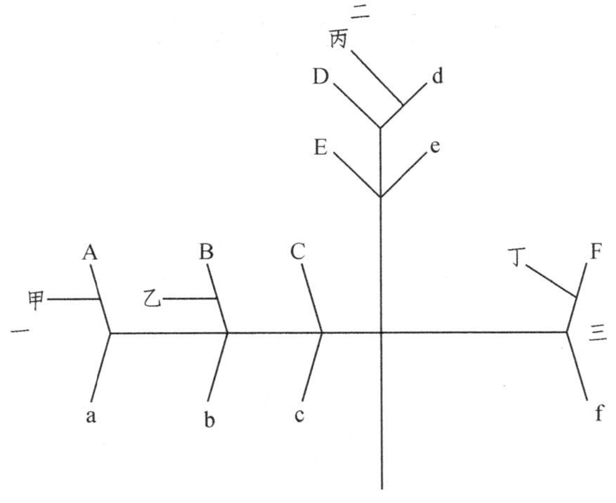

图 1-1　决策树

① 阿维纳什·K.迪克西特、巴里·J.奈尔伯夫：《策略思维》，王尔山译，中国人民大学出版社 2013 年版，第 32-39 页。

由图 1-1 可以看出，三个选择枝中，“一”决策面临“A”“B”“C”三个可能的风险，也存在着使该三个可能的风险变为现实的“a”“b”“c”三个因素，而风险可控因素仅有“甲”“乙”；决策“二”存在“D”“E”两个可能的风险，同时存在使该两个可能的风险变为现实的“d”“e”两个因素，但只有可控因素“丙”；决策“三”存在可能的风险“F”，影响该风险变为现实的因素只有一个，即“f ”，但同时存在风险可控因素“丁”。由此可以看出，决策“一”的风险因素比决策“二”、决策“三”都要多，决策“二”的风险因素比决策“三”又要多一些，决策“三”可能的风险及其风险因素比决策“一”、决策“二”都要少，风险因素相应也都可控，因此，其风险最小。一般情况下，选择决策“三”是明智的。当然，在“决策树”中，还可以加入风险损益等因素，使比较和考虑的因素更加全面，在决策都可能产生风险的情况下，可以选择相应收益较大而损失较小的决策。

6. 制作文书模板

企业法务工作，有很大一部分是制作具有法律意义的文书，如合同、通知、函件等。企业经营过程是一个持续的过程，如果企业正常经营活动所需的这些文书都是临事而作，既费事又费时，同时还不一定能够保证其质量。因此，法务部门应当对企业常用文书进行分析总结，根据其要点，分门别类制作成模板，并排序编目，使之成为规范的法务文书系列。当需要时，从编目中调出相应的文书模板，根据实际情况填充相应内容或者对部分内容稍作修改、调整，即可应用。同时，企业法务部门也应当注意文书模板在实际运用中的效果，及时根据实践情况对文书模板加以修改和补充，从形式和内容两个方面使文书模板逐渐得到完善。随着企业经营规模和范围的扩大，法务部门也要不断总结经验，不断增加新的文书模板，扩充和丰富其编目，以适应企业发展而产生的对文书模板的需求。

第三节　实务训练

一、案例讨论

（一）案例

房地产开发公司甲将自己开发的楼盘交给建筑公司乙施工，双方签订了施工合同，约定：工程竣工验收合格后，工程款据实结算，施工过程中甲方根据乙方的工程进度款拨付申请，由甲方工地代表签字并由甲方会计审核后按月拨付给乙方，等等。在合同履行中，乙方每月制作工程款拨付申请单，由甲方工地代表签署姓名后送甲方会计审核，甲方会计审核后往往签署属实的意见，报甲方法定代表人签字，甲方法定代表人在申请单上往往签署同意拨付多少金额的工程款，其数额往往小于会计审核的数额。然后，甲方会计按照其法定代表人签署的意见拨付工程款，并将甲方现场代表、会计、法定代表人签署了意见的乙方拨付工程款申请单返还给乙方。在工程竣工验收合格后，乙方将其编制的结算报告送甲方审核签字，根据乙方的结算，甲方除已经拨付的工程款外还欠乙方 2 500 万工程款。甲方发现乙方报告的工程量超出了原设计预算 50%，拒绝签字，要求乙方配合甲方，共同委托一家有建筑造价鉴定资质的中介机构鉴定，遭乙方拒绝。为此，双方发生争议。乙方认为，其结算是依据其制作并经甲方认可的工程进度款申请单记载的月工程量及甲方拨付工程进度款所欠差额计算的，甲方认为乙方依据的上述材料并不真实，甲方人员的签字只是拨付工程款程序的需要，不代表甲方认可乙方报送材料的真实性，工程量应依合同约定的标准以最终据实结算为准。

（二）讨论

根据上述案例，对甲方的合同行为是否存在法律风险，可以从法律实务的角度进行讨论。为此，有以下两种观点：

第一种观点认为，甲方依约履行合同，其行为不存在法律风险，合同履行中当事人双方认识不同，发生争议是难免的，且甲方坚持工程量应由第三方鉴定确认，符合合同“据实结算”的约定，也是有道理的。

第二种观点认为，甲方的合同行为存在法律风险，因为甲方履行合同的行为使乙方获得了优于甲方的事实主张的证据，甲方援引合同“据实结算”的约定支持其主张，但“据实结算”的方式合同并没有明确约定，不能排除依据工程款申请单计算不是“据实结算”的方式，致“据实结算”含义模糊，不足为凭。

本书赞同第二种观点，即甲方的合同行为存在法律风险，其风险可以从合同本身和合同履行两个方面来看：

从合同本身看，合同约定对甲方来说，存在两处合同漏洞。其一，合同约定每月工程款由乙方申请，甲方工地代表签字后由甲方会计审核。其风险在于：甲方工地代表签字本身具有确认乙方申请基本属实的意义，但可能并不精确，有时也会有误差，因此工程竣工后还应当结算。但是，甲方工地代表对乙方每月的申请单签字后，合同约定又再由甲方会计审核，无疑使甲方会计审核既具有确认的意义，还有核算的意义，甲方对乙方申请中的工程量实际进行了双重确认，它们如果一致，则增强了乙方主张工程量属实的证明力。在乙方获取了甲方双重确认的证据后，甲方事后对其进行否认是困难的，因为在没有证据的情况下，既否认其工地代表的确认又否认其会计的确认，会使甲方陷入无理境况。其二，合同约定工程按照一定的定额据实结算，但据实结算的方式没有约定，在乙方举证充分的情况下，甲方援引合同这一约定，主张由第三人鉴定，合同依据不足。

从合同履行来看，甲方的履行行为也存在以下两方面风险。其一，甲方会计对乙方申请进行审核后签署意见，报甲方法定代表人签字，甲方会计再按照其法定代表人的签字向乙方拨付工程款，甲方法定代表人签署的意见往往扣减了其会计签署意见的工程款拨付数额，这就产生了甲方会计审核同意的数额与甲方法定代表人签字同意拨付工程款数额的一定差额，这一差额就成了事后乙方据以主张甲方尚欠工程款的依据。其二，甲方在审核乙方申请时，其会计和法定代表人均在乙方申请单上签字，并且在拨付工程款的同时，又将有甲方会计和其法定代表人签字的乙方申请单返还给乙方，致乙方获得了完整的具有合同约定意义的甲方履行行为的情况的证据材料，这些证据材料使乙方在争议的解决中处于有利地位，而使甲方处于不利地位。

甲方合同行为的上述法律风险，可以说与其法律实务工作经验不足有关。其一，合同同时设置甲方工地现场代表签字程序与甲方会计审核程序具有不合理性，因为甲方工地代表签字属于甲方履行合同的行为，与合同相对方的行为具有直接的交互性，属于法律上的事实行为，而甲方会计的审核是甲方内部的管理程序，行为指向是甲方内部的配合与对甲方其他具有外部交互性行为的监督制约，如何配合与监督是甲方的内部事务，与乙方无关，因而其本身不是指向合同相对方的，除了授权情况外，一般不属于直接履行合同的事实行为，单独对合同相对方不发生合同履行的效果意义。但是，甲方没有从法律上认识这两种行为的上述区别，将内部的会计审核行为约定为与合同相对方行为具有交互性的合同履行行为，由于企业会计的核算只是对账面数据的计算，这种计算具有一定的抽象性，难以发现对方实际履行行为与账面数据是否存在差异，自然就容易产生法律风险。其二，甲方企业法定代表人对其会计审核同意拨付的工程款数额，签字只同意拨付其中部分数额而未说明理由，其差额就成为乙方权利主张的事实根据，甲方要反对乙方的这一主张，其要提出具有履约正当性的理由和证明这一理由成立的事实根据，难免非常困难。甲方自己的行为使其在争议中陷入了不利地位。其三，最为糟糕的是，甲方未区分企业外部行为和内部程序之间的关系，其在履行完毕内部审批程序后，将体现了内部审批程序及其结果的文件交给了乙方，使乙方产生了可以利用的有利的证据。企业管理上应当内外有别，除了企业管理本身具有商业秘密的价值外，还因为企业内部各个部门的行为按照内部程序结合起来才能形成企业的整体行为，一定的部门在一定的内部管理环节履行一定的职能，其意见有时并不一致，还需要最终统一，然后才成为企业的意志。这种内部分歧，应当避免被外部对象知悉和利用。但是，甲方的上述做法恰恰相反，法定代表人无任何理由决定不按照其会计审核的数额拨付工程进度款，会计又将经过甲方内部程序的文件返还给乙方，这就使乙方有了可以利用的证据，从而使甲方产生法律风险。甲方正确的做法是，内部程序另行成文，乙方每月拨付工程进度款的申请单仅作为附件附于内部流转文件之后，内部审批程序结束后，按照最终生效的意见执行即可，没有必要将其内部程序形成的文件给与乙方；甲方法定代表人在签署意见时，应当说明其决定拨付工程款数额具有正当性的理由，避免与乙方产生争议时临时再“找”理由，这种临时“找”来的理由，与当时的情况关联性总不是那么强，都有事实之外另加的痕迹，同时，临时“找”来的理由，往往也会产生举证的困难，致使其主张难以成立。

二、案例分析

（一）案例

甲企业向乙企业借款，双方签订借款合同，约定借款本金 1 亿元，利息为月息 1.5%，借期两年。甲企业为此以其房产办理了抵押担保。合同签订后，乙企业向甲企业一次性支付了 1 亿元人民币，合同履行期内，甲企业未向乙企业归还本金和支付利息。合同到期后时，甲企业向乙企业一次性支付了 1 亿元人民币，未说明 1 亿元中多少是归还的本金，多少是利息。乙企业即将 1 亿元中 36 000 000 元作为甲企业归还的 24 个月的利息，将剩余 64 000 000 元作为归还的本金。合同逾期 6 个月时，乙企业向甲企业送达催收通知，通知甲企业应归还本金 36 000 000 元及其 6 个月的利息 324 000 元，共计 36 324 000 元。甲企业认为，其已经归还本金 1 亿元，仅欠两年的利息 3 600 000 元。为此，双方发生争议。

（二）分析

根据案例，回答以下问题：

案例中甲方还款行为有何风险？

思考方向

（1）根据《中华人民共和国民法典》的规定，区分债务履行中债务人的选择权和债权人的选择权。

（2）甲还款时未行使选择权，使乙行使了选择权，甲因此应承担不利后果。

第二章 企业尽职调查法律实务

第一节 尽职调查法律实务概述

一、尽职调查法律实务概念

在企业运营过程中，“尽职调查”已经成为一个专业用词。企业尽职调查是指企业为了达到一定商业目的而开展的一系列查证了解活动，有的又称为“审慎调查”。从字面上理解，尽职，是指做好职责范围内应做的事；调查，是指为了解情况而进行考察。企业为了商业目的而进行的调查与国家有权机关进行的调查有着本质区别，企业调查着眼于企业利益，是为了合作而开展的调查了解工作，一般情况下都是在各方自愿的前提下进行。国家有权机关的调查是基于法律授权而依法采取的一系列专门调查手段和强制性措施。比如，2018 年 3 月 20 日第十三届全国人民代表大会第一次会议通过《中华人民共和国监察法》授予国家监察机关行使调查职权，有权依法向有关单位和个人了解情况，收集、调取证据。监察机关在调查过程中，可以调取、查封、扣押用以证明被调查人涉嫌违法犯罪的财物、文件和电子数据等信息，可以采取技术调查措施，等等。

企业为了一定商业目的对目标公司的资产和负债情况、经营和财务情况、法律关系等进行尽职调查，是解决信息不对称的重要手段，是企业在商业运作中的重要环节，是投资决策不可或缺的前提，是判断投资是否符合战略目标及投资原则的基础，也是商业运作中的重要风险防范措施。按照功能划分，企业尽职调查，主要有业务尽职调查、财务尽职调查和法律尽职调查三大板块。为了某项特定商业目的也可进行专项尽职调查，诸如专利尽职调查、人力资源尽职调查、市场预期尽职调查，以及对目标企业所面临的机会与潜在的风险进行的一系列调查等。比如，人力资源尽职调查的目的，是摸清企业现有人力资源情况及未来人才储备，建立有效的管理层激励制度。其方法主要是对企业管理团队与企业核心竞争力的关系进行评估，对管理者的优点和不足进行评估，以及对薪酬激励体系进行评估。

企业尽职调查法律实务，是指在企业尽职调查中，企业法务人员介入企业尽职调查整个过程，利用掌握的法律专业知识对尽职调查进行合法合规性审查分析，作出合理性判断，发现存在的法律漏洞和风险，提出意见或建议的实务活动。企业尽职调查涉及面宽、内容庞杂、专业性强，需要专业人员作出专业了解、分析判断，这一点无需质疑。比如，在企业财务尽职调查中，法务人员可以通过对财务专业机构和人员审查的财务报表及其他关联财务资料和出具的尽职调查报告进行合法合规性审查分析，判断其调查过程是否符合法定程序、是否遵守会计法和财务会计准则等财务类法律法规，发现是否存在异常及重大法律风险问题，提出法律意见或建议。

二、尽职调查法律实务特点

1. 尽职调查法律实务必须遵守程序规则

法律程序是预先设定好的解决法律事务的顺序、方式和方法。公正程序要求任何进入程序之中的当事人都不应因程序设计而受到不公正的对待或者得到不应有的优待。如果尽职调查违反了法定程序，其调查结果的合法性将很难得到保障，这就需要法务人员对尽职调查的过程进行程序合法性审查。程序正义性的要求早在古罗马“自然正义”原则中就得到经典的表述，回归到正义范畴，人类的正义，是要求同样的事情，按同样的规则来处理。[①]一方面任何人不得作为自己案件的法官；另一方面应当听取双方当事人的意见。程序正义，构成了程序自身的特征，不需要依赖于该程序产生的结果如何就可以独立地存在，从而实现法律程序的价值。程序正义性原则的要求决定了法务人员在尽职调查中按照一定的商业规则、正当的法律秩序，合理地分析审查求证，针对同样的商业行为，按同样的规则来处理，坚守公平正义，从而对调查行为和调查结果作出客观性评价判断。

2. 尽职调查法律实务必须有可执行性

价值追求在于维护企业正常运营，助推企业商业目的实现。尽职调查法律实务自然也是为此目的而存在，应做到不但有理论依据，而且在实践中具有可操作性、可执行性。在对调查目标进行尽职调查过程中，主要围绕项目实施的可能性、有效性、实施方案、财务效果、市场风险等进行深入细致的法律论证和合法合规性评价，为企业防控风险、实现商务价值目的提供法律支撑。理论没有实践就没有生命，实践没有理论就没有灵魂。尽职调查法律实务必须防止产生法律理论与实践需求之间的矛盾。对于刚从法学院毕业进入企业从事企业法务工作的人员而言，为了规避自身风险，在对企业业务作法律审查时，往往会提出很多问题、罗列很多风险，但对如何解决这些问题、有效管控这些风险却不置可否，企业法务人员与业务人员之间的矛盾是比较突显的。因此，企业法务人员要牢记，法律尽职调查目的不是制造矛盾、妨碍交易，而是为了解决问题、促成交易。

3. 尽职调查法律实务必须真实有效性

企业尽职调查通常是利用管理、财务、法律等方面专业经验与专家资源，调查了解目标企业本来面目，还原事实真相，客观评价调查目标，形成独立观点，用以评价拟开展项目的可行性、优劣性，为企业决策提供支持。为确保尽职调查的真实性，法务人员介入尽职调查，需要利用自身的法律专业特性和专业素养，审查尽职调查内容是否具有全面性，是否接近于真实状况进行审查分析，尽可能解决信息不对称问题。为了确保尽职调查的有效性，同样需要审查调查计划的设计是否合理，调查对象是否广泛具有代表性，调查程序是否合法合规，调查结果的分析、汇总是否专业严谨科学，从而保证尽职调查合法有效。

① 余定宇：《寻找法律的印迹——从古埃及到美利坚》，电子工业出版社 2010 年版，第 62 页。

三、尽职调查法律实务意义

尽职调查法律实务是企业法务人员或律师在非诉讼民商事领域中一项日常性法律事务工作，贯彻于企业运营过程始终，有利于促进企业价值发现、风险发现和投资可行性研判，对于实现企业商业目的意义重大。

1. 服务企业战略决策

在企业日常资本运作、投资并购、战略重组等决策运营过程中，尽职调查既是必不可少的流程，也是决策运营的前提。在各种不同的可能决策中要识别出哪种决策最危险①，也必须了解边界条件②，做到心中有数、胸有成竹。尽职调查法律实务正是在了解这种边界条件的基础上，即探求“解决某一问题应有什么最低需要”，为决策者提供应遵循的规范。实践中，企业法务人员通常根据尽职调查结果，还原目标企业本来面目，对目标企业进行客观法律评价，形成法律意见或建议，为企业决策者合法合规正确作出决策提供有效支撑，顺利实现企业战略目标。

2. 有效防控企业法律风险

随着社会主义市场经济逐步建立和完善，投资融资、并购重组等企业运作已越来越普遍，而这些企业运作顺利进行的基础是对商业市场、资本市场和企业经营的全方位尽职调查。海外投资是中国经济增长到一定阶段的产物，意味着生产力的国际化扩张和产业的国际化转移，有利于国内企业绝对优势和比较优势的综合发挥。③近年来，中国投资者的海外投资增势明显。但是，有的企业投资项目未经详细的尽职调查和法律分析论证就草草上马，导致一部分投资项目功败垂成，有的项目损失惨重。尽职调查法律实务有利于加强对目标企业经营管理、市场前景，资产负债、投资融资能力，重大合同风险、诉讼纠纷风险真实情况的了解，并提出对策建议，有效防控企业风险。尽职调查法律实务的本质就是为了解决目标企业的信息不对称问题，有效减少或最大限度消除因信息不对称对商业目标造成的风险。如果缺乏尽职调查法律实务这一基础，企业经营活动无疑会有高度的投机性和风险。

例如，《冯×涉嫌犯罪，52亿蹊跷跨国收购案谜底或被揭开》④一文显示，这项跨国收购项目中的法律尽职调查形同虚设。“某某公司出资2亿，某某银行出资6000万元，通过撬动其他出资方募资50亿元，来收购英国体育版权公司 MP&Silva Holdings S.A（以下简称 MPS）的多数股权。……回过头看，这是一场匪夷所思的收购案。跨国收购最为关键的就是尽职调查，但在这起收购案中，可以说做得完全不到位。虽然，参与其中的有中国、美国等国家的知名律师事务所。但是，据《亚洲另类投资》所述，MPS 的现金流和业务都存在‘粉饰’。”

此例中国资本跨国收购案，因为企业尽职调查在没有查清目标企业真实营业收入、财务资产数据、市场业务布局等许多信息的前提下，就贸然募资收购，最终造成收购方重大经济损失，付出了惨重代价。因此，不管是国内项目合作，还境外项目投资并购，尽职调查法律

① 所谓最危险的决策，就是勉强可行的决策，唯有在一切顺利的情况下，才可能达成的决策。

② [美]彼得·德鲁克：《卓有成效的管理者》，许是祥译，机械工业出版社 2016 年版，第 129 页。

③ 梁咏：《中国投资者海外投资法律保障与风险防范》，法律出版社 2010 年版，第 16 页。

④ https://finance.sina.com.cn/stock/s/2019-07-29/doc-ihytcerm6988317.shtml。

实务在风险防范上不可缺少。

3. 帮助企业家预测未来

法务人员在尽职调查的过程中，会同调查专业机构的专业人员对目标企业的业务运营情况、财务数据和法律风险等进行调查了解。在目标企业配合下，通过网络、行业杂志、业内人士等信息渠道，充分了解目标企业所处行业地位，全面分析评估目标企业的组织架构、股权构成、企业管控、人力资源、财务数据、投资融资能力、运营风险等历史数据和资料信息，为分析预测目标企业市场前景、行业未来提供基础数据支撑。例如，在法律尽职调查中，通过对目标企业未了结案件的法律风险（可能的赔偿数额或可能受到的处罚）评估，可以预见诉讼、仲裁或行政处罚的结果。通过在现场观察员工的年龄、履职时间、专业资质和工作精神状态、收入水平及对企业的满意度等，可以对企业的人力资源状况、人力资源方面的竞争力作出预判。法务人员全程参与尽职调查，对企业所在行业的前景和所处的市场地位站在法律专业角度提出意见或建议，不但有利于掌握目标企业过去的历史情况，而且对企业未来的战略规范和前景预测也至关重要。

第二节　尽职调查法律实务的几个问题

本节重点阐述法律尽职调查的几个实务问题：

一、法律尽职调查实务方法

在企业尽职调查过程中，法务人员对如何采取有效方法使尽职调查工作顺利开展，并通过对尽职调查过程的介入和结果的审查分析，发现尽职调查对象存在的问题和风险，提出有效建议或意见，实现既定目标至关重要。针对不同功能的尽职调查，拟采取不同的法律实务方法应对。例如，在买卖项目（包括但不限于商品、资产、股权或其他买卖标的物）中所作的财务尽职调查，从买方来讲，法律审查重点是关注财务尽职调查是否按照法定程序对有关要购买的股份或资产的全部情况作了尽可能多的了解，目标项目或公司过去财务账册的准确性，是否遵守国家和行业部门相关财务会计准则、法律法规，以及是否存在任何可能导致目标公司运营或财务运作分崩离析的任何义务。对卖方来讲，法律关注重点为财务尽职调查是否按照法定程序对买方财务资信情况、付款能力，以及买卖协议有效性进行了充分调查了解。一旦通过法律审查发现尽职调查违反了法定程序和法律强制性规定，或者确实存在法律风险问题，法务人员便可以建议买方或卖方就相关风险和义务应由哪方承担进行谈判，或建议该买卖项目必须在满足何种条件下才能继续进行。

公司合并分立、增资减资、并购重组、证券发行、投资融资等重大行为的法律尽职调查是法律实务最常遇到的事务活动。法律尽职调查，是指对目标项目或主体合法性存续、企业资质、资产和负债、诉讼仲裁、重大合同、劳动关系、历史遗留问题等一系列法律或规范性政策文件问题的调查了解、分析、研究、判断。

下面结合案例重点介绍企业法律尽职调查的几种方法。

例如，某国有控股城投建设经营有限公司（以下简称 A 公司）是一个混合制公司，由两股东出资设立，注册资本 10 亿元，其中国有企业方出资 6 亿元持股 60%、民营企业方出资 4 亿元持股 40%。现经双方股东商定，拟进行分立重组：存续公司名称不变，为某国有城投建设经营有限公司，100%国有股权，注册资本变为 6 亿元；新设分立公司名称为某某宏大开发经营有限公司，自然人股东出资，注册资本为 4 亿元。国有股东方公司法务人员根据《中华人民共和国公司法》《中华人民共和国企业国有资产法》等相关法律法规，拟在本次公司分立重组过程中进行法律尽职调查，并出具法律尽职调查报告。

针对目标公司进行法律尽职调查，主要内容有以下几个方面：

（1）公司设立及历史沿革；

（2）公司股东、实际控制人及出资情况；

（3）公司法定代表人、董事、监事、高级管理人员情况；

（4）公司基本治理制度及组织架构；

（5）公司重大债权债务文件；

（6）公司重大合同；

（7）公司重大诉讼、仲裁、行政处罚文件；

（8）公司劳动保障情况；

（9）其他需要调查的事项。

结合本案例实际情况，介绍法律尽职调查过程中一些常用的方法。

（一）现场调查法

现场调查法，就是指法律专业人员直接到需要进行法律尽职调查的企业现场查阅相关资料、访谈有关人员，以获取有关信息等的调查活动，也是法律尽职调查最常用的方法。现场调查法直接获取第一手资料，直接与被调查企业相关人员面对面交流，掌握的信息准确率高，实用性强。

例如，针对 A 公司分立的法律尽职调查，现场调查法的资料收集方面重点在：收集该公司设立时的股东出资协议，了解股东、股权有无中途变更、出资是否到位等历史沿革的有关情况；收集公司章程、营业执照、行政许可资质资料，包括但不限于房地产开发资质等级证书、建筑、结构、财务、房地产及有关经济类的专业管理人员资质证书等，了解企业行政许可资质情况；收集目标企业重大合同、重大债权债务、重大诉讼、仲裁、行政处罚等资料，了解企业是否存在重大风险隐患；收集目标企业党的组织会议、董事会会议、经理办公会等资料，了解公司决策是否依法合规；现场查看企业厂房、土地、设备、产品和存货等实物资产，了解其是否真实存在；等等。

现场访谈，就是通过面对面的语言交流掌握了解情况。根据法律尽职调查的需要对目标企业相关人员进行采访、会谈，以便掌握了解与调查目的相关的情报信息。现场访谈是现场调查中非常重要的环节，往往能很快得出对目标企业发展前景、团队人员素质等的印象。现场访谈法采访的对象主要是目标企业高级管理人员、企业关键岗位上的核心员工，必要时还需要对企业出资人，以及与企业有关联的系列人员进行访谈。对访谈对象来说，不会像问卷调查那样有过多的限制或合顾虑，能够真实、自然地陈述观点和看法，可以生动具体地描述企业运营过程中存在的问题，以及一些所谓的“潜规则”和企业“亚文化”，这些对企业有一定影响而在文字资料中又不可能记载，就需要采用访谈形式来完成。

（二）网络查询法

网络查询法，就是指法律尽职调查机构和法律专业人员利用各种现代信息技术，通过互联网、内部局域网或其他公开的网站平台，查阅收集目标企业相关资料和了解目标企业相关人员的情况，以获取有关信息的调查活动。除了最高人民法院“中国裁判文书网”、“全国法院被执行人信息查询系统”、国家市场监督管理总局“国家企业信用信息公示系统”、中国人民银行征信中心、中国证监会指定信息披露网站“巨潮资讯网”等官方平台外，如天眼查、百度等第三方平台也能够提供企业的一些信息。除此之外，企业官网、微信公众号、微博、证券监管机构等网络媒体，也是了解目标公司的基本渠道。

网络查询法已成为现代法律尽职调查最常用方法之一，该方法效率高、成本低，节约人力资源成本，可以较全面地搜寻到有关目标企业的资料。但是，法律人员采用此方法进行尽职调查需要注意鉴别信息的可靠性和时效性。通过官方网站收集的信息可靠程度较高，而通过一些社会网站或营利性网站收集的信息就需要进行鉴别。实践中，多数企业出于信息安全的考虑，一些重要资料并不会在网上公布，调查人员需要与其他调查方法结合起来，将查询了解到的信息进行综合分析判断，才能作为尽职调查采信的依据。

（三）问卷调查法

问卷调查法，就是指企业法务人员把所需要调查的内容设计成标准统一问卷，通过被调查者回答问卷，来调查了解收集目标企业有关信息资料的一种调查方法。在法律尽职调查中，问卷调查法是其他调查方法的有效补充，与其他调查方法相比，问卷调查针对性强、标准化程度高。问卷调查法本质上是一种实证方法，问卷调查涉及问卷、随机抽样及统计分析，三者之间密不可分。问卷调查法形式有很多种，调查者可根据企业法律尽职调查目标采取一种或多种形式进行。常用的有以下三种形式：

1. 纸质问卷法

调查者事先设计制定好纸质问卷及所需要了解的具体内容，直接深入目标企业，由调查对象填写问卷，收集汇总后，进行分析、评判。

2. 电话采访法

采取电话采访，按照事先设计好的调查内容模板通过电话对目标企业相关人员进行采访并形成电话记录，汇总后进行分析、评判。

3. 网络问卷法

利用网络开展问卷调查，此种方法在以往尽职调查中采用较少。但是，在当今万物互联时代，数据成为最核心的资源。随着大数据产业的蓬勃兴起，几乎所有自然人和法人数据“秘密”，都会被记录在各地大数据中心之中，此类方法是最具有前景和值得推广扩展的调查方法。

效率和质量是问卷调查法面临的最大挑战，指标设计和标准化操作决定了问卷调查的可靠性和适用性，调查者根据调查目的可设计不同模式问卷。

例如，为A公司分立重组针对目标企业高级管理人员而设计的法律尽职调查问卷模板。

某某有限责任公司分立
法律尽职调查问卷（模板）

被调查者姓名：　　　　性别：　　　　年龄：

在企业供职年限：　　　　在企业所任职务：

1. 目标公司股东会（含临时股东会）每年召开几次？

A.三次及以上　　B.两次　　C.一次　　D.无

2. 目标公司董事会（含临时董事会）每年召开几次？

A.三次及以上　　B.两次　　C.一次　　D.无

3. 目标公司监事会（含临时监事会）每年召开几次？

A.三次及以上　　B.两次　　C.一次　　D.无

4. 目标公司在国家市场监管部门备案登记的显名股东与实际出资人或控制人是否为同一人？

A.均是同一人　　B.国有出资方为同一人

C.民营出资方不是同一人　　D.均不是同一人

5. 目标公司高级管理人员是否有被纳入失信被执行人的情况？

A.无　　B.有，但现在已经解除

C.有，失信被执行人名单正在解除过程中　　D.有，尚在失信被执行人名单中

6. 目标公司在存续期间是否有重大涉及诉讼或仲裁的案件？

A.无　　B.有，但已经处理完毕

C.有，案件进行诉讼过程中　　D.有，重大涉及诉讼或仲裁的案件严重影响企业运营

7. 目标公司在劳动用工方面是否存在历史遗留问题？

A.无　　B.有，但已经处理完毕

C.有，需要进一步处理　　D.有，严重影响企业运营和社会稳定

8. 目标公司在存续期间是否有被行政机关处罚的情况？

A.无　　B.有，但已经处理完毕

C.有，正在进行中　　D.有，严重影响企业信用和企业商誉

……

上述针对企业高级管理人员而设计的调查问卷模板是一种发掘事实现况的调查方式，主要目的是搜集某一目标族群所需要的基本资料。这种模板式调查收集的资料既可用于定量分析，也可用于定性分析。比如，进行定量分析，就可以在设计调查模板时赋予“A”“B”“C”“D”选项以具体的分值，所使用的数值大小与调查对象的特定顺序相对应，如“A”为10分、“B”为7分、“C”为4分、“D”为1分，经统计调查问卷所得的总分数再除以采集的企业高级管理人员总数得出具体分数。分数越高表示企业运营管理越规范、风险也越小；反

之，则表示企业运营管理问题较多、潜在风险也越大等。进行定性分析，在设计调查模板时不需要赋予“A”“B”“C”“D”具体分值，但是也需要统计“A”“B”“C”“D”分布区域，运用非量化手段对调查对象进行分析，以获得对调查对象全面深入的认识，从而获得调查结论。

（四）对标分析法

对标分析法，指法律尽职调查机构和法律专业人员在法律尽职调查过程中，按照目标企业标准，寻找与之行业、规模、运营状况等相类似的企业，进行客观比较分析，以了解目标企业真实情况，并做出正确评价的调查活动。对标分析来源于对标管理，对标管理属管理范畴，起源于 20 世纪 70 年代的美国公司，在欧美等国家流行后，在亚太地区也得到快速发展，现在不仅在企业调查、企业经营中广泛运用，在事业单位如医院、学校，甚至政府机关也在运用对标管理科学合理构建单位运营管控。

对标分析法在法律尽职调查中运用得还是比较广泛的，法务人员通常将要调查的目标企业的调查指标与历史上尽职调查案例进行对标，寻找相同或相似的系数，去伪存真，进行比较分析，从而得到可供参考信息。对标分析法的形式主要有绝对数比较和相对数比较两类，绝对数比较就是利用绝对数进行对比，从而寻找差异的一种方法。比如，针对同一行业两个公司经营指标数进行绝对数对比，从而得出目标企业经营效果优劣，进而提出法律建议或意见。相对数比较就是对两个有相对联系的指标进行对比分析，从而得出某个调查结论相对真实程度。又如，对同一行业两个公司治理结构进行相对比较，判断目标企业治理结构是否完善，进而提出法律建议或意见。

二、法律尽职调查涉密问题

商业秘密是指不为公众所知、能为企业带来经济利益，经企业采取保密措施的技术信息和经营信息。法律尽职调查一般均涉及企业核心内容，商业秘密保护对每个企业生存和运作都很重要。如何保护企业商业秘密一直以来都是实践中的一大难点。进而言之，对企业核心人员信息保护也在要求之列，因为个人信息本身是网络信息化时代开始凸显的一种新型的颇具基础性的重要个人利益。[①]我国政府相关部门和各级司法机关出台了相关规定、解释、意见和指南，为保护企业秘密和个人信息提供了依据和标准，是企业法务人员必须遵从的基本规则。

从民法理论角度看，商业秘密可以成为法律上可保护的财产，其本质就是创新性智力成果，商业秘密权实质具有法定财产权特征，保护商业秘密，就是保护企业财产。从刑事法律角度看，与权利人有业务关系的单位和个人，违反约定或者违反权利人有关保守商业秘密要求，披露、使用或者允许他人使用其所掌握的商业秘密达到一定标准，就有可能构成刑事犯罪。《中华人民共和国律师法》《律师职业道德和执业纪律规范》对此均作出相应规定，律师应当保守在职业活动中知悉的国家秘密和当事人商业秘密，保守委托人隐私和商业秘密。

① 龙卫球:《〈个人信息保护法〉的基本法定位与保护功能——基于新法体系形成及其展开的分析》;《现代法学》2021 年第 5 期，第 84 页。

在法律尽职调查过程中，保密具有持续性要求，即自商业秘密产生至其被公开期间不能中断，以及保守商业秘密涵盖了商业秘密占有、使用、收益和处分各环节，涉及调查人员、知秘员工、相关客户等各方主体。因此，在法律尽职调查过程中，所有知悉商业秘密人员都负有保密义务，必须严格按照保密相关规定，签订保密协议，制定有效保密措施，防止商业秘密泄露。

三、法律尽职调查操作流程

法律尽职调查与所有尽职调查一样，需要遵循一定的操作流程，科学的流程既可提高工作效率，又可防止调查漏项，有利于全面了解掌握目标企业详细情况，有利于发现目标企业存在的问题和风险。法律尽职调查的操作流程主要由以下几个部分组成：

（一）制定法律尽职调查计划

凡事预则立，不预则废，一个科学、完整的法律尽职调查计划是完成尽职调查任务的根本保障。在开展法律尽职调查之前的首要工作就是制定尽职调查计划，尽职调查计划内容一般包括调查目的、对象和调查内容，调查方法选择，调查团队组成和分工，调查步骤和时间安排，等等。

案例：A 传媒公司并购 B 广告公司 30%股权调查计划。

1. 调查目的

（1）为 A 公司并购 B 公司 30%股权提供客观真实资料和数据。

（2）通过对 B 公司深入尽职调查，充分了解可能存在重大法律风险。

（3）根据调查研究分析 B 公司在当地市场的产品定位、市场前景，做出市场潜力测评。

2. 调查对象

（1）B 公司高级管理人员和核心员工。

（2）B 公司的主要业务合作伙伴。

3. 调查内容

（1）B 公司的股权结构及股东构成。

（2）B 公司的公司章程、营业执照、行政许可资质。

（3）B 公司的重大合同、重大债权债务以及隐性债务。

（4）B 公司的重大诉讼、仲裁、行政处罚等情况。

（5）B 公司在当地市场的产品定位、市场份额、主要竞争对手。

……

4. 调查方法

调查方法种类较多，法务人员需要根据调查目的选择采用最优调查方法。

5. 调查团队组成和分工

调查团队需要由具备不同专业背景的人员组成，比如，对一个机器制造业的公司进行法律尽职调查，调查人员中最好配备具有机器设计制造类专业背景的专业团队人员。调查团队的分工也很重要，通常做法是将团队分成几个工作小组，如资料收集汇总小组、问卷调查小组、审查分析小组等。

6. 调查步骤和时间安排

第一阶段：网络查询初步了解 B 公司基本情况，时间 2 天。

第二阶段：现场了解和收集 B 公司相关情况和资料，时间 7~10 天。

第三阶段：问卷调查，问卷设计时间 1 天，问卷调查实施时间 2 天。

第四阶段：研究分析时间 2 天。

7. 信息整理分析

8. 撰写法律尽职调查报告等法律文书

（二）开展尽职调查活动

调查活动就是调查人员按照调查计划，通过各渠道依法有序开展资料查询、信息采集、人员采访等一系列行为，并验证其可信程度，最终形成尽职调查报告等法律文书的动态过程。在调查过程和资料收集中，要紧紧围绕商业目标，突出重点开展调查工作，收集资料尽量做到全面、真实、准确、完整。比如，在资产并购项目中，如需要法律尽职调查，作为并购方和被并购方其法律尽职调查关注的重点和要求是不同的。

1. 并购方尽职调查重点

根据并购目的，明确收购目标公司的资产是全部资产还是部分资产，所要收购的资产是否完整、权属是否清晰、权证是否齐全，是否在所要收购的资产上设置了他项权，等等。因为，在商业实务中并购方为了降低并购成本，减轻并购后的经营压力往往希望控制并购资产的范围，特别是不愿意受让目标公司闲置资产或者与生产经营无关的资产。

2. 转让方尽职调查重点

并购方是否有履约能力，能否按时支付并购款项。因为，在商业实务中转让方即目标公司往往希望打包转让，将优质资产与闲置资产打包搭配出让给并购方。因此，站在不同角度的法律尽职调查者，其关注的重点、采取的调查方法和收集资料的范围是不一样的，需要根据具体情况进行具体分析。

在开展调查活动及收集资料过程中，首先，需要与目标企业及相关人员进行沟通，要求其提供与商业目的有关的各项资料。其次，需要从相关政府部门查询收集相关资料。比如，从政府市场监管部门调取目标企业工商设立登记、变更信息和股权结构信息，并与目标公司提供的股权相关信息进行对照核实；从政府土地管理、房产管理部门提取土地使用权出让合同以及该块土地的他项权，核查不动产他项权等情况；从政府劳动保障部门提取该目标企业员工的劳动保障信息等情况。最后，如有必要，一些资料需要通过第三方机构获得，如会计师事务所、评估事务所等。

（三）分析研判尽职调查材料

此阶段主要针对尽职调查所获得的资料和信息进行分析研究，去伪存真，为己所用。首先，根据尽职调查目的对在调查过程中收集到的资料和信息进行整理汇总、分类。然后，在此基础上辨别所收集到的目标公司提供文件资料信息的真实性、准确性和完整性，进行深层次分析评估，针对存在的法律问题和可能存在的法律风险，提出阶段性工作对策和措施，为开展项目合作提供参考。比如，通过对收集到的目标公司营业证照、组织代码等资料的分析鉴别，确认目标公司是否合法成立、是否有效存续；通过对收集到的目标公司财务报告、业务文件、法律合同等各项资料的审阅，发现目标公司是否存在异常或重大风险问题。

（四）撰写法律尽职调查报告

在企业并购、债务重组、股权或项目转让、不良资产买卖、公司上市，以及其他重大经济活动当中，法律尽职调查是必不可少的。法务人员通过调查了解目标企业和与目标企业有关联的事实以及与事实相关的法律问题，厘清目标企业和与目标企业有关联事件中的法律关系，发现存在的漏洞和法律风险，最终形成书面法律文件，即法律尽职调查报告，供给商业行为方参考。法律尽职调查报告应客观、全面反映目标企业真实情况。在重点阐述法律问题和风险的同时，还需要重视以下几个方面：

1. 语言文字应当精准

法律尽职调查报告的语言文字表达应当准确、简洁、清楚、严谨、规范，不恰当用词会造成理解困难甚至产生歧义。比如“和”连接的并列句子成分，其前后成分无主次之分；“以及”连接的并列句子成分，其前后成分有主次之分，前者为主，后者为次，前后位置不宜互换。客观地讲，法律文书出现歧义概率远比一般文书要少，只是法律规范及法律文书中所出现的歧义对法律后果影响较大，因而对法律文书用词更应该精准而无歧义。①

2. 发现问题及时确认

企业法务人员在尽职调查中发现的问题，应当及时与目标公司进行沟通，对问题的解释做好记录并请相关人员确认签字，然后对存在的法律问题和可能存在的法律风险进行汇总。

3. 调查报告体系完整性

在企业法律实务中，虽然法律尽职调查所涉及的商业内容和商业目的千差万别，但是最后形成的尽职调查书面报告常以格式化形式出现，主要由四部分组成：

（1）“第一部分，前言”，即开头部分，包括法律尽职调查目的、方法、适用法律、授权及尽职调查的范围。

① 吴江水：《完美的合同——合同的基本原理及审查与修改》，北京大学出版社 2010 年版，第 306 页。

（2）“第二部分，声明”，即法律尽职调查是基于一种什么假设前提进行的，以及尽职调查人员承诺、保密等事项。

（3）“第三部分，正文”，即法律尽职调查的主要内容描述，以及风险提示等。主要内容描述是在分析调查收集资料的基础上得出法律尽职调查结论，作出可行或不可行的判断以及理由。风险提示主要是为了提醒企业在对目标项目进行运用时应该注意的风险，以及如何防范和控制。常用的风险应对策略包括风险承担、风险规避、风险转移、风险转换、风险对冲、风险补偿。

（4）“第四部分，适用范围”，即对法律尽职调查报告适用范围进行界定，若超出界定范围使用的，则尽职调查人员不承担法律责任。

第三节　实务训练

一、案例讨论

（一）案例

某国有控股物流有限公司（以下简称“A 公司”）于 2015 年 11 月 25 日成立，注册资本为 2 亿元。其中，由某国有投资控股（集团）有限公司（以下简称“B 公司”）实缴出资 1.2 亿元，持股 60%；宁波某股权投资合伙企业（民营企业，有限合伙）（以下简称“C 企业”）实缴出资 5 000 万元，持股 25%；宁波某能源投资管理有限公司（民营企业，以下简称“D 公司”）实缴出资 3 000 万元，持股 15%。2017 年，B 公司根据某省国有资产监督管理委员关于省属企业精干主业、优化管理、主副业分离的要求，拟在某省阳光产权交易所挂牌转让其持有的 A 公司 60%股权。按照国有企业产权交易规则，经某省阳光产权交易所公开挂牌，拟确定由某物流集团有限公司（以下简称“E 公司”）受让 B 公司持有的 A 公司 60%股权。

为了顺利完成此次股权收购，防范收购风险，现 E 公司法务人员拟对目标公司和关联单位开展法律尽职调查工作，并出具法律尽职调查报告。

（二）讨论

E 公司法务人员围绕收购 B 公司持有的 A 公司股权这个商业目标进行法律尽职调查展开讨论：

一种观点认为，法律尽职调查重点应该放在另外两家民营股东方面。理由是：B 公司是国有公司，出资设立 A 公司，并成为 A 公司的国有控股股东，其股东信誉度远高于民营方股东，加强对 C、D 公司尽职调查，有利于以后减少与民营股东方合作的风险。

另一种观点认为，法律尽职调查重点应该是目标公司即 A 公司。理由是：E 公司收购的是 B 公司持有的 A 公司股权，A 公司的财务情况、业务布局、法律风险以及其他要素是本次法律尽职调查的主要内容。

二、案例分析

围绕 E 公司收购 B 公司持有的 A 公司股权这个商业目标，开展法律尽职调查，针对法务人员的不同意见，如何决策？理由是什么？

思考方向

（1）围绕“公司股权收购”这个商业目标开展法律尽职调查，首先应该制定调查计划，除正常的要求之外，还需要重点关注本次股权收购因涉及国有部分股权的特殊性。国有股权交易程序必须遵守《中华人民共和国企业国有资产法》《企业国有资产交易监督管理办法》《国有资产评估管理办法》等相关法律法规。

（2）E 公司法务人员需要对目标公司和目标公司各个股东开展尽职调查和资料收集工作，查明目标公司股权范畴，以及所涉及的资产是否完整、权属是否清晰、权证是否齐全等要素。

（3）E 公司法务人员在对 A 公司和目标公司各个股东进行法律尽职调查基础上，需对尽职调查资料进行整理分类、分析研究，辨别所收集到目标公司提供文件资料信息的真实性、准确性和完整性，对发现的法律问题和可能存在的法律风险提出对策建议。

第三章 企业商务谈判法律实务

第一节 商务谈判法律实务概述

一、商务谈判法律实务概念

谈判是人与人之间通过语言交流信息，就某些事项达成和解或妥协的商谈。日常生活中从不缺少谈判，谈判每天都在进行。但是，要给谈判下一个准确定义，并不是件容易的事情，因为谈判涉及面极其广泛，很难用一两句话准确、充分地表达谈判全部内涵。夫妻之间、邻里之间、政府与公民之间、开发者与环保者之间、一国内部各个集团之间以及国家之间，争端无处不在，相伴随的谈判也就无处不在。相应地也有很多途径来解决这些争端：有的是通过谈判解决；有的是通过市场供需规律解决；还有的是通过司法或准司法既定程序来解决；等等。在所有这些方式中，谈判是解决问题最主要的手段。特别在民商事纠纷中，有超过 95% 的民商事纠纷是通过谈判协商解决，而不是通过向法院起诉解决[①]。

通过向法院提起诉讼解决民商事纠纷是最后的司法救济手段，实践中企业不到万不得已一般不会选择诉讼来解决民商事纠纷问题。因为，企业因诉讼过程中各种事先无法预料的不确定性因素而蒙受各种损失，或丧失获得额外收益机会的可能性随时存在。为此，最高人民法院为帮助当事人避免常见的诉讼风险，制定了《人民法院民事诉讼风险提示书》，将诉讼风险归纳为 17 类[②]，提示当事人预知诉讼存在的风险，促进当事人依法行使诉讼权利、履行相应的诉讼义务，避免因行使权利或者履行义务不当而带来不利的裁判后果。1980 年中国台湾地区司法机构发布的《民事诉讼须知》对诉讼与协商两种不同方式解决争议问题，使用劝说与忠告式的文字明确表述为“讼事终凶，古有明训。凡诉讼者，动辄经年累月，不但荒时废业，且耗金钱，纵幸而获胜，亦往往得不偿失。若其败诉所受损失更为重大。故于起诉之先，如有可能协商之机会，亦须尽力和解”，告知人们诉讼不可轻起。在民商事纠纷中，越来越多的企业选择通过商务谈判协商解决问题。

商务谈判就是企业与交易对象之间为达成商业合意，或为解决商业争议互相磋商，交换

① [美]X. M.费拉斯科纳，H. 李 · 赫瑟林顿：《法律职业就是谈判——律师谈判制胜战略》，高如华译，法律出版社 2005 年版，第 3 页。

② 最高人民法院《人民法院民事诉讼风险提示书》（法发（2003）25 号，2003 年 12 月 24 日）提示，有以下十七种行为的，可能引发民事诉讼风险：（1）起诉不符合条件。（2）诉讼请求不适当。（3）逾期改变诉讼请求。（4）超过诉讼时效。（5）授权不明。（6）不按时交纳诉讼费用。（7）申请财产保全不符合规定。（8）不提供或者不充分提供证据。（9）超过举证时限提供证据。（10）不提供原始证据。（11）证人不出庭作证。（12）不按规定申请审计、评估、鉴定。（13）不按时出庭或者中途退出法庭。（14）不准确提供送达地址。（15）超过期限申请强制执行。（16）无财产或者无足够财产可供执行。（17）不履行生效法律文书确定义务。

意见，寻求解决途径和达成协议的过程。随着商务活动日趋频繁和活跃，企业之间、法人与自然人之间商务交流日益增多，商务谈判已成为经济活动不可或缺的重要环节。

商场如战场，市场竞争随时随地伴随着企业成长与消亡，企业只有在竞争中取胜方能获得生存。在商战中，最精彩的莫过于谈判。企业商战中谈判的目的，无疑是以最小的代价来依法获取最大的利益。美国前总统克林顿的首席谈判顾问罗杰·道森说过，全世界赚钱最快的办法就是谈判。企业商务谈判能否取得成功，所签订的协议能否按约履行，不仅取决于谈判的方法与技术，更重要的是，是否依据已经确定并被公认的行为规范，即法律法规，只有依据国家法律法规而非违反国家法律法规开展的商务谈判，其结果才能受国家法律法规的保护。

在商务谈判中，根据谈判目的不同，谈判基本上可分为两大类：交易式谈判和争议解决式谈判。[①]根据谈判方式不同，谈判基本上可分为现场谈判和非现场谈判。现场谈判就是在一定的固定场所各谈判主体面对面商谈，非现场谈判通常是通过电话、电子邮件、网络视频等进行的沟通商谈。所有这些，都会涉及相关法律法规，规范性企业一般都会安排企业法务人员参与。商务谈判法律实务，是指企业法务人员在民商事谈判活动中运用法律知识，按照商业规则，促成商业交易成就或阻止商业交易成就的行为活动。

二、商务谈判法律实务特点

1. 商务谈判必须在合法合规的前提下进行

商务谈判内容由企业所追求的商业目标决定，而其所依据的法律基础是国家的法律法规。《中华人民共和国宪法》第五条规定：一切国家机关和武装力量、各政党和各社会团体、各企业事业组织都必须遵守宪法和法律。一切违反宪法和法律的行为，必须予以追究。任何组织或者个人都不得有超越宪法和法律的特权。商业谈判不仅要符合国家现行有效法律，还得遵守与商业内容所涉及相关部门、行业、协会的相关规定规则和准则，以及为公众所认同的习惯性规则，且不得违反公序良俗。

法治是市场经济的基础，企业民商事活动必须遵守法律法规。禁止违反国家法律、行政法规强制性规定的民商事行为。《中华人民共和国民法典》施行之前，《中华人民共和国民法通则》（已废止）第六条作出明确规定：民事活动必须遵守法律，法律没有规定的，应当遵守国家政策。《中华人民共和国合同法》（已废止）第五十二条规定有下列情形之一的，合同无效：一方以欺诈、胁迫的手段订立合同，损害国家利益；恶意串通，损害国家、集体或者第三人利益；以合法形式掩盖非法目的；损害社会公共利益；违反法律、行政法规的强制性规定。2021 年施行的《中华人民共和国民法典》（下文简称《民法典》）第一百五十三条第一款也规定：违反法律、行政法规的强制性规定的民事法律行为无效。这种规定模式本身蕴含着深刻的民商法理，揭示了强制性规定对于包括合同在内的民事法律行为效力的影响及其相应的裁判原则。

---

① [美]斯蒂·芬克里格，理查德·诺伊曼：《律师执业基本技能——会见、咨询服务、谈判、有说服力的事实分析》，中伦金通律师事务所译，法律出版社 2006 年版，第 312 页。

2. 促成谈判各方互利共赢

法律实务为商务各方互相磋商、交换意见、化解分歧、解决问题服务、促成商务谈判成功，并使各方获得商业利益。换言之，如果商务谈判失败，任何一方都会在时间消耗和机会利益上遭受损失。[①]《易》曰："利者，义之和也。"人与人之间、人与物之间要恰到好处地相和，才能得到真正的利，这里的利，是两利，是多利，彼此间都有利，才够得上利。在商务谈判过程中，如果一方仅为了本企业利益最大化，而不顾及相对方利益，谈判是很难达到预期目标的。这就需要法务人员在商务谈判中不能仅以单一思维参与谈判、分清谁是谁非，要从为"共同利益""合作共赢"这一出发点，处理好各方的"差异利益"和"冲突利益"，提升成交的可能性。

例如：哈佛商学院在教学中讨论到商务谈判时，经常拿分橘子案例进行讨论。曾经有两姐妹为争果盘里最后一个橘子发生争吵，这时候母亲出现了，让她们不要抢，然后用刀把橘子均分成两半。结果，姐姐妹妹都不满意。进一步沟通之后，母亲发现原来姐姐想要的是橘汁，而妹妹想要的是橘皮。妈妈的不当平分与姐妹的对立，都是因为没有挖掘好各方背后的利益诉求，从而未能实现双赢。

此案给予的启示是，不同人对同一事物的利益诉求不同，会导致同一事物对他们的价值截然不同。在商业行为中，经常存在不同企业对同一商业行为的利益诉求不同，导致同一商务谈判标的对它们的价值截然不同的现象。实践中，有的商务谈判标的虽然看似一样，但各方价值追求往往有所不同。比如，在一起股权收购案例中，转让方的目的是获得转让金，为新业务开展补充现金流，而收购方的目的却是延长产业链，进一步丰富商业业态。作为转让方法务人员在商务谈判方案设计中就要从所在企业实际出发以获得转让金、充实现金流之商业目的开展工作；作为收购方法务人员在商务谈判方案设计中就要以"延长产业链"和"丰富商业业态"这些商业目的而不懈努力。因此，在商务谈判中，法务人员以"谈判要有双赢或多赢的理念"[②]，应该积极寻找和发现谈判各方利益诉求，提出符合交易各方商业利益要求的交易模式，帮助企业绕开商务交易的法律障碍，促成交易，使各方商业利益在现有法律框架内得到满足。

3. 商务谈判具有时效性，法律实务促成交易安全

首先，商务谈判的另一方面就是围绕商机和商品进行。商机从经济意义上讲是能给企业带来利润的机会，它具有转瞬即逝的特性。商品的时效性决定在不同时候其使用价值不一样。比如，冬天电风扇不好卖，夏天电风扇可能脱销，电风扇这个商品具有时效性。同样的商业行为在不同时间节点具有很大性质上的差异，激烈的市场竞争对商业谈判时效性要求极其严格。随着我国社会主义市场经济体制的建立与发展，价值规律和市场竞争在商业行为中的作用日益凸显，市场竞争日益激烈，市场情况瞬息万变，企业要想在市场竞争中获得主动权，必须牢牢把握商业谈判的有效时机。企业法务人员在与相关企业、政府、用户进行谈判之前，必须建立有效地与谈判内容相关的法律法规、行业信息数据库，以便为企业商务谈判提供及

① [美]X. M. 费拉斯科纳，H. 李·赫瑟林顿：《法律职业就是谈判——律师谈判制胜战略》，高如华译，法律出版社2005年版，第170页。

② 王建明：《商务谈判实战经验和技巧——对五十位商务谈判人员的深度访谈》，机械工业出版社2010版，第24页。

时有效的信息，适时促成谈判。其次，法律实务在促成交易安全上发挥作用。民商法是我国法律体系的主要组成部分，在规范商业贸易活动、维护合法权益和交易安全，以及促进社会经济发展上发挥极其的重要作用。在商务谈判过程，法务人员借助民商法的相对稳定性和强制力维护谈判结果安全，进而促进商业交易安全。尤其值得注意的是，商务谈判结果常常由谈判各方协商一致后通过书面协议来确定，协议条款体现了谈判各方真实意思。在此过程中，企业法务人员采用规范的语言、准确的措辞及严谨的逻辑将各方谈判内容和诉求用精准文字表述在协议之上，使诉求各方因谈判所确定的商业目标更有可能成功地得以实施。

三、商务谈判法律实务意义

法律把符合客观规律的、确实行之有效的制度和方法条文化并使之固定下来，规范性、强制性和稳定性是法律的基本特征。建立在法律基础上的商务谈判有其法理基础和可操作性，具有现实意义。

（一）实现商业行为正义的可选择性

价值观对人们自身行为的定向和调节起着非常重要的作用，从价值观分析，利益是人们所关心或想得到的东西。企业商业行为也不例外，企业利益的满足，是商务谈判产生的内在原因。共同的利益，促使人们合作，使得事件能按双方的期望予以解决，双方关系得以维护和发展。[①]美国哈佛大学教授约翰·罗尔斯在其《正义论》中谈道：在原初状态中各方试图达到一种怎样平衡正义原则的契约。那么，选择原则这一概念的部分意义就在于：那些使人们一开始采用这些原则的理由同时也可以用来支持赋予他们某种权重 。某些优先的规则之所以被认为比其他规则更可取，其理由基本上就是那些使人们最初同意原则的理由。[②]企业商务谈判是谈判各方当事人高度的意思自治，在谈判过程中排除公力救济，是契约文化背景下私法自治的体现。[③]法务人员运用法律知识参与企业商业谈判，有别于调解、仲裁、诉讼等解决纠纷方式，它没有严格的法定解决程序，各方当事人可以自主协商约定谈判程序，实现了正义的可选择性，即谈判各方当事人为了实现彼此利益诉求，选择了平等协商方式，是谈判各方选择正义的结果。

（二）实现商务谈判主体地位平等

法律属于上层建筑范畴，其与经济基础的联系最为直接，是经济基础最直接的反映。在民商法层面，各市场主体地位平等，民商事谈判正是基于这个前提，任何一方不得将自己的意志强加给另一方，法律平等保护谈判各方主体。《民法典》第二条对民法调整范围作出了明确规定，即民法调整平等主体的自然人、法人和非法人组织之间的人身关系和财产关系。

---

① 陶光辉：《公司法务部——揭开公司法务的面纱》，法律出版社 2016 版，第 97 页。

② [美]约翰·罗尔斯：《正义论》，何怀宏、何包钢、廖申白译，中国社会科学出版社 2009 版，第 33 页。

③ 黄婷：《法律谈判的法理分析》，湘潭大学硕士毕业论文，2008：1-42. http：//www.wanfangdata.com.cn.

第四条明确了民事主体平等原则，即民事主体在民事活动中的法律地位一律平等。当谈判依据这种固定的、具有科学性的法律时，就能促使谈判摆脱那种纯粹以谈判者自身素质决定胜负、约束自己的言行、阻止以玩弄骗术获取成功的现象。法律为商业谈判在平等条件下进行提供了坚实的制度基础，市场主体依据这种公认的公平的行为准则进行谈判，即便结果有所偏差，也会为参与谈判各方所接受。

（三）实现商务谈判效率提高

企业界，“时间就是金钱，效率就是生命”。首先，法务人员有利于促进商务谈判正规化。如何使商务谈判更有效率，那就是通过法律的规范和强制使商务谈判摆脱随意性，依法规范谈判行为乃至谈判诸方之间的关系，从而使谈判走向正规化。正规化之所以重要，因为它可以减少谈判中的交易成本，节约谈判双方时间和精力。其次，法务人员有利于促进商务谈判标准化。法务人员参与谈判，坚持平等自愿、诚信守法、等价交换、国际惯例、法律法规等客观标准，为谈判奠定了坚实基础。比如，甲方向乙方购买一台设备，甲方希望低价，乙方希望高价，如何确定一个公平的价格？既要考虑设备制造成本，又要参考同类设备的市场价格，同时还要按照平等自愿、等价交换等标准，只有这样坚持一定客观标准，才会使谈判有更高的效率。最后，法务人员有利于促进商务谈判结果的可执行性。法务人员在谈判过程中需要关注谈判结果的可执行性，如果谈判结果不可执行，即使一方利用其高超的谈判技巧达到了目的，导致另一方在以后协议执行过程中宁愿选择违约或放弃商业合作，从时间和金钱上讲实质就是一种耗费。因此，法务人员在参与商业谈判过程中以其高效率、低成本、专业性、协调性等独特优势逐渐被社会认可。

第二节　商务谈判法律实务的几个问题

商务谈判围绕商业目标进行，在谈判前、谈判中，以及谈判后的执行都与法律实务密不可分。本节重点阐述商务谈判法律实务的几个问题：

一、商务谈判法律实务方法

商务谈判法律实务方法，是指在法务人员运用法律专业知识主持或参与的前提下，商务各方为获得某种商业利益或达到某种商业目的彼此之间通过语言或文字交流的行为方式。有效的谈判对于任何法律实践的成功都是很重要的，美国密西西比州考恩蒂律师事务所高级合伙人 X.M.弗拉斯科纳甚至认为“法律职业就是谈判”。然而，国内一些企业在商务谈判中并不欢迎法务人员参加，原因是一些企业管理者认为，法务人员在谈判中往往会把商业交易中的风险无限放大，人为制造障碍，妨碍交易的顺利进行，这实际上是对法务人员依法履行职责的重大误解。法务人员参与商务谈判不是运用虚假、欺诈和胁迫手段达到商业目的，而是综合运用法律知识，熟练采用谈判技能，灵活掌控各方分歧，有效防范企业风险，最终达成商业交易的艺术。下面主要阐述商务谈判法律实务一些基本技巧和方法：

（一）积极主动沟通，有效情感交流

管理科学的一大特点就是要学会沟通。沟通是构建谈判和谐的前提，是情感交流。沟通是人与人之间、人与群体之间思想、感情、信息的传递和反馈的过程，以求思想达成一致，感情相互通畅，信息相互交流。首先，在商务谈判中，企业法务人员做好与谈判各方人员沟通。人几乎是一切商业决定的因素。在特定的社会背景和文化特征下，“关系文化”“人情社会”，礼貌、微笑、贴心、沟通、情感等元素对商务谈判的有效进行具有非常突出的作用。[①]这里所谓的“关系”“人情”应该从正面理解：关系是指人和人或人和事物之间的正常联系；人情即人之常情，是指世间约定俗成的一些事理标准。谈判中的沟通和情感交流不是社会上从贬义理解的“勾兑”与“交易”，也不是庸俗化了的“关系”。沟通可以让别人了解你、信任你，富有创造性的人际沟通会使谈判过程更顺畅，效果更好。其次，商务谈判中的沟通有利于增进了解、消除误会。沟通，具体讲，就是商务相对方通过沟通互相获取思想、感情、信息、见解、价值观，通过这种思想的交流，可以彼此分享感情、信息和知识，达到增进了解和消除误会的目的。每一次沟通的，目的都是传达信息和获取对方信息。事先安排好沟通交流程序，制定沟通计划、交流策略，才能达到预期的沟通效果，实现信息交流目的。[②]法务人员参与商务谈判，要充分认识到情感沟通的重要性，提前做好沟通计划，为商务谈判解决问题、达到目的奠定基础。

（二）认真仔细聆听，获得准确信息

商务谈判特征决定了谈判是为特定事宜达成最终一致而交换信息的交流过程。首先，语言中的信息至关重要，必须认真地聆听对方的谈话，并获取语言之中隐含的信息，即平时常说的“弦外之音”。其次，鉴别相同的言辞出自谁之口，是相对方一般工作人员抛出的引子，还是相对方主要人员作出的阶段性结论，其引申的含义或许完全不一样。持续积极地聆听确实很难，但是这对于成为一名成功的谈判者而言是非常重要的。中文的语言词汇博大精深，仔细聆听对方所使用词汇的实际用意，有助于理解对方真实意图，把握对方动机。例如，“我有权提供的内容就是这些”这样的说法与“我想我此时最多只能提供这些”有着实质上的差别；同样，“我同意你的建议”与“这真是一个有趣的建议”有着天壤之别。

（三）全面细致观察，摸准真实情况

谈判虽然主要是通过言辞交流而获取彼此所需的信息，但是非言辞信号在谈判交流中发挥着至关重要的作用。在不同情境中所说出的言辞，具有不同的含义。比如，当你在说某些词时，语速、语调、重音和时态，会传达它们的含义或强调，暗示着你是严肃地还是轻率地

① 王建明：《商务谈判实战经验和技巧——对五十位商务谈判人员的深度访谈》，机械工业出版社2010版，第3页。

② [美]梅尔·希尔伯曼：《职业经理人管理工具精选》，胡玉铃译，电子工业出版社2015年版，第35页。

做出论断。比如，你在表达言辞时的面部表情、肢体动作也具有修正或强调你表达意思的作用。法务人员不能仅根据法律法规的条文阐明问题、陈述观点，还必须留意观察谈判相对方的神情和言行举止，鉴别其表达的真实含义，准确作出预判。

（四）黑白配合恰当，搭建铺垫台阶

谈判学中有一种非常著名的策略叫“黑白脸策略”。在谈判前，一方事前经过策划，将谈判人员分成两个部分：一部分强势的谈判人员扮成“黑脸”，而另一部分则扮成友善、和善的“白脸”，共同将“黑白脸”谈判手段运用好。“黑白脸策略”对“度”的把握要求较高，既不能过软，也不能太硬，关键要防止进入死胡同，需要事前进行多次模拟训练。比如，在某些谈判场合，法务人员可以先进行一定预设铺垫，一出场就用一种强硬的、甚至令人反感的方式给对方施加压力，最终再由企业负责人出面打圆场，并以与法务人员相比更令人愉快的方式达成协议。

（五）精心谋划策略，遵守谈判程序

谈判策略需要精心谋划。首先，突出谈判优势。法务人员在了解决相对方的基本情况后，根据项目情况梳理出各方在此次谈判事项中的优势、劣势，充分发挥己方优势，扬长避短，指出相对方存在的问题，以作为谈判筹码。其次，坚守谈判底线。底线是指谈判一方所能接受的最低限度的利益。[①]就是人们常说的底牌，比如买卖交易谈判中买卖双方的价格底线，引资合作谈判中合作各方的原则底线，等等。在谈判前，务必要把己方的底线划好，做到心中有数，不轻易暴露。任何商业谈判都有法律边界，作为法律人员的另一个责任，就是要提醒各方谈判参与者，在谈判中不能突破法律底线。诸如违规送礼可能构成行贿，违规估值可能会损害国有资产，不当披露信息可能泄露商业机密，等等。最后，做到随机应变。在商务谈判中，临场应变能力是一项基本技能，参与谈判的法务人员必须具备。谈判实际上和法庭辩论相类似，应该根据现场情况随机应变。如果涉及事先未预测到但又比较核心关键的事项，可以采取缓兵拖延之策，可提议临时休会，喝点咖啡、吃点茶点等，借机研究请示上级。

谈判程序是谈判进行的步骤、次序。首先，讲究谈判进场礼仪。一般谈判进场礼仪是，主场方先进场等候，客方进场时，先进场的人都应起立，以示尊重和礼貌，为谈判营造良好的场景模式。其次，介绍会议安排与参会人员。遵循的原则是，各方谈判主持者介绍己方参与谈判人员姓名及职务，主场方先介绍，然后依次进行。在介绍时一般遵守“尊者优先”的规则，按照职务高低次序依次介绍，被介绍者应微笑点头示意或握手致意。

商务谈判阶段开始后，首先，是谈判开局。谈判开局常见方式有平和开局和强硬开局两种。谈判者若把力求实现双方坦诚合作、互谅互让，积极创造和维护融洽的谈判气氛作为谈判开局目标设计的方向，这就是平和开局。如果双方经济实力悬殊，且对方企图先发制人，以强凌弱，谈判时很难通过平和方式令对方服从，这时就得改变策略，强硬地、直截了当地回击对方，压制其嚣张气焰，这就是常说的强硬开局。当然，此处的强硬并非动作上的“敲桌子打板凳”，也不是言语上的“遣词激烈发脾气”，而是按照对方的逻辑，利用己方优势直

① 陶光辉：《公司法务部——揭开公司法务的面纱》，法律出版社2016年版，第100页。

接攻击对方弱点，而达成达谈判力量上的平衡。其次，谈判进入中期阶段。中期谈判是谈判的主要阶段，该阶段谈判涉及内容广泛，争论的议题较多，关键条款、核心利益都需要在此阶段商定。比如，在进行商品买卖交易谈判时，就需要对合同主要条款、技术附件的内容、交易对价、付款条件等进行全面详细的讨论。谈判中期的难点，就是如何做出让步。实际上谈判就是一个妥协的过程，谈判中的一个常态，就是各退一步，让步要合理，让到对方感受到你的诚意。作为法务人员，就是按照法律法规的要求，分析谈判行为是否构成合同法上的邀约、承诺、缔约过失责任，再针对谈判的关键条款、核心利益设计出合法有效的路径，为后期签约创造条件。谈判中期阶段，谈判人员除把握好关键条款、核心利益外，在授权范围内为了达到谈判目的，在次要问题上，根据情况需要可以考虑做些互惠式让步。当然，对每次让步都要进行反复磋商，使对方感受到己方让步也不是轻而易举的事情，珍惜已经得到的让步，从而促成主要条款内容达成一致。最后，进入谈判后期阶段，即谈判收尾阶段，各方在关键条款已经达成一致的前提下，在一些需要补充的细节上进行磋商，为使各方达成一项协议、解决一个问题或作出某种安排，以合理的条件取得谈判成功。但是，在谈判后期更需要注意用好有限授权。比如，在谈到最后时，己方法务人员可以先向谈判其他方表达谢意，再明确表述：今天虽然达成了这个协议，但其要真正生效，还须经过审核人批准。

（六）法商密切结合，创造多方共赢

一个完美无缺的法律技术方案，如果不考虑商业层面如何解决问题，在实际中是很难被业务人员接受的。[①]法务人员在谈判中有多种角色，可以起主导作用，也可以起辅导作用，不管其扮演的角色如何，都应该做到“胸有成竹，有备无患”。刚从事商务谈判的法务人员，仅仅依靠课堂上学的商务谈判理论知识还远远不够。[②]法务人员应该做到将所学的法律理论与实践经验有机结合，不断积累商务谈判实践经验，不断提高商务谈判论辩能力和解决实际问题能力。法务人员不仅仅是帮助企业审查合同、应付诉讼，更重要的是要做到法商结合，帮助企业成长，创造价值，实现价值，包括商务谈判、品牌战略、投融资、上市辅导等。商务谈判是博弈，是对参与谈判者综合素质的检验，需要具备良好的心理素质和优质的专业素养，让优秀的法务人员参与商务谈判往往会取得意想不到的收获。

一项重要的商务谈判，必须充分发挥法务人员与企业其他专业人员的合力作用。在企业商务谈判中，有很多参与人员，如与谈判项目相关的战略、规划、财务等专业人员，每类人员在谈判角色分工和授权上是不一样的，要做到既有分工又有合作。比如，财务人员主要从财务专业进行交流，技术人员主要对项目技术运用的科学性进行论证，但是一定要克服“各自为政”的片面观点，克服“商业条款归商业部门谈，法律条款归法务部门谈”这个观念，必须统筹兼顾、协调配合、形成合力。企业法务人员与律师最大的区别就是，法务人员既掌握法律知识，同时还了解企业本身业务。法务人员可以更有效地驾驭商务谈判，更加注重创造多方共赢的解决方案，使谈判目标得以实现。商务谈判的指向就是合同、契约，最终目的

① 李熠：《总法律顾问手记——律政职场胜经》，知识产权出版社 2016 版，第 97 页。

② 王建明：《商务谈判实战经验和技巧——对五十位商务谈判人员的深度访谈》，机械工业出版社 2010 版，第 1 页。

是要达成契约，这是成功的谈判。[1]商务谈判的结果是通过由谈判各方协商一致的合同来体现的，合同条款的合法、严谨与准确是保障获得利益的前提。这就需要受过专业训练的法务人员用规范准确的措辞及严谨的逻辑将谈判结果表述于合同内容之中，使谈判结果更有可能成功地得以实施。

二、商务谈判项目背景情况了解

项目背景主要涉及项目所处的行业、行情、环境，项目的提出原因、运作的可行性，以及相关法律、政策、竞争者、客户、技术等方面情况，详细了解分析项目背景不但有利于商务谈判，而且有利于项目之后成功运营。比如，A 公司拟转让持有位于某市中心土地 X 公司的全部股权，B 公司和 C 公司都有意受让 X 公司股权。A 公司法务人员经过初步调查了解：B 公司通过受让 X 公司的股权，计划利用 X 公司名下的土地建高端住宅楼；C 公司计划利用 X 公司名下的土地建购物与办公相结合的商务综合楼。X 公司名下的土地对 B、C 公司而言，出于不同的开发计划就有不同的价值，利润空间也有很大差别。有些教科书还将项目环境具体细分为政治环境（political factors）、经济环境（economic factors）、社会文化环境（sociocultural factors）、技术环境（technological factors）四个维度，即 PEST，值得参考。因此，法务人员通过对商务谈判起作用的目标公司历史情况和现实环境进行详细的逻辑推理和分析，从而得出在谈判中应该采取什么行动预案，掌握商务谈判主动权。

商务谈判是否成功，与谈判者事前的调查准备紧密相关，只有将相对方情况了如指掌，做到胸有成竹，才能在商务谈判中获得比较优势，占据主动。了解相对方情况包括但不限于其资信情况、可能策略及谈判相对方的个性特质，这些对谈判的圆满完成将有莫大助益。比如，谈判相对方喜欢登山运动，不妨在会谈前着意分享登山运动乐趣，寻找共同点，先行缓和戒备敌意，若有时间，更可邀约一起登山，以培养宽松的谈判气氛。须知此时登山运动就是另一张谈判桌，有助谈判达成。在谈判之前，利用现有资源，诸如互联网搜索工具、信用查询体系、诉讼案件查询系统和以前与之合作过的客户等对谈判者进行资信查询，必要时可以初步调查了解谈判方的实力、信用、行政许可、市场地位、涉诉等情况。

三、商务谈判时间、地点的选定

《孙膑兵法·月战》云："天时、地利、人和，三者不得，虽胜有殃。"取得作战胜利的三要素天时、地利、人和缺一不可，如果把商务谈判比作一场战斗，商务谈判同样也需要牢牢把握这三要素。商务谈判时间设定需要谈判各方共同商议，但从掌握谈判主动权来讲，如果能在时间确定上占有优势，对主动提出时间的一方有利。有效和巧妙地安排谈判时间，不仅可以控制谈判进度，而且有利于掌握谈判主动权。比如，甲方当日上午乘飞机从公司所在城市到达乙方企业所在地的谈判地点，如果乙方把谈判时间安排在当日下午，这对甲方不利。因为，下午人容易犯困，时间越靠后，人的状态越不好。一方面甲方经过长途跋涉尚处在体力、精力疲倦期，困乏不堪，这时候谈判有利乙方；另一方面乙方除占有主场优势之外，在

① 王建明：《商务谈判实战经验和技巧——对五十位商务谈判人员的深度访谈》，机械工业出版社 2010 版，第 25 页。

时间上也准备充分，乙方这时已充分休息，养精蓄锐，处在谈判最佳状态。针对这种情况，甲方可委婉地向乙方提出更改谈判时间，争取往后延，为做好准备工作赢得时间。又如，有的人上午比较清醒，想象力也比较丰富，思维比较敏捷；有的人喜欢晚上工作和思考问题，夜深人静，许多谈判中的重要细节就会浮现在眼前，又会引发很多精彩构思，在谈判时间商议上这些细节问题都需要考虑。

商务谈判地点选择也对谈判进行和结果构成有直接影响。一个人在自己熟悉的环境中，比在其他不熟悉的环境中更能收到良好的说服效果。主场优势是天然的，熟悉的环境会使东道主方产生一种安全感，有利于树立心理优势，有利于东道主方专注于谈判，无须分心于对环境的适应，可以依靠自己的信息渠道，充分收集各种资料，能随时与自己的上级、专家顾问保持沟通，商讨对策。如果能够选择自己的办公场所进行谈判绝对不能放弃；如果不能选择主场，也要尽可能选择中性的安静优雅场所如商务酒店、会议中心等地方，尽量避免另一方占据主场优势。客场谈判不仅要受旅途劳顿之苦，而且也会因为不适应环境产生心理紧张、情绪不稳定等。如果迫不得已在客场谈判，也要事先熟悉谈判场所，做到不打无准备之战。当然，任何事物都有两面性，凡事都不是绝对的，主场、客场谈判优劣势有时也可以互相转换。比如，客场谈判可以省去那些东道主必须承担的迎来送往，同时在谈判遇到僵持时可借必须回去请示而方便地暂时退出谈判，等等。

四、交通工具选择与安排

在确定了商务谈判的时间、地点之后，交通工具的事先安排和选择也需要在细节上充分考虑，尽量避免不利因素发生。在准备去进行谈判的时候，需要把握好时间点，不能去得太早，但是也不能迟到，最佳时间就是在离谈判约定好的时间还有五分钟的时候进入谈判现场，几分钟的准备使得氛围不是那么尴尬。如果谈判地点在客场进行，事先应与东道主商议，由东道主提供交通工具及驾驶员，因为东道主熟悉交通道路情况，即使迟到，责任也在东道主方。如果自行选择交通工具前往谈判地点，就需要事先把路线、时间计算准确，先提前到地点附近，然后再计算步行时间，对于时间的严格安排，会省去很多麻烦。

第三节　实务训练

一、案例讨论

（一）案例

某国有茶旅经营开发有限责任公司（以下简称甲方）在该省产茶强县有一个全资茶旅一体化项目开发公司（以下简称丙方），丙方注册资本 6 000 万元（货币单位均为人民币）全部到位，茶旅一体化项目已完成建设，开园运营两年，每年营业收入 800 万余元，税后利润 150 万余元。甲方根据国家关于深化国有企业混合所有制改革要求，决定以增资扩股的形式引进战略投资者即某某旅游文化投资有限责任公司（以下简称乙方，非国有资本）对丙方进行混合所有制改革，乙方拟对丙方进行增资，增资后甲方持有丙方 60%股权，乙方持有丙方 40%股权，增资后丙方的注册资本由 6 000 万元增加到 1 亿元。

（二）讨论

甲方法务人员围绕引进战略投资者对丙方增资扩股如何开展好商务谈判的几个焦点展开讨论。

一种观点认为：引进战略投资者对丙方增资扩股，主要须了解乙方资金实力，并就今后如何合作提升丙公司经营规模等方面进行商谈。理由：本次混合所有制改革的目标是扩大经营规模，扩大经营规模最重要的方面就是增加投资、增加资本金，甲方作为国有企业要考虑重组后丙方公司的稳定发展，乙方增加的注册资金能否按时到位将直接影响公司重组和发展。

另一种观点认为：引进非国有经济的战略投资者对丙方增资扩股实施混合制改革重组，主要目的是借用乙方市场影响力和灵活的经营机制，混合制改革重组谈判重点应该围绕如何借鉴乙方企业灵活的体制机制和市场地位，推进丙方转型升级。理由：引进战略投资者进行混合所有制改革主要目的是实现不同所有制资本间的共同发展和有效制衡，核心是国有企业经营机制的成功转换。

甲方公司法务人员在谈判聚焦内容方面没有形成统一意见。如果你是甲方公司谈判的主导者，将如何处理？

对上述两种观点，甲方公司谈判主导者组织公司全体法务人员讨论，一致认为上述两种观点都有一定可取之处，但是都不全面，应该将这两种观点综合起来确定谈判的重点内容，理由是：

（1）混合所有制改革是为了进一步完善现代企业制度，促进国有企业转换经营机制，提高国有资本配置和运行效率，增强国有经济活力和抗风险能力。甲方法务人员在谈判中要重点关注乙方企业灵活的体制机制、市场地位，以及对混合制改革后丙方公司的正面导向，增强企业竞争力。

（2）混合所有制改革是为了进一步优化国有经济布局，放大国有资本功能，实现各种所有制资本取长补短。甲方法务人员在谈判中也要重点关注战略投资方的经济实力和放大国有资本功能目的的实现。

（3）混合所有制改革是为了实现国有资产保值增值，防止国有资产流失。甲方法务人员在谈判中也要与战略投资者讲清楚，引进投资必须按照国有股权交易的有关规定进行，诸如聘请中介机构对股权资产进行审计评估，在产权交易机构公开挂牌交易等，防止国有资产流失。

二、案例分析

（一）案例

甲、乙双方为完成一批紧俏高线螺纹钢材买卖交易而进行协商谈判，螺纹钢规格为 ϕ

6~10mm，材质为 HPB300，市场价格为 4 200 元/吨左右。在此单交易中，甲为卖方处于优势地位，乙为买方处于劣势地位。甲方声称底价是 4 700 元/吨，乙方觉得质量很不错，但价格高出市场价较多，试图再讨价还价，但又怕一不小心失去了这桩买卖，影响业务发展。

（二）分析

如果你作为乙方法务人员参与此笔钢材买卖交易商务谈判，应该怎么办？

思考方向

（1）乙方在派出贸易专业人员与对方正式谈判之前，先由法务人员与甲方商议，表示有购买诚意。

（2）乙方法务人员进一步了解交易基本信息，先以市场行情与甲方协商，愿意以略高于市场的价格购买，但同时又表示缺乏授权。

（3）法务人员经过与甲方初步商谈，在了解甲方有初步意向后，再派专业人员出面与甲方商谈，为谈判建立一个缓冲带，为乙方达成交易赢得时间和机会。

第四章 企业合同起草和审查法律实务（上）

第一节 合同自由与遵守法律

企业合同的起草，主要是企业法务人员，根据企业对外商务谈判、员工招聘、内部承包经营等需要，制定相应合同文本的行为；企业合同的审查，主要是企业法务人员，为避免经营管理中的法律风险，对准备与对方签署的合同文本，根据企业经营管理目的、内容以及与对方谈判达成的一致意见依照法律予以审查确定的行为。

合同的起草，往往伴随着合同的审查，一方起草的合同文本，一般要由对方审查，如果对方经审查作了修改，还要由起草一方再审查。合同的审查、修改在签约当事人之间多次往返，直至签约各方对合同文本没有意见，同意签订时止。企业不仅仅在对外开展业务方面需要其法务人员起草或者审查合同，在企业内部事务方面，也常常需要其法务人员起草或者审查合同，如企业人员聘用合同、企业内部承包合同、企业关联公司之间业务合作合同等。

在合同法上，实行的是合同自由原则，法律赋予当事人广泛的自由。合同自由，是在法律范围内的自由。企业签订的合同违反法律效力性强制规范而无效，企业不能实现交易的目的；企业签订的合同违反法律管理性强制规范，其合同的效力虽然不受影响，但企业因其违法行为则应承担相应的法律责任，其经营活动必然会受到影响。因此，企业法务人员在起草和审查合同时，应处理好合同自由与合同不得违法的关系。

一、要注意合同不得违反法律有关效力强制性规范

在我国，法律强制性规范分为效力强制性规范和管理性强制规范。所谓法律效力性强制规范，是指法律、法规明确规定违反该规范民事行为即无效的规范；所谓法律管理性强制规范，是指法律、法规未规定违反该规范民事行为即无效的后果，仅对该规范指向的行为进行管理和对违反该规范的行为进行处罚的规范。合同不得违反法律，首先是不得违反法律效力性强制规范。在合同内容与相应的法律规定不一致时，要区分相应的法律规定是效力性强制规范还是管理性强制规范，抑或任意性法律规范。所谓法律任意性规范，是指允许当事人另外约定与该规范不同的内容，在当事人没有约定时才适用的规范。合同如有与法律效力性强制规范相冲突的内容，要进一步注意分析法律效力性强制规范的适用条件，正确识别法律效力性强制规范是无条件性规范还是条件性规范。如果法律效力性强制规范属于无条件性强制规范，应舍弃相应的合同内容，建议企业与对方当事人商谈，在商谈取得一致意见的基础上再对合同加以修改。如果合同内容与条件性强制规范相冲突，应对法律明确规定的适用条件与合同相应内容做进一步的分析，确定合同内容是否满足法律效力性强制规范的适用条件，满足法律效力性强制规范适用条件的合同内容，除予以舍弃外，在尚有修改利用余地的情况

下，也可以通过修改，使合同相应内容避开该法律规范适用的条件，合同效力不致受到影响。

企业法务工作者在起草和审查民商事合同时，特别要注意合同不得违背《民法典》相关法律效力强制性规范：

（1）合同内容应当是企业合法的真实意思表示，而不能与相对人为虚假意思表示。行为人与相对人故意以不真实的意思表示掩盖另一真实意思，用以掩盖真实意思的意思表示就是虚假意思表示。虚假意思表示不是行为人要实现的目的，而被掩盖的意思才是行为人要达到的目的。行为人与相对人以虚假的意思表示签订的合同无效，以虚假的意思表示隐藏的民事法律行为的效力，依照有关法律规定处理。如果被隐藏的民事法律行为也违反了法律效力强制性规范，其也应当无效；如果其未违反法律效力性强制规范，但属于可撤销的合同，则由当事人主张撤销之；如果其既未违反法律效力性强制规范，也不属于可撤销的合同，则按照隐藏的民事法律行为本身的性质处理。

（2）企业订立合同，是为了开展合法经营活动，不能为了盈利而损害他人合法权益，因此，企业法务人员要注意合同是否为企业与相对人恶意串通损害他人合法权益的行为。所谓恶意串通，是指当事人为实现某种目的串通一气，共同订立合同损害他人的合法权益的违法行为。恶意串通，首先双方当事人具有恶意，其次双方对订立合同损害他人合法权益主观上是明知或者应知，再次双方具有意思联络。如果企业法务人员在起草或者审查合同时，发现合同具有恶意串通的情况，应当坚持法律原则，陈述利害，说服企业放弃非法盈利的诱惑，拒绝订立恶意串通的合同，合规经营。

（3）企业法务工作者除要注意合同不得违反法律外，也要注意合同不得违背公序良俗，违背公序良俗的合同也是无效的。在违反公序良俗的场合，如果法律效力性强制规范明确了该行为的具体类型的，应适用该法律规范；如果没有违反公序良俗行为具体类型的法律规范，则适用《民法典》第八条、第一百五十三条第二款的明文规定。国家的公共政策，多数是公共秩序的表现，起草和审查企业合同，可以运用国家公共政策对其进行衡量，防止其内容与公共政策相冲突而产生合同因违背公序良俗而无效的法律风险。善良风俗，是社会全体成员普遍认可并遵循的道德准则，企业虽然是一种拟人化的存在，但其意志也表现着人的意志，在经营管理活动中，也必须遵守社会的善良风俗。

另外，如果合同是格式合同，除注意其格式条款不要违反法律效力性强制规范外，还要注意格式条款是否有不合理地免除或者减轻提供格式条款一方责任、加重对方责任、限制对方主要权利以及提供格式条款的一方排除对方主要权利等情况，因为这些情况都会导致格式条款无效。如果合同不是格式合同，也要注意其中不应有造成对方人身损害或者因故意或者重大过失造成对方财产损失而免除责任的免责条款，这样的免责条款也是无效的。

二、企业法务工作者在起草和审查合同时，也应把握合同不得违反法律管理性强制规范

虽然合同违反法律管理性强制规范不影响合同的效力，但却可能增加合同履行成本或导致合同履行障碍发生，影响合同目的的顺利实现。为此，起草和审查合同时，遇有合同内容可能与法律管理性强制规范冲突的情况，一要区分法律管理性强制规范是针对双方还是一方

当事人行为的规范，并将法律管理性义务的承担作为合同履行的必要条件在合同中加以明确。二要区分所承担的法律管理性义务是事前义务、事中义务还是事后义务，在合同中明确承担法律管理性义务的时间点。通过合同明确一方或者双方在事前、事中或者事后主动履行法律管理性义务。这样，一方面可以化解合同可能违反法律相应管理性强制规范的风险，另一方面，在法律管理性义务是由一方当事人承担的情况下，因该方当事人没有按照合同约定履行法律管理性义务发生合同履行障碍时，另一方当事人可以通过追究其合同责任弥补因此遭受的损失。三要从法律管理性强制规范所禁止的行为要素分析，这些行为要素通常包括经营资格、行为方式、行为手段、经营时间、经营地点、产品质量等等。有些行为要素，通过一定的审批程序即可获得法律的许可，不能获得法律许可的，可以通过改变行为要素的方法，即采取法律允许的其他行为要素代替法律禁止的个别行为要素，满足合同内容的合法性要求。

第二节　起草或者审查合同的几个实务问题

一、注意合同可能被撤销的情况

起草或者审查合同，除了要注意合同不得违反法律外，还要注意合同可能被请求撤销的情况。合同有以下五种情形，一方当事人可以请求撤销，合同撤销后，自始没有约束力。一是基于重大误解而作出的民事法律行为；二是欺诈行为；三是第三人实施欺诈行为，使一方在违背真实意思的情况下签订的合同；四是因受到胁迫签订的合同；五是一方乘人之危签订的合同。企业订立合同，就是要实现合同目的，合同被撤销，是企业订立合同之初所不欲的事情，所以，应注意避免合同出现法律规定可撤销的情形。

二、合同变更和解除条款的起草和审查

合同一经成立，即具有约束力，当事人任何一方非经双方协商一致，不得擅自变更合同的内容。法律允许合同订立后当事人以一致意思表示变更合同。合同订立后缔约基础发生了变化，继续履行合同会导致当事人利益严重失衡的后果时，当事人不能协商变更合同的，一方可以提起民事诉讼，请求人民法院对合同是否变更作出裁判。以上两种情况下的合同变更，都是发生在合同履行过程中。但是，当事人可以在合同中预先约定，协商变更合同的程序和方式，如可以约定，合同变更必须协商一致并采取书面形式，以防止发生默示推定变更的纠纷。企业法务人员要注意的是，我国法律上规定的合同变更，仅指不改变合同内容同一性的变更，合同主体的改变是合同权利义务的转让，合同内容改变后与原合同失去同一性的变化是合同的更改[①]，合同主体的改变和合同的更改，都不是合同的变更。我国法律对合同的变更和合同权利义务的转让有明确规定，没有规定合同的更改，但合同实践中却存在大量的合同更改的情况。合同的更改实际是合同法律关系的类型发生了变化，当事人协议解除了原合同而重新订立了新的合同。正因为法律上的合同协议解除制度和合同订立制度可以规范合同

① 韩世远：《合同法总论》，法律出版社2008年3月版，第400页。

更改的行为，因此法律才没有必要规定合同更改制度，以使法律更加精简。把握合同转让、合同变更和合同更改的区别，才能正确把握合同主体变化、内容变化的性质，按照法律对合同相关变化的法律规定，起草好和审查好合同。

合同有效成立后，即对合同当事人具有约束力，任何一方均不得随意终止合同的履行。但是，合同可能因一方违约而不能实现合同目的时，另一方可以通过解除合同实现补救，或者因不可抗力导致不能实现合同目的时，当事人双方均可通过解除合同而获得补救。因此，合同解除既是违约补救的一项措施，也是合同发生不可抗力致使不能实现合同目的时的一项补救措施。法律除赋予当事人合同的法定解除权外，还允许当事人在合同中约定解除合同的权利以及合同成立后履行中经协商一致解除合同。企业应当充分利用法律允许的合同自由空间，在合同中预先约定解除合同的事由和合同解除时的清算条款。这样不仅使合同解除条件更加具体明确，也可以改变法律规定的合同解除条件，使约定的解除事由更加符合当事人的意思自治，还可以使行使解除权一方的举证责任得以减轻。同时，根据《民法典》第五百六十四条第一款的规定，当事人可以约定解除权行使的期限，而当事人约定的解除权行使期限，可以不同于法定解除权行使期限。预先约定解除权行使的事由及其期限有上述好处，故企业合同最好充分运用之。

三、合同条款的明确性和张力

在起草和审查合同时，往往涉及处理好合同条款明确性与其张力的问题。合同条款的要求之一，是其应当具体明确，又必须具有一定张力。合同条款具体明确，才能减少履行中的分歧，对预防合同纠纷具有重要意义，但是，并非事无巨细均需要在合同中予以规定，否则，合同内容将异常繁杂累赘，反不利于合同主要条款的把握和履行，因此合同条款又应当具有一定张力。

企业法务人员在起草和审查合同时，除尽量不要在合同文本中出现逻辑错误和语法修辞错误外，可以通过以下方法提高合同条款的明确性：第一，在合同文本中制作定义条款，通过定义条款，明确双方在合同关系中赋予的某些词语的特定含义或排除某些词语容易产生的歧义。第二，在合同文本中尽可能使用法律词语，因为，相对一般生活用语来说，法律词语的含义是社会的一般规范性共识，比较确定。第三，在没有法律用语可资使用或者双方当事人不欲使用法律用语的情况下，尽可能使用行业用语或者生活中的通常用语，一定的行业用语在一定的行业中其含义是相对确定的，通常也与行业习惯相联系，而生活中的通常用语，在一定时期和一定社会生活范围内的人们，对其含义的理解也相对一致，故这两种词语的含义也具有一定的超越合同当事人意志的客观性。第四，合同任何条款都有其指向，在起草或者审查合同条款时，应当尽可能使其条款指向具体。由于语言指向的具体性与语境密切相关，因此，在合同条款本身指向尽可能具体的同时，还要尽力使合同结构合理、内容层次清晰、条款之间协调一致，使之能够共同呈现出语境的具体性。第五，保持合同条款用语的一致。合同条款的用语一致，看似一个简单的问题，但实则不易做到，因为企业的合同文本，往往不是一人或一方当事人的工作成果，而是多人合作或者各方当事人共同行为的结果，参与合同起草或审查的人的语言偏好或者习惯不同，可能使合同条款中有的词语不一致，从而影响条款的明确性。

同时，还要注意合同条款应当具有一定的张力。我们认为，合同条款的张力，主要是指合同条款的包容力或者涵盖力，也即其含义的覆盖范围。当然，合同条款的张力越大，合同条款就越抽象模糊，因此其张力并不是越大越好，而是以适当为宜，即应当以不损害合同条款的明确性为前提，在确保合同条款明确性的同时，使合同条款以及合同条款之间有一定的意义覆盖区间。合同条款具有一定张力，对增强合同条款的解释力，减少合同漏洞，保障合同顺利履行都是有益的。

在起草和审查合同时，通过以下方法，可以使合同条款保持适当张力：一是制定合同目的条款。合同目的条款，可以增强合同的整体性，使合同的其他具体条款不仅仅具有具体条款本身明确的意义，同时也获得了其在合同整体中的意义，这样，合同具体条款的意义就得到了相对的拓宽。二是适当制定合同的一般条款。合同的一般条款，就是合同的原则性条款，是合同某一方面内容的一般要求。在合同目的统摄整个合同条款的情况下，原则条款可以将合同某一方面的条款组织成合同整体中相对较小的部分，在该原则范围内的条款，不仅可以获得目的条款整体意义上的解释，还可以获得原则条款部分意义上的解释，这种双重解释，可以增加具体条款的意义域。合同中常见的一般条款有：合同解释根据条款、订约和履约的诚信条款、期限起止计算方法条款、违约后果条款以及损失计算方法条款等。合同当事人还可以根据合同的特殊要求确定其原则性条款，如通知方式及其送达方式条款等。三是处理好合同条款之间的关系。合同条款，是合同内容的规范性表达，它们既要完整地表达合同内容，又不可能像叙述文一样完整叙述，必然是择其要而规范之，这样，合同条款之间必然就留有一定间隙。为处理好合同条款之间的关系，首先，企业法务人员应当使合同结构符合其类型并完整，如此才能保证合同全部条款是合同内容的完整表达，没有欠缺；其次，合同每一条的内容也应当是完整的，如果条的内容有多个方面或者多个层次，则可以将每个方面或者每个层次以款的方式来表达；再次，如果款的内容是多方面的或者多层次的，则可将款的各个方面或者层次列为项；复次，在合同条款表达完整的前提下，注意合同条款之间的间隙是合理的。合同条款之间的间隙是否合理，主要以合同相关条款之间的意义脉络是否接继作为判断标准。合同条款之间虽有间隙，但其意义相接继，其间隙就是合理的，否则就是不合理的。因为，合同条款之间合理的间隙，存在其意义脉络，并不是完全的空白地带，不会成为合同漏洞。当然，合同条款之间的意义接续，应当尽可能是客观的，而不是合同起草者或者审查者的主观臆断，这样才能保证合同条款之间的间隙是合理的。

四、注意法律任意性规范和民商事习惯的运用

在合同不设置相应内容条款时，要注意是否存在相应的法律任意性规范和民商事习惯可以作为合同该项内容的补充及解释标准。企业法务工作者在起草或者审查合同时，要充分发挥法律任意性规范的功能，这样对完成好起草或者审查合同的任务，可以起到事半功倍的作用。

民商事交易习惯，是人们在交易活动中自发形成的以商品交换为内容的规则或者行为方式。交易习惯源于交易活动，是在利益对立的当事人之间经过多次讨价还价或者反复进行利益平衡过程中形成的，具有相对的公平性，反映了当事人的意思自治。重视交易习惯，至少有以下好处：一是可以提高市场自律水平，降低法律的运行成本。二是交易习惯可以填补法

律的空白，解释法律的含义，使法律得到更合理的施行。在市场经济条件下，市场关系千变万化、错综复杂，法律规范无论如何缜密，也远远涵盖不了其全部，这就使法律规定必然显现出“空框式结构”[①]，法律规定的原则抽象性与社会生活的具体丰富性的矛盾，使法律规定经常必须通过解释才能适用于具体案件。交易习惯作为自律性行为规则，在法律空白处可以为交易主体提供具体现存的行为模式，在法律含义模糊或冲突的地方，可以提供解释法律所需之事实依据和经验模型，对法律的有效运作起着必不可少的支撑作用。三是交易习惯对合同也有解释作用。在市场经济条件下，交易活动的客观条件瞬息万变，交易主体的主观条件千差万别，当事人签订的合同经常内容详约不一，表述明确与模糊杂存，当事人随着签约和履约时空的变化，难免对合同内容及其表述产生争议。但是，如果当事人一致同意遵循某交易习惯，该交易习惯就不仅是既往已确定了的行为模式，也是当下当事人一致意思表示的事实，通过它可以证明当事人的真实意思表示，从而对合同内容起到解释与填补的作用。

交易习惯有成文的和不成文的两种形式。成文的交易习惯，主要是被一定范围的交易主体广泛认可的一些成文行业规范；不成文的交易习惯，主要是被一定范围的交易主体广泛认可的事实上的惯常做法。由于合同纠纷中主张适用交易习惯的一方应当承担证明该交易习惯存在的事实，因此，企业法务人员在起草和审查合同时，如果当事人约定其交易遵循某交易习惯而该交易习惯是成文的，应当将该交易习惯作为合同附件，如果该交易习惯不是成文的，最好用文字概括其内容，在合同正文中表述出来或者作为合同附件均可。

五、合同漏洞与合同陷阱的预防

合同漏洞，就是合同当事人应当约定却没有约定、合同已有条款含义又不能包括该内容，致使合同内容产生了空洞或者缺口。合同漏洞产生的主要原因，一是当事人订立合同时对相关内容没有考虑到因而对合同内容有所遗漏。二是虽然当事人订立合同时对相关内容有所考虑，但合同对这些内容的表述却不明确或者前后矛盾。三是当事人对合同某些内容尚未协商一致，故意留待合同订立后再协商补充，但却未予补充。四是合同有的条款因违反法律效力性强制规范无效，合同内容因而出现漏洞。合同存在漏洞，可能产生合同纠纷，影响合同的顺利履行，虽然合同漏洞可以通过仲裁机构或者人民法院适用法律规定的关于合同的解释规则填补，解决合同纠纷，但纠纷解决所耗时日可能使合同的履行已经时过境迁，这是当事人订立合同时所不欲出现的情况。故在起草和审查合同时预先防范合同出现漏洞，是企业法务人员的一项重要任务。企业法务人员一是要分辨确定合同的类型，按照合同所属类型，全面准确地表述合同主要条款的内容，如果主要条款的内容不全面或者表述模糊，应当及时补充完整。二是要防止合同存在违反法律效力性强制规范的内容，如果对合同内容是否违反法律效力性强制规范有疑问，则须多查找法律资料，消除疑问，不要使合同内容在这方面存疑。三是对合同内容要融会贯通，做到逻辑严密，不要出现前后矛盾的内容。四是对可能存在多种意思的表述，应当尽可能对语义予以限制或者表述尽可能具体。五是如果合同债务是不定期履行或者分期履行的，要注意明确通知、催告等与诚信履约有关的程序性条款；如果当事

① 徐国栋：《民法基本原则解释——成文法局限性之克服》，中国政法大学出版社 1995 年版，第 193 页。

人约定使用“活价条款”等有待实际履行时根据一定地方的物价、政府指导价或者相关物价指数等再确定其具体内容的条款的，则应明确其内容的具体标准或者方法。六是如果当事人订约时对有关内容有意留待以后通过补充协议明确的，最好在合同中通过附生效期限条款明确一定的基本内容，如果期限届至时当事人仍对相关内容达不成补充协议，合同中预先拟定的附期限条款则生效，也可以弥补合同中的漏洞；或者通过附失效条件条款明确一定的基本内容，将当事人达成补充协议作为失效条件，如果当事人达成补充协议，合同中附失效条件的条款则失效，如果当事人达不成补充协议，失效条件没有成就，合同中附失效条件的条款仍然有效，由此，也可以预防合同出现漏洞。

合同陷阱，通常是当事人一方引诱对方签订其故意不约定相关内容或者相关内容故意约定模糊的合同，使对方受到合同约束而己方借此获得非正当利益的情况。比较典型的合同陷阱，通常有以下几种：一是主体混淆陷阱。如故意在名称上或者经营上与某商品生产企业的产品销售企业近似，如某经销部、某批发部等等，使人容易误以为其是某商品生产企业的销售企业的分支机构而与之签订买卖合同，然而签订合同的某经销部或者某批发部等，与某商品生产企业的产品销售企业根本无关，结果该合同约定的某商品价格比某商品生产企业的销售企业销售的价格要高。二是履约能力陷阱。如自己无支付货款能力，但故意约定先货后款，或者约定的付款期限模糊，占用标的物后长期拖欠货款，甚至提出标的存在质量瑕疵的恶意抗辩，要求减价等。三是债务陷阱。自己投资的项目已经债台高筑，但却引诱投资者签订合作协议，结果使投资者分担项目债务。这类合同陷阱多发生在采矿、探矿或者房地产开发经营合作等合同中。四是标的品质陷阱。故意不约定标的质量标准及其检验程序，或者约定的标的质量标准及其检验程序模糊，以便提供贴牌产品、落后型号产品或者滞销产品等。五是权利瑕疵陷阱。如故意隐瞒企业财产权利瑕疵，签订合同将企业转让，使受让人不能对标的完全行使权利，遭受损失。这类陷阱多发生在企业兼并、公司股份转让等合同中。六是履约方式陷阱。如一方故意要求合同不明确约定资金支付方式，签约后则口头要求付款方付至第三人（通常为个人）提供的账户内，嗣后又要求付款方向其履行付款义务。付款方难以举证证明存在债权人要求其向第三人付款的指示，则可能承担再向债权人付款的责任。如果第三人与付款方存在业务关系，则资金的用途可能产生争议；如第三人与付款方没有业务关系，第三人承诺承担还款责任，但又涉及第三人的还款能力问题。在第三人完全偿还资金之前的期间内，债权人或者第三人实际利用该笔资金作了周转。七是担保陷阱。如债务人提供已经出租且出租人已经收取整个出租期间租金的房屋抵押担保，该房屋通过司法拍卖多次流拍后抵偿债权，但债权人不能收取租金或难以利用该房屋产生收益。再如保证，是保证人以其信誉担保债务的履行，但是债务人随意提供与其具有利害关系的自然人作为保证人，债权人是否信任债务人提供的保证人，以及保证人是否具有承担保证责任的能力，则不清楚，在债务不履行的场合，保证人承担的保证责任则可能落空。合同实践中，合同陷阱并不止以上所列举的几种，由于经济关系复杂多样，合同陷阱也多种多样。坠入合同陷阱，有些情况下可以主张合同无效或者撤销合同而得到救济，有些则难以获得救济，即使可以获得一定的救济，其损失也很难避免。企业法务人员要善于总结经验教训，谨慎勤思，不断提高自己识别合同陷阱的能力。

第三节　实务训练

一、案例讨论

某企业因业务需要，由法务人员制作了相同业务的两个合同模板供选择。

著作权转让协议（甲模版）

甲方（买方）：__________________

乙方（卖方）：__________________

根据《中华人民共和国著作权法》及有关规定，为明确甲乙双方的权利与义务，经双方友好协商一致，签订本合同。

一、作品名称

乙方向甲方提供命题画稿原始手稿________幅，分别为：__________________。

二、转让权利种类及范围

乙方将所创作画稿作品的复制权、发行权、出租权、展览权、放映权、信息网络传播权、摄制权、改编权、翻译权、汇编权及应当由著作权人享有的其他权利均永久性转让给甲方。甲方有权将上述乙方所创作画稿许可或者转让任何第三方使用，乙方不得干涉。甲方拥有的画稿著作权的使用，必须是在法律允许范围之内的使用。

三、关于署名权、发表权、修改权及保护作品完整权

1. 乙方同意放弃在上述画稿作品上的署名权；

2. 乙方同意甲方自己或者甲方许可任何第三方通过任何形式将上述画稿作品发表，乙方无权提出异议；

3. 画稿转让给甲方后，甲方提出需要乙方修改画稿，修改后画稿达不到甲方要求，乙方不承担法律责任。

4. 在乙方完成画稿并转让给甲方以后，授权甲方或者甲方许可的任何第三方对画稿进行修改，甲方或者甲方许可的第三方对画稿进行部分使用，乙方无异议。

四、画稿转让价

每幅画人民币：_______元，共：_______幅，合计人民币：_______元。

五、画稿及转让金交付方式

乙方按照甲方的要求完成画稿作品后，先拍照片发给甲方，甲方选中后，乙方提供手稿原件给甲方，若手稿原件跟照片不符或差异很大，甲方将退回原稿要求乙方修改或重新画，若乙方拒绝修改或重新画，甲方拒绝支付该画稿的费用。

甲方收到手稿原件后，确认手稿完好无损，三个工作日内转账到乙方账户：___________（节假日往后推延）。

六、保密条款

合同双方对因履行本合同而知悉的对方的任何未公开信息应保守秘密，未经对方书面同意，另一方在任何时候不得自己使用或将上述信息透露给任何第三方。本合同的终止或履行完毕不影响双方依据本条规定应当承担的保密义务。

七、违约责任

1. 甲乙双方任何一方违反本合同约定的，违约方应当赔偿由此给对方造成的一切损失。

2. 乙方交付的画稿作品质量不符合本合同约定的,应按照甲方的要求对不合格部分进行修改。

3. 乙方不能在约定时间完成画稿作品，甲方有权选择解除合同。

4. 甲方不能按合同要求支付乙方著作权转让金，乙方有权选择解除合同。

5. 一方因“不可抗力”事件而未能履行本合同，不承担违约责任，但应提供相关证据并及时通知对方，同时应尽最大努力避免不可抗力带来的损失。

八、争议解决

若双方因履行合同发生争议，应首先通过友好协商解决，在30日内协商不成的，双方均可向人民法院提起诉讼。

九、其他条款

1. 对本合同的任何修改均应经过双方书面签字、盖章认可。经双方签字、盖章的本合同的补充协议是本合同的附件，与本合同具有同等法律效力。

2. 本合同一式两份，双方各执一份，具同等效力。

3. 本合同自双方签字并盖章之日起生效。

甲方（公章）________
法定代表人（签字）________
________年___月___日
乙方（公章）________
法定代表人（签字）：________
________年___月___日

著作权转让合同（乙模板）

甲方（买方）：__________________

乙方（卖方）：__________________

依照《中华人民共和国著作权法》及《中华人民共和国民法典》相关规定，为明确甲乙双方的权利与义务，经双方友好协商一致，签订本合同。

一、作品名称

乙方向甲方转让原创作品______幅的著作权及相关民事权利，其原创作品的名称分别为：

1. _______________

2. _______________

3. _______________

4. ________________

上述原创作品图形内容见本合同附件___________。

二、著作权转让范围

乙方转让作品的著作权利为著作权人享有的署名权、复制权、发行权、出租权、展览权、放映权、信息网络传播权、摄制权、改编权、翻译权、汇编权等著作权法上的所有权利。

上述权利转让给甲方后，乙方保证甲方对上述作品的所有著作权利以及其产生的邻接权不受第三方追索。

三、其他民事权利转让范围

乙方转让上述命题画著作权的同时，也转让了上述命题画及载体的占有、使用、收益和处分的民事权利。甲方行使上述权利时，乙方亦不得干涉。

四、甲方再创作产生的权利归属

甲方可以依法采取任何方式对上述命题画再创作，由此产生的任何权利归属于甲方，均与乙方无关，乙方无权主张。

五、作品载体、质量及规格

1. 名称___________，

载体___________，

载体质量___________，

规格___________；

2. 名称___________，

载体___________，

载体质量___________，

规格___________；

3. 名称___________，

载体___________，

载体质量___________，

规格___________；

4. 名称___________，

载体___________，

载体质量___________，

规格___________；

上述画稿转让前，乙方创作画稿的材料以及根据甲方要求修改画稿的材料，由乙方自行承担。

六、转让价

上述命题画稿转让价每幅人民币：_______元，共：_______幅，合计人民币：_______元。

七、作品的交付

1. 乙方按照甲方的要求完成画稿作品，先拍照片发给甲方，甲方选中后，乙方于___个工作日内提供作品原件给甲方。甲方收到作品原件后，应于___个工作日内向乙方出具临时收条，并于___个工作日内确认作品是否符合照片以及质量是否符合合同约定的标准。

甲方的临时收条不具有证明乙方已经履行交付义务的效力。

2. 若甲方确认作品原件跟照片不符或存在质量问题，甲方应于___个工作日内书面通知乙方取回，乙方应于收到书面通知___个工作日内取回作品原件，逾期未取回的意外毁损由乙方承担。

3. 乙方对取回的作品原件，应根据甲方要求修改或重新创作，若乙方拒绝修改或重新创作，甲方有权拒绝支付该作品的任何费用并终止合同的履行。

4. 甲方确认作品与照片无差异且无质量问题，应于五个工作日内向乙方出具正式收条，甲方出具正式收条，即视为乙方完成交付。作品所有权利从乙方完成交付之时转移给甲方。

八、转让款的支付

1. 甲方出具正式收条后三个工作日内将价款转账给乙方（节假日往后推延）。

乙方账户：开户行____________，

户名________；

账号____________。

2. 甲方向乙方上述账户汇款即为甲方支付，但属乙方账户或开户行的原因导致甲方支付不成功的，不视为甲方违约，甲方因此不承担违约责任。

3. 乙方变更上述收款账户，必须书面通知甲方并载明理由。乙方在甲方支付期内书面通知甲方变更收款账户的，甲方在收到书面通知后有权顺延相应的付款期限。

九、保证和保密条款

1. 双方各自向对方保证诚信地履行本合同，甲方保证不将作品用于危害公序良俗的活动，乙方保证转让的作品无权利瑕疵和质量瑕疵。

2. 合同双方对因履行本合同而知悉的对方的任何未公开信息应保守秘密，在本合同期内和本合同履行结束后______年内，未经对方书面同意，另一方在任何时候不得将上述信息透露给任何第三方。本合同的终止、解除或履行完毕不影响双方依据本条规定应当承担的保密义务。

十、违约责任

1. 甲、乙双方任何一方违反本合同约定的，违约方应当赔偿由此给对方造成的一切损失。

2. 甲方事后发现乙方交付的作品原件存在隐蔽瑕疵的，乙方应按照甲方的要求重作或对不合格部分进行修改。

3. 乙方不能在约定时间完成作品，逾期___日甲方即有权解除合同。

4. 甲方不能按合同要求支付乙方著作权转让金，逾期___日乙方即有权解除合同。

5. 一方因“不可抗力”事件而未能履行或未能完全履行本合同，不承担违约责任，但应提供相关证据并及时通知对方，同时应尽最大努力避免不可抗力给对方造成的损失。

十一、争议解决

双方因履行本合同发生争议，应首先通过友好协商解决，在30日内协商不成的，双方均可向有管辖权的人民法院提起民事诉讼。

十二、其他条款

1. 对本合同的任何修改均应经过双方书面签字或者认可。经双方签字、盖章的本合同的补充协议与本合同具有同等法律效力。

2. 本合同一式两份，双方各执一份。

3. 本合同自双方签字并盖章之日起生效。

甲方（公章）：________

甲方法定代表人（签字）：__________

__________年___月___日

乙方（公章）：________________

乙方法定代表人（签字）：________

________年___月___日

对上述两个合同模板，某企业法务部门组织讨论，一致认为乙模板在条款明确性和张力方面，优于甲模板，决定废弃甲模板，以乙模板为正式模板，其理由是：

1. 合同标的物条款

首先，甲模板中转让的标的物为“命题画稿原始手稿”，而乙模板中为“原创作品”，“命题画稿原始手稿”含义模糊，“画稿”既可以是成品，也可以指未完成的作品，而“原创作品”只能是成品。其次，甲模板标的物为“命题画稿原始手稿”，转让人可转让其手稿而不转让其作品，并将作品转让给第三人而使本合同受让人交易目的落空。再次，“画稿”与“手稿”同义反复，累赘，且在一幅作品完成之前，可能会有多个“手稿”，这些手稿都可以是“原创”的，此处的“原创”并不能限制手稿的唯一性，而“原创作品”其指向只能是唯一的。

2. 合同转让的权利

甲模板的第二条规定了乙方转让权利的种类和范围，第三条规定了乙方放弃的权利种类。这两条存在的问题是：首先，甲模板第二条没有完全列举应转让的所有权利，遗漏了作品的署名权以及作品载体的所有权。虽然甲模板第三条规定了乙方放弃署名权，但是“放弃”不等于转让，甲方并不因此当然享有受让作品的署名权。其次，甲模板第三条的规定，其内容不仅有与第二条矛盾的地方，也多余。如甲模板第三条的规定，乙方同意甲方自己发表或同意甲方许可任何第三方通过任何形式发表乙方转让的画稿作品，这与第二条发表权转让的内容矛盾。因为，著作权是排他性的权利，著作权人行使著作权可排除他人的干涉，甲模板第三条的内容显得画蛇添足。乙模板对转让的权利的范围和种类，规定得要全面和准确一些，其条款的涵盖面也要宽一些。如乙模板第二条规定，乙方转让的著作权范围，是乙方享有的所有著作权利，包括署名权、复制权、发行权、出租权、展览权、放映权、信息网络传播权、摄制权、改编权、翻译权、汇编权等著作权法上的所有权利。“……等所有权利”，涵盖了所有著作权，表明转让的是完整的著作权利。同时，乙模板第三条规定，乙方转让上述命题画著作权的同时，也转让了上述命题画及载体的占有、使用、收益和处分的民事权利。这就填补了甲模板对此没有规定的漏洞。这一规定并非多余，因为有时作品的载体价值不菲，且可能其民事权利属于第三人，对此不作明确规定易导致纠纷，也影响合同对瑕疵责任承担的规定。

3. 合同标的物质量条款和权利瑕疵条款

甲模板第五条只有“若手稿原件跟照片不符或差异很大，甲方将退回原稿要求乙方修改或重新画”的内容，显然太过于粗疏。首先，作为绘画作品，其图画本身的质量与其载体的质量是紧密相关的，甲模板遗漏了作品载体的质量要求；其次，甲模板还遗漏了画作的规格。画作一般都有一定的规格，如长、宽、高等尺寸，画作的规格在一定程度上与画作的艺术表现力有关，因此画作的规格直接影响画作的转让价格，合同不应当遗漏该项内容；再次，画作的质量除无表面瑕疵外，还应当无隐蔽瑕疵，但是，甲模板只规定了画作的质量要求是甲方“确认手稿完好无损”，这仅是一种表面质量要求。隐蔽瑕疵在交付画作时是不易发现的，通常要待交易完成后一定期限才会被发现，然而，甲模板对乙方应当承担隐蔽瑕疵责任却没有规定。同时，受让著作权应当防止出现权利瑕疵，果真出现权利瑕疵，合同也应当明确其瑕疵责任的承担，以此为救济。甲模板所缺的上述内容，乙模板第五条、第十条第 2 项作了明确规定。

4. 合同标的物交付条款

甲模板规定的乙方交付标的物的行为不规范，交付时点模糊，容易产生争议。如果当事人在合同中没有对“收到”与“交付”予以区别，通常的理解是，“收到”即具有“交付”的意义。在有些情况下，这对买受人是不利的，买受人一旦收到合同标的物，出卖方即完成了交付，意味着标的物意外毁损灭失风险即转移于买受人，同时可能增加买受人瑕疵抗辩和损失追索的困难和成本。如果将“收到”与“交付”加以区别，“收到”则是事实行为，并不产生交付的法律效果，而“交付”是合同的履行行为，能够产生交付的法律效果。在某些情况下，这对买受人是有利的，特别是在“先货后款”的情况下，买受人有较充足的时间检验标的物的质量，无疑也增加了付款的安全性。从两份合同模板可以看出，甲、乙双方采取的是“先货后款”的交付与付款方式，但是甲模板却没有区分“收到”与“交付”的差别，也没有明确的交付时点，而乙模板第七条第 1 项、第 4 项的规定则对“收到”与“交付”作了明确区分，并进一步明确了“收到”和“交付”各自的外观形式及完成时点，更有利于预防争议，促使双方全面履行合同义务，因此，乙模板的交付条款明显优于甲模板的交付条款。

5. 合同价款支付条款

甲模板第五条第二款规定：“甲方收到手稿原件后，确认手稿完好无损，三个工作日内转账到乙方账户：______________（节假日往后推延）。”这一规定也是模糊的。根据甲模板此条款的规定，甲方付款的条件是两个，即甲方“收到手稿原件后”和甲方“确认手稿完好无损”，但是，合同没有明确甲方收到手稿后至确认手稿完好无损的期限，也没有明确手稿完好无损的认定标准，这就使甲方对付款条件和期限具有极大随意性，容易使双方产生争议。同时，甲模板虽然规定了甲方应将价款支付到乙方特定账户，但是却有以下两个缺陷：一是没有预计由于某种原因甲方支付不能到账的意外情况以及出现这一情况时的法律后果；二是乙方在合同履行期间变更账户时应当履行的通知义务和应当采取的通知形式以及甲方付款期限因此顺延的后果。乙模板第八条第 2 项规定：“甲方向乙方上述账户汇款即为甲方支付，但属乙方账户或开户行的原因导致甲方支付不成功的，不视为甲方违约，甲方因此不承担违约责任。”该条第 3 项规定：“乙方变更上述收款账户，必须书面通知甲方并载明理由。乙方在甲方支付期内书面通知甲方变更收款账户的，甲方在收到书面通知后有权顺延相应的付款期限。”对比以上两个合同模板的支付条款，乙模板的支付条款更加明确，其张力也更大些，故明显优于甲模板的支付条款。

二、案例分析

比较以上两个合同模板中的期限条款，回答哪一个合同模板中的期限条款更优。

思考方向

（1）甲合同模板只有付款期限，且起算时点模糊。

（2）乙合同模板除明确了付款期限和其起算时点外，还明确了以下期限及起算时点，比较全面，也更明确和更具有张力，因此更优：

· 乙方向甲方提供作品原件的期限和起算时点；

· 甲方收到作品原件后向乙方出具临时收条的期限及起算时点；

· 甲方确认作品质量的期限及起算时点；

· 作品原件存在质量问题时甲方向乙方发出取回通知的期限及起算时点；

· 乙方收到甲方取回通知后取回作品原件的期限及起算时点；

· 从以上期限和时点可以明确的甲方对作品质量检验的期限和时点；

· 甲方确认作品与照片无差异且无质量问题，向乙方出具正式收条的期限和时点。

第五章 企业合同起草和审查法律实务（下）

第一节 合同类型及其内容

一、确定合同类型

起草和审查合同时，将起草和审查的合同归入适当的合同类型，有利于根据法律要求，把握好起草和审查合同的内容，提高起草和审查合同的效率和质量。当然，法律允许当事人根据交易的实际情况，创立不违背法律效力强制性规范的合同，因此除法律规定的合同种类外，社会生活中还存在大量的法律没有明确规定的合同种类。这些法律没有明确规定的合同种类，也是属于法律整体框架内的制度性事实，适用最近似的法律有明确规定的合同的法律规范。

1. 区分典型合同与非典型合同

区分典型合同与非典型合同，是起草和审查合同首先要注意的。根据合同在法律上是否有明文规定的标准，可以将合同分为典型合同与非典型合同。《民法典》第三编的第二分编规定了 19 类典型合同：买卖合同（含特种买卖合同），供用电、水、气、热力合同，赠与合同，借款合同，保证合同，租赁合同，融资租赁合同，保理合同，承揽合同，建设工程合同，运输合同，技术合同，保管合同，仓储合同，委托合同，物业服务合同，行纪合同，中介合同，合伙合同。除此而外，部分专门法律中也规定了一些典型合同，主要的是：出版合同、演出合同、储蓄合同、信用卡合同、保险合同、信托合同、旅游合同、医疗服务合同、特许经营合同等。在现实生活中，大量的合同在法律中没有明文规定，这些合同即属于非典型合同，主要有：投资协议、以物抵债协议、托管协议、酒店经营协议、代销或专营协议、财产分割协议、代发工资或者福利协议、陪护协议、家政协议、快递协议、入网协议、培训协议、花卉供养协议、医疗服务协议、宠物驯养协议等。

在合同实践中，可能还会存在典型合同与典型合同结合、典型合同与非典型合同结合的情况，这种不同种类合同结合而成立的合同，就是混合合同。不违反法律效力强制性规范的非典型合同、混合合同，与不违反法律效力强制性规范的典型合同一样，均受法律保护。非典型合同、混合合同原则上是适用最相近似的典型合同的法律规范，没有最相近的法律规范时，参照适用买卖合同的法律规范。

2. 区分主合同与从合同

有时，数个合同之间还可能存在主合同与从合同的关系，若主合同无效，则从合同也无效，但从合同无效，主合同不受影响。主合同与从合同虽然是两个合同，但有时根据其内容，可以将其结合在一起，表现在一个书面载体中。此时要注意合同的主从关系与合同中的必要条款与一般条款的区别。主合同与从合同，是属于合同种类的范畴，而合同的必要条款与一般条款，是属于合同内容结构的范畴。如果起草和审查的合同，既有主合同内容又有从合同内容的，原则上应当将其分为主合同和从合同两个合同，其好处在于，遵循合同结构的要求，不仅有利于分别完善主合同和从合同的内容，也有利于分散合同的法律风险，避免使人误将一个合同文本中的主合同内容与从合同内容当作一个合同中的必要条款与一般条款，从而引起争议。只有在必须简约且法律风险仍然可控的情形下，主合同与从合同内容才可以集中在同一文本当中。

在注意主合同与从合同的区别的同时，还要注意合同之间的主从关系与联立关系的区别。合同的联立是合同并存时常见的合同之间的一种关系，它是指数个合同不失其个性而相结合[①]，即数个本来相互独立的合同，因当事人的缔约行为而结合在了一起的情况。

3. 区分附条件、附期限合同

有时，合同还可能附条件和附期限。根据合同生效或者失效是否附有一定条件或者期限，合同可以分为附条件的合同和附期限的合同。附条件的合同，就是当事人约定一定条件，以该条件的成就决定合同生效或者失效的合同。附期限的合同，就是当事人在合同中设定一定的期限，以该期限的到来作为合同效力的发生或者消灭根据的合同。附条件或者附期限的合同，是订立合同的一种策略，充分利用和发挥附条件、附期限合同的功能，既可以使企业抓住一定的商机获得盈利，又可以在合同的缔约基础发生变化时化解一定的履约风险，避免企业遭受损失。企业法务人员，应当很好地掌握和灵活采用这类合同，为企业提供法律服务。

4. 区分预约与本约

根据当事人订约是否以预备为目的，合同还可以分为预约和本约。预约是指当事人约定将来订立一定合同的合同，预约中约定将来应订立的合同，称为本约。在预约成立生效时，本约尚未成立，预约的标的，是订立本约的行为，而非本约的标的。在合同实践中，预约通常表现为当事人订立的框架协议、意向协议等。有时，当事人也会将预约合同称为“总协议”，但实际则是预约合同，因此，对当事人称为“总协议”的合同，究竟是预约还是本约，在起草和审查合同时，应当予以辨明。反之，有时当事人也会将总合同冠予“框架协议”等名称，但实际则是本约而非预约，因此，对当事人冠予“框架协议”等名称的合同，究竟是预约还是本约，在起草和审查合同时，也需予以辨明。对预约和本约，通常可以根据合同的标的是否订立本约的行为来区分，但是，有时当事人也会在应当是预约的合同中对将来缔结的本约标的有所描述，一定程度上增加了区分合同是预约还是本约的困难。此时，要区分合同标的究竟是将来签订合同的行为还是有交易具体内容的民商事法律关系，就需要结合合同的目的、主要条款以及条款与条款之间的关系等因素进行综合判断，以确定合同的标的，进而明确合同是预约还是本约。

---

① 史尚宽：《债法总论》，史吴仲芳、史光华发行，1978 年 9 月台北版，第 10 页。

5. 区分格式合同（条款）与示范合同

注意格式合同或者格式条款和示范合同的区别。格式合同或者格式条款，就是事先拟定、订约时不可更改的合同或者合同条款。在法律上，格式条款与格式合同，其法律特征相同，适用法律一致，只是格式条款外延比格式合同要大，不仅包括格式合同本身，还包括了不具备完整合同内容的一些格式化了的条款以及非格式合同中的格式条款。为了提高合同谈判的效率，一些企业也会将经常性业务中的合同内容拟定成合同文字模板，以备合同谈判之需，这种合同文字模板，就是合同范本，是事先拟定的合同示范性文件，而不是格式合同。合同范本与格式合同的相同点，都是预先拟定为了重复使用；合同范本与格式合同的区别，主要是在缔约之前，合同内容是否允许当事人协商修改，不允许协商修改的为格式合同或格式条款，允许协商修改的则是合同范本。格式合同与合同范本的合同解释规则不同：格式合同因没有约定或者约定不明发生争议，一般作不利于提供格式合同一方的解释；当事人在合同范本基础上订立的合同，如果因没有约定或者约定不明发生争议，则按照一般合同解释的规则予以解释。合同解释的规则对合同适用法律的结果有直接的影响，因此，在起草和审查合同时，应注意二者的区别，避免签订的合同产生不必要的法律风险。

合同还可以根据不同的分类，分为要式合同与不要式合同、单务合同与双务合同、诺成合同与实践合同等。熟悉合同的类型，对把握好合同内容具有重要意义。确定了合同的类型，合同内容也就有了大致的框架和范围。

二、把握好合同内容

合同的内容，就是合同当事人通过合同确定的相互之间的权利义务。

（一）合同权利

合同权利，主要是合同中权利一方请求相对方履行合同并受领其履行的权利，当承担合同义务的当事人不履行合同义务或不完全履行合同义务时，享有合同权利的当事人，可以根据合同约定申请仲裁或者依法提起民事诉讼，请求强制承担合同义务一方承担法律责任。企业法务人员起草和审查合同内容时，在保证合同不违反法律效力性强制规定的前提下，重点就是对合同权利的安排和确定。第一，如果己方是合同权利享有方，则应根据当事人协商一致的意思，参照合同类型，围绕合同标的、标的物数量、质量、规格、价款或者报酬、履行期限、地点和方式、违约责任等问题，完整地设置合同权利，尽可能不要有所遗漏。第二，由于民事权利的对立面是义务，合同权利的约定是否完整，则可以通过相对应的合同义务是否完整来检查。合同义务的履行要求一般是全面并实际履行，合同义务的内容、范围、履行对象、履行方式、履行地点、履行期限等要素在合同条款中应当得到完全而具体的规定，否则，将影响合同权利的实现。第三，如果己方是义务承担方，则要注意义务与权利是否存在相对应的关系，己方承担的义务是否为对方实现合同权利之必要，尽量避免承担实现权利不必要的义务，否则，将增加己方履行合同的困难和成本，可能动辄违约，承担违约责任，履行合同还可能在合同当事人之间产生利益失衡的结果。第四，作为合同义务方，还要注意合同赋予对方的权利，除基于法律规定、当事人特别约定或者根据诚实信用原则产生的以外，应当是合同本身法律关系之内的权利，而不应赋予对方合同法律关系之外的权利。第五，企业合同如是双务合同，明确双方义务的履行要素应当相应对等。如合同明确了一方履行义务的范围、期限、方式、地点等要素，也应明确对方履行义务的相应要素。但是，在合同实践中，一方履行义务的要素全面而具体，另一方履行合同义务则欠缺相应要素，这实际就是一种不对等的情况。除合同约定的权利外，法律赋予当事人的某些权利，当事人是否在合同中约定，并不影响其依法享有这些权利。但是，合同权利的保护，总是与合同义务的履行状态相联系，即一定的合同义务的履行状态往往是这些合同权利的要件事实，起草和审查合同时，注意这些权利在法律上的构成要件，并用以指导拟定合同中相应的义务条款，对保障这些合同权利的实现或者防止这些合同权利的滥用都是必要的。

（二）合同义务

合同内容还包括合同义务。合同义务直接关系到合同权利的实现，决定了合同债务的履行内容，违反合同义务，是合同责任的要件事实。起草和审查合同时，同样应当重视对合同义务的设置和安排。合同义务一般分为给付义务、附随义务、不真正义务。

1. 给付义务

给付义务，就是当事人在合同中约定，一方当事人应当为或不为某种行为的义务。给付义务可分为主给付义务与从给付义务。主给付义务，是指合同关系所固有、必备的义务，因此主给付义务是界定合同类型的基本义务。《民法典》关于各典型合同的定义，可以帮助我们把握各类典型合同的主给付义务。从给付义务，是指相对主给付义务来说具有从属地位的义务，从给付义务本身不能决定合同类型，仅具有辅助主给付义务更好更完整履行的作用，它依赖于主给付义务，服务于主给付义务。

从给付义务与主给付义务相同的是，一方不履行从给付义务时，与不履行主给付义务一样，另一方当事人均可以通过独立的诉讼方式诉请履行。但从给付义务毕竟不同于主给付义务，主要有以下几点：第一，从产生上看，主给付义务是合同固有的义务，从给付义务并非合同关系所固有的义务，而是基于法律规定、当事人特别约定或者根据诚实信用原则产生的。第二，从作用看，主给付义务是合同关系的基本内容，决定了合同关系的类型，从给付义务不能决定合同关系的类型，仅具有辅助主给付义务效果实现的作用。第三，从法律地位和违反的后果上看，双务合同中，主给付义务是合同双方当事人处于对等给付地位的合同义务，主给付义务的不履行，可使另一方产生抗辩权，从给付义务不必然与对方的给付义务处于对等给付地位，是否能够发生抗辩权，需要依照合同目的是否能够实现而定。需要注意的是，在双务合同中，一方的从给付义务与对方的主给付义务是否构成对待给付关系，能否发生同时履行抗辩权，应根据从给付义务对合同目的的实现是否必要而定，不能一概而论。

2. 附随义务

合同的附随义务，是在合同关系的发展过程中，依据诚实信用原则而附随产生的法定义务，有先合同义务和后合同义务之分。先合同义务又称“前合同义务”或“先契约义务”，是指在要约生效后合同生效前的缔约过程中，缔约双方基于诚信原则而应负有的告知、协力、保护、保密等合同义务。先合同义务是一种法定义务，不是由当事人合意产生的义务，也不允许当事人合意排除。因此违反先合同义务是违法行为而非违约行为。后合同义务，是指在合同终止后，当事人根据诚实信用原则而应当履行的旨在维护给付效果或者妥善处理合同终止事宜的通知、协助、保密等义务。后合同义务不是合同双方当事人约定的义务，而是基于诚实信用原则和交易习惯而产生的义务。因此，后合同义务也是一种法定义务。

合同的附随义务，一般是在合同签订过程中或者履行过程中产生的，尽管合同中没有约定，也不影响附随义务的产生。合同履行，主要是给付义务的履行，但是，附随义务对实现给付义务具有辅助的作用，在起草和审查合同时，要注意从给付义务与附随义务的区别：首先，两者功能不同。从给付义务旨在促使履行利益得到满足，更好地实现债权利益，是一种给付性义务；附随义务旨在使当事人不因合同的履行而使其固有的利益受到损害，是一种保护性义务。其次，两者后果不同。违反从给付义务，可以独立通过诉讼请求履行，但违反附随义务，不能通过独立的诉讼请求履行，只能通过替代性损害赔偿诉讼，请求责任人承担赔偿责任。

3. 不真正义务

除给付义务、附随义务外，合同还有不真正义务。不真正义务，又叫间接义务，是指相对人通常不得请求履行，违反也并不发生损害赔偿责任，而仅使负有该项义务的人遭受权利减损或者丧失的不利益的义务类型，因此又称为减损义务。

第二节 合同的结构和合同条款

一、合同的结构

任何事物都有一定的结构，把握事物的结构，是认识事物和利用事物的重要方法之一。合同制度贯彻合同自由原则，当事人可以根据其需要，在法律的框架范围内，自由确定其合同的内容及其结构，因此，很难对合同的结构做具体统一的要求。但是，这并不等于合同的结构没有规律可循，在一定的法律制度中，在合同传统的影响下，合同还是呈现出大体一致的结构。我们认为，合同的结构，就是合同内容的组成方式，一个完整的书面合同，通常是由首部、正文和尾部三个部分的内容组成的。

（一）合同的首部

合同的首部，主要由合同名称、当事人及授权签约人的基本情况、缔约目的及条件、合同一些重要用语的定义等内容组成。

1. 合同名称

合同的名称应是合同类型的概括，如“×××买卖合同”的主要内容应是当事人关于某某物品的买卖的约定，“×××租赁合同”的主要内容应是当事人关于某物租赁关系的约定。

如果合同是混合合同，其名称也应反映所混合的合同主要内容，如“×××基金合伙合同”，其主要内容应是当事人关于设立基金合伙组织、基金投资管理等关系的约定，等等。

2. 当事人及授权签约人基本情况

合同关于当事人及授权签约人基本情况的记载，应当准确。如果对方当事人是企业的，其企业名称、住所、联系电话和传真以及邮箱地址、法定代表人姓名、职务及身份证号码等基本情况，应当与工商登记的一致；如果是个人的，个人的基本情况也应当与其身份证一致；缔约主体与授权签约人不一致的，缔约主体向授权签约人的授权情况是否经查验有效，也应当记载明确。

3. 缔约目的及缔约条件

在合同首部，还应当记载当事人的缔约目的及双方建立合同关系的条件，这部分内容，就是合同的缔约基础。一些比较重大复杂的合同如总合同中，当事人往往通过合同序言，较详细地叙述双方的缔约目的和缔约条件等内容。缔约基础的重要性在于：第一，当事人对合同内容产生歧义或者发现合同漏洞时，可以根据合同目的和合同缔约条件，对合同内容进行解释或者对合同漏洞予以填补；第二，在合同履行过程中发生违约情况，可以根据合同目的和合同缔结条件，判断违约的严重程度是一般违约还是根本违约，并据此决定是对合同采取保全措施、协商变更合同还是解除合同；第三，当合同争议通过诉讼程序解决时，合同记载的缔约目的和缔约条件，可以为法官解释合同以及判断当事人主张是否成立提供客观的事实根据。

4. 定义条款

在一些内容比较庞杂或者专业性较强的合同中，当事人还会在合同首部明确约定一些重要用语的含义。一方面，合同定义条款，表明了当事人对一些重要用语的一致认识，排除了这些重要用语其他可能的含义，这是当事人达成一致意思表示的基础；另一方面，定义条款可以预防当事人在合同履行中因具体情形对一些重要用语含义各取所需产生歧义，妨碍合同的顺利履行。

（二）合同的正文

合同正文主要是当事人合同权利义务的内容，具体体现为合同标的、价款或者报酬、当事人行使权利或者履行义务的方式、地点和期限、合同权利义务的转让、合同的担保、合同的变更或者解除、合同解除后的清算方法、违约责任、解决争议的方式、合同生效或者失效等内容。合同正文与合同其他部分不同，是当事人合同利益的直接体现，因此不能像其他部分那样有时可以省约，而应当尽可能全面、具体。合同正文中当事人的权利义务，我们在本章第一节中已经做了介绍，此处不再赘述。

1. 合同标的

合同标的，就是合同权利义务所指向的对象。虽然因当事人的合同目的不同，合同的标的可能是物，可能是权利，还可能是行为，但是，无论如何，合同的标的必须是具体而确定的，如果合同标的不具体确定，则可能导致合同不成立。合同标的应当具体而确定，不等于在签订合同时，合同标的一定是实际存在的，在合同确定的期限内能够实际存在的物、权利或者能够实际所为的行为，一般也可以成为合同标的。与合同标的紧密相连的，是合同标的的质量和数量。合同对其标的质量的约定应当明确，如果不明确，虽然不影响合同成立和生效，可以根据法律的规定或者交易习惯进行解释，但这毕竟会增加合同履行成本，有时解释的结果也不一定符合当事人的初衷，但为了解决合同争议，当事人必须接受这样的解释。实践中，一些企业在合同中不仅约定了标的质量标准，同时还约定了质量检验的方法和期限，这些约定也是合同标的质量的内容。关于合同标的数量的约定也应当确定，标的数量不确定，合同则不成立。

2. 合同价款或者报酬

合同价款或者报酬，也是有偿合同正文的主要内容。价款或者报酬的内容，如果约定不明，不影响合同的成立，可以根据法律或者交易习惯予以解释，使之明确。但是，这会增加合同履行成本，有时解释的结果也不一定符合当事人的初衷。所以，在有偿合同中，最好明确价款或者报酬的内容。有时，在签订合同之初难以确定准确的价款或者报酬总额，也应当明确价款或者报酬的计算标准和方法。要注意的是，合同关于价款或者报酬计算方法的约定不能出现矛盾，因为矛盾的约定没有约束力，不能成为价款或者报酬的计算根据。再有，如果价款或者报酬在一定期间需要随着物价上涨或者下跌指数调整，也需要明确调整的期间范围和调整所根据的具体的物价指数。

3. 合同履行的时间、地点和方式

合同履行的时间，一般是一定期间，即开始履行的时点和最终履行完毕的时限。除即时履行完毕的合同不需要履行期限外，企业合同大多需要一定的履行过程，因此最好明确一定的履行期限。在双务合同中，通过明确双方当事人各自的履行期限，有时也可以起到明确双方履行顺序的作用，避免一方当事人主张同时履行抗辩权，使合同履行陷入僵局，非经诉讼裁判而不能解决。在合同中，还可以将延迟履行的情况根据延迟的时间长短划分为轻度违约、一般违约直至根本违约等不同的严重程度，使之与相应的违约责任挂钩。避免一方履行稍有延迟，另一方即可解除合同。如果动辄解约成为一种普遍现象，实际就是对社会资源的一种浪费。避免这种浪费，应当是企业的一种社会责任。合同的履行地点，通常是履行义务的场所，由于履行地点与履行成本、履行义务的证明、债权人受领的方便程度、标的物风险转移等情况直接相关，因此，合同应当根据当事人的约定，明确规定义务的履行地点。在双务合同中，双方当事人均负有义务，各自履行义务的场所不是同一地点的，在法律允许的范围内，当事人基于特殊考虑可以约定统一的履行地点，除此而外，为体现合同的公平性，一般最好明确各自义务的履行地点。如果当事人在合同中对履行地点没有约定或者约定不明确，则适用法律的规定。履行方式是当事人履行义务的程序和方法，一般也与合同履行成本、义务履行的证明、标的风险的转移等直接相关，如果合同对履行方式没有约定或者约定不明，则容易产生纠纷，不利于合同顺利履行。虽然此时可以根据《民法典》第五百一十一条第（五）项的规定对合同履行方式进行解释和补充，使合同按照有利于实现合同目的的方式履行，但纠纷的解决毕竟是有成本的，因此，在合同中明确合同履行方式，不仅使义务的履行更符合债权人的需要，也更符合债务人履行能力的实际，同时，也有利于当事人减少履行成本、预防合同纠纷的产生。

4. 违约责任

违约责任是合同当事人违反合同义务而应当承担继续履行、采取补救措施和赔偿损失的民事责任，是违反合同义务的法律后果。在法律的框架内，违约责任的内容和形式，可以由当事人约定，如果当事人在合同中没有约定违约责任或者约定不明，法律也给与守约方救济，赋予守约方依据法律请求违约方承担相应的违约责任的权利。但是，法律首先还是鼓励当事人在合同中对违约责任作出明确约定，其意义在于：第一，违约责任由当事人自己约定，当事人对之印象深刻，因而更能对当事人起到守约的警示作用，有利于增强合同的约束力。第二，当事人约定违约责任的具体内容及其具体方式，一般都是在对违约的可能性以及承担违约责任的能力进行了权衡以后做出的决策，有利于当事人将法律规定的违约责任具体化，使之更符合保障合同义务履行以及承担违约责任的实际。第三，由当事人自己约定违约责任，在发生合同纠纷时，可以根据合同的约定确定违约责任，避免了解决纠纷时确定违约责任具体内容、方式以及计算赔偿数额的困难，有利于合同纠纷的及时解决。

5. 争议解决方式

起草和审查合同，还要拟定当事人争议解决方式的条款，并注意其内容的准确性。如果约定争议通过仲裁解决的，应当对所选定的仲裁机构的名称核对无误；如果所选定的仲裁机构公布有简易仲裁程序或者快速仲裁程序，还应当对是否适用其简易仲裁程序或者快速仲裁程序解决争议予以明确，因为，发生争议后往往因一方不配合，双方难以再签订简易仲裁程序或者快速仲裁程序的协议。当事人在合同中约定争议通过诉讼程序解决的，如果争议属于普通案件，应按照诉讼法关于人民法院普通地域管辖的规定，明确管辖的人民法院。如果有一方当事人提供了物的担保的情形，也可以在合同中约定，当出现债务不能履行的情况时按照民事诉讼法实现担保物权的程序，实现担保物权，快速简便地使合同债权得到清偿。

6. 合同生效

合同成立与合同生效不同，合同成立是合同具备了其主要内容，作为一个合同而存在的状态；合同生效是合同符合法律规定，并具备当事人约定的生效条件或在当事人约定的生效时间而发生约束力的状态。除法律另有规定或者当事人约定了合同生效条件或生效时间外，诺成性合同一经成立即生效。当事人根据实际情况，可以在合同中约定合同生效的条件与时间，使合同的生效更加符合其意愿。在起草和审查合同时，合同有生效条件的，应明确拟定生效条件条款，当事人对生效时间有约定的，应明确拟定合同的生效时间条款。对有些持续性履行的合同，还应当明确合同失效的条款，同时明确，合同失效后双方仍然需要继续履行原合同的，应当协商一致，另行签订继续履行的合同，以免产生争议。

除以上内容外，当事人根据其需要，经协商一致，还可以在合同的正文中拟定合同权利义务允许转让或禁止转让的内容、债务履行可选择或禁止选择的内容等，从而使合同呈现出无比的丰富性。

（三）合同尾部

合同尾部的内容，主要是合同的签字、签订时间、签订地和附录等。

1. 合同签字

合同签字，就是合同当事人或者其法定代表人在合同上签署其姓名的行为。合同签字的意义在于，一是表明签字者认可合同的全部内容，并自愿接受合同的约束；二是表明除法律有规定外，合同自当事人签字之时成立；三是表明合同文本的来源，一般情况下，在合同上签字的人就是合同的作者，其应当对合同负担法律上的责任[①]。企业合同签字的方式，有企业法定代表人签署其名字并加盖企业印章的，也有只是企业法定代表人签署其名字的，或者只是企业盖章而无法定代表人签署其姓名的，有时还会由授权签字的代理人作为合同签字人签署其姓名。如果合同签字是真实的，上述各种签字方式并不影响合同的成立，但是，由于仅有企业法定代表人签字或者仅盖企业印章，以及由代理人代签，都容易产生合同主体究竟是谁以及合同是否成立的风险，为了避免因签字产生的风险，企业法务人员要注意对合同签字的审查。企业签字的法定代表人姓名、身份证号应当与其身份证记载以及通过网络查询的企业工商登记信息一致，如果合同由代理人签字，除代理人应当提交企业明确授权签订合同的委托书外，还要注意代理人的姓名、身份证号与其身份证记载一致，企业名称与其所盖的企业印章应当与企业工商登记资料显示的信息一致。合同除了法定代表人或者授权签字的代理人签字外，一般应当要求企业也加盖其印章。合同签订时间，通常是在合同签字、盖章时签署，合同当事人签字、盖章时间不一致的，除当事人另有约定以外，合同自最后签字、盖章之时成立。

2. 合同签订地

合同签订地，通常合同双方签字的地点即为合同签订地，但是如果合同没有明确约定签订地且双方又不在一地签字的，最后签字的地点即为合同签订地。明确合同签订地，是为了确定合同成立的地点，合同成立的空间环境对合同内容具有解释的作用，因此，起草和审查合同时，不应忽视。

3. 合同附件

合同附件，通常是合同成立的基础性材料，对理解或者解释合同内容具有重要参考作用，因此，在合同尾部，有必要将这些材料列为合同附件，以备所需。但是，附件中的材料内容，有些与合同内容一致，有些则可能存在矛盾，因此，合同需约定，其附件内容明显与合同内容矛盾的，应以合同内容为准的解释原则，以消除可能产生的歧义。

二、合同条款

（一）合同条款的含义及特征

合同的内容，通常表现为合同的条款。合同条款，是合同当事人为自己设立的行为规则。

---

① 参见王利明：《合同法研究》，中国人民大学出版社 2002 年 11 月版，第 263-264 页。

既是规则，就应当具有规范语句的特征，即具有一定程度的“当为”特征。所谓当为特征，就是合同条款必须体现出“应当”（作为的义务）、“不得”（不作为义务）、“可以”（权利，表现为有权怎样等）的意义或者行为要求。只有合同条款具备了这样的规范语句特征，才能较好地起到指示或约束当事人行为的作用。起草和审查合同时，要尽可能运用规范语句来表现合同的权利义务内容。规范语句不同于叙述语句，叙述语句仅仅是陈述情况，不具有规范语句的上述特征，它们并不赋予当事人权利或者科以当事人义务，因此，合同主要内容要避免使用叙述语句。合同条款的规范语句，往往使用“应当”“不得”和“可以”等应然助词，我们可以通过合同条款的这些应然助词，识别合同条款的当为特征。但是，在实践中应当注意的是，有的条款明文使用了“应当”“不得”“可以”等应然助词，有的则没有明文使用，对于没有使用应然助词的合同条款，可以从条款的文义、上下条款的联系等，看出其具有的当为特征。如某一合同第××条约定：“项目的日常维护由乙方负责，修缮由甲方负责。”从该条的文义，我们可以诠释出该条具有“应当”的意思，即“乙方应当负责项目的日常维护，甲方应当负责项目的修缮”。

（二）合同条款的分类

1. 积极义务型条款、消极义务型条款、允许或授权型条款

如果以其内容中的义务类型作为划分根据，可以将合同条款区分为积极义务型条款、消极义务型条款、允许或授权型条款三类。积极义务型条款，就是具有“必须”“应该”的当为特征的条款，这类条款指向的是民商事主体的积极作为，即民商事主体必须或者应当为一定的行为，以履行其负担的合同义务。消极义务型条款，就是具有“不得”“禁止”当为特征的条款。这类条款指向的是当事人的不作为义务。允许或授权型条款，就是具有“得”“可以”等当为特征的条款。它是当事人在合同中约定，赋予一方或者双方当事人某项权利，该当事人有行使权利或者不行使权利的自由。由于民商事合同具有鼓励当事人积极参与民商事活动、促进社会物质财富充分流转、增进社会财富的功能，因此民商事合同条款，多数都是允许或授权性条款。

2. 必要条款和一般条款

合同条款，还可以根据其对合同成立是否必要，分为必要条款和一般条款。合同的必要条款，也称合同的主要条款，是合同成立必须具备的条款，否则，合同就不能成立。不同种类的合同，其必要条款或主要条款是不同的，因此，合同的必要条款或主要条款，也决定了合同所属的类型。在起草和审查合同时，确定合同类型的意义，就在于明确合同的必要条款或主要条款。虽然法律对有些合同的必要条款或主要条款作了明确规定，但法律不可能对大多数合同的必要条款或主要条款都作出明确规定，这也需要当事人根据交易内容，确定合同的类型，进而确定合同的必要条款或主要条款。合同的一般条款，是指合同中必要条款或主要条款以外的条款。虽然一般条款不是合同的类型要求必须具备的条款，但其对必要条款或主要条款的实现来说，具有重要的意义。仅有必要条款或者主要条款的合同，是难以履行的。如在有的合同中，价格条款是必要条款或主要条款，但若没有明确的价款支付方式或者支付期限的条款，合同的顺利履行则是困难的。

3. 公共条款

合同公共条款就是当事人的共同的权利或者义务的条款，或者是任何一方在一定情形下均可行使一定权利的条款，而不是仅仅明确当事人哪一方的权利或者义务的条款。

公共条款的特征主要是：第一，共同性。公共条款是为整个合同服务的，而不是单独为哪一方当事人的权利服务的。第二，与当事人民商事法律关系的间接性。公共条款不是合同当事人的民商事法律关系的内容，因此与当事人民商事法律关系仅具有间接的关系，但是它可以影响当事人民商事法律关系的效力（如生效条款）和变动（合同变更程序或方式条款），等等。因此，公共条款也是合同结构中的组成部分。公共条款在合同中主要表现为缔约原因性条款、术语定义条款、共同赋权性条款、争议解决方式条款、合同生效或者失效条款等。

企业法务人员应当熟悉合同条款的类型及其特征，并将之熟练地运用于起草和审查合同的实践，这样才能提高起草和审查合同的质量和效率，增强合同的规范性。

第三节　实务训练

一、案例分析

（一）案例

合同范本：

________________项目服务外包合同

甲方：____________________
法定代表人：______________　　　　职务：__________
住所：____________________
授权代表人：______________　　　　职务：__________
电话：____________________

乙方：____________________
法定代表人：______________　　　　职务：__________
住所：____________________
授权代表人：______________　　　　职务：__________
电话：____________________

引　言

一、缔约背景与缔约目的

为加强……新区……建设和促进……新区……发展，经综合评价和政府财政承受能力论证，……新区管理委员会（下称“新区管委会”）拟采用服务外包的模式实施……（下称“本项目”或“项目”）。本项目已经新区管委会……号批文立项。新区管委会授权甲方作为本项目实施机构，并指定……作为本项目的政府方代表及本项目监管主体。甲方于……依法对本项目进行了公开招投标。

乙方认真阅读和分析了本项目所有招标文件，结合自身实力和优势，决定参加本项目竞标并慎重制定了本项目的投标文件，依法完成了投标行为。乙方认为，在支持……新区经济社会发展的同时，……自身也将得到发展。通过公开招标程序，乙方中标，甲方据此确定……作为本项目合同的乙方。

为了具体明确双方的权利义务，甲方与乙方根据《中华人民共和国民法典》和《中华人民共和国公司法》以及本项目招投标文件，于……在……新区订立本合同，以资恪守。

二、双方签约的声明和保证

（一）声明：

1. 各方签约前已充分理解合同背景和目的，并承诺自愿按合同相关约定履行合同。

2. 各方签约时具有相应主体资格。

3. 各方合同签署人已获得合同签署资格授权。各方签约时具有合同要求的履约能力。

（二）保证：

1. 合同各方保证上述声明内容的真实性、准确性、完整性，如有不实、不准确或者不完整情形的，应承担相应法律责任。

2. 合同各方保证诚信履约，并在合同没有明确约定的情况下，根据合同目的对合同相对各方的合同权益尽到善良管理人的义务。

3. 合同各方保证在合同有效期内应提供持续服务和维护公共利益。

4. 任何一方的声明如有不实，应向另一方承担违约责任。

第一条　甲方将________________外包给乙方，由乙方为甲方提供以下服务：

（一）__________________________________

（二）__________________________________

（三）__________________________________

（四）__________________________________

第二条　乙方提供第一条各项服务的具体范围为：

（一）__________________________________

（二）__________________________________

（三）__________________________________

（四）__________________________________

第三条　乙方提供各项服务应当符合以下标准（或要求）：

（一）__________________________________

（二）__________________________________

（三）__________________________________

（四）__________________________________

第四条　乙方服务应当采取以下________________方式：

（一）________________________________

（二）________________________________

第五条　乙方应当具备提供服务所需的专门技能，在服务活动中遇到特殊问题需要外聘专家予以解决的，应当征得甲方同意。

服务所需的设备、工具和耗材，由乙方自备。

第六条　乙方承担本项目服务工作的人员，应当经过专门的培训，勤恳履行职责，遵守职业道德。

第七条　服务期限自_____年_____月_____日起至_____年_____月_____日止。

第八条　乙方应当保质保量提供服务，对有瑕疵的服务，应当采取措施及时涤除其瑕疵。

第九条　对于合同约定不明但其服务当然具有的内容，应当本着善良管理人的义务予以妥善处理。

第十条　乙方需要向甲方提供服务成果的，双方按以下程序验收：

（一）乙方应当在合同生效后________日内向甲方提交服务成果；

（二）乙方向甲方提交服务成果后________日内，甲方应当组织初步验收；

（三）服务成果经初步验收合乎合同约定标准或者质量的，甲方应当向乙方出具书面验收确认书，初步验收即成为最终验收；

（四）初步验收需要整改/修改的，由乙方予以整改/修改，直至达到验收标准；若乙方虽经整改/修改但仍达不到验收标准的，乙方无权要求甲方支付预扣的瑕疵保证金，甲方有权要求乙方赔偿甲方因此遭受的损失。

第十一条　乙方服务不需要向甲方提供服务成果的，甲方有权随时对乙方服务质量进行检查或者组织第三方评估。如甲方检查或者经第三方评估乙方服务达不到合同约定标准的，由乙方在检查或者评估结果产生之日起________日内采取措施予以整改；若乙方虽采取措施整改但仍达不到标准的，乙方无权要求甲方支付预扣的瑕疵保证金，甲方有权要求乙方赔偿甲方因此遭受的损失。

第十二条　甲方应当及时向乙方支付服务费，服务费总金额为人民币______________元。

第十三条　本合同生效之日起______日内，甲方预扣服务费总额的____%即人民币________元，作为乙方服务瑕疵的保证金，合同到期时无服务瑕疵或服务成果验收合格的，甲方于合同到期之日起_____日内一次性将瑕疵保证金支付给乙方。

第十四条　服务费按以下__________方式支付：

（一）合同生效之日起______日内按月支付；

（二）合同生效之日起______日内，支付服务费总额扣除瑕疵担保金后______元的______%，即人民币________元，其余在合同到期之日起_____日内一次性支付；

（三）合同生效之日起______日内支付服务费总额扣除瑕疵担保金后________元的______%，即人民币________元，其余在服务成果验收之日起________日内一次性支付。

第十五条　甲方向乙方支付服务费，应当支付至乙方下列账户内：

（一）开户行：______________

（二）账户名：______________

（三）账　号：______________

乙方上述账户变动的，应当提前通知甲方，因乙方怠于或者延迟通知导致甲方支付发生风险的，该风险由乙方承担；甲方因此延迟支付的，甲方不承担延迟支付的违约责任。

第十六条　甲方应当履行以下乙方需要的________________配合义务：

（一）需要甲方提供服务项目的资料、数据的；

（二）乙方需要利用甲方水、电的；

（三）乙方开展服务活动需要占用甲方场地的；

（四）乙方需要进行调查核实服务项目相关情况的；

（五）其他需要甲方配合的事项。

第十七条　甲方对于乙方的上述需要不予配合的，乙方有权终止合同的履行，并有权要求甲方赔偿其因此遭受的损失。

第十八条　合同的变更，应当由双方协商一致并签订补充协议，始具有变更合同的效力。

合同生效后，未经对方同意，任何一方不得将合同的权利义务转让给他人。乙方不得采取由第三人承包、向第三人分包、由第三人挂靠经营的方式提供服务。

第十九条　合同因下列情况解除：

（一）双方协商一致；

（二）不可抗力；

（三）一方违约致对方合同目的不能实现。

第二十条　甲方有本条第一款第（一）项、第（二）项、第（三）项、第（四）项违约情形之一的，除应按照本条第二款向乙方承担违约责任外，乙方有权解除合同：

（一）违反合同第一条、第二条的约定；

（二）违反合同第七条、第十条、第十四条、第十五条第一款的约定；

（三）违反合同第十六条、第十八条的约定；

（四）甲方违反合同致使乙方合同目的不能实现的其他情形。

甲方违反合同约定的主要义务，应当向乙方支付合同开发费用预算总额_______%的违约金。

甲方违反合同从义务或者附随义务，应当向乙方支付合同开发费用预算总额_______%的违约金。

上述违约金不能弥补乙方损失的，乙方有权要求甲方赔偿损失。

第二十一条　乙方有本条第一款第（一）项、第（二）项、第（三）项、第（四）项违约情形之一的，除应按照本条第二款向甲方承担违约责任外，甲方有权解除合同：

（一）违反合同第一条、第二条、第三条、第四条的约定；

（二）违反合同第五条、第六条、第七条、第八条、第九条的约定；

（三）违反合同第十条、第十一条的约定；

（四）乙方违反合同致使甲方合同目的不能实现的其他情形。

乙方违反合同约定的主要义务，应当向甲方支付合同开发费用预算总额________%的违约金。

乙方违反合同从义务或者附随义务，应当向甲方支付合同开发费用预算总额________%的违约金。

上述违约金不能弥补甲方损失的，甲方有权要求乙方赔偿损失。

乙方支付违约金和赔偿损失，如合同尚未到期、解除或者终止，不影响甲方要求乙方继续履行合同的权利。

第二十二条　双方因本合同发生争议不能协商解决时，任何一方有权采取下列____________项方式解决：

（一）向项目所在地有管辖权的人民法院提起诉讼；

（二）向________________________仲裁委员会申请仲裁。

争议解决期间，乙方除征得甲方书面同意外，不得以发生争议为由，停止项目运营服务、停止项目运营支持服务或采取其他影响公共利益的措施。

第二十三条　合同生效后，双方应诚实信用地履行通知义务。

第二十四条　一方采取电子信息传输方式向另一方通知情况的，双方接收信息的邮箱分别为：

甲方接收信息的电子邮箱：________________

乙方接收信息的电子邮箱：________________

采取电子信息传输方式送达的，电子信息进入受送达一方接收系统，即为送达。

第二十五条　不能采取电子信息传输方式的，应当直接送达书面通知，接受送达一方应当在回执上签收。

采取直接送达书面通知的，受送达方在回执上签收即为送达。

第二十六条　不能采取电子信息传输方式和直接送达书面通知方式的，应采取邮政专递方式送达。双方邮政专递送达的地址为：

甲方邮政专递送达地址：________________

乙方邮政专递送达地址：________________

采取邮政专递送达的，无论受送达方是否签收，均为送达。

第二十七条　合同因双方签字并加盖法人印章后于签订日生效。

第二十八条　合同签订日为________年____月____日。

第二十九条　本合同一式____份，甲、乙双方各持____份。

甲方：
签约代表：
职务：

乙方：
签约代表：
职务：

附　件：

一、甲、乙双方相关招、投标文件；

二、甲方提供的服务项目资料、数据；

三、甲方指定乙方需用的甲方水、电处所设备移交清单；

四、乙方开展服务活动需占用甲方场地的勘验记录；

五、乙方进场服务人员名单、服务资格证明及身份、健康证明。

（二）分析

（1）上述合同属什么类型的合同？

（2）指出上述合同的结构。

（3）指出上述合同中的积极义务性条款、消极义务性条款、允许或授权性条款以及公共条款。

思考方向

（1）上述合同属于服务合同和承包合同相结合的混合合同。

（2）该合同由首部、正文和尾部组成。首部由当事人基本情况、引言组成；从第一条到第二十六条是合同正文；第二十七条到二十九条以及当事人签字即签署时间是合同尾部。

（3）上述合同中具有积极义务性条款，如第一条；消极义务性条款，如第十八条；允许或授权性条款，如第十一条；公共条款，如第二十二条、第二十三条。

第六章 企业财务管理法律实务

第一节 财务管理法律实务概述

一、财务管理法律实务概念

财务管理是企业管理的组成部分，它是根据财经法规制度，按照财务管理的原则，组织企业财务活动，处理财务关系的一项经济管理活动。[①]企业无论是在投资融资、会计核算上，还是在利润分配、资本运作上都不同程度受财务管理的支配，其与企业运营发展密不可分。企业运营风险无处不在，财务管理也不例外，财务管理的计划、决策、控制、考核等整个过程中风险控制也是一项日常工作。如，企业在投资、融资过程中，由于违反相关法律规定、对投资融资对象选择不当、签约行为不规范、防范措施不到位，会导致与其所期望达到的目标相违背的不利后果发生。企业流动性不足，应收账款不能及时收回，企业债务和付现责任不能正常履行，会引起违约等不利后果的发生。财务会计人员在财务管理过程中做假账、提供虚假报表资料受处罚风险等。朱镕基同志在视察上海国家会计学院时就曾经亲笔题写校训——“不做假账”。“不做假账”，即按照国家规定的会计法和相关准则、制度，真实、完整、准确地编制财务文件，是企业财务工作者在执业过程中应当遵循的基本原则和道德规范。依法合规加强财务管理所涉及的会计凭证、会计账簿、财务会计报告等各个环节，有效评估与防范财务管理中的风险，提高资金效益，是企业法务人员的职责和义务。

财务管理法律事务在现代企业法人治理中的作用日益凸显。财务管理法律事务坚持以企业总体财务目标为中心，识别评估和控制防范财务风险，服务企业运营总目标，为企业长远期目标实现奠定法律基础。企业财务管理的目标是依法实现股东财富价值的最大化，不仅能给投资者和经营者带来利益，而且对国家、企业和职工都会带来较大的利益。[②]企业财务管理法律实务，就是以法律法规、企业章程、财务规章制度等为依据，以提高企业竞争力、全面实现股东价值为目标，规范企业资本注入、投资融资、资金运营、现金流量、利润分配等方面的行为，识别评估和控制防范企业财务风险，保障企业经营管理顺利开展，依法合规处理财务关系的管理活动。

二、财务管理法律实务特征

在现代企业制度下，企业出资人与企业经营者分离日趋明显，出资人设立营利企业的目

① 盛骏飞:《企业集团全面管理提升指引》，中国市场出版社 2013 年版，第 216 页。
② 石卫国:《企业财务目标再认识》，载《济宁学院学报》2008 年第 3 期，第 110 页。

的就是获得利润。《民法典》第七十六条对出资人设立营利企业目的的表述为“以取得利润并分配给股东等出资人为目的成立的法人，为营利法人”，出资人开办营利企业就是为了获得回报。现代企业所有者与经营者分离是必然趋势，所有者即股东并不一定直接参与企业经营管理，财务管理也是委托经营者所为。企业财务法律风险客观地存在于企业各项财务管理中，是不可避免的。[①]在企业运营过程中，财务风险、法律风险是一件件具体事件，如果这些风险事件一旦发生，必将直接损害企业和企业所有者利益。因此，财务管理法律实务它是具体的、有价值的，并不是抽象的、无价值的，它可以为企业依法合规实施财务管理，及时识别评估风险，有效防范控制风险，维护企业利益，实现经营目标，防止因财务风险失控引发经济损失提供法律支撑。

财务管理法律制度、行业规定涉及面广，既有大量财务类专业法律法规，如《中华人民共和国会计法》《中华人民共和国预算法》《证券公司财务制度》《企业会计准则》等，又大量分散在民商法、刑事法、税收征管法等其他法律法规当中，如《中华人民共和国民法典》《中华人民共和国刑法》等具体条款之中。随着依法治企不断推进，传统法务人员已经越来越不适应现代企业发展需要，对既具备法律专业知识，又掌握财务会计金融等专业知识的复合型法务人员的需求将越来越迫切。法务人员不仅要熟悉日常法律法规，还要掌握财务类、金融类的法律法规知识，特别要在依据企业章程、财务管理等制度的基础上加强实践经验的积累，为企业融资投资、资金运营、现金流量、利润分配等方面提供合法合规性保障。

企业财务法律实务为企业创造价值已经被越来越多的企业管理层认同。企业财务管理法律实务虽然不能像企业生产单位、销售部门等业务部门为企业直接带来经济效益，但却能在企业投资决策、营运资金等过程中，起到规范投资决策、防范资金流失风险、及时回收企业债权、避免或减少纠纷及处罚等重要作用。从企业财务管理来讲，法律实务通过完善财务管理制度、参与交易模式设计、筹划税收、商务谈判、参与应收账款管理、起草审查合同、处理纠纷等方式帮助企业防范财务风险、降低经济损失、提升经营绩效，从而为企业创造社会价值和经济价值。

三、财务管理法律实务意义

现代企业市场竞争日益激烈，企业因为财务管理不合法、不合规、不规范引发的各种危机较为普遍。高质量财务管理需要高质量法律实务支撑，合法性、规范性、安全性和系统性是财务管理法律实务的出发点和落脚点。法务人员在财务管理法律实务中始终以依法谋求企业利益最大化为目标，为各项经济活动开展提供有效法律支持，维护企业合法利益。法律是贯穿企业运营过程始终的一个重要标尺和依据，企业所有经营活动都离不开法律调整，企业实施任何行为都需要在法律规则的框架内运营，财务管理也不例外。企业财务法律实务就是根据法律风险类型去识别和防控风险。企业法律风险类型的划分是识别企业法律风险的基础，是防范、控制和化解法律风险的指针。立足不同的标准，企业法律风险可作不同的划分。[②]根据财务管理特点和法律分类，财务管理法律风险可划分为：民商事法律风险、行政法律风险

① 赵婧、蔡昊、高璐：《企业财务法律风险与防范探究》，载《现代商业》2018 年第 6 期，第 196-197 页。

② 乔路：《企业法律顾问实务全书》，法律出版社 2009 版，第 842-843 页。

和刑事法律风险。财务管理法律实务主要从以下三个方面防范控制企业财务法律风险。

（一）防范控制民商事法律风险

财务管理不当行为可能会违反《中华人民共和国公司法》《中华人民共和国证券法》《中华人民共和国破产法》等法律法规的规定，导致公司及相关行为人承担民商事责任，包括违约责任、侵权责任、损害赔偿责任等。例如，对上市公司来说，提交真实、准确、完整的财务报告，是公司的法定义务，如果公司提供虚假陈述，包括虚假记载、重大遗漏和误导性陈述的财务报告，给投资者造成损失的，投资者就可能通过法律途径追究公司的民事侵权责任。又如，在公司并购过程中，如果在尽职调查时提供虚假的报表，隐蔽财务真实状况，则可能构成对并购合同的违约，从而令公司承担重大的违约责任。因此，法务人员应该根据财务管理中民商事法律风险的特点和类型，制定有效防范措施，切实防控风险。

（二）防范控制行政法律风险

企业行政法律风险，是指因违反行政法规或规定，需要承担行政法律不利后果的法律风险。通常表现为企业行为违法，而遭受行政机关处罚。我国行政机关类别较多，管理企业的部门也相应较多，行政法律风险分布较广，防范控制企业所涉及的行政法律风险也是企业法律事务需要重视的一项重要工作。财务管理不当行为主要表现：未依法设置会计账簿，私设会计账簿；未按照规定取得原始凭证或者取得的原始凭证不符合规定；向不同的会计资料使用者提供的财务会计报告编制依据不一致；未按照规定保管会计资料，致使会计资料毁损、灭失；虚增货币资金，违规披露信息行为；等等。与其他财务人员相比较，企业会计人员、统计人员，在财务管理中的作用与地位更为突出，相关法律法规要求一切会计、统计机构的人员必须严格依法合规履行职责。如果这些人员不能严格履行法定职责，国家相关行政职能部门不但可以对这些违法违规行为进行行政处罚和经济处罚，如吊销从业人员的从业资格、处以经济罚款等，而且还可对其所在的企业和法定代表人进行经济罚款，严重的可以吊销企业营业执照等。

例如：某煤电控股集团有限公司虚增货币资金，企业和责任人被经济处罚。①

2021 年 7 月 27 日，某煤电控股集团有限公司（以下简称 A 公司）收到证监会《行政处罚决定书》，涉及虚增货币资金共计 861 亿元、部分债务融资工具募集说明书中关于受限货币资金的陈述存在虚假记载等信息披露违规行为。因此，证监会根据《中华人民共和国证券法》第一百九十七条第二款规定，对 A 公司给予警告，并处以 300 万元罚款；并对时任 A 公司董事长侯某某等 6 名高管给予警告，并合计处以 230 万罚款。证监会调查结果显示，2018 年 1 月至 2020 年 10 月期间，A 公司累计发行银行间债务融资工具 21 期，非公开发行公司债 3 期。在相关债务融资工具和私募债募集说明书、定期报告等文件中，A 公司将应收控股股东某能源化工集团的往来款作为货币资金列报，合并报表层面虚增货币资金累计达 861.19 亿元。A 公司在部分债务融资工具募集说明书中关于受限货币资金的陈述存在虚假记载，以及存在未按规定披露股权质押事项，导致债务融资工具募集说明书存在重大遗漏等信息披露

① https：//finance.sina.com.cn/chanjing/gsnews/2021-08-03/doc-ikqciyzk9259459.shtml

违规行为。

实践中，一些公司、企业为了融资发债，存在着与 A 公司类似的做法，将公司债权性质往来款，计入货币资金项目下，报表层面虚增货币资金并在财务报表中予以披露，虚假陈述、违规披露，误导投资人，导致企业和责任人被处罚。这些都是公司及其管理人员在财务管理中缺乏合规意识的结果。因此，法务人员在企业财务管理活动中要充分发挥法律风险防控的职能作用，培育企业合规意识，关注国家行政机关制定的行政法规，督促财务管理人员严格履行工作职责，防控因违反行政法律法规带来的风险。

（三）防范控制刑事法律风险

财务管理刑事法律责任是财务管理行为严重不当，导致企业法人、自然人违反国家相关刑事法律，而应承担的刑事责任，其处罚依据是国家刑事法律。《中华人民共和国刑法》《中华人民共和国民法典》《中华人民共和国会计法》《中华人民共和国税收征收管理法》等都对违反法律法规承担刑事责任作出了具体规定。财务管理涉及刑事犯罪的罪名主要有：挪用资金罪，职务侵占罪，隐匿、故意销毁会计凭证、会计账簿、财务会计报告罪，提供虚假会计资料罪，等等。

例如：某五金交电有限公司董事长兼总经理隐匿、故意销毁会计凭证、会计账簿、财务会计报告资料。[①]

被告人，徐某，原系某五金交电有限公司董事长兼总经理。2004 年 7 月至 2007 年 12 月底，徐某担任该公司董事长兼总经理。在此后的三年半，五金公司电器商城进行了以商品经营为主的运营活动，实施了商品营销，且经营的账目健全，后在公司内审组审计后，徐某要求孙某将电器商城的账分开，并将电器商城的账务资料拿走。公安机关立案侦查该案，要求提供该电器商城账务时，徐某拒不提供该账务资料，称该电器商城是他个体经营的门市，资料被他销毁了，拒不提供其拿走的商品经营部分的账务、凭证等会计资料，其隐匿依法应当保存的会计凭证、会计账簿所涉及金额不小于 173.28 万元。2010 年 6 月 23 日，该县人民检察院指控被告人徐某犯隐匿、故意销毁会计凭证、会计账簿、财务会计报告罪，向法院提起公诉。2010 年 7 月 29 日，该县人民法院依法作出判决：徐某犯隐匿、故意销毁会计凭证、会计账簿、财务会计报告罪，判处有期徒刑六个月，并处罚金人民币十万元，罚金于判决生效后三个月内缴纳。

在实践中，一些公司、企业有着与上文中某县五金交电有限公司董事长兼总经理徐某同样的惯例做法，在会计资料在公司内审组审计后，将账务资料拿走甚至故意隐匿、销毁，以为这样就可以逃避相关的监督检查，就可以平安无事，并没有意识到隐匿、销毁会计实效资料本身就会发生刑事法律风险。这些都是公司及其管理人员在财务管理中缺乏风险防范意识的结果。企业法务人员不只在合同审查、商务谈判、诉讼应对中负有责任，还必须发挥其在企业财务法律风险提示、风险分析和风险控制等依法治企、宣传普法的功能作用。

财务管理法律实务有利于保障企业稳定健康长远发展。财务管理的主要内容包括筹资管理、投资管理、营运资金管理和利润分配管理，企业的正常运转正是围绕财务管理而开展。

① https://www.66law.cn/goodcase/15795.aspx

易言之，财务管理支撑了企业日常经营活动，企业离开了正常财务管理，就不可能正常运转，更谈不上稳定和发展。财务管理法律实务就是保障财务管理按照法律、法规和企业财务规章制度有序进行，使之均不失度、不越轨。进而言之，财务管理法律实务为企业稳定创造了前置条件，为企业正常运营嵌入了健康基因，为企业发展奠定了坚实法理基础。

第二节　财务管理法律实务的几个问题

财务管理法律实务内涵丰富，涉及面广，在企业具体运营中必不可少，为企业资金筹集、资金营运、成本管理、风险控制提供合法合规性支撑。本节重点阐述财务管理法律实务几个常见问题：

一、筹资管理法律实务

企业运营发展，最为稀缺的资源就是资本，筹资行为是企业日常工作。作为独立法人主体的企业，其初始资金来源于股东出资的注册资本金，但是，企业的日常运营和发展，包括扩大再生产、投资并购、项目建设等过程中都需要通过筹资来维持企业的资金周转。企业筹资需要按照一定的渠道和方式进行，如通过金融机构贷款、企业法人借资、社会团体募资、发行债券融资、发行基金募资、票据融资、典当融资、资金互助融资、融资租赁募集资金等。

筹资管理法律实务无处不在，有效法务管理既可防范筹资风险，也可降低企业融资成本。从法律实务角度来讲，企业融资过程表现出来就是一系列的法律文件，法律风险点可能就潜藏其中；完备合理的法律文书设计可以帮助企业在融资过程中有效控制与防范法律风险。[①]以下几个方面的问题，在企业运营过程中经常发生，需要企业法务人员发挥专业职能加以防控。

1. 参与企业筹资决策，有效控制资金链断裂诉讼风险

企业融资往往存有无效融资与过度融资两方面行为，无效融资与过度融资容易造成企业因偿债能力减弱而资金链断裂。巨人集团失败的例子就很好地说明了无效融资与过度融资的危害。当巨人集团大厦被一层层加高，所需融入的资金像滚雪球般地急速膨胀，终于，被无限放大的信用链条戛然断裂，巨人集团也随之轰然倒下。[②]法务人员在管理活动中应提醒企业决策者在进行筹资决策时，客观评价偿还债务等相应能力，不能只顾眼前利益，而使企业陷入困境。

2. 参与借贷合同审查把关，有效控制资金成本

如，在融资过程中，由于政府金融政策变化导致借款利率上升，资本市场变化流动性偏紧等，往往会使融资成本增加。在财务管理过程中，企业法务人员就可以与资金提供方通过借贷合同固化借款利率，防止后期因资金成本的不可控而发生财务风险。

① 陈晓峰：《企业投资融资法律风险管理与防范策略》，法律出版社 2009 版，第 191 页。
② 金占明、白涛：《企业管理学》，清华大学出版社 2010 年版，第 311 页。

3. 参与企业筹资，有效控制非法借贷风险

在贷款方面，存有民间借贷和非法集资两方面的法律风险。由于长期以来我国对金融实行严格管控，许多企业在银行金融机构借贷困难的情况下不得不转向民间借贷。而民间借贷是企业与自然人之间和非金融企业之间的债权债务关系。企业民间借贷在企业资金筹资过程中时有发生，也就此引发出诸多社会矛盾，同时还伴随着大量非法集资案件的发生，扰乱金融秩序。根据我国现行法律法规的相关规定，企业民间借贷的合同往往存有被认定为无效合同的法律风险，导致企业的利益无法得到保证，影响企业正常运营，严重的还会涉及刑事责任问题。

4. 参与企业筹资，有效控制私募股权融资法律风险

当今资本市场相当活跃，融资方式不断创新，其中私募股权融资（PE）已成为企业的融资渠道之一。所谓私募股权融资是指通过公司企业通过股权出让非公开性地在资本市场募集资金。在交易实施过程中，被募集的资金方（PE）会附带考虑将来的退出机制，即通过公司首次公开发行股票（IPO）、兼并与收购（M&A）、管理层回购（MBO）或大股东回购等方式退出获利，这样既解决了募集方的资金问题，推动公司发展、上市，又可以为PE方通过转让股权获得利益。企业法务人员在此过程中，重点关注以下几点：

（1）防止私募股权融资转化为“非法集资”“非法或变相吸收公众存款”。

（2）防止在PE退出时募集方不能按约履行承诺，导致发生兜底事件，给融资企业带来巨大的财务压力风险。

（3）防止信息不对称的法律风险，融资方需要对PE方进行全方位的法律尽职调查，防止洗钱等违法犯罪行为。

筹资管理风险是非系统风险，是可避免的风险。在2015年《最高人民法院关于审理民间借贷案件适用法律若干问题的规定》发布之前，从法律层面上讲，企业间的借贷是违法的，需要承担一定的法律风险和一定的法律责任。[①]在此之后，国家法律法规虽然对此在一定条件下予以认可，但实践中企业融资法律风险仍然非常突出。

在筹资管理活动中，法务人员的工作职责就是要保障企业筹资合法合规。按照合法合规性原则，对筹资管理活动进行指导和法律审查，防止发生非法集资行为，防止通过擅自发行股票、公司、企业债券募集资金，防止通过违规拆借筹集资金，防止所筹集的资金不按借贷合同约定使用发生违约风险，防止不按约定支付资金利息、偿还本金等违约行为，以维护企业筹资管理活动安全。

二、投资管理法律实务

企业投资活动，包括内部资金配置和外部资金投放，投资在带来收益的同时，也会带来风险。投资管理是财务管理的重要环节，在投资管理过程中，站在财务管理角度，主要是从资金投入的比例与进度、项目预算资金的有效使用与推进、财务运营成本管控与覆盖、投资项目风险评估等方面进行管理。企业投资管理要坚决防止短贷长投、项目资金超预算、所募

① 陈晓峰：《企业投资融资法律风险管理与防范策略》，法律出版社2009版，第1页。

资金不按投资目的进行，即投非所募等。现代企业在经营过程中，势必会开展一系列的投资经营活动，资金的流出与流入过程中也势必面临着各种风险。[1]投资风险是指投资主体为实现其投资目的而对未来经营、财务活动可能造成的亏损或破产所承担的危险。在投资管理中，企业财务风险常见于三个方面：一是过度负债；二是短债长投；三是企业之间相互担保。[2]因此，在投资管理中的法律实务应该从规范投资制度、严格执行投资制度入手，按照投资策略，加强对投入资金的管控，注重成本控制，规范企业之间的担保行为、投资项目风险评估等，防止投资制度流于形式、实际执行与制度两层皮现象，防止成本失控导致财务风险叠加、企业之间交叉担保、无限放大融资杠杆，形成复杂的债务链条等情况的发生。

案例：企业盲目决策，导致经营陷入困境、资金链断裂，引发民事诉讼。

2011 年，由于煤炭能源市场向好，煤炭资源紧缺，能源企业 A 在并购煤业公司 B 时，在没有对公司 B 进行风险评估的情况下就匆忙决策，按市场溢价收购了煤业公司 B，并投入大量资金进行改造升级。2012 年下半年，随着煤炭能源市场能源价格下行，公司 B 经营陷入困境，面临融资困难、资金链断裂等风险。能源企业 A 为解决公司 B 资金短缺问题，只能不断向公司 B 补充流动资金，能源企业 A 的现金流因此也受到很大影响，该付的工程款、原材料款不能按期兑付，引发大量民事诉讼，企业经营陷入困境。

该案例说明，投资管理法律实务对企业正常运营和健康发展十分重要。近几年来，企业之间的并购重组已经成为企业迅速扩张并占有市场份额的一种常用方式，但是，有的企业却对并购重组后企业所应承担的投资风险缺乏关注和重视。对投资项目风险评估不足、对未来行业前景判断失误、对行业法律政策把握不准等，都会导致企业资金使用效率低下、资金链断裂等风险的发生，严重影响企业的正常运营，引发企业综合性风险。

法务人员应当发挥职能作用，协同战略、财务、运营等职能部门参与企业投资项目、战略规划的制定和实施，防控风险。首先，法务人员直接介入企业投资、企业规划和战略目标的制定，必要时组织法律专家团队参与企业决策全过程，分析论证存在的战略风险，提出参考意见、建议，发挥决策参谋作用。其次，法务人员组织或参与财务、审计等职能部门对于大型投资项目的论证和审查，提出可行性意见、建议，防止因重大项目投资失误带来的财务资金风险，影响企业战略规划顺利推进和战略目标实现。

三、应收账款管理法律实务

企业应收账款是企业因销售商品、提供劳务等而应向购买方或接受劳务方收取的款项。[3]应收账款基于商业信用而产生，系企业债权性资产，是企业总资产的重要组成部分。应收账款管理在企业营运资金管理中地位突出，随着资本运作形式的多样化，当前企业与企业之间的竞争愈演愈烈，很多企业过度追求规模扩张、营业收入增量而忽视对应收账款的管理，导致应收账款不能及时收回，产生大量坏账，给企业带来损失。加强应收账款的日常管理，建立健全企业应收账款的内部控制制度，关乎着企业的兴衰存亡。在应收账款管理中，企业法务人员需要从法律法规、企业规章制度等方面加强对应收账款的确权清收和监督管理，防止企业

① 李旋：《现代企业财务风险问题及其对策研究》，载《经贸实践》2018 年第 5 期，第 140-142 页。

② 盛骏飞：《企业集团全面管理提升指引》，中国市场出版社 2013 年版，第 217 页。

③ 杨蕊、梁健秋：《企业财务会计》，高等教育出版社 2018 版，第 49 页。

发展陷入困境，丧失相应的信誉与偿债能力，使企业陷入债务危机。

1. 建立合同跟踪监督管理制度

实践中，大部分企业往往将其注意力集中于合同签订上，而对于合同履行过程中，当事人是否按照合同约定履行了相应义务，没有建立应有的监督反馈工作机制，往往因合同当事人违约情况没有被及时反馈而导致企业对合同履行程度及违约损失情况判断不及时，并由此造成企业相应的损失。企业法务人员应该在企业商务合同履约、信息反馈方面跟踪监督，防止货款未按商务合同约定履行。法务人员应当协同企业运营、销售、财务和相关业务部门人员共同制定符合企业实际的完善的合同管理监督制度，确保合同在每个环节上有人员跟踪负责，确保合同在每个环节上可追溯，做到环环相扣。比如，在销售合同的管理上，合同的签订必须经企业法务、财务、营销部门和相关分管领导审核，主要领导审签。专人管理销售合同，并不定期组织法务、财务、审计、监察等部门对合同的执行情况进行监督检查，及时纠正执行不到位和逾期现象，并督促其查明原因，制定催收计划，落实整改责任，防范和控制应收账款不能按时回收的风险。

2. 建立应收账款预警管理制度

预警机制从理论上讲是一种风险考评机制，结算中心需对整个应收账款预警活动环节的有关工作内容，形成文件记录并整理归档。企业应收账款归口管理部门一般为结算中心或财务部，一般由销售部办理有关应收账款事宜。企业应当根据本单位实际情况，将应收账款预警信号划分等级，划定逾期多长时间为风险账款并实行专项管理，风险账款发生后，法务人员应当会同销售部门、财务部门等填制“风险账款报告单”，并附上相关单据资料和提出处理建议，由主管领导审查后转相关部门处理。比如，A 企业将应收账款预警信号等级从高到低分为一级预警、二级预警。一级预警信息需送达销售部签收，并同时送达总经理，二级预警信息送达销售部签收，销售部在收到预警通知后，需在 48 小时内将预警信息的应对措施和处理情况向结算中心反馈。法务人员在加强应收账款管理工作中，应当制定或督促相关职能部门制定相关控制制度，在最大限度地拓展市场的同时，保证应收账款额度在合理范畴之内，提高市场营销风险防范能力。

3. 参与企业应收账款清收

一般情况下，企业结算中心或财务部作为应收账款清收工作的主管部门，企业法务、销售等职能部门积极配合开展此项工作。比如，A 企业财务部作为应收欠款清收工作的主管部门，负责组织法务部门、销售部门等职能机构完成本企业的清收专项工作，通过制定专项考核办法，明确“谁销售，谁回款”的清收原则，逐级落实清收责任，并将绩效考核与欠款整体回收完成情况挂钩。

首先，做到及时确权，防止应收账款超过法律保护期限。法务人员应当对应收欠款清收进行分析，及时提示问题和防范风险，配合财务等职能部门主动与对方对账认定质权，采取抵抹账、债务重组、法律诉讼等多种方式开展工作，按合同约定及时办理结算，千方百计回收欠款，特别要防止因超过诉讼时效导致权利不受法律保护。诉讼时效，是民事诉讼中的一项重要制度，指民事权利受到侵害的权利人在法定的时效期间内如果不行使权利，时效期间届满时，债务人获得诉讼时效抗辩权，有权要求不再履行义务。法务人员在财务管理中与财务管理人员一道根据不同应收账款的时间，制定具体措施加强对应收账款的管理和清收，及时提醒相关部门或直接为企业应收账款及时办理对账签认手续确认债权，延续债权法律保护时间，维护单位正当权益。其次，做到及时行使法律诉权，防止拖欠应收账款丧失偿债能力。法律是企业收回欠款的最后保障，企业法务针对应收账款的催收，必要时应该在法律规定的期限内提起诉讼或仲裁，通过国家强制力收回账款。比如，客户已达破产界限的情况，就应及时向法院起诉或向仲裁机关申请仲裁，以期在破产清算时得到部分清偿。

4. 制定执行责任追究制度

企业资产损失责任一般分为直接责任、主管责任、分管领导责任和重要领导责任。在企业管理过程中，法务人员应该根据国务院国有资产监督管理委员会 2018 年出台的《中央企业违规经营投资责任追究实施办法（试行）》和本企业的相关制度要求，牵头制定责任追究制度。比如，针对下列情况，企业应建立应收账款损失责任追究制度，追究相关人员的行政和经济责任：在货物销售过程中，对于不签订合同发货，合同签订不规范，审核把关不严，合同履行不严或不履行合同，导致货款不能全部收回或产生坏账的；双方确认的数量、质量和价格等纠纷不及时处理，单边挂账的；其他原因导致货款不能全部收回或产生坏账的；等等。

四、资金营运管理法律实务

资金营运管理是财务管理的中心环节，既发挥着承上启下的功能作用，也是企业运营的核心要素。在企业财务管理中，资金营运管理主要包括现金管理和成本费用管理。

1. 现金管理

现金管理是指对企业现金资产流入、流出及存量的运作进行统筹规划，使其在保证流动性基础上，加强资金调配，节约成本，提高资金使用效率，以追求效益最大化的一种财务管理。企业现金管理的基本要求：一是安全性；二是充足性；三是流动性。货币资金基本上是一种非盈利资产，过多持有势必造成浪费。因此，企业可以根据现金周转速度和一定时期预计现金需求量计算企业持有的现金平均余额，降低资金成本，提高企业资金使用效率。

现金管理法律实务，涉及现金管理的依法合规、现金授权审批、合理现金持有额度、岗位分离控制、资金使用效率等具体事务，企业法务、财务等相关部门人员在实际工作中必须严格执行法律法规和财务内控管理制度，防范现金管理风险。国务院发布的《现金管理暂行条例》第二条规定："凡在银行和其他金融机构（以下简称开户银行）开立账户的机关、团体、部队、企业、事业单位和其他单位（以下简称开户单位），必须依照本条例的规定收支和使用现金，接受开户银行的监督。"如果企业现金管理未按照上述规定执行，将会受到相应的处罚，影响企业正常运营，使企业遭受到损失。法务人员应当发挥职能作用，协同企业运营、财务、审计等职能部门管控好企业资金营运全过程。法务人员在参与管理时，应当注重不同部门之间的协作，形成法务、财务、审计部门共同参与财务管理的局面，提高企业财务管理水平。比如，当外部市场环境发生变化时，法务人员应当提示企业对现有财务管理模式及时调整与改进，使企业财务管理及时适应法律政策的变化。

2. 成本费用管理

成本费用管理的目的，就是在加强对费用的监督和管理基础上，节约运营成本，提高资金使用效率。很多企业失败的主要原因之一就是财务失控，具体来说就是忽视成本控制在企业经营过程中的作用。[①]当然，现代成本费用管理不是在每一个环节都追求成本费用最优化，而是全盘重视财务成本管理开展的科学性和有效性，综合考虑提高企业总体效益，最终达到实现企业利益最大化之根本目的。在现代成本费用管理的语境下，法务人员应参与资金营运全过程，为成本费用管理的事前、事中、事后做好法律政策服务和统筹谋划，有效控制企业经营成本，防范财务失控。

五、税收筹划管理法律实务

企业税务筹划管理应当涵盖经营管理的各个环节，并应该作为一项重要管理任务对待，企业应充分重视企业的税务管理，最大程度地规避因税务管理漏洞而招致的法律风险。[②]关于企业税收筹划问题，现在很多企业都比较重视。税收是企业的重要支出，税收越多，则企业经营成本就越大，利润就越低。企业为了达到利益最大化目标，自然会开展一定的节税活动，进行税收筹划，加强税务管理。但是，有的企业为了把利润留住，伪造、变造、隐匿、擅自销毁账簿、记账凭证，或者在账簿上多列支出或者不列、少列收入，税收筹划活动便演变成了偷税漏税行为，给企业带来了相应的法律风险，使企业的信用信誉受到较大危害，甚至涉及刑事犯罪，企业和相关责任人员还会受到刑律追究。

税收筹划成为现代企业财务管理的新理念，必须符合国家法律及税收法规，法务人员依法参与企业税收筹划是其应尽之职。纳税是企业应尽的义务，而现金支出的刚性化使得企业进行纳税筹划的迫切性日益加剧，企业期望减少税负，以达到企业利益的最大化。法务人员根据税法政策和会计原则，在符合税收政策法规导向的前提下，对企业纳税进行细致、及时的合理规划，在多种纳税方案可选的情况下进行全面而复杂的筹划，从而达到既不违反国家税收法律法规，又能为企业节税节源，依法实现利益最大化的目的。

案例：公益性捐赠抵扣企业所得税。

某国有控股集团公司在2016年度营业总收入为201亿元，利润为12亿元，上缴税收10.5亿元。在此年度，共支付公益性捐赠款2 100万元人民币，其中，扶贫捐赠1 050万，抗旱救灾捐赠800万元，助学捐赠250万元。根据《中华人民共和国企业所得税法》第九条规定：企业发生的公益性捐赠支出，在年度利润总额12%以内的部分，准予在计算应纳税所得额时扣除。《中华人民共和国公益事业捐赠法》第三条规定，公益事业是指非营利的下列事项：（1）救助灾害、救济贫困、扶助残疾人等困难的社会群体和个人的活动；（2）教育、科学、文化、卫生、体育事业；（3）环境保护、社会公共设施建设；（4）促进社会发展和进步的其他社会公共和福利事业。故此，该集团企业在2016年度可以在其年度利润总额12%以内抵扣企业所得税2 100万元，减少企业现金流出。需要注意的是，企业的公益性捐赠应该通过公益性

① 金占明、白涛：《企业管理学》，清华大学出版社2010年版，第312页。
② 陈晓峰：《企业税收筹划法律风险管理与防范策略》，法律出版社2009版，第1页。

社会团体或者县级以上人民政府及其部门进行，否则有可能不被税务部门认可，不能抵扣企业所得税。

第三节　实务训练

一、案例讨论

（一）案例

某酒业有限责任公司（以下简称 A 公司）是酒业生产经营型企业，规模相对较小，品牌开发和竞争能力相对有限，主要产品为当地小有名气的酱香酒，销售市场主要在该企业所在的省内，近三年营业收入平均在 600 万元左右，税前利润在 95 万元左右，企业法定代表人有一定个人负债。2018 年上半年，全国酱香酒类市场呈上行趋势，为了补充经营现金流，扩大生产经营规模，A 公司拟向某银行申请 500 万元流动贷款，用于购买原材料和开拓市场。在申请贷款过程中，某银行以该公司的资产负债比例不符合银行设置的参考标准为由没有同意该企业借款请求。2018 年，A 公司在考虑时间和机会成本的基础上决定进行民间融资。

针对 A 公司的民间融资行为，如果你是 A 公司法务人员，如何应对？

（二）讨论

A 公司法务人员针对该公司民间融资行为展开了激烈讨论，形成两种观点：第一种观点认为，A 公司民间融资风险太大，不但成本高不好控制，而且稍有不慎就会触犯国家法律，建议还是想办法去银行贷款融资，如果不能从银行融资，就维持生产经营现状。第二种观点认为，鉴于酱香酒类市场向好，要抓住有利时机，扩大生产经营，在向银行融资不能的情况下应该直接开展民间融资。

本书认为第二种观点优于第一种观点。理由：企业风险与收益是对等的，风险越大收益的机会越多，期望的收益率就越高。在向银行融资不能的情况下应该进行民间融资，要牢牢把握住酱香酒类市场向好有利时机，扩大生产经营规模，增加企业营业和利润，做强做大 A 公司，增强企业抗风险能力。但是，进行民间融资过程中要注意以下几点：

（1）防止民间融资行为演变为违法行为。

（2）防止民间融资行为演变为非法集资行为。

（3）防止民间融资行为演变为集资诈骗行为。

二、案例分析

（一）案例

甲企业向乙企业出售加工茶叶的烘干提香机器，同时进行提香技术转让，合同总价款为 1 500 万元，其中机器设备款为 1 200 万元，提香专有技术费为 300 万元，则该项业务应该缴纳的营业税为：$300 \times 5\%=15$ 万元。有人以为，如果没有其他税种，单从营业税角度而言，企业可将技术转让费用隐藏在设备价款之中，多收设备费，少收技术转让费。

（二）分析

如果你是企业法务人员，应如何与企业财务部门一道进行税收筹划？

思考方向

（1）此种税收筹划适用国内企业向国外出口产品，因为向国外出口可获取出口退税，设备款的增加不会导致企业增值税税额的发生或增加，而技术转让费的减少会带来营业税的减少，可以使企业总体税负下降。

（2）全面考虑各方面因素，如果技术转让费的减少导致设备款增加，从而增加企业增值税，且企业增值税增加大于减少的营业税，就需要从全局考虑，不能顾此失彼。

第七章　企业资产保全法律实务（上）

第一节　企业资产保全法律实务概述

企业参与民商事法律活动，就是要实现其经营目的，赢取相应的利润，但同时，也要防止其资产遭受损失，否则，不仅其资产损失会抵销其赚取的利润，还会减少其赖以进行民商事活动的资产，甚至使其资不抵债，不得不进行破产清算。所以，企业在民商事活动中，不仅应当重视合同的签订与履行，同时也应重视并做好资产保全工作，对可能的资产损失，防患于未然。

关于资产保全，在理论上并没有一个统一的概念，但在实践中，却是一个在市场活动中逐渐兴起的风险管理领域。根据我国企业资产保全的实践，本书认为，企业资产保全，就是企业作为债权人，为保障其债权的实现和维持其资产的完整性，避免可能遭受的资产损失而依法采取的策略和措施。

首先，债务人的所有财产，原则上都是其债务的责任财产；如果债务人是自然人，法律规定对其财产强制执行用于清偿债务时，应当为其保留生活必需品，如《中华人民共和国民事诉讼法》（下文简称《民事诉讼法》）第二百五十一条规定：“被执行人未按执行通知履行法律文书确定的义务，人民法院有权查封、扣押、冻结、拍卖、变卖被执行人应当履行义务部分的财产。但应当保留被执行人及其所扶养家属的生活必需品。　采取前款措施，人民法院应当作出裁定。”[①]如果债务人是有限责任公司制企业，公司的财产与其股东个人的财产是分离的，股东以其投资为限承担公司债务，其投资以外的个人财产不是公司债务的责任财产，除非公司财产与股东个人财产混同。我国法律侧重保护债权的实现，对债务人逃避债务而隐匿财产的行为，无论在法律上还是在道德上都持一种否定的评价。如《民事诉讼法》第二百四十八条规定：“被执行人未按执行通知履行法律文书确定的义务，应当报告当前以及收到执行通知之日前一年的财产情况。被执行人拒绝报告或者虚假报告的，人民法院可以根据情节轻重对被执行人或者其法定代理人、有关单位的主要负责人或者直接责任人员予以罚款、拘留。”被执行人不履行法律文书确定的义务并隐匿财产的，人民法院可以发出搜查令，对被执行人及其住所或者财产隐匿地进行搜查。人民法院对不履行法律文书确定的义务的被执行人，还可以采取或者通知有关单位协助采取限制出境、在征信系统记录、通过媒体公布不履行义务信息以及法律规定的其他措施，如限制其高消费等。被执行人不履行法律文书确定的义务，一般会失去信誉，也不能再名正言顺地进行市场经营活动，因此，从这一意义上来说，债务人隐匿财产逃避债务并不是理智的行为，将得不偿失。

其次，我国法律制度是统一的，并不存在各地颁布的地方性法规与国家基本法不一致的

① 为了文章排版上的便利，在引用条文时，遇不同款项时未作分段处理，而是在款与款的中间空了两格，以示系另一款，项与项之间则直接连在一起。

情况，并且，对债权的保护，适用的法律是国家的基本法，既不存在债务人可以利用地方性法规规避国家基本法适用的可能，也不存在此地债务人可以利用本地地方性法规逃避外地债权人追索其财产的可能。同时，在我国现行外汇监管体制下，法律保障当事人境外真实的投资、贸易和消费需求，但是，债务人要想将大额资产转移到国外，通常要将实物资产变为货币，通过境外换汇钱庄兑换、从境内地下钱庄夹带支票出境、利用多人身份将大额资金存入银行并分散汇出境外、用境内账户办理境外购房抵押贷款以获得海外置业所需要的外币贷款、出境旅游刷卡套现、在对外贸易中虚开发票以将资金转移到境外，等等。近年来，我国已经加强了对地下钱庄的打击和非法向境外转移资金的查处力度，非法向境外转移资金的行为一旦被发现，行为人将被追究相应的法律责任，受到严厉的处罚。因此，债务人不可心存侥幸，以身试法，冒险向境外转移大额资金以逃避债务。

最后，债务存在的目的，就是要实现债权，当债务人履行债务使债权得到实现时，债务即消灭。法律除对债权本身的保护外，还赋予了债权保全的权能，以防止债务人不适当地减少其责任财产危及债权的实现。同时，法律也提供了多种债权担保方式，供当事人在设立债权关系时选用，以担保债务的履行。法律还留有一定的自治空间，当债权实现可能产生风险时，允许债权人与债务人协商采取一定的资产保全措施，消除可能的风险，保障债权的实现。当债权人提起民事诉讼时，也可以向人民法院申请财产保全措施，通过国家审判机关的强制力对债务人的财产予以保全，以保障裁判的执行。据此，我们认为，在我国法律实务中，资产保全是一个广义的概念，包括了合同保全、财产担保、诉讼中的财产保全措施以及属于当事人自治范围内的债权清收、债务整合、债权转让、债权人与债务人或者担保人达成换保协议、债务人以资产抵债以及债权人出让抵债资产等等。由此可见，资产保全根据是否由当事人达成合议可以区分为债权人单方面行使权利的资产保全和债权人与债务人为实现债权而达成合议共同所为的资产保全措施。前者如债权转让、合同保全、诉讼中的财产保全等，后者如债务整合、债权人与债务人或担保人达成换保协议、债务人以资产抵债等。资产保全根据是否需要通过提起民事诉讼实现可以区分为诉讼中的资产保全和非诉资产保全，前者如合同保全、诉讼中的财产保全等，后者如债务整合、债权人与债务人或担保人达成换保协议、债务人以资产抵债、债权人对抵债资产的出让等。其中，有的资产保全措施，如债权清收、资产抵债等，既可以是非诉过程中当事人意思自治范围内的行为，也可以是一种诉讼行为。所以，资产保全不仅仅等于担保、合同保全、诉讼中的财产保全措施，也不仅仅是债权人单方面对权利的行使，还包括债权人与债务人达成资产保全协议所采取的资产保全措施。

作为企业法务人员，应当认识到：第一，企业资产保全，其性质属于对企业经营管理活动中的法律风险管理，是企业法务工作的当然内容之一，企业法律风险管理，就是对企业经营活动中的法律风险予以预防、及时发现、有效控制并消除，而有效控制和消除法律风险，其离不开资产保全。如果没有将企业资产保全纳入企业法律风险管理的工作范围之中，企业法律风险管理就是不全面的，企业的法律风险管理便难以取得好的效果。第二，企业资产保全，其目的是维护企业资产的完整性。企业在经营管理活动中，其资产总是处于流转状态，并且在流转中才能产生利润，实现增值，如果企业现有资产不能产生利润和实现增值，企业就会亏损，现有资产就会缩水，失去其先前的完整性。维护资产的完整性，不仅是维护现有资产的完整性，同时也包括维护其利润或者其增值的完整性。当然，企业资产的完整性，是相对企业经营活动的某一民商事法律关系的产生和消灭的过程来说的，当企业参与某一民商事法律关系，其资产的完整性即是其投入该民商事法律关系中流转的资产、应获取的利润或者资产实现的增值的总和。当企业参与的民商事法律关系消灭时，企业获取了利润或产生了亏损，其资产实现了增值或出现了缩水，企业资产的完整性都不同于之前的资产的完整性。企业资产保全，首先就是要尽可能维护企业投入民商事法律关系中流转的资产、应获取的利润或者资产实现的增值的总和；其次，在不得已的情况下，才以之前的资产的完整性作为资产保全的目标。第三，无论哪一种资产保全措施，都是债权人积极作为的结果。这就要求企业法务人员，一方面要认真对待企业的债权，不能让企业“躺在权利上睡觉”，使债权产生风险，导致资产受损；另一方面，应当充分发挥其主观能动性，根据债权可能产生的风险和清收的实际情况，制定切实可行的资产保全计划，采取有效的资产保全策略和措施，实现债权，维护资产的完整性。但是，在企业法律实践中，除银行和非银行金融机构如华融、长城、东方、信达等国有大型资产管理公司外，其他企业通过制定可行的资产保全计划规范其资产保全活动的并不普遍，究其原因，主要是对企业资产保全工作特别是非诉资产保全工作的意义认识不足，将资产保全等同于提起合同保全诉讼或者诉讼中的财产保全措施，而这两者都是涉诉才考虑的事情，并不是非诉法律实务工作的内容。当资产遇到法律风险时，主要依赖提起民事诉讼解决问题，而不是充分发挥自治能力，争取债务人的配合，努力将法律风险控制甚至消弭在诉前。对于企业来说，提起民事诉讼，应当是不得已而为之的事情，是解决民商事纠纷的最后救济手段，如果不做好非诉资产保全工作，资产保全仅仅依赖提起合同保全诉讼或者诉讼中的财产保全措施，某种程度上，是一种自身资源的浪费。企业的资产保全工作，应当是非诉资产保全以诉讼资产保全为保障，诉讼资产保全以非诉资产保全为基础，非诉资产保全与诉讼资产保全各自都能发挥自身的作用，而二者又是有机地结合。正因为如此，为了较全面和系统地介绍企业资产保全法律实务，本章以介绍企业非诉资产保全实务为主，同时也介绍企业诉讼资产保全实务的相关内容，使读者对企业资产保全实务能够获得较为完整的印象。

第二节　企业资产保全的原则和策略

一、资产保全的原则

（一）依法合规原则

依法合规是资产保全的基本原则，企业资产保全活动应在遵守相关法律法规和企业的规章制度的前提下开展。企业资产保全活动违反法律法规，不仅达不到保全资产控制和消除法律风险的目的，可能还会侵害他人的合法权益，企业因此可能承担相应的法律责任。企业的规章制度，是企业维护其内部运转秩序和预防道德风险的规范，因此，资产保全活动也应当遵守企业的规章制度。

（二）维护资产完整性原则

资产保全是企业风险管理体系中的重要一环，开展资产保全活动，就是要通过采取预防、控制和消除法律风险的相关措施，维护企业资产的完整性。因此，开展资产保全活动，应当尽可能取得实效，避免其落空。企业法务人员要准确掌握债务人资产及其变动情况的信息，准确地针对债务人资产采取资产保全措施。在对债务人相应资产采取保全措施后仍不能满足债权人维护其资产完整性需要时，如果债务人尚有其他资产，应当继续对债务人其他资产采取资产保全措施，直至可以达到维护债权人资产完整性时为止；如果债务人表面上已无其他资产可供资产保全，也应当注意在维护债权人资产完整性范围内追索债务人已经转移的资产或者隐蔽的资产。资产的价值并非仅仅具有空间因素，同时也具有时间因素，虽然资产保全的资产在空间（数量）上不能满足维护资产完整性，但只要可以通过一定期间盘活已保全的不良资产达到维护资产完整性的，也符合这一原则的要求。

（三）及时性原则

企业开展资产保全活动，应当遵守及时性原则，即要根据采取资产保全措施的时机，立刻对债务人资产予以资产保全，不能拖延。因为，时间的一维性是不以人的意志为转移的，故资产保全的时机只存在于一定的时间当中，当时过境迁，资产保全的时机也就不可能再继续存在下去了。错过时机后再采取资产保全措施，往往达不到资产保全的目的。为了不错过资产保全时机，企业法务人员应当根据预判的时机，提前做好充分的准备工作，当时机出现时，才能抓住时机迅速采取资产保全措施。根据资产保全的需要，有时时机不仅仅呈现为债务人资产状况的变化情况，也呈现为债务人是否配合资产保全的态度，特别是在非诉资产保全活动中，债务人是否配合的态度，往往对资产保全是否成功具有重要意义。

（四）动态管理原则

资产保全活动应当进行动态管理。一是因为资产保全活动本身是个动态过程，从资产保全的准备、时机的把握、资产保全规划的实施以及保全资产的管理和监测、处置，都有相应的程序、实施要求和组织过程，企业必须根据资产保全的过程和环节予以动态管理。二是因为资产保全目的是在资产保全过程中实现的。例如：清收，往往存在数次清收的情况；债务重组或者资产盘活，也需经过一定的过程才可能见到效果；就是诉讼或者执行，也要按照诉讼或者执行的程序进行。三是因为资产保全的资产本身，其价格是受市场影响的，市场价格往往又是波动的，因此对资产保全的资产的管理或者监测，必须实行动态管理。四是处置保全资产，也是一个动态的过程。一方面要寻求好的价格处置资产，这就必须把握处置时机，另一方面又要寻求好的买家，资产处置的价格与需求该资产的买家的结合，才能实现资产处置的最佳效果。资产保全活动，不仅仅通过动态管理实现其目的，动态管理也有利于企业发现并纠正其不规范处或者失误。

（五）效益最大化原则

资产保全活动，也要讲求效益最大化。一是在债务人既有货币清偿能力又有实物抵偿能力时，应优先选择其用货币清偿债务；二是在债务人虽没有货币清偿能力，但有多项资产均可以用于清偿债务的情况下，在债权范围内应尽可能选取其优良资产采取资产保全措施；三是债务人现有资产虽不足以清偿其债务，但通过债务重组、引资扩股、资产盘活等活动仍具有清偿其债务希望的，应当选择债权人让利小、见效快、风险小的资产保全方式；四是资产处置时，在有选择余地的情况下，应选择资产收益最大化和资产变现效率最高的时机，在没有选择余地的情况下，也要兼顾处置效益和效率，尽可能提高资产处置回收净现值和最快实现债权，及时避免资产损失。

二、资产保全的策略

企业资产保全，是通过对债务人相应资产采取一定的控制措施以保障债务人履行债务从而维护债权人资产完整性的行为。对债务人相应资产控制的措施不仅要合法，而且要有效。这就要求企业资产保全必须讲究策略，即在法律允许的范围内，何时对债务人哪些资产采取怎样的保全措施，事前进行选择、规划和安排，届时有序予以实施。

（一）分析资产法律风险的趋势

企业在市场经济环境中，由于自身的决策或者交易对象情况的改变等，经常会面临各种法律风险，常见的主要有：企业设立或者解散时的法律风险，企业经营合同风险，企业投资者之间发生争议产生的法律风险，企业投资、合并或者分立的法律风险，企业知识产权法律风险，企业商业秘密法律风险，劳动合同或者聘用合同法律风险，等等。企业并不是对其所面临的法律风险都可以采取资产保全措施予以避免，可以采取资产保全措施避免的，主要是企业作为债权人参与民商事法律关系而因债务人不履行或者不完全履行债务的法律风险。一般来说，债务人不履行或者不完全履行债务的资产法律风险，有一个产生、发展的过程，作为债权人，应当及时发现和掌握这一趋势，这对是否采取、何时采取、采取何种措施进行资产保全，至关重要。

首先，要了解产生资产法律风险的原因。债务人不履行或者不完全履行债务的法律风险，主要取决于债务人履行债务的意愿和履行债务的能力。如果债务人没有履行债务的意愿，即使其有履行债务的能力，其也可能不主动履行债务，甚至转移资产以逃避债务；如果债务人虽有履行债务的意愿但正在丧失或者已丧失履行债务的能力，其也会出现不履行或者不完全履行债务的情况。债务人不履行债务或者不完全履行债务的意愿，可以根据债务人躲避债权人、与债权人发生争议、不顾债台已经高筑仍大量投资、扩展经营等客观情况予以判断；债务人正在丧失或者已丧失履行债务的能力，可以根据债务人的债务普遍逾期但普遍未清偿、债务人责任财产正在减少、债务人因涉诉其资产全部或者部分已被查封、债务人急于四处融资或者急于寻求合作伙伴等情况予以判断。无论是出现债务人不履行或者不完全履行债务意愿的情况还是出现债务人正在丧失或者已经丧失履行债务能力的情况，都预示着债权人的资产正在产生或者已经产生法律风险。

其次，要分析资产法律风险的发展趋势。分析事物发展的趋势，是正确决策的前提，企业资产保全法律实务工作也不例外。资产法律风险产生后是否变为现实后果，有一个过程。在这一过程中，资产法律风险既可能被控制，或者逐渐消失，也可能继续发展、扩大，最后难以控制，产生不利于债权人资产完整性的后果，使债权人遭受损失。资产法律风险的发展趋势是好是坏，通常取决于债务人对风险的控制能力和努力，也取决于债权人的适当干预。债务人对风险的控制能力，可以通过债务人责任财产及其盈利对其债务的覆盖范围来判断。如果债务人的全部责任财产和盈利在法律风险产生的节点上可以覆盖其全部债务，且债务是异时到期，债务人通过经营活动可以动态地逐步履行其债务，那么债务人尚有法律风险控制能力。虽然债务人的责任财产和盈利可以覆盖其全部债务，但债务人没有积极应对法律风险，及时做出对法律风险有效控制的努力，法律风险则可能进一步扩大，其责任财产对其全部债务的覆盖面正在逐渐缩小，朝着不能覆盖其责任财产的方向发展，这种情况则表明债务人可能正在逐步丧失其法律风险控制能力。债务人的责任财产和盈利虽然已不能覆盖其债务，债务人本身已无法律风险控制能力，但债务人通过积极努力，如引资扩股、同有实力的企业合并等，使引资扩股后的债务人责任财产或者合并后的企业财产可以覆盖债务人原来的债务，说明债务人的法律风险已经得到控制或者正在消除。在债务人尚有法律风险控制能力并积极采取有效的法律风险控制措施的情况下，债权人可以暂不采取资产保全措施对资产法律风险发展趋势予以干预，这样有利于债务人正常开展其经营管理活动，有效地控制其法律风险。在债务人正在丧失风险控制能力或者客观上已无风险控制能力时，债权人都应当考虑采取适当的资产保全措施，及时对法律风险发展趋势予以干预，避免债务人的法律风险转化为现实的后果。

（二）把握资产保全的时机

对资产法律风险趋势的分析，目的是要把握好资产保全的时机，使资产保全措施取得实效。所谓时机，简言之，就是事物发展过程中具有时间因素的条件，对于资产保全来说，其时机就是采取的资产保全措施符合控制法律风险当时的条件，或者说，一定条件下的法律风险控制，应当采取相应的资产保全措施。一般来说，为预防法律风险的产生所采取的资产保全措施，不同于法律风险已经产生后所采取的资产保全措施：前者可以采取债务人提供的债的担保方式，后者除可以由债务人继续提供债的担保方式外，还可以通过非诉清收、债务整合、提起合同保全诉讼以及提起民事诉讼申请人民法院采取财产保全措施等方式。债务人存在相应的责任财产与债务人已经资不抵债时采取的资产保全措施也是不同的：前者一般由债务人本身对债权提供担保或者由债权人提起民事诉讼对债务人责任财产申请人民法院采取诉讼中的财产保全措施即可，后者除由债务人本身对债权提供担保或者对债务人责任财产采取诉讼中的财产保全措施外，有时还需债权人配合债务人进行资产和债务重整、由债务人引入第三人向债权人提供担保、债务人通过引资扩股增强其法律风险控制能力等等。债务人对债权人的资产保全是否予以配合，其资产保全的措施也不尽相同。债务人真诚配合的，债权人则可以同债务人协商资产保全方式，如债权人以债务展期为条件，由债务人充分调动其资源，向债权人提供更为可靠的财产担保方式，或者在债务展期的情况下，由债权人监督，债务人对其资产进行重整、盘活，逐渐增加其资产价值，使资产法律风险得到控制，等等。

把握好资产保全时机，除可以使采取的资产保全措施符合控制资产法律风险的需要外，更重要的意义在于可以取得预防、控制并消除其资产法律风险的实效，否则，时机不当，有可能难以采取合适的资产保全措施，或纵然采取了一定的资产保全措施，也有可能使债权人预防、控制和消除法律风险的愿望落空。如在建立民商事法律关系时，对方是否有完全的清偿能力并不清楚，即可要求对方提供可信的担保。实践中，有的企业没有注意到这一点，法律风险产生后才考虑采取资产保全措施，由于对方已经几无责任财产，或者虽有责任财产，但已为其他债权人做了担保或者已被其他债权人采取了财产保全措施，已无再对其采取保全措施的余地。有的企业虽然注意到了这一点，但是在担保措施上，却同意对方提供的己方并不了解的自然人或者实体作保证担保，产生法律风险后，提供保证担保的自然人或者实体根本没有履行担保责任的能力，结果使担保落空。又如在法律关系中，债务已经逾期，但债务人却对外大量投资，债权人则应当警惕债务人的行为是否有损害其资产安全之虞，据此及时作出是否采取资产保全措施的决定，以防债务人借对外投资转移资产，架空债权。如果债务人可能或者已经被其他债权人追讨，己方应当及时对掌握的债务人资产采取相应的资产保全措施。无论是在诉前、诉中还是诉后的执行期间，债务人的资产虽然不够清偿全部债务，但其资产有盘活可能，债务人也有盘活资产意愿的，债权人即应当争取债务人配合其采取适当资产保全措施，在此情况下，积极支持债务人盘活资产，使其债务逐步得到完全清偿。

（三）制定好资产保全规划

企业作为债权人，在决定采取资产保全措施时，应当根据其对资产保全时机的判断，制定相应的资产保全规划。所谓资产保全规划，一般指全面和系统的资产保全计划和安排，其内容主要包括：资产保全的时机、资产保全的措施及其结构、资产保全的组织、实施步骤、资产保全应当达到的预期效果、资产保全活动的成本控制等。

在具体的法律关系中，构成资产保全时机的诸多条件是不断变化的，因而时机也是一个变化的情况，条件不同，资产保全的时机也就不同。在制定资产保全规划时，企业法务部门，要根据对资产法律风险发展趋势以及对资产保全时机的分析和判断，预先确定资产保全方案，抓住最有利的时机，及时地实施资产保全计划。同时，不同的企业，由于其习惯或者偏好不同、追求资产保全的效果不同，其选择的资产保全时机和措施可能也不同。如有的企业习惯于只要产生了法律风险，不论债务人的清偿能力是否可以恢复，即对债务人资产采取诉讼财产保全措施；有的企业则要对资产保全的时机进行分析和判断，特别注重对债务人盘活资产增加盈利的可能性进行分析和判断，并根据其分析判断的情况制定全面和系统的资产保全计划，在债务人尚有盘活资产增加盈利可能性时，则尽可能争取债务人的配合，通过债务人增加担保措施、资产重组等措施，给与债务人盘活资产、消除法律风险的期间。我们认为，企业在资产保全活动中，最好克服其盲目性，按照事前的资产保全规划实施，这样才能使资产保全取得其预判的实效。资产保全不是一种“碰运气”的行为，时机通常都是“惠顾”有准备的人，资产保全的时机也不例外。

在资产保全规划中，应当根据资产保全的时机，确定资产保全的措施。资产保全时机不同，采取的资产保全措施也不尽相同，企业在制定资产保全规划时，即应根据其关注的一定时机明确相应的资产保全措施，同时，有的资产保全措施往往需遵守法律规定的一定程序和方式，在资产保全规划中，也应当将一定资产保全措施的程序和方式具体化为工作内容，由参与资产保全的法务人员予以落实。有时，对同一项资产并不仅仅采取单一资产保全措施，还会采取多项资产保全措施，如债务人经营的酒店，债权人可以要求债务人用酒店不动产对债权予以抵押担保，还可以要求债务人以酒店设备做动产抵押担保，除此之外，债权人还可以要求酒店投资者以其在该酒店中的股份作权利质押，等等。而且，虽然对债务人资产已经采取了非诉资产保全措施，但债权人仍然可以通过提起民事诉讼主张合同保全或者申请对债务人资产采取财产保全措施。在采取资产保全措施的情况下，多项资产保全措施之间就有一定的结构，即多项资产保全措施的不同时点、不同方面、不同层次、不同效果的关系。企业在制定资产保全规划时，如果涉及多项资产保全措施，也应当注意安排好它们的结构，实施时才会有序不紊，而且多项资产保全措施可以发挥出结构性功效，使资产保全更加全面周到。

资产保全是比较复杂的活动，不仅需要制作相应的法律文书，有时还涉及依照程序向多个机关提出申请，请求其行使职权，为一定的行政行为或审判行为，使资产保全产生法律效力，为此，企业法务人员，有时也要做相应的配合。企业在规划资产保全活动时，应当明确相应的人员参与，特别是在同时对债务人多处资产采取保全措施时，更应如此。在资产保全规划中，应当将资产保全任务分解到人，既明确统一指挥和调度人员的工作内容和责任，也明确一般参与人员的工作内容和责任，确保资产保全任务落到实处。另外，在资产保全规划中，还需明确资产保全工作的步骤，根据资产保全工作的关键节点，将资产保全进程划分为调查、决策、准备、实施、效果评估、补充保全等不同阶段，使整个资产保全工作环环相扣，有序推进。需要事前调查掌握债务人资产情况的，应当明确调查方向和调查的方法；需要争取债务人配合的，应当明确争取债务人配合的工作方法。债务人在知晓债权人即将对其采取财产保全措施后是否有转移财产可能或者其资产客观上短时期内是否能够转移，也决定了债权人资产保全措施在实施之前其工作是否可以公开进行。资产保全工作，说到底就是做人的工作，因此讲究工作方式方法，才能减少困难，取得预期的效果。

（四）组织好资产保全规划的实施

资产保全规划制定以后，组织实施就成为关键。任何计划的实施，都需要执行者发挥主观能动性，而不是机械地对其执行，因此企业法务部门有必要让参与执行资产保全规划的成员，对资产保全规划有一个全面的了解，并理解自己的任务要旨。加达默尔认为："在任何情况下都是，谁理解，谁就知道按照它自身的可能性去筹划自身。"[①]这样，不仅能够保证整个资产保全行动的统一性，也能使每个参与者发挥其聪明才智，创造性地完成其工作任务。

如果资产保全规划符合实际，原则上应当按照资产保全规划实施。但是，由于以下原因，资产保全规划的实施，总会与实际情况存在一定的差别：一是债权人制定资产保全规划时对债务人资产、经营情况等信息有时掌握得并不一定全面和充分，资产保全规划所预判的情况与其实际实施时的情况可能会不一致；二是尽管资产保全规划的预判符合当时的情况，但是从资产保全规划的制定到其实施，总有一定的时间间隔，在这个时间间隔中，债务人的资产

① 汉斯-格奥尔格·加达默尔：《真理与方法（上）》，洪汉鼎译，上海译文出版社2004年版，第337-338页。

情况也可能发生一定的变化；三是债务人经营的客观环境或者条件发生变化，对债务人配合债权人实施资产保全规划的意愿产生了根本性影响，使其不再愿意配合债权人实施资产保全规划，等等。有的企业在资产保全活动中，当资产保全规划的实施出现上述任一情况时，具体负责实施资产保全的人员，即放弃资产保全规划的实施；有的企业在资产保全活动中，虽然出现资产保全规划不符合实际的情况，其法务人员并不放弃资产保全行动，但却将不符合资产保全规划预判的实际情况反馈给企业法务部门，等待企业法务部门召集人员对实际情况研究后再作出修改资产保全规划的决定，然后再对修改后的资产保全规划予以实施，然而，可能资产保全的时机已过；有的企业在资产保全活动中，尽管出现不符合资产保全规划的情况，其法务人员能根据资产保全任务的要旨，临机处变，灵活地落实资产保全规划的任务，往往使资产保全获得意想不到的效果。所以，企业在资产保全活动中，除了制定好资产保全规划外，充分发挥其法务人员的主观能动性实施好资产保全规划也是很重要的。

（五）及时评估资产保全措施的效果

在资产保全活动中，除资产保全规划预想的条件有可能与其实施时的实际条件不符外，资产保全预估的结果也有可能与资产保全规划实施的实际结果在资产数量、资产形态、资产负担、资产流动性等方面存在出入，这些情况都对资产的价值和资产的变现能力有影响，从而最终影响资产保全的效果。因此，企业在资产保全规划实施过程中，还需要及时对资产保全结果进行初步估算。如果经估算，已经保全的债务人资产不足以清偿债权的，还应当继续保全债务人的其他资产。如乙企业欠甲企业 500 万元货款，甲企业催收多次，乙企业均借故拖延不还，甲企业发现乙企业有 600 平方米的商业门面，预估该商业门面价值可能正好在 500 万元左右，即申请人民法院采取诉前保全措施，查封了该商业门面。甲企业及时对该门面使用情况进行了解估算，发现乙企业已将该商业门面出租给了商场经营者，且提前收取了承租户 10 年的租金。甲企业经估算认为，由于乙企业已经提前收取了 10 年的该商业门面的租金，该门面不仅 10 年内没有收益，而且还要投入管理成本，因此该门面产权的流动性极低，如果拍卖，其起拍价可能不足 400 万元，而该门面拍卖最终的结果就是流拍后按照法律程序抵偿给甲企业，其抵偿价值可能不足 250 万元。据此，甲企业继续申请对乙企业的其他资产采取财产保全措施，查封了乙企业与他人共同设立的丙企业中投资额 300 万元的股份，最终实现了资产保全规划的设定的目标。

第三节　实务训练

（一）案例

自然人甲与自然人乙合作成立 A 有限责任公司，共同投资建设并经营酒店，甲占 A 公司 60%的股份，乙占 A 公司 40%的股份。因建设和投资需要，A 公司陆续向 B 公司借款总计 2 亿元人民币，为此 A 公司以酒店 5 000 平方米房屋所有权向 B 公司作了抵押担保，双方办理了抵押登记。同时，甲和乙分别将其在 A 公司的股权质押给了 B 公司，并办理了股权出质的工商登记。A 公司因借款债务额过高，无力以酒店盈利在短时期内清偿 B 公司的借款债务，即决定引资扩股，减轻债务。A 公司与 C 公司经协商签订了投资合同，约定 C 公司向 A 公司出资 1.5 亿元人民币，享有 A 公司 35%的股份，甲和乙的股份分别调整为 40%和 25%。A 公司执行董事和公司经理仍由甲担任。C 公司投资的 1.5 亿元，其中 1 亿元用于偿还 B 公司的部分债务，500 万元用于酒店升级改造，其余作为流动资金。合同的生效条件为 B 公司放弃甲和乙的股权质押，工商管理部门消除上述股权质押登记。

A 公司、甲、乙将上述甲、乙和 C 公司签订的引资扩股合同内容告知 B 公司，请求 B 公司同意注销甲和乙的股权质押登记。

是否同意 A 公司、甲、乙的请求，B 公司法务部门内部讨论中有两种意见：

一种意见认为，不应同意 A 公司、甲、乙的请求，理由是：第一，如果同意 A 公司、甲、乙的上述请求，A 公司虽然可以立即清偿本金 50%的债务，但仍拖欠剩余 50%本金债务和全部借款利息债务，剩余债务 A 公司何时能够清偿，仍然未知。因此，同意 A 公司、甲、乙的请求，不符合资产保全及时性原则。第二，如果解除甲、乙的股权质押担保，可能产生甲、乙出让股权的风险，与其让甲、乙出让股权套现，不如 B 公司自己依法执行拍卖清收。因此，同意 A 公司、甲、乙的请求，不符合资产保全效益最大化原则。第三，A 公司对酒店经营本身就是存在风险的，现在 B 公司的债权，有 A 公司不动产抵押担保，又有甲、乙在 A 公司中的股权质押担保，及时执行更能维护资产的完整性，同意解除甲、乙的股权质押，不符合资产保全应当维护资产完整性的原则。

另一种意见认为：应当同意 A 公司、甲、乙的请求，理由是：第一，B 公司已经及时对 A 公司资产采取了资产保全措施，如果同意 A 公司、甲、乙的请求，A 公司可以立即偿还 B 公司 1 个亿的债务，虽然是部分清偿，及时减少债务额，也符合及时清偿的原则。第二，A 公司偿还 1 个亿债务后，B 公司债务额减少了，资产保全的范围相应也减小了，剩余债务，仍然有酒店房屋 5 000 平方米所有权抵押担保，不存在清偿不能的法律风险，因此释放甲、乙的股权质押，并不违背维护资产完整性原则。第三，释放甲、乙的股权质押后，B 公司的债权仍然有足够的酒店房屋所有权抵押担保，甲、乙是否向第三人转让其股权套现，并不损害 B 公司的债权。相反，该酒店因引资扩股增强了经营能力，在 B 公司的剩余债权无清偿法律风险的情况下，A 公司偿还的孳息时间越长，该剩余债权的收益越大，这是符合资产保全效益最大化原则的。

B 公司法务部门内部讨论没有形成统一意见，即将上述两种意见呈报给 B 公司主管领导决定。

（二）分析

如果你是 B 公司的主管领导，对法务部门呈报的上述意见，如何决策？理由是什么？

思考方向

作为 B 公司的主管领导，应同意法务部门的第二种意见。理由是：资产保全的及时性原则、维护资产完整性原则、效益最大化原则，均应在资产保全动态管理中适用，才能使这些原则产生更紧密的内在联系，共同发挥出更大的作用。

第八章 企业资产保全法律实务（下）

第一节 非诉资产保全措施

一、债务清收

债务清收是债权人实现其债权最基本的措施，也是债权人保全其债权最基本的措施，其实质是债权人对其债权请求权的行使。债权人对债务的清收，就是向债务人主张债权，请求其向债权人履行到期债务。债权人对到期债务的清收，不仅进一步明确债务人应当履行的债务及其法律的约束力，也具有督促债务人履行债务的作用，与此同时，也使债权的诉讼时效中断，起到保全债权的作用。

债权人清收的债务，应当是明确的且已到期的债务，因为，尚不明确的债务无法履行，债务人对未到期的债务还没有应当履行的法律义务，此时债权人的债权请求权还未产生，其无权为清收行为，故明确债务，是清收的前提，也是其资产保全的作用之一。不过，债务明确，只是债权请求权行使的条件，因此是一个相对的概念，并非客观上债务已经确定或者当事人已经没有争议。通常，从债权人的角度，债务可以通过合同的明确约定、货单或者运单、银行对账单、债权人与债务人的对账单、结算单、债务人的欠款欠条、债权人的催收信函、债务人的承诺函等予以明确。如果债务人故意拖延不对账或者不结算的，债权人则可以单方面对账目清算或者结算以明确债务人债务，并据此行使债权，清收债务。

债务清收根据是否提起民事诉讼，可以分为非诉清收和诉讼清收。非诉清收是债权人直接向债务人行使债权请求权的行为，属于当事人自治的范围，因此，债权人应当注意清收方法的合法性，否则，不仅达不到清收的效果，可能还会因此承担相应的法律责任。例如，无论债务人是自然人还是企业，债权人在清收过程中都不得违反法律的禁止性规定，限制自然人债务人或者企业债务人的投资者、管理人员的人身自由；不得对债务人采取威胁、恐吓等暴力手段讨债；不得未经债务人同意侵占、毁坏或者变卖债务人的财产，等等。另外，债权人还应当注意清收的有效性，即清收可以发生债权人对债权请求权行使的法律上的效果。由于债权具有相对性，债权人清收行为必须向债务人或债务人授权之代理人为之，否则不发生清收的效力。如果债务有保证担保的，债权人还要注意在保证期内及时请求保证人承担保证责任，否则保证期间届满后保证人即免除保证责任。在债权人清收过程中，有时债务人可能会用其资产向债权人抵偿其债务，债权人除与债务人签订抵偿协议外，还应当注意法律对物权变动的要求，及时将抵偿的动产转移占有，对抵偿的不动产及时办理过户登记，否则，其抵偿协议对其他债权人没有对抗效力。债权人向债务人为清收行为，也应当注意将已为清收行为的事实固定成证据，以便诉讼中能够举证证明清收行为的事实。

除了非诉清收外，债权人也可以通过民事诉讼程序获得司法裁判依据，然后由人民法院强制执行债务人的财产或者担保人的财产以实现其对债务的清收。民事诉讼普通程序通常比较耗时耗力，如果企业的债权有物的担保的，为了节约时间和精力，企业可以与物权担保人达成实现担保物权的协议，约定如债务逾期后债务人没有履行债务的，担保物权人可以申请人民法院对担保物予以拍卖、变卖，以实现债权人债权的优先受偿。实现担保物权程序属于民事诉讼的特别程序，其本身欠缺实体审查功能，申请实现担保物权的案件，属于非诉事件，因此适用该程序实现的物权，应当具有法律规定的公示效力，同时当事人应当向担保财产所在地或者担保物权登记地基层人民法院提出申请。人民法院受理当事人的申请后，经审查其申请符合法律规定的，即作出拍卖、变卖担保财产的裁定，该裁定一经作出即发生法律效力。当事人收到裁定后，应向人民法院申请执行，法院收到执行申请后，依法拍卖、变卖担保财产，以其价款兑现债权。如果当事人的申请不符合法律规定的，人民法院则作出驳回申请的裁定，该裁定也是生效裁定，当事人不得提起上诉，但可以向人民法院另行提起诉讼，通过诉讼程序解决当事人之间的实体权益纠纷。

二、以资抵债

资产清收以收取货币资产为优先原则，但是，有时债务人没有货币资产而有其他实物资产和权利资产，如不动产、动产以及债权、股权等，如果等待债务人处置这些资产后再用收取的货币清偿债务，一则可能使原本的资产法律风险进一步扩大，如债权人难以控制债务人处置自己资产的价格和了解资产价金的收取情况，资产交易双方就有可能在资产价格、价款支付时间以及支付方式等方面串通作弊，损害债权人的利益；二则在这个过程中可能又产生新的资产法律风险，如资产被其他债权人申请人民法院采取财产保全措施予以查封等等。在债务人已经丧失用货币资产清偿债务能力但其尚有以资抵债的能力时，为了不使资产保全落空，债权人应当尽可能与债务人达成以资抵债协议，并依法及时办理抵债资产的过户登记或者将抵债资产转移占有。

以资抵债时，抵债资产的估价往往是债权人与债务人最为关心的事情。由于资产估价涉及资产的折旧率、资产属于生活用品还是生产设备及其配套设施、生产设备及其配套设施是新技术或是当前通用技术又或是落后淘汰技术、资产的流动性以及资产价格的市场前景等复杂因素，债权人与债务人协商抵债资产价格的时候，债权人最好要有资产估价专业人员协助提出可供参考的资产价格，并围绕资产参考价格同债务人进行协商。如果双方对资产估价不能达成一致意见，则可以先就资产估价方法达成一致意见，如就共同委托资产估价中介机构估价达成一致，然后以双方名义共同委托资产估价中介机构估价，再根据共同委托的资产估价中介机构所估资产价格抵债。

以资抵债并非只可在诉前达成，债权人提起民事诉讼后以及在司法执行阶段，也可以达成。在诉讼程序中或者司法执行程序中，债权人与债务人可以通过自行协商就以资抵债达成和解协议，也可以通过法官主持由双方当事人就以资抵债达成调解协议或者和解协议。当事人在诉讼中自行达成以资抵债和解协议的，可以申请人民法院以其和解协议为主要内容制作民事调解书，人民法院经审查认为当事人的协议不违反法律规定的，即制作民事调解书并送达双方当事人，该民事调解书与民事判决书具有同等法律效力，如果债务人不履行该民事调解书的内容，债权人则可以申请人民法院强制执行。当事人自行达成以资抵债和解协议的，也可以不申请人民法院制作民事调解书，而是由原告申请撤诉，人民法院经审查认为原告的撤诉申请符合法律的，则裁定准予原告撤诉。原告撤诉后债务人不履行和解协议的，债权人可以再次向人民法院提起民事诉讼，请求债务人清偿其债务。当事人在司法执行中达成和解协议的，人民法院则裁定终结执行。如果债务人不履行司法执行过程中达成的和解协议的，债权人则可以申请人民法院恢复原司法文书的执行。

三、债务重组

债务重组，有时也称为债务重整，是指债权人与债务人协商达成修改债务履行条件的协议，债务人按照该协议约定的修改债务条件的事项履行债务的行为。债务重组的实质是债权人与债务人协议修改了原定的债务履行条件，债权人与债务人重新约定的债务履行条件不同于债务履行的原条件的，债务人按照新约定的条件履行债务。

债务重组主要有以下特征：

第一，债务重组，债的主体没有发生变动，债务重组的行为仍然是债权人与债务人，否则即为债的转移，如第三人承债式收购或部分承债式收购债务人的资产以及第三人纯粹对债务的承担或者部分承担。实务中，将债务人改组或者改制看作债的转移或者债务重组的情况并不鲜见。我们认为，如果仅仅是债务人内部改组，这只是债务人内部治理结构的改变，债务人及其履行债务的条件并没有发生变更，因此既不属于债务转移，也不属于债务重组。但是，如果债务人改制发生了合并、分离的情况，则是债务的转移，亦不是债务的重组。当然，在债务人改制或者内部改组的同时，债权人也可以与债务人协议，改变债务的履行条件，这时，债务人改制或者改组与债务重组同时发生，并行不悖，但也不能将债务人改组或者改制等同于债务重组。

第二，虽然债的主体没有发生变更，但债的内容却发生了变更。在理论上，债的变更分为实质性变更与非实质性变更，实质性变更是指债的主要内容的变更，变更后的债的关系与变更前的债的关系失去了同一性，如买卖房屋变为租赁房屋、借贷变为投资、交付水泥变为交付钢材等。债的实质性变更的情况下，当事人实际是终止了原来的债，而由一个新的债代替了原来的债，从这一意义上来说，债的实质性变更，不属于债的内容的变更，而是消灭原来的债而设立了一个新的债。债的内容的非实质性变更，是指当事人在保持原有债的效力的基础上，对原有的债的内容作某些修改和补充，而不是对债的内容的实质性变更，因此债的内容的非实质性变更不是以新债代替旧债。债的非实质变更，通常表现为债的标的物数量的增减、债务履行地点、方式、期间的变更以及违约责任的变更等等。资产保全中的债务重组，仅仅是修改债务原来的履行条件，如数量、方式以及期限等等，因此属于债的内容的非实质性变更。

第三，债务重组，其目的是减轻债务人履行债务的负担，增强实现债权的能力。债务履行的新条件往往比原条件更有利于债务人履行债务，因此也有利于减小债权的法律风险，有利于债权的实现。

区别债的内容的实质性变更与非实质变更，有利于债权人在资产保全实务中把握好债务重组的法律属性，即在保持原有债的效力的基础上，对原有的债的内容作某些修改和补充，而不是对债的内容的实质性变更，不是以新债代替旧债，从而有利于避免债权人在债务重组活动中因操作失误使担保人不再承担担保责任的情况。因为，担保合同是主合同的从合同，主合同债的实质性变更致主合同之债消灭，从合同即终止。根据《民法典》，民事活动应当遵守平等、自愿的原则，如果原债的债权人未征得原担保人的同意，其对原来的债的担保，不能自然转为其对新债的担保。

债务重组，其方式通常为债的标的数额的减少、债务履行地点、方式、期间的变更以及违约责任的变更等。

1. 减少履行标的数额

如以交付实物为标的的债务，债权人同意债务人以少于合同约定的一定数量的实物交付，即消灭债务；以货币为标的的，债权人同意以低于债务账面价值的货币清偿债务、一定期限停止计息或者减少部分利息；无论是实物标的还是货币标的，债权人免除债务人延迟违约责任的违约金；等等。

2. 履行地点的变更

如由债务人送货的，变更为由债权人往取，或者原合同的收货地既不是债权人住所地也不是债务人住所地，债务重组时则变更为债务人住所地或更利于债务人履行债务的其他地点等。债务重组中债务履行地点的变更，不仅涉及履行成本的降低，同时也涉及标的物所有权转移时点、标的毁损风险承担的转移以及司法管辖地的变更等，这些变更，均是债权人作出的让步，由此减轻了债务人的履行成本、风险负担，更有利于债务的履行。但是，履行地点的变更，要注意不能违反法律的强制性规定，如不动产登记应在不动产所在地登记机关登记以及不动产纠纷应由不动产所在地人民法院管辖的法律规定等。

3. 履行方式的变更

履行方式是指债务人履行义务的方法，如是由债务人亲自履行还是由第三人履行，是一次性履行还是分次履行，是以非现金资产清偿还是可以用实物抵债，等等。在债务重组中对债务履行方式的变更，通常是原来由债务人亲自履行的变更为全部或者部分由第三人履行，或者原来是一次性履行的变更为分次履行，或者原来是现金清偿的变更为用实物全部或者部分抵债，等等。债务重组活动中变更债务原来的履行方式，要注意债务是否属于法律规定必须由债务人亲自履行的情况，如果债务属于法律规定必须由债务人亲自履行的，不得变更为第三人履行，否则可能产生债务转移的法律后果；同时，也要注意债务由第三人承担与由第三人履行的区别：债务由第三人承担，属于债务的转移，原债务人不再承担债务，第三人成为债务人，债务由其承担，其不履行债务，其直接向债权人承担违约责任；由第三人履行，第三人不是债的当事人，其只是替债务人履行债务，该第三人不是债务人，其不履行债务，仍由债务人向债权人承担违约责任。债务重组中债务履行方式的变更，主要是让债务履行方式更加宽松灵活，有利于债务人根据自身的实际履行债务。

4. 履行期限的变更

债务重组中，债务履行期限的变更，往往是债务延展一定期限，以缓解债务人履行债务的期限压力，使其有更多的时间为履行债务做准备，或者有充裕的时间调动其资源为履行债务创造条件。如债权人同意债务人履行债务期限展期一年，债务人可以利用这一年时间引资扩股，增强自身营运能力和清偿债务的能力等。资产保全实践中，还有债务人与债权人协商，自愿确定履行债务一定的“净空期”的做法。“净空”的概念，原意是指为保证飞机有安全的升降空间，对升降带内地面障碍物高度采取的限制措施。债务重组中的“净空期”，指债权人与债务人共同确定一定的期间，债权停息挂账，由债务人招商引资并同新的投资者合作，共同完成合作项目的投资建设，在项目增值后既能够使投资者收回投资并获得约定的利润，又能使债务人有能力利用项目的增值清偿债务。在“净空期”结束后，债务人即应当清偿其债务。

在债务重组中，有两点值得注意：一是债务重组的上述措施，既可以单独使用，也可以合并使用，甚至有的措施本身具有多种功能，其作用并不仅仅体现在债务重组过程中，也可以体现在以资抵债等资产保全活动中。当事人应当根据资产保全的需要，灵活地采取。二是债务重组与企业破产程序中的重整不同，债务重组属于当事人资产保全的措施，由债权人与债务人通过谈判与协议约定而采取，是当事人合作的自治行为，法律干预程度较弱；但破产程序的重整，则必须按照法律程序进行，法律干预程度较强，且体现了“司法主导”的特征。因此，债务重组应当体现法律对缔约过程所要求的平等、自愿、互利诸原则，以均衡双方当事人的利益。

四、盘活资产

在资产保全活动中，盘活资产是指债权人与债务人通过协商，债权人允许并配合债务人通过综合运用国家法律、法规许可范围内的手段和方法，对债务人的资产进行价值变现和价值提升，从而达到资产保全目的的过程。一般来说，盘活资产是企业为改善其资产营运状况进行的资产价值变现或价值提升的活动，而债权人与债务人通过协商对债务人资产进行盘活以实现债权人资产保全目的的过程，则属于债权人资产保全的一种措施。

资产保全过程中的盘活资产活动，不同于债务人自己进行的盘活资产活动，其区别主要在于：第一，资产保全过程中的盘活资产活动，需债权人与债务人就盘活资产以及如何进行盘活资产协商一致。债务人自主进行盘活其资产的活动，属于债务人自己的经营管理活动，不具有资产保全的性质。第二，资产保全中盘活资产，债权人与债务人应就盘活资产协商一致，其内容包括债务人如何进行盘活资产、债权人如何进行监督以及债务人盘活资产的期限、逾期后债权人的处理措施等等。如果债权人与债务人未就盘活资产的上述内容进行协商并达成一致，仅仅是债务人征得债权人的同意而进行的盘活资产活动，仍然属于债务人自主地盘活资产活动，不具有资产保全的效力。对此，债权人应当予以注意。第三，资产保全中的盘活资产，是为了对债务人的资产进行价值变现和价值提升，从而实现资产保全的目的。因此，债权人应当监督债务人盘活资产的活动。如果债务人不配合债权人的监督甚至规避债权人的监督，债权人可以终止盘活资产的协议，立即采取债务清收等措施实现债权。

债权人与债务人就盘活债务人资产达成的协议，属于债务人经营管理业务方法的协议，不属于民事法律行为，法律并不予以干涉，但是债务人通过盘活资产增加的资产总量，则属于债务人的责任财产，债权人可以请求其用于清偿债务；债务人依据盘活资产协议对资产处置的行为，属于民事法律行为，则发生相应的法律效果，如资产转让，发生资产转让的法律效果，而资产转让的价款，用于清偿债务的，则发生消灭相应债权的效果。盘活资产，通常有以下步骤：

1. 摸清债务人资产情况

摸清债务人资产情况，即对债务人可供资源拥有总量，及其中每项资产的规模、所处地地租级差、规划部门所作规划用途、与企业目标造就的核心竞争能力的关联程度、与之相对应的债务额、人员负担情况，产品市场供需情况以及其生产和销售上下游供求关系进行认真调查，综合分析各方面的因素，摸准债务人资产的结构，查找其不足和问题，提出解决问题的措施和方法，最重要的是筛查出其中可以盘活的资产，以便进行盘活存量资产的运作，实现资产运作和资源配置的最优化。

2. 对不同类型资产采取针对性盘活措施

（1）处置闲置资产。闲置资产，主要是资产功用与债务人现在和日后的发展目标无关联或者对债务人核心竞争力影响不大的资产，由于债务人受债务羁跸，无力有效利用这些资产，同时还要付出管理成本，因此，为了盘活其他可以迅速带来增量效益的资产，应当及时处置这部分资产。处置的方式，首先是转让，通过这部分资产的转让，使债务人获得流动资金并投入到优质资产的营运之中，从而盘活优质资产。如果转让比较耗费时日，可以协商抵偿给债权人，减少债务人的债务额度，从而增加其他优良资产的融资能力。

（2）创新融资方式。创新融资方式，就是债务人将其拥有的资产分为固定资产（厂房、仓库、商铺、土地以及其他不动产）、动产（生产设备、交通工具、生产过程中的产品等）以及金融资产（股票、债券、基金等）等，如果其中还有可以融资的，根据这些资产各自融资的能力和可融资的方式进行融资，使资产转换为资金，从而使资产由“死”变“活”，通过盘活资产进行再投资可获得资产增值收益。

（3）减少或涤除优良资产的债务负担。一是，债务人有的资产因地区物价指数的变动，可能已经明显升值，其原来有一定数量的债务负担，与资产现在的市值已不相对应，因此可以对这些资产的市值重新评估，根据评估情况调整资产的债务负担组合，减少或涤除优良资产的债务负担，增强其融资能力；二是统筹处置闲置资产或创新融资方式获得的资金，归还原来的贷款，使其解脱债务的羁绊，成为优质实物投资资本，增加其可融资额度。

（4）改善经营管理。债务人陷入债务负担而失去活力固然与市场供求关系变化、债务人失去资金融通能力等因素有关，但其经营管理不善也有一定影响。因此，改善其经营管理，也是其盘活资产的重要措施之一。改善经营管理，一是要减负增效，如节约开支，减少冗员等；二是要挖掘人员、设备的增效潜力；三是要完善激励机制；四是要明确权、责、利，实现营运各个环节无缝衔接，严控各种风险；五是要尽可能运用新技术，提高产品市场竞争力；六是要努力开拓细分市场，提高产品细分市场占有率；七是疏通上下游产业链关系，在原材料供应、供货付款等方面获得上下游商家支持，减轻债务人盘活资产期间营运的一定负担；等等。

3. 实务中应当注意的问题

一是要制定好切实可行的盘活资产计划，明确盘活的资产、盘活的方法、投入的资本增量、管理增量和技术增量、盘活周期、效益目标等，使盘活资产有方案、有步骤、有目标、成本可控地开展。

二是盘活资产计划要分步实施。实践的经验证明，方案再好，一旦付诸实施，总会出现一些始料不及的问题。盘活资产要避免一开始就将有限的资金全部投入，各方面的工作一下子全盘铺开，如果计划的实施不尽如人意，则可能产生更大的损失或者负担。因此，宜采取分步实施的策略，试探着推进盘活资产的工作，待前一环节基本取得预定的效益目标后，再推进下一环节的工作。如果实践证明盘活资产无望，债权人应当及时终止盘活资产计划的实施，着手采取必要措施对债务进行清收。

三是要强化债权人监督与支持力度。资产保全过程中的盘活资产，是建立在债权人与债务人协商一致所达成的协议基础之上的，这其中重要的因素就是债权人对债务人的信任。但是，信任不等于放任，由于盘活资产计划是由债务人实施，因此债权人应当对之加强监督，而债务人实施盘活资产计划时，对债权人也应当做到透明公开。债权人不仅应把监督的重点放在资金的运行、资产的处置，还应当重视掌握资产营运状态和效益趋势、控制新增法律风险等。同时，盘活债务人的资产，有利于其清偿对债权人的债务，债权人要充分利用自身的资源，支持债务人盘活资产，如向债务人介绍投资人、帮助债务人引资扩股以及转让闲置资产等等。

第二节　财产保全与合同保全

债权人为了维护其资产的完整性，可以在法律允许的范围内依其意思自治对债务人的资产采取资产保全措施，但债权人也可以依照《民事诉讼法》的规定，申请人民法院对与案件有关的财产采取财产保全措施，或者提起合同保全诉讼，保全其合同债权。民事诉讼程序中的财产保全，其主要功能是保证将来生效判决的执行，但是债权人也可以利用财产保全措施实现其资产保全的目的。

一、财产保全

（一）财产保全的概念

民事诉讼中的财产保全，就是人民法院对与案件有关的财物所采取的强制性管理措施。首先，民事诉讼中的财产保全，属于民事诉讼程序中的保障性制度之一，民事诉讼法规定的诉讼保障性制度，除财产保全外，还有期间、送达、先予执行、对妨碍民事诉讼的强制措施、诉讼费用等，这些制度都是为了确保民事诉讼以及执行活动的顺利进行。其次，民事诉讼中对与案件有关的财产的管理性措施并没有对当事人实体权利义务关系进行判定，是一种程序性的临时管理性措施。再次，它所管理的对象是与案件有关的财物，通常是被告占有或者支配的财物，有时也可以是第三人的财物，如应支取尚未支取给被告的财物。它既可以是实物，也可以是权利；既可以是固定资产，也可以是流动性资产。再次，它只能由人民法院采取，是人民法院的一种职能行为，因而具有司法强制性，拒不执行人民法院财产保全裁定的，应承担相应的法律责任。如《民事诉讼法》第一百一十四条中规定，诉讼参与人或者其他人如果有隐藏、转移、变卖、毁损已被查封、扣押的财产，或者已被清点并责令其保管的财产，转移已被冻结的财产的行为，以及拒不履行人民法院已经发生法律效力的判决、裁定的行为，人民法院可以根据情节轻重予以罚款、拘留；构成犯罪的，依法追究刑事责任。《刑法》第三百一十三条规定了拒不执行判决、裁定罪："对人民法院的判决、裁定有能力执行而拒不执行，情节严重的，处三年以下有期徒刑、拘役或者罚金；情节特别严重的，处三年以上七年以下有期徒刑，并处罚金。 单位犯前款罪的，对单位判处罚金，并对其直接负责的主管人员和其他直接责任人员，依照前款的规定处罚。"

（二）财产保全的分类①

根据采取财产保全措施的时间，财产保全可以分为诉讼中的财产保全与诉讼前的财产保全。

1. 诉讼中的财产保全

诉讼中的财产保全，又称诉中保全，是指人民法院在受理案件后作出判决前对与案件有关的财物所采取的强制性管理措施。有时诉讼中的财产保全也可以在一审判决作出后采取，对于上诉案件，在二审人民法院接到一审报送的案件之前，一审人民法院也可以根据当事人的申请或者依职权对与案件有关的财产采取财产保全措施。

诉讼中的财产保全，应当具备以下条件：

（1）案件需是给付之诉。给付之诉具有当事人给付财物的请求，有时判决生效后当事人不自动履行生效判决确定的给付义务时，即存在强制执行生效判决的可能。而确认之诉或者变更之诉无当事人给付请求，因此无需人民法院对其生效判决强制执行。

（2）案件需有采取财产保全的必要性。并非给付之诉均有采取财产保全的必要性，只有可能因当事人的一方的行为或者其他原因使判决难以执行或者造成当事人其他损害的案件，才可以采取财产保全措施。"当事人一方的行为"，主要是指当事人转移、转让、隐匿、挥霍财产的行为；"其他原因"，包括但不限于因物的自然属性而减少或丧失其价值。

（3）一般需由当事人提出申请并提供担保。给付之诉中，是否具有一方当事人的行为或者其他原因使法院将来的判决难以执行的情况，当事人最了解，由当事人主动提出财产保全申请，有利于人民法院及时采取财产保全措施，人民法院也可以依职权对与案件有关的财物采取财产保全措施，但这是例外。人民法院采取财产保全措施，可以责令申请人提供担保，申请人不提供担保的，则裁定驳回其申请。

2. 诉前财产保全

诉前财产保全，是指利害关系人在提起民事诉讼之前提出申请，人民法院根据其申请对被申请人的财产采取的财产保全措施。诉前财产保全也需具备以下条件：

（1）具有采取财产保全的紧迫性。这种紧迫性应当是客观的，而不是主观想象的，如出现了被申请人即将或者正在转移、隐匿、毁损财产的情况，申请人来不及提起民事诉讼或者

① 宋朝斌：《民事诉讼法学》，高等教育出版社 2017 年版，第 167-170 页。

来不及等待人民法院受理案件后再采取财产保全措施，否则，利害关系人将遭受损失。

（2）必须由利害关系人提出申请。诉前保全发生在诉讼之前，诉讼程序尚未启动，人民法院非依利害关系人申请，不能依职权采取诉讼保全措施，因此，诉前财产保全程序，只能因利害关系人的申请而启动。

（3）必须由申请人提供担保。诉前财产保全，人民法院难以审查其必要性，也难以判断其是否会给被申请人造成损失以及损失的大小，故必须由申请人提供相应的担保，以预防因其诉前财产保全申请错误使被申请人所遭受的财产损失不能赔偿的情况发生。

（三）财产保全的范围

根据《民事诉讼法》第一百零五条的规定，财产保全的范围，限于申请人诉讼请求的范围，或者与本案有关的财物，不能超过诉讼请求的范围，不能对与本案无关的案外人的财物采取财产保全措施。“诉讼请求的范围”或者“与本案有关的财物”，是财产保全的一个正当性根据，超过这个范围，财产保全就可能损害被申请人或者案外人的合法权益，失去其程序的公正性。申请人提出诉讼请求，要根据诉讼请求的标的，合理地估算其空间（如数量等）及时间（如延迟期间、物价趋势等）范围，实务中对诉讼请求的估算留有一定余地，多半是明智的。

（四）财产保全的具体措施

财产保全的具体措施，包括查封、冻结、扣押和法律规定的其他方法。所谓查封，就是对被申请人的财产予以查验并就地封存的强制措施，一般适用于不能或不宜移动的财物。所谓冻结，就是对被申请人的资产采取禁止其变动或流动的强制措施，一般适用于银行账户、存款、证券资产、权利等易于流动的资产。所谓扣押，就是对案件有关的财物或者权证等扣留并转移到其他的地方封存、保管的强制措施，一般适用于可以移动的财物或权利凭证等。所谓法律规定的其他方法，主要是指：限制被申请人支取其到期应得的收入；禁止被申请人的债务人向其清偿到期债权，该债务人要求清偿的，由人民法院提存有关的财物或者价款；人民法院对查封或者扣押的季节性商品、鲜活、易腐烂变质以及其他不宜长期保存的物品，可以采用变卖后保存价款的方法予以保全；等等。

在实行财产保全时，究竟采取哪一种保全措施，一般由人民法院根据被保全财产的具体情况决定。

（五）财产保全的效力

财产保全的效力，简言之，就是财产保全的法律约束力。人民法院作出财产保全的裁定后，财产保全的裁定即发生法律效力。根据被保全财产的种类不同，其效力的期限不同：存款冻结期限为一年；动产查封、扣押期限为二年；查封不动产、冻结其他财产权的期限为三年。如果上述期限需要延长，续行保全期限可以与第一次保全的期限一致。诉讼中的财产保全措施在案件进入执行程序后自动转为执行中的财产保全措施。所以，财产保全的效力，一般可以维持到生效法律文书执行终结时止。对已经被采取查封、冻结的财产，不得重复查封、冻结，但是另一法院可以进行轮候查封。

（六）财产保全的解除

人民法院一旦裁定采取财产保全措施，任何其他单位都不得解除财产保全措施。但根据《民事诉讼法》第一百零四条第三款和第一百零七条的规定，有下列情形之一的，人民法院应当解除财产保全：（1）申请人在人民法院采取保全措施后三十日内不依法提起诉讼或者申请仲裁的；（2）财产纠纷案件中，被申请人提供担保的。

二、合同保全

合同保全是指法律为防止债务人的财产不当减少而给债权人的债权带来危害，允许债权人代替债务人的地位向债务人的相对人行使债务人的权利，或请求人民法院撤销债务人与债务人的相对人的法律行为的制度[①]。我国合同保全法律制度，主要体现为《民法典》第五百三十五条、第五百三十六条、第五百三十七条三个条文规定的债权人代位权和债权人撤销权制度。

（一）债权人代位权

债权人代位权，是指债务人怠于行使债权，债权人为保全债权，以自己的名义向债务人的相对人行使债务人的债权的权利。债权人代位权，不同于财产保全，前者是实体民事权利，后者是诉讼中的一种强制管理措施；债权人代位权是债权保全权能的体现，这一权能表现为法律权利，即突破了债权相对性的原则，对保障债权的实现具有积极意义。但是，法律又必须对行使代位权的条件作出明确规定，以便将代位权限定在其仅仅保全合同债权的目的之内，尽可能平衡债权相对性与保全债权需要之间的关系。

1. 债权人行使代位权的条件

债权人行使代位权，应当符合以下条件：

（1）债权人对债务人的债权合法有效。债权人的债权合法有效，是其行使代位权的前提，债权不合法、无效，债权人则无代位权。

（2）债务人怠于行使其到期债权，对债权人造成损害。债务人怠于行使自己的债权，即债务人应当收取债务并能够收取而不收取，已经影响了债权人的债权实现[②]。这有两层含义：其一，债权人的债权已经到期，债务人应当清偿其债务；其二，债权人的债权无其他可以满足清偿的足够财产。

① 林旭霞：《民法典合同编释论》，中国法制出版社 2020 年版，第 119 页。
② 林旭霞：《民法典合同编释论》，中国法制出版社 2020 年版，第 119 页。

（3）债务人的债权已经到期。虽然债权人的债权已经到期，但债务人对其相对人的债权尚未到期，债务人不可能构成怠于行使其债权的事实，因此也无债权人代位行使其债权的必要。

（4）债务人的债权不是专属于债务人自身的债权。专属于债务人的债权应当由债务人自己行使，他人不得代为行使。这些债权主要有：基于扶养关系、抚养关系、赡养关系、继承关系产生的给付请求权；劳动报酬、退休金、养老金、抚恤金、安置费、人寿保险、人身伤害赔偿请求权等权利①。

2. 代位权的提前行使

一般情况下，债权人行使代位权，其对债务人的债权应当到期，但是在债权人的债权到期前，债务人的债权可能出现诉讼时效即将到期、保证人的保证即将超过其保质期，以及相对人破产而债务人未及时申报破产债权等情况，如果等待债权人的债权到期后再行使代位权，则可能出现债务人已无债权可以代位的情况，债权人因此可能受到损失。在出现上述情况时，有必要赋予债权人提前行使其代位权的必要，在债权人的债权到期前，债权人可以代位向债务人的相对人请求其债务人履行，也可以向破产管理人申报或者作出其他必要的行为②。

3. 债权人代位权的对象

代位权的对象，是债务人的债权和与该债权有关的从权利。这些从权利主要包括：该债权的担保责任请求权，如保证责任请求权、抵押权、质权、留置权等；优先权，如建设过程价款优先受偿权、船舶优先权、航空器优先权等；债权利息；等等。债权人行使代位权时，可以向债务人的相对人主张债务人的债权，同时可以一并主张与该债权有关的从权利③。

4. 债权人代位权行使的法律效果

《民法典》第五百三十七条规定了债权人代位权行使的效果是：“人民法院认定代位权成立的，由债务人的相对人向债权人履行义务，债权人接受履行后，债权人与债务人、债务人与相对人之间相应的权利义务终止。债务人对相对人的债权或者与该债权有关的从权利被采取保全措施、执行措施，或者债务人破产的，依照相关法律的规定处理。”根据这一法条的规定，债权人代位权的行使，主要有两方面的法律效果：一是代位权成立的，由债务人的相对人向债权人履行清偿义务；二是债权人接受履行后，债权人与债务人、债务人与债务人的相对人之间相应的债权债务关系消灭④。另外，债务人对相对人的债权或者与该债权有关的从权利被采取保全措施、执行措施，或者债务人破产的，依照相关法律的规定处理。如果其他权利人对债务人债权以及与债权有关的从权利采取了财产保全措施或者执行措施，代位权人未采取财产保全措施或者执行措施，或者采取的财产保全措施、执行措施顺位在后，不影响代位权人可以依法参与到执行程序当中；如果代位权人先申请采取了财产保全措施或者执行措施，其他债权人同样也可以参与到执行程序当中。在执行程序中，执行法院就变价所得

① 杜万华：《中华人民共和国民法典实施精要》，法律出版社 2021 年版，第 449-450 页。
② 林旭霞：《民法典合同编释论》，中国法制出版社 2020 年版，第 122 页。
③ 杜万华：《中华人民共和国民法典实施精要》，法律出版社 2021 年版，第 449-450 页。
④ 杜万华：《中华人民共和国民法典实施精要》，法律出版社 2021 年版，第 449-450 页。

财产，在扣除执行费用及清偿优先受偿的债权包括代位权人对债务人代位行使的担保物权后，对于普通债权，按照财产保全和执行中查封、扣押、冻结财产的先后顺序清偿，采取财产保全措施或者执行措施在后的债权人包括代位权人，其受偿顺序将劣后于采取财产保全措施或者执行措施在先的债权人。如果被执行人是企业法人的，其符合《中华人民共和国企业破产法》第二条第一款规定情形的，代位权人可以向执行法院申请裁定中止执行，将执行案件移送被执行人所在地人民法院，适用破产程序对被执行人进行破产清算。

（二）债权人撤销权

债权人撤销权，是指债务人无偿或低价处分其财产而有害于债权人的债权，债权人因此可以请求人民法院撤销债务人上述行为的权利[①]。债权人撤销权与债权人代位权一样，都是债的保全制度，体现了债的对外效力，债权人据此可以直接对第三人提出请求，保障债权的实现。但是，债权人撤销权与代位权不同：代位权针对的是债务人消极不行使债权的行为，而撤销权针对的是债务人不当处分其财产的积极行为；行使代位权一般要求具有债务人怠于行使其到期债权的情形，债权人对债务人的债权也必须到期，而撤销权的行使则不要求具备上述条件；两者效果也不同。债权人行使代位权，可以直接从债务人的财产中获得清偿，而债权人行使撤销权，债务人的相对人返还债务人财产后，债权人并不能从该财产中直接获得清偿，而是待债务人的债务到期后才获得清偿。

1. 撤销权的构成要件

撤销权因可分为对无偿行为的撤销权和对有偿行为的撤销权，其构成要件亦不同。对无偿行为的撤销权，其构成要件为：撤销权人对债务人有合法债权；债务人有无偿处分其财产的行为，包括积极处分行为和消极处分行为；债务人处分财产的行为损害了债权。债务人处分其财产的行为是否损害了债权，可以以债务人的负债超过其资产作为判断标准，而判断的时点应考虑债务人处分财产时其资产负债情况和撤销权行使时其资产负债情况，因债务人处分财产时可能负债已经超过资产，但撤销权行使时其资产已经增加足以清偿债权，债务人的处分行为即未损害债权[②]。对有偿行为的撤销权，除需具备债务人与相对人行为时均非善意这一要件外，其余要件与对无偿行为的撤销权构成要件相同。“均非善意”，即债务人以明显不合理的低价转让财产，以明显不合理的高价受让他人财产或者为他人的债务提供担保，影响债权人债权的实现，而相对人对此知道或者应当知道的情形。

2. 撤销权的行使效果

撤销权如果成立的，其效果体现在两个方面：一是债务人影响债权人债权实现的行为被撤销，自始没有法律约束力；二是相对人返还债务人的财产，归入债务人的责任财产范围，对全体债权人的债权总额起到保全作用。

---

① 王利民：《合同法研究（第二卷）》，中国人民大学出版社 2003 年版，第 160 页。
② 杜万华：《中华人民共和国民法典实施精要》，法律出版社 2021 年版，第 456-457 页。

3. 撤销权的除斥期间

撤销权的除斥期间，分为债权人知道撤销原因的除斥期间和债权人不知道撤销原因的除斥期间。债权人知道撤销原因的，从其知道之日起为一年；债权人不知道撤销原因的，从债务人行为发生之日起为五年。

4. 撤销权的行使范围

《民法典》第五百四十条规定，撤销权的行使范围以债权人的债权为限。债权人不得对债务人超出其债权范围的行为的撤销，但是，如果债务人行为的标的物是不可分物，债权人无法仅就其债权范围内的标的物部分行使撤销权的，则可以就该不可分物整体主张撤销①。

第三节　实务训练

一、案例讨论

（一）案例

甲是一家大型冶金企业，因技术更新，需引进两套先进的生产设备，遂派技术人员出国到出卖人处考察。其技术人员对出卖人的 A 型设备很满意。甲即决定引进出卖人生产的两套 A 型设备，每套设备价款、安装调试、技术培训等共计单价 5 亿元人民币，两套共计 10 亿元人民币。甲与某机械进出口公司乙签订融资租赁合同，约定由乙公司出面购买甲企业选定的供应商的两套 A 型生产设备，设备安装调试完毕之日起，甲企业每年向乙公司支付租赁费 3 亿元人民币，租赁期为五年。五年期满，甲企业不欠乙公司租赁费，双方合同终止，该两套 A 型设备所有权归甲企业；但如果甲企业届时未结清租赁费，所欠租赁费即转为甲欠乙公司的设备价款，并开始按每月两分计息，直至甲企业付清价款之日止。合同签订后，乙公司引进了两套 A 型设备，出卖人到甲企业安装调试并为甲企业培训了员工。两套 A 型设备投入生产后，一直运转正常。五年中甲企业共向乙公司支付租赁费 10 亿元人民币，合同履行期满时，尚欠租赁费 5 亿元人民币，按照双方合同约定，该 5 亿元即转为甲企业所欠乙公司的设备价款。乙公司多次催促甲企业支付所欠 5 亿元设备价款及其利息，但因甲企业所欠电费已累计 10 多亿元人民币，无力支付乙公司的价款及其利息，也无力付清所欠电费。乙公司遂起诉请求甲企业付清所有欠款。

（二）讨论

诉讼中，经法官调解，乙公司愿意将甲企业欠款债转股，减轻甲企业债务负担，但甲企业讨论是否同意乙公司的债权转为乙公司对甲企业的股权时，有两种意见：

① 林旭霞：《民法典合同编释论》，中国法制出版社 2020 年版，第 127 页。

第一种意见认为，甲企业属于纯粹地方国资的独资企业，乙公司虽然也是外地国资企业，但其成为甲企业股东，甲企业的盈利就不仅仅归属于地方建设，还要流向外地，这有悖于地方政府设立甲企业的初衷；乙公司成为甲企业股东后，甲企业的重大经营决策需与乙公司讨论决定，股东之间可能会因意见不一致影响决策甚至决策层的团结；而且，乙公司成为股东后，必然要求向甲企业派任干部，甲企业就不能做到其干部任免事项的独立自主。

第二种意见认为，应当同意乙公司债转股的意见。因为，乙公司的债权高达 5 亿元人民币，如果这部分债权能够转为股权，甲企业可以立马实现减债增益的效果，这是甲企业债务重组和盘活资产的一个机会，应当抓住这一机会；乙公司成为甲企业股东后，还可以在甲企业经营管理方面带来新的经验，为甲企业产品开拓市场出力，这对于甲企业改善经营管理来说，是一件好事；乙公司成为甲企业股东后，与甲公司是共担风险、共享盈利的关系，甲企业应当破除狭隘的地方观念，虚心听取乙公司的意见，才可能创新经营管理措施，增强企业活力，逐步走出债务的羁绊。

最终，甲企业的决策层采纳了第一种意见，拒绝了乙公司债转股的调解意见。法官依法作出了由甲企业偿还乙公司债务的判决。

执行程序中，乙企业申请查封了甲企业进口的两套 A 型设备。但是，甲企业的其他债权人以甲企业资不抵债为由向人民法院提出了甲企业破产清算的申请，人民法院经审查认为，债权人的申请符合法律规定，裁定受理了该申请，甲企业进入了破产程序。

二、案例分析

运用资产保全原理，分析：上述案例中法官给双方当事人就乙公司债权转为对甲企业股权的建议属于债务重组还是资产盘活？

思考方向

资产保全中债权转为股权仅仅是债务消减还是当事人双方法律关系的实质性变更？

下 编

企业民商事诉讼法律实务

第九章 诉讼思维的法律实务

第一节 诉讼思维概述

一、诉讼思维的概念

思维是高级动物及人类对事物反映和认识的大脑活动能力，人的思维与其他高级动物思维的区别在于，人不仅对事物具有刺激—反映的认识能力，同时还具有抽象思维能力和自觉意识的能力。这一区别，使人的思维具有以下特性：第一，概括性。人的思维的概括性，就是人能够认识事物之间的联系，并能够把有相同事物的性质和特征抽取出来，对其加以概括，得出结论，形成概念。第二，间接性。人的思维的间接性，就是人并不是通过事物本身达到对该事物的认识，而是通过事物的其他表征，推断出对该事物的认识。例如房屋租赁期届满后，承租人继续向出租人交纳房租，通过出租人是否接受房租的行为，即可推断出出租人是否同意承租人续租的意思表示。人的思维的这种能力，把本无直接关系的现象联系在一起，使得人们不必去直接接触某些事物，便可以成功地揭露出这些事物的本质。第三，超越感性。人的思维正是在概括性和间接性特性基础上，超越感性认识而升华为理性认识的。一方面，人们可以通过概念认识和把握事物，特别是对某些不能通过感觉来直接理解的事物，可以通过寻找并把握其运动规律，间接地去理解它；另一方面，人们对于其经历可以反思，从而对其进行评价，并根据结论采取相应的措施，以矫正、调整其行为，使其实践活动更加符合实际和有效。第四，想象力。人的思维不仅可以认识现实中事物的规律，还可以通过想象，利用已有的事物，创造出全新的、之前并不存在的事物。如桥，就是人通过想象，利用石材或者木材，在水面创造出来的、以前不存在的、人们可以直接用脚通行的“路”。“世界是人的活动产物，是人有意识地设立或建构的。法正是人为世界中的存在物，是人类的制度产品与制度成果。”[①]人的思维的想象力，正是人类创造能力的源泉。

人的思维从概念占主导还是情感占主导，可以分为理性思维和感性思维，而理性思维又可以根据思维方式的不同，分为逻辑思维和辩证思维。从思维的内容看，还可以将思维分为具有专业内容的各个方面的思维，如哲学思维、数学思维、历史思维、法律思维等。诉讼思维，属于一种法律思维，是以诉讼过程为内容的认识活动。它可以根据诉讼程序的不同，分为民事诉讼思维、行政诉讼思维以及刑事诉讼思维。在民事诉讼中，诉讼思维可以根据思维主体的不同，分为法官的案件裁判思维、当事人的诉辩思维。从法律的角度看，企业经营管理活动主要是民事权利义务的设立、变更和消灭，一个企业由于种种原因，与其他民事主体，可能会因民事权利义务的设立、变更和消灭发生争议，有些争议就需要通过民事诉讼解决。虽然企业偶尔也可能涉及行政诉讼，极少数企业也可能涉及刑事诉讼，相较而言，企业涉及的主要类型还是民事诉讼。

二、企业法务人员的诉讼思维

由于企业一般拥有专业的法务人员，在诉讼中可以运用法律专门知识进行思维，这些诉讼思维主要包括：

（一）事实思维

事实，就是事物的客观情况，它具有不以人的意志为转移的客观属性。事实的这一特性，决定了事实是不能伪造、不能虚构的。同时，事物联系的普遍性，决定了事实总是在事物的联系中被呈现。虽然，诉讼中是以证据来呈现事实，且总是再现已经消灭的事实，有时因证据的局限又总是使事实得不到充分呈现，但是，人们总是能够根据科学知识、经验法则和逻辑推理，认识和把握事实，并且，暂时不能充分呈现的事实，不等于今后就不会充分呈现。因此，企业一旦涉诉，首先就应有事实思维。所谓事实思维，就是要以事实为出发点，正确认识争议的事实，尊重事实，用证据说话，围绕争议的事实展开思维活动。事实，不仅是决定当事人诉讼方向、诉讼胜败最重要的基础，也是当事人采取适当诉讼策略、理性解决争议、争取从对抗中获得理解和妥协，甚至将不利转化为有利的重要因素。西方有“你给我事实，我给你法律”的法谚[②]，形象地说明了事实由当事人主张而裁判由法官作出的诉讼规律，这一规律也表明当事人诉讼思维应围绕事实展开的特点。在具体的诉讼活动中，没有事实思维或者事实思维不正确的当事人，不可能很好地提出诉讼主张和履行证明责任，也不可能正确行使诉讼权利和履行诉讼义务，因此一般也难以实现其诉讼目的。

（二）规则思维

法官裁判依循的规则，主要是法律规则，但也包括法律承认的社会生活中的习惯、经验法则以及科学定理、定律等。企业的诉讼思维，是受法律规则限定的，只有具有法律规则支

① 卓泽渊：《法的价值论（第二版）》，法律出版社 2006 年版，第 76 页。
② 闫庆霞：《当事人民事诉讼主张研究》，法律出版社 2013 年版，第 89 页。

撑的诉讼主张，才能获得人民法院的支持，这就决定了企业的诉讼思维，除围绕事实进行外，也要从法律规则的角度展开。同时，由于并不是所有的事实都具有法律意义，从民事法律的角度看，具有法律意义的事实是符合法律规定的能够引起民事权利义务产生、变更或者消灭的客观情况，即法律事实，因此，当事人在民事诉讼中的争议事实，应当是法律事实，故此，事实也需以法律衡量之。所谓企业诉讼中的规则思维，就是企业在诉讼中，必须正确认识法律规则以及法律承认的其他规则，以这些规则作为思考的根据和标准，正确运用这些规则进行诉讼活动。一方面，根据诉讼法律规则，可以更好地了解其诉讼权利义务，正确、及时行使其诉讼权利，正确、适时履行其诉讼义务；另一方面，还要运用实体法律规则，衡量和判断己方和他方当事人的事实主张和实体权利主张，并据此作出适当的诉讼决定和采取适当的诉讼策略。在诉讼实务中，法官的推论都是利用规则揭示当事人行为的指向、意向以及正当性，因为“权利和自由一样，是在规则之间界定出来的行为可能性”[①]。大多数法律规范本身就是生活规则的重述，因此，这些生活规范自然就构成了法律规范正当性的理由，法律规范适用正当性的论证，这些生活规范就成为其前提。另外，有效合同的条款、政府政令、法律认可的商业习惯以及经验法则等，在缺乏法律规则、法律规则不明晰等情况下，均可以成为当事人权利主张的基础或者法官裁判推理的前提，故企业规则思维，也应包括对这些规则的思考和运用。规则思维，还包括法律秩序思维。虽然，法律秩序不同于法律规则，但法律秩序通常是法律规则及其体系得到实现的状态，同时也是法律规则及其体系得到了遵守和运用的事实，是法律的应然与实然相统一的状况。法律秩序思维，主要就是围绕法律秩序的认识和维护法律秩序的思维活动。事物的部分在其整体中才能获得其意义，因此，法律秩序思维，有利于诉讼当事人更好地理解法律规则和确定诉讼策略。企业不同于一般自然人当事人，不仅自身可以配备专业法务人员，在利用各种知识资源方面也具有一定优势，因此，企业在诉讼中，更应该具有法律秩序思维。如此，企业可以更加全面地评估诉讼争议，同时可以跳出争议的局限，将争议纳入法律秩序中思考，站在法律秩序的高度衡量争议，可以更准确地对己方的主张是否与法律秩序一致作出判断。同时，由于法官的裁判不得与法律秩序相抵触，法官对案件的裁判，要遵循“相同情况相同处理，不同情况不同处理”的公平原则，法律秩序思维也有利于企业推断大致的诉讼结果以及对法官的裁判是否公正作出评价。企业的诉讼主张与法律秩序要求一致，则可以增强其诉讼理由和诉讼信心，不一致则说明其很可能得不到法官的支持，应加以调整或者提前采取相应对策。

（三）公正解决争议的思维

企业在经营管理活动中因争议涉诉，无论企业是原告还是被告，都希望争议得到公正解决，并围绕这一结果的实现展开活动。因此，企业在诉讼过程中，还应当有公正解决争议的思维。一方面，企业在争议解决过程中应当自觉、主动。这里的自觉，就是企业能够自觉意识其诉讼实际；这里的主动，就是企业应在自觉意识支配下采取理性的诉讼行为。只有以自觉主动作为解决争议的思维统摄，企业才能正确认识诉讼程序解决争议的功能和价值并很好地利用之，做到诚信诉讼，避免冲动和消极，既不滥诉，也不惧诉，更不虚假诉讼或者躲避

① 俞江：《规则的一般原理》，商务印书馆 2017 年版，第 152 页。

诉讼。另一方面，由于民事诉讼争议实质就是当事人的利益冲突，但是，任何一方当事人发生冲突的利益的得失，总是对该当事人的其他利益具有或重或轻的影响，因此，企业可以遵循价值冲突上的利害原则，正确判断争议解决结果的价值，在解决利害冲突中争取主动。所谓价值冲突上的利害原则，“两利相较取其大，两害相较取其轻” 的民间谚语，简明通俗地表达了其要义[①]。由于诉讼结果有胜诉也有败诉，企业一般都希望争议的解决有利于己方，努力避免败诉结果，故而在诉讼中尽力呈现有利于己方的事实和阐述己方的法律理由。但是，一定的争议事实及其法律意义是被限定了的，企业的诉讼思维必须符合诉讼实际和己方的实际，在事实或者法律表明己方不能胜诉、不能完全胜诉甚至可能败诉时，幻想通过非正当行为追求胜诉并不理智。企业要审时度势，抓住机会和创造条件，促使争议解决达至可接受的结果，这对企业来说，可能是相同条件下最为可取的选择。争议解决的及时和结果的可接受，在企业生存和发展的价值上，有时具有超越于争议解决具体结果是胜诉还是败诉的价值。因此，在诉讼中，企业有时做出适当妥协，自愿放弃部分利益，获取或换得其他收益，未必不是明智之举。在解决争议的意义上，所谓公正，就是依照法定程序实现了权利义务以及义务与责任的均衡与适当的状况，因此，它必然包括了裁判结果的可接受性。从法律制度的角度来看，对于个体当事人来说，它具有客观性，但从当事人意志自由的角度看，对于解决纠纷的具体场合来说，它又具有人为调适的性质。所以，公正解决争议的思维，有助于企业客观认识自身实际，积极配合法官的审理活动，最大程度地获取纠纷解决的可接受的结果。

第二节　诉讼中的“诠释学循环”思维

在民事诉讼中，当事人的诉辩思维与法官的审判思维是相互联系、相互影响的。法官在诉讼中发现法律规范和建构案件事实，遵循着“诠释学循环”的思维方式，当事人在诉答过程中阐述事实理由和法律理由，也自觉不自觉地进行着思维的“诠释学循环”。涉诉企业法务人员自觉进行思维的“诠释学循环”，既可以充分发挥企业作为诉讼主体的能动作用，更好地开展诉答活动，提出更有力的诉辩理由，还可以更好地了解法官的审判思维，说服法官支持其主张，并更好地配合法官对诉讼活动的组织和指挥，推动诉讼程序顺利开展。对于涉诉企业来说，了解法官的审判思维、本身就是其诉讼实务的一部分内容。本书从法官发现法律规范和建构案件事实的角度，简要介绍诉讼的“诠释学循环”思维方式。

裁判前提的获得过程，是一种思维的“诠释学循环”过程。法官在审理案件时，并不是将事实和法律分开，先查明案件事实，然后再查找可适用的法律，而是将这两者看作相互限定的因素，同时设为论题，在其相互限定关系中展开论证和推理的。因为，法律适用总是针对具体的场合，而“人们只能在这种或那种规则之间选择，却不能选择其中一种。这就是为什么说，规则是人类生活的环境。规则是意义关联中的在。一个规则必定在某个场合，它就是场合的一部分，同时规定着场合”[②]。由于案件总是与一定的法律规范存在着关联，法官在案件审理一开始，就会发现这种关联，并从这种关联中进行设证，即将有所关联的可能用

① 卓泽渊：《法的价值论（第二版）》，法律出版社 2006 年版，第 617 页。

② 俞江：《规则的一般原理》，商务印书馆 2017 年版，第 180 页。

于裁判的法律规范作为大前提，同时将当事人所主张的与该法律规范有所关联的事实作为裁判的小前提，以便在接下来的审理活动中加以论证和证明。只有经过证成和证明的前提，才能在具体个案中予以适用和认定。大前提的论证，既有证成也有不能证成的情况，对于证成的情况来说，法官应当适用该法律规范；不能证成则不得适用该法律规范。阿列克西认为："某个规范或某个具体的命令，一旦其满足了论辩规则所确定的标准，就可以被称为公正的。"[①]大前提不能证成，即是该法律规范与最终证明了的案件事实不具有意义关联性。小前提得到证明，则应当予以确认，得不到证明，则不予确认。小前提得不到证明，包括当事人主张的事实不能得到证明或者处于真伪不明状态、当事人主张的事实虽然部分得到证明但缺少法律规范的要件要素而不能被法律构成要件所涵摄等情况。故此，在具体裁判过程中，法官目光始终在法律规范与案件事实之间"穿梭往返"。如原告主张被告应归还借款，被告抗辩原告支付的是货款，案件显示与其关联的有借款与买卖两个方面的法律规范，这两个方面的法律规范，法官应当一开始都纳入论证的范围。通过论证，当事人之间究竟是借款还是买卖的法律事实，一般即可以确定，当事人主张的法律效果，是否符合其指向的法律规范，也可以确定。如果符合，法官则适用该法律规范对案件进行裁判；如果不符合，法官则不予适用。如果在诉讼程序中已经竭尽证明方法后，当事人主张的事实仍处于真伪不明状态，法官则拒绝适用当事人主张的法律效果关涉的实体法律规范而适用证明责任规范对案件进行裁判。法律适用的论证，始终是案件事实与法律规范相互关联关系的论证，把握这一点，既可以避免案件审理的盲目性，也可以保证法律适用的正当性和事实认定的客观性。

法律规范的解释与案件事实的建构，是法律规范与案件事实相互调适达到一致的思维过程。法律适用，一方面是案件事实与法律规范逐步达到意义一致的过程，另一方面，也是当事人、法官的主观认识逐步符合案件客观实际的过程，而不是当事人、法官纯粹主观上的思维过程。任何法律规范都具有一般性，任何具体案件都具有个别性，因而，针对具体案件来说，法律规范都必经解释而适用，这种解释，就是法律规范内容符合案件事实的具体化过程，法律规范的适用是在案件事实的建构过程中实现的。例如，原、被告都是自然人，原告主张被告应归还其借款若干万元及利息若干千元，被告主张原告支付的款项是原告向被告购货的货款，究竟是借款合同法律规范还是买卖合同法律规范符合案件实际，必须通过案件事实的证明而得到说明，如果查明当事人之间确实存在买卖合同，但已经履行完毕，而当事人之间除买卖合同之外，还存在借款的一致意思表示。如果被告抗辩称原告并没有将借款交给被告，但查明的事实是原告通过储蓄卡转款给了被告，原告虽然没有亲自将借款交到被告手中，但原告通过储蓄卡异地转款给被告的行为，也属于《民法典》第六百七十九条规定的"提供借款"的行为，双方当事人的借款合同自原告提供借款时成立。由此，案件事实不仅说明原告的事实主张符合《民法典》第六百七十九条规定的构成要件，而且在该案事实的建构过程中，该条"提供借款"的概念得到了符合案件实际情况的具体解释，即原告通过储蓄卡异地转款给被告的行为，也属于《民法典》第六百七十九条规定的自然人之间"提供借款"的一个具体事例。

同时，案件事实，也必在法律规范的解释中建构，因法律规范的解释，原来的生活事实

① 阿列克西：《法律论辩理论——作为法律证立理论的理性论辩理论》，苏国滢译，中国法制出版社 2002 年版，第 22 页。

才成为法律事实，案件事实才区别于生活事实，从而具有法律的意义，案件事实的建构，就是事实符合法律规范的过程。这不仅指案件事实必须根据法律规范构成要件进行证明，其法律意义也必须根据法律规范而得到说明。事实在规范中建构的过程，主要体现为：首先，事实的形成是以规范为根据的。法官根据法律规范构成要件，对当事人主张的事实进行分析，将符合构成要件的要素事实从其主张的事实中“挑选”出来，将之组合成待证明的要件事实。其次，法官根据待证明的要件事实，要求和引导承担举证责任的当事人证明之。再次，在当事人证明活动过程中，法官根据法律规范适时对证明情况进行评估，以衡量相应的要素事实是否已经可以确定。如果全部要素事实都得到了证明，法官还会分别将其与法律规范构成要件要素进行逐一比较，并将全部构成要件要素结合起来，在整体上与构成要件进行比较，以确定事实是否符合规范。最后，事实应当符合规范，一般而言，既包括原告主张的事实，也包括被告主张的事实，是双方当事人得到证据证明的符合法律规范的完整事实。被告不应诉的特殊情况下，原告仍然应当依法承担主张责任和证明责任，在此情况下，案件事实，仍然应当是符合法律规范且经过证明了具有法律构成要件全部要件要素的事实。

上述法律适用的过程，是法律规范向事实调适、事实也向法律规范调适的过程，这也是法官思维活动的一种“诠释学循环”。这一思维过程并不是法官纯粹主观的想象，事实根据法律规范建构，法律规范符合事实而被适用，这是具体案件中事实与法律规范逐步达到一致的过程。证据的客观性和法律规范的客观性，以及案件事实与法律规范的一致性，可以最大限度地使法官的裁判符合案件实际，避免其主观臆断。所以，有法官总结道：“由于案件事实的认定必须取决于法律规范，而且法律规范的获得及其具体化必须取决于具体的案件事实，所以不仅在案件事实的认定上，而且在法律规范的获得上，案件事实的认定与法律规范的获得之间存在着相互依存的关系，二者共同构成法律适用的过程。”[①]当然，我们认为，法律规范与案件事实的关系不仅仅限于相互依存的关系，它们之间还存在着相互指向的关系。正是这种相互指向关系的存在，使法律的发现与案件事实的建构在法律适用的过程中才成为可能。

当事人的诉讼认识，也是一个受法律规范和案件事实指引而逐步深化的“诠释学循环”过程。虽然当事人在诉讼前可能就对纠纷的解决进行了对话，但最终原告还是提起了民事诉讼，说明他们诉前的对话是不充分的，因而对争议的认识可能是不全面的。但是，诉讼中的情况不同，如果当事人具有正确的诉讼思维，在法官的组织和引导下，当事人面对可能败诉的风险压力，一般会认真对待自己的权利，相互间会充分进行对话，因而可能会深化对争议的认识，对己方面临的诉讼形势可能会产生符合实际的判断，在此基础上，可能就会矫正己方先前对争议的认识。双方当事人在法官符合案件实际并适时的引导下，调解解决纠纷的可能性比任由当事人形式地走程序、机械地举证质证显然大得多。基层人民法院绝大多数民事案件都是通过调解结案的事实，就充分说明了这一点。从寻找法律规范的角度，我们可以说，审判的过程，实际就是法律规范的发现过程，而不仅仅是法律条文的查找。这不仅是一个法官思维的“诠释学循环”过程，也同时是一个当事人、法官对案件认识逐渐符合实际的过程，当事人的认识和法官的认识这两个方面并不是分离的，而是相互制约、相互作用的，只有通过这么一个交互影响的过程，法律适用才能被当事人理解。要做到当事人息诉服判，法官的审理活动及其裁判被当事人所理解，无疑是一个主要的因素。

① 方金刚：《案件事实认定论》，中国人民公安大学出版社2005年版，第27页。

当然，法官审判思维的“诠释学循环”，也存在例外情况。因为，任何法律都不可能完美无缺，一方面，立法者立法时无论考虑得多么周详，施行的法律体系多么严密，都不可能做到疏而不漏，法律客观上存在一定漏洞的情况在所难免；同时，立法者因各种原因，在立法时也会有意识地留有一定空白，让司法实践在社会发展过程中予以填补。另一方面，虽然法律发展和司法实践相对于社会生活来说，都有一定的滞后性，但司法实践适应社会发展却要比立法迅速得多，司法不得不时常率先面对并解决现实中的新问题，司法的实践往往为立法调整社会关系提供实证材料，其经验往往被立法吸收，上升为法律规范。因此，法官在案件审理之初，并不都有现成的可预先确定适用的法律规范。在证明责任由当事人承担的情况下，所谓疑难案件，实际就是适用法律疑难的案件。解决这类案件的法律适用困难，采取在查清案件事实后再寻找裁判依据的思维模式，更能保障适用法律的妥当性。

法官审判思维的“诠释学循环”，是法官审判思维最基本的形式，在这一思维过程中，通常还有多种法律方法参与其中，如类型思维、法律论辩思维以及逻辑思维等。法官正是借助于这些思维方法的综合运用，才能完成法律发现和案件事实建构的任务，并在此基础之上最终形成裁判结论。企业法务人员具有法律专业知识与技能，在诉讼中不仅应当具有“诠释学循环”的思维，也应当了解和运用类型思维、法律论辩思维以及逻辑思维等法律思维方法。其意义主要在于提高或增强企业法务人员的以下三种能力：一是可以提高法务人员自身的诉辩工作能力，有效地进行诉讼活动，维护企业的合法权益；二是作为企业诉讼代理人的法务人员，可以增强其与法官的法律对话能力，借助诉讼程序这一平台，积极参与法官发现法律与建构事实的过程；三是可以增强对法官公正审判的监督能力，因为思维方法相同，才能有效地理解法官的审判思维，检验其思维是否出现失误，从而达到监督法官公正审判的效果。

第三节　实务训练

一、案例讨论

（一）案例

文化公司甲是外地企业，经某市政府招商引资，决定在该地修建传统工艺文化长廊，与该地建筑公司乙签订建筑工程施工合同，合同约定：工程由乙方垫资修建，包工包料；工程费用按建筑设计预算 2 亿元人民币包干，不作调整；工程实行“交钥匙”结算方式，工程竣工验收合格后十日内，工程费用由甲方一次性支付给乙方；工期 24 个月；任何一方违约，应支付对方工程价款总数 5%的违约金；乙方施工过程中，现场建筑材料和工程进度资料须由甲方工地代表按设计要求见证签字，无甲方工地代表见证签字的施工资料无效；施工中因乙方原因发生影响工程进度的一切纠纷，由乙方自行协调，与甲方无关。甲为了履行合同，在当地公开招聘具有建筑工程师资格的工地代表，并从应聘的李某某、顾某、杨某某三人中，聘用了李某某。

工程施工近 50%时，乙方向甲方借款发放农民工工资，遭甲方拒绝，由此引发农民工停工并集体到当地政府上访。经当地政府协调，甲方同意支付乙 7 000 万元人民币，用于发放农民工工资和乙方急需支付尽快复工的费用。工程施工近 80%时，乙方无力再继续垫资施工，又引起农民工集体上访，工程停工。当地政府协调甲方再支付部分工程款项，被甲方拒绝，于是乙方以甲方为被告，向当地人民法院提起民事诉讼。乙方认为：虽然合同约定工程由乙方垫资，费用包干，但合同履行过程中双方经政府协调，甲方已经同意按进度部分拨付工程款，事实上双方已经变更了合同中的垫资条款。因甲方拒绝支付工程进度款已经构成根本违约，故请求解除合同，并请求法院判令甲方支付工程款和违约金。经对甲方工地代表见证签字的工程资料鉴定，甲方应当支付的工程款为 3 亿元人民币，据此甲方应承担的违约金为 1 500 万元人民币。甲方答辩认为，同意解除合同，但根据合同约定，现工程仅完成 80%，如果工程质量合格，甲方应支付的工程款也是合同约定的 80%左右即 1.6 亿元左右而不是 3 亿元，至于实际的工程量，应根据合同约定的设计标准据实鉴定；甲方工地代表李某某与乙方有通谋，其签字的工程资料应当无效；双方经当地政府协调，甲同意支付的工程款项，是应政府要求采取的维稳措施，不是对合同乙方垫资条款变更的意思表示，因此合同关于工程由乙方垫资修建的条款没有变更；甲方没有违约，乙方停工属于根本违约。据此，甲方反诉请求判令乙方向甲方支付违约金 1 000 万元和赔偿质量不合格导致甲方的实际损失暂算为 4 000 万元。在诉讼中，甲方申请对工程质量和工程量进行鉴定，同时申请调查令，向当地社保部门调查李某某、顾某、杨某某五年来社保资金缴纳情况。法院同意甲方工程量和工程质量的鉴定申请，并批准了甲方律师的调查令申请，向当地社会保障部门发出了调查令。当地社会保障部门出具了李某某、顾某、杨某某三人的社会保险金缴纳的电脑数据资料，内容为：李某某、顾某、杨某某均为乙方的员工，五年来均由乙方按规定缴纳了全部应缴社会保险金。经鉴定部门实勘鉴定，乙方完成工程量价款为 1.46 亿元，工程部分质量不合格，返工费用为 2 300 万元。庭审中，乙方承认项目建筑设计没有进行过修改，也没有发生基础超深、边坡加固等不符合设计的情况，对当地社会保障部门出具的李某某社会保险金缴纳的电脑数据资料无异议，对工程量和工程质量鉴定结论有异议，但没有陈述理由。

法院认为，乙方主张甲方应当支付工程款 3 亿元，是依据经甲方工地代表签字的工程资料计算得出的数据，但是，由于甲方工地代表李某某在接受甲方授权时隐瞒了其是乙方的员工并与乙方存在利益关系的实情，致使甲方对李某某的授权违背了甲方见证乙方施工情况的目的。李某某的行为违反了法律关于不得双方代理的禁止性规定，应当无效，其签字的工地现场见证资料无证明力，乙方据此主张甲方应当支付 3 亿元工程借款的请求，不应支持。双方争议的甲方应支付的工程价款数额，经鉴定部门实勘鉴定为 1.46 亿元，且工程质量部分不合格，返工费用为 2 300 万元，应予以认定。关于双方是否变更合同的问题，双方在合同中约定工程费用全部由乙方垫资，工程验收合格后 10 日内由甲方一次性支付给乙方，此项约定表明，双方实行的是"交钥匙"结算方式，乙方垫资属于其合同的主要义务之一。但是，乙方没有完全履行该义务，并拖欠农民工工资，致农民工集体上访，工程停工。由于乙方垫资属于其持续履行的义务，如果变更该义务，双方无论通过书面、口头或者行为均应有表明今后工程资金如何支付的新的完全替代原来约定的一致意思表示，显然，从甲方经当地政府协调同意预付部分工程款解决乙方资金困难的行为，不能推出甲方具有完全变更合同约定的垫资条款的意思，故双方对合同约定由乙方垫资的条款并没有达成完全变更的一致意思表示。双方对甲方预付部分工程款帮助乙方解决资金困难的一致行为，仅仅在该一致行为范围内部分变更了乙方垫资的合同约定，乙方仍然应当按照合同履行甲方预付工程款范围外的垫资义务。但是，乙方没有完全履行该义务，再次导致工程停工；从工程开工至乙方起诉时施工已经超过三年，工程仍未竣工，违反了合同关于工程竣工期限的约定，责任完全在乙方。另外，乙方在履行合同过程中，没有完全按照工程设计的质量要求施工，导致部分工程质量不合格，也应承担相应的违约责任和赔偿责任。法院据此判决：一、解除双方合同；二、由甲支付乙工程款 1.46 亿元，扣除甲已经支付的 7 000 万元，支付 7 600 万元；三、由乙向甲支付违约金 1 000 万元；四、由乙向甲支付工程质量不合格赔偿金 2 300 万元。五、驳回乙方其余诉讼请求。以上双方相互支付折抵，甲方实际支付乙方 4 300 万元，限判决生效后 30 天内支付完毕。一审法院判决后，乙方以一审诉讼主张和理由提起上诉，甲方虽然认为一审判决认定合同部分变更不正确，但未上诉。二审法院裁定驳回乙方的上诉，维持了一审判决。

（二）讨论：分析双方当事人的诉讼思维

案例中，乙方的诉讼思维不正确。因为：

第一，当事人在诉讼中应当具有正确的事实思维，即尊重客观事实，从客观事实出发，用以证明事实的证据应当是真实的和通过合法方法获得的。但是，乙方承揽了甲方的工程后，隐瞒李某某是其员工的事实，使甲方在不知情的情况下聘用并授权李某某为甲方工地代表，通过李某某的行为，虚构了部分工程量并作为证据要求甲方多支付工程款。事实是不能伪造的，特别是现代诉讼程序，在发现真实方面的功能设计和当事人的对抗机制，以及法官的公正审理，一般能够保障案件争议事实最大程度接近真实，因而，伪造的事实总是不能经受法庭质辩和蒙蔽法官的智慧，伪造事实的行为总会因百密一疏，功亏一篑。乙方在错误的事实思维支配下，向法庭提交的经李某某签字的工程见证材料最终被证伪，即充分说明了这一点。

第二，民事诉讼是公正解决民事权益争议的正当程序，公正和效率是民事诉讼程序最基本的价值，因此它要求，民事诉讼当事人应当具有公正解决民事权益争议的思维，而不应利用民事诉讼赢利和毁损他人权益。本案中，乙方提起民事诉讼，不具有公正解决争议的思维，而是想利用民事诉讼，获得通过履行合同不能获得的巨额收益。乙方与甲方签订合同和提起民事诉讼，既不是要诚实信用地履行合同，也不是要通过法院裁判公正解决争议，合同与民事诉讼仅仅是乙方不正当获取暴利的手段。这从乙方安排李某某等人应聘甲方工地代表并使李某某获得甲方授权、李某某利用甲方授权与乙方共同虚构工程量材料以及乙方在民事诉讼中向法院提交虚假证据企望法院据此支持其诉讼请求的诸多行为即可说明。乙方上述行为，实际上已经具有了“部分篡改型”虚假诉讼的性质，违反了民事诉讼的诚信原则，扰乱了民事诉讼正常秩序，应当接受法律的制裁，承担相应的法律责任。遗憾的是，一审法院过于宽宏，对乙方的上述违法行为没有给予处罚。乙方在没有新的证据和理由表明一审判决不当的情况下，仍然提起上诉，说明其思维并不是要使争议获得合理解决（尽管这一争议是其有意制造的），而是为了通过诉讼获得其设想中的暴利，因此，诉讼不走到尽头，其是不会心甘的。

相反，甲方具有正确的诉讼思维，体现在两个方面：一方面，从事实上看，合同约定的工程总价款是根据项目建设规划预算的，如果施工中没有发生修改规划和基础超深、边坡加固等异常等情况导致工程量大大增加，仅从正常施工的工程量计算，工程价款不会大大超出预算。甲方根据这一常识，初步判断，乙方根据李某某签字见证的资料计算的大大超出了设计预算的工程量是不真实的，而乙方除李某某签字见证的资料外，不能提供其他可以印证工程量大大超出预算的证据材料，这让甲方不得不怀疑李某某与乙方可能存在通谋。在诉讼中，当事人自身不能调查取证的，依法享有向法院申请调查令的权利，甲方据此向一审法院申请了调查令，调查李某某在当地社保部门的社保档案，以获取李某某与乙方存在社会保障资金交纳关系的证据。当然，在获取这一证据之前，李某某与乙方存在社会保障资金交纳关系仅仅是一种可能性，最根本的证据还是乙方实际投入的工程量情况，甲方为了证明乙方主张的工程量不真实，又向一审法院申请了工程量鉴定，得到一审法院同意，鉴定结果证明了甲方的抗辩主张。另一方面，从公正解决争议的思维方面看，甲方既然同意乙方解除合同的请求，那么双方关系就应当彻底清算，基于此，甲方反诉乙方因工程质量部分不合格应承担相应赔偿责任，并申请了工程质量鉴定，获得一审法院的同意，鉴定结果证明了甲方的反诉主张，为明确乙方的赔偿责任奠定了事实基础。另外，一审法院判决认定甲方预付部分工程款和乙方接受这部分工程款的事实，是双方当事人对合同垫资内容的部分变更，甲方认为这一认定虽然不正确，但基于一审判决结果的主文是可接受的，甲方因此没有上诉，也是其通过诉讼公正解决争议思维的体现。

二、案例分析

（一）案例

某中级人民法院（以下简称某中级法院）审理詹某等 8 人与海南某房地产开发公司及海南某房地产开发总公司清算组合同纠纷系列案，朱某某（广东某律师事务所律师）作为詹某等 8 人的委托诉讼代理人，在其撰写的《民事上诉状》中，多处使用侮辱、诽谤法院及司法工作人员的言辞。如："法官伙同不法分子伪造证据进行虚假诉讼。一审法院的不当行为是涉嫌利用审判权伙同不法分子侵吞国有资产的犯罪行为""一审法院滥用审判权、徇私枉法作出的枉法裁判""一审法院为了达到侵吞国有资产的目的，公然利用审判权篡改事实、瞒天过海"等等。某中级法院二审时，合议庭法官阅卷后发现，上诉状中有谩骂和人身攻击之辞，通知朱某某并告知其进行修改。朱某某明确表示，所有上诉状均为其本人所写并拒不修改，同时还宣称二审案件承办法官"枉法裁判，是该犯罪集团的一分子"。二审庭审中，朱某某在其提交的《审判长回避申请书》中写道："审判长在系列案件的审理活动中存在徇私枉法，可能造成国有资产流失的违法犯罪情形"，并在庭审笔录中自行添加"如果法院罔顾事实，利用审判权作为他人谋夺国有资产的工具，法院就是罪恶交易场所。审判长和合议庭就存在违法犯罪行为"等字样。某中级法院认为，朱某某身为执业律师，在作为案件委托诉讼代理人参与诉讼过程中，本应依法行使诉讼权利，保障当事人合法权益。但其不顾法律规定及律师执业规范，在毫无事实依据证实有关法院及司法工作人员在案件审理中具有枉法裁判、以权谋私等情形下，多次公开侮辱、诽谤法院和司法工作人员，诋毁司法工作人员和法院形象，公然藐视和挑战司法权威、司法尊严，已严重妨害司法诉讼秩序。根据我国《民事诉讼法》规定，诉讼参与人对司法工作人员进行侮辱、诽谤、诬陷、殴打或者打击报复的，人民法院可以根据情节轻重予以罚款、拘留；构成犯罪的，依法追究刑事责任。对个人的罚款金额为 10 万元以下，拘留期限为 15 日以下。为维护司法权威和司法尊严，严肃法庭纪律，某中级法院据此于 2018 年 1 月 16 日作出《决定书》，认定律师朱某某严重妨害司法诉讼秩序，对其罚款 10 万元，限于 2018 年 1 月 22 日前交纳。同时，某中级法院向某地司法行政机关发出《司法建议书》，建议对朱某某律师进行行政处罚和行业惩戒，以进一步规范律师执业行为。某地司法机关依法对朱某某作出停止执业 9 个月行政处罚。

（二）分析

试分析此案例中代理律师朱某某的诉讼思维。

思考方向

运用本章原理，分析朱某某诉讼思维是否符合公正解决纠纷的要求。

第十章　诉讼策略法律实务

第一节　诉讼策略概述

人的理性能力之一，就是人能够采取一定策略，去解决一定的问题或实现一定的行为目的，特别是复杂的社会活动，更是如此。相对来说，诉讼是一种复杂的社会活动，作为诉讼当事人，应当采取适当的诉讼策略，理性地参与。在现代民事诉讼程序强调当事人举证责任情况下，以及社会成员教育文化水平已有很大程度提高的情况下，更是如此。企业虽是拟人的民事主体，但其仍然体现了人的理性和意志，一旦涉诉，也必须采取一定的诉讼策略。由于大多数企业都有法务人员或设有专门的法务机构，涉诉时更有条件采取恰当的诉讼策略。

策略，就是人们面对一定的情事，利用一定条件确定行动计划、选择一定方式去实现其目的的安排。阿维纳什·K. 迪克西特、巴里·J. 奈尔伯夫两位学者认为，人们都不是在真空中做决策的，人们都是主动的决策者，人们的选择会对相互的思维和行为产生重要影响，因此，“在你做决定的时候，必须将冲突考虑在内，同时注意发挥合作的效力。类似的互动决定就具有策略性，与之相应的行动计划称为一个策略”[①]。从国家层面，因情事的性质不同，策略可以分为政治策略、经济策略、社会治理策略以及国际关系策略等；从社会生活层面，策略也可以分为就业策略、生活策略、交往策略、游戏策略等。企业在经营管理活动中，因不同情事，策略也可分为竞争策略、投资策略、产品开发与营销策略、商务谈判策略、合同签订与履行策略以及涉诉时的诉讼策略等。企业诉讼策略，就是企业根据其涉诉情事和其可资利用的条件，确定诉讼目标、制定诉讼方案、采取适当诉辩方法以及诉讼技能运用的规划或者安排。当然，诉讼策略的重要性与案件的复杂情况或者当事人之间的对抗激烈情况呈正相关关系，越是复杂案件或者当事人对抗越是激烈，有没有诉讼策略，以及诉讼策略是否正确和是否符合实际，其重要性就越是明显。在一些简单案件，或者当事人对抗不那么激烈的案件中，当事人根据诉讼情事会自然采取相应的对策，似乎不存在诉讼策略问题。这实际是一种误解，因为，凡是人们理性对话和交往的场合，均存在一定的策略，简单的诉讼活动也并不例外。在某些场合，策略显而易见或异常简单，无须专门虑及，人们凭借在生活中习得的知识和养成的习惯做出相应的策略反应，这种反应是“自然而然”地发生的，行为人不是没有意识到其意义，只是这种认识瞬间即完成，不需要专门分析才能获得，当事人没有明显感觉到这一思维的过程而已。

毋庸讳言，诉讼行为类似博弈行为。但是，需要明确的是，一事物与另一事物类似，是指它们具有“或多或少”相同的特征，但不是全部特征都相同，全部特征相同，就是同一类而不是类似。诉讼行为具有博弈行为的如下主要特征：一是对局性，在这种对局中，当事人

① 阿维纳什·K. 迪克西特、巴里·J. 奈尔伯夫：《策略思维》，王尔山译，中国人民大学出版社 2013 年版，第 2 页。

的行为具有竞争或对抗的性质；二是当事人均遵守一定的规则；三是当事人必须理性参与；四是允许当事人选择行为或采取一定策略并加以实施。但是，民事诉讼行为又不同于博弈行为，它具有博弈行为所不具有的如下特点：

首先，从过程看，在一般的博弈中，博弈过程完全是当事人之间能力、智慧、策略以及意志等的对决，优者胜出，因此是一种形式的公平。然而在诉讼中，虽然当事人的诉讼能力对诉讼有重要影响，但诉讼的结果不完全取决于当事人的能力，主要还取决于案件的事实及其法效，而事实、法律规范以及关系，对当事人来说，完全是一种客观的存在，当事人的博弈，只是向法官呈现上述客观存在的途径与过程，为法官提供裁判的根据。而法官的释明义务，则对当事人不适当的诉讼行为起到指导或矫正作用，法官依职权调查证据和决定对专门事实问题进行司法鉴定，则是为了解决当事人举证困难、保证事实真实，因此，诉讼过程不仅仅体现形式公平，还体现了实体公平的要求。

其次，从结果看，一般博弈的结果，完全是当事人博弈能力的体现，其结果属于逻辑的判断，不存在价值判断的问题。诉讼的结果则不然，不仅仅是一种逻辑的判断，还是一种价值的判断，是逻辑判断与价值判断的统一。因为，诉讼结果均应符合法律的正义要求，哪怕原告撤回起诉或者当事人达成调解协议，尽管当事人自愿，也必须合法。在诉讼中，争议事实由客观证据所证实，通常不等于是由一方当事人的证据所证实，而是由全案证据综合的情况所证实，在此意义上，案件事实具有客观性。但是，案件事实的构成及其法律效果，必须符合法律的规定，因此，案件事实又体现了法律的价值判断。除此而外，在法律的规定不明确或没有规定的情况下，法官可以通过法律解释的方法，在个案的裁判中贯彻法律的价值判断，案件事实及其法律效果的认定，必然包括了法官的价值判断。同时，任何法律裁判，均存在裁判的尺度问题，法官的价值判断还体现在，法官不仅应当在个案中保持裁判尺度的一贯性，而且也应当准确把握个案裁判尺度的合理性。

再次，从行为规则来看，一般博弈行为遵守的规则，是在行为人自愿参加博弈时才产生实效，即规则是构成行为场合的要素[①]，行为人不同意其博弈规则，要么不参加博弈，要么退出博弈。在不参加博弈或者退出博弈这两种情况下，都未形成博弈场合，博弈规则对未参加博弈者或者退出博弈者均无效。但是，法律规则一经实施，则在其实施的时空范围内对一切人均有效，法律规则对当事人的拘束，仅与当事人的行为有关，而与当事人行为的场合无关，因此，法律规则，不是行为场合的构成要素。再者，在博弈场合，行为规则仅仅是程序性标准的规则，不可能存在实体性标准的规则，但是，在民事诉讼中，不仅存在程序性法律规则，而且也存在实体性法律规则，程序性法律规则与实体性法律规则相互关联，统一为纠纷解决提供法律依据。

最后，从当事人诉讼活动要求的理性来看，两者也是不同的。无论是合作性博弈还是非合作性博弈，当事人均应了解并遵守博弈规则，对博弈活动情事的反思和策略的调整，也以有利于其博弈为目的。但是，在民事诉讼活动中，当事人并不以了解并遵守诉讼活动的法律规则为已足，还应了解并遵守其争议的实体权利义务法律规则，才能据此提出相应的诉讼主张，同时，对诉讼活动情事的反思和诉讼策略的调整，也不仅限于争取胜诉结果，在完全胜诉不可求的情况下，也包括争取可接受的诉讼结果。民事诉讼程序，为当事人的互谅互让预

① 俞江：《规则的一般原理》，商务印书馆 2017 年版，第 67 页。

留了充足空间，引导和鼓励当事人达成调解协议解决纠纷，这也是法官审判工作的重要内容。在民事诉讼中，当事人相互对抗，并承受强制裁判的压力，但是，诉讼理性仍然要求当事人不应偏激，而应当具有起码的宽容。诉讼宽容，不仅仅针对对方当事人的不当行为，还应当包括对司法裁判瑕疵的宽容。公平正义从来都不可能仅仅是形式的，因而就不可能是纯粹的，所以，司法裁判不可能是依据数学公式精确计算或者依据化学原理提纯的结果，而是法官通过对案件所涉法理和事理的应然要求与案件的实然情况相一致的认识结果。法官应当尽可能避免其裁判出现失误，但法官是人而不是神，在裁判出现并不影响公平正义结果的瑕疵时，作为当事人，也应予以理解和宽容。纠结于裁判瑕疵不能释怀，不停地缠诉缠访，不仅仅浪费诉讼资源，也是对当事人自身资源的浪费。

当然，民事诉讼活动不同于博弈的特质，不限于上述几点，但仅上述几点，我们就不能仅仅将其看作一种博弈活动。在司法实务中，仍然存在将民事诉讼活动与博弈等同起来的观点[①]。我们认为，司法实务工作不讲法律技能是不对的，但仅仅强调法律技能也是不对的，把诉讼活动仅仅看作法律技能的博弈则更加成问题。一方面，法律技能对发现事实真相和论证其法律效果具有重要意义，但争议事实及其法律效果，并不完全取决于法律技能的运用；另一方面，纠纷的解决，是为了实现公平正义，而不是竞技，在某些情况下，法律还有意向弱者倾斜，如司法救助。如果认为民事诉讼活动就是博弈，实际上降低了法律作为公平正义保障的功能和价值。

既然民事诉讼活动不同于博弈，在民事诉讼中讲究策略还有什么必要呢？我们认为，策略广泛存在于人们的各种活动中，不是仅仅存在于博弈活动中，如行政执法活动，不是执法者与相对人之间的博弈，但对于执法者来说，如何执行政策，仍然应当讲究策略。正确的策略，可以有效地实现人们活动的目的。讲究策略，是思维的一种艺术，策略不仅使人们的活动超越了简单地对情事的应对，使人们围绕实现一定目的的不同行为具有了内在的一致性，并可以成序列性或层次性逐步展开，而且相对非策略行为来说，策略使人们的行为具有了整体美和协调美，可以给人以非语言能够表达的感受和效果，甚至使人产生一定的情感。正是在这一意义上，策略总是具有一定的“艺术性”。除此而外，在下列情况中，也需要讲究策略：第一，在民事活动中，法律规定了意思自治原则，在法律的框架内，当事人如何进行民事活动，由其自由规划，其意志不受任何强制；在民事诉讼中，当事人对于自己的权利的运用和处分，并不是一种冲动，也存在一定程度的安排和规划。第二，法律对于相同民事活动的调整存在规范竞合的情况，当权利实现受到妨碍时，权利当事人依据不同的法律规范，有时享有多个请求权，如何向对方当事人主张以及主张何种请求权，也由享有权利的当事人根据自己的情况选择，不受任何强制。反之，对于民事诉讼中的被告来说，如何答辩，由其自主决定，也不受任何强制。第三，法律规定了当事人在诉讼中攻击与防御的方法，但是，对于一般当事人而言，这些攻击与防御方法仅仅是一种可能性，是否可以运用以及运用是否有效，在具体的案件中，情况却有所不同，不能一概论之，有赖于当事人根据案件的实际，予以谋划并运用。当事人是民事活动的亲历者，最了解民事活动的事实，在民事诉讼中，也最知道能够证明事实真相的途径和方法，以及实现这些途径和采取这些方法可能的效果，因此，无论对原告还是被告来说，都存在一个对这些途径或者方法如何选择以及运用的问题，不同

① 雷彦璋：《民商诉讼博弈与律师技能突破》，知识产权出版社 2008 年版，第 1 页。

的选择及运用，其诉答效果是不同的。企业活动本身具有组织性，其作为当事人参加民事诉讼，更有条件发挥好集体智慧的优势，通过诉讼策略的制定与实施，组织好其诉讼活动，实现诉讼目的。

第二节　诉讼策略的制定和实施

一、制定和实施诉讼策略的主要原则

诉讼策略的性质和作用，决定了企业制定和实施诉讼策略时，一般应当遵守以下主要原则：

（一）遵守诚信义务的原则

诚信，原为民法的基本原则之一，其基本含义是人们在民事活动中应当诚实不欺，讲究信用，否则，法律即予以否定性评价。《民事诉讼法》第十三条第一款规定："民事诉讼应当遵循诚信原则。"因此，诚信，也是我国民事诉讼的基本原则之一。当事人违反民事诉讼诚信义务，应当承担一定的法律责任。及时举证，是诚信的具体体现之一。《最高人民法院关于适用〈中华人民共和国民事诉讼法〉的解释》（下文简称《民事诉讼法司法解释》）第一百零二条第一款规定"当事人因故意或者重大过失逾期提供的证据，人民法院不予采纳。但该证据与案件基本事实有关的，人民法院应当采纳，并依照民事诉讼法第六十五条、第一百一十五条第一款的规定予以训诫、罚款。"诚信原则，要求当事人、证人在诉讼中应当如实陈述，否则，也应承担一定的责任。《民事诉讼法司法解释》第一百一十条规定了当事人如实陈述的义务，第一百一十九条、第一百二十条规定了证人如实作证及拒绝签署保证书的后果。我国《刑法》第三百零七条规定了妨害作证罪和虚假诉讼罪，用刑事手段制裁诉讼中严重的不诚信行为。2018 年《最高人民法院、最高人民检察院关于办理虚假诉讼刑事案件适用法律若干问题的解释》，也具体明确了各种类型的虚假诉讼行为及当事人的法律责任。

企业制定和实施诉讼策略，应当遵守民事诉讼中的诚信义务，具体体现在：第一，诉讼策略应当以真实的纠纷为基础，以履行如实主张和如实陈述的义务为内容，不得虚假诉讼，也不得虚假陈述；第二，诉讼策略应当有利于及时接受法院的送达及传唤，不得故意设置障碍甚至逃避送达及传唤；第三，诉讼策略应当有利于出庭参加庭审或者质证，有利于法庭查明案情；第四，诉讼策略应当有利于法院对诉讼活动的组织和配合法院推进诉讼，遵守法院确定的期日，不得无故更改或者拖延诉讼；第五，诉讼策略不得滥用诉讼权利。

（二）优势原则

所谓优势，就是为实现相同或同类目的而拥有比他人有利的情况或形势。对民事诉讼中的当事人来说，一方当事人的诉讼优势，就是一方当事人比对方当事人拥有更充分的证据或者理由，因而可能获得有利的纠纷解决结果的情况或者趋势。民事诉讼优势，一般具有以下

三个特征：第一，它是当事人双方诉答对抗中，一方当事人拥有的优于另一方当事人的情况，一方的优势，就是另一方的劣势。第二，当事人拥有的诉讼优势，主要表现为证据优势或者法律适用优势，以及相应的诉讼技能的发挥，而不是其财富、地缘或者人缘等与纠纷依法裁判本身无关的其他情况。当然，诉讼技能的发挥不能脱离具体案件中的事实和法律，它不是离开事实和法律的纯粹的诉讼操控，但缺乏一定的诉讼技能，有时就不能正确地认识有利于己方的案件事实或者法律并很好地予以运用，在复杂的案件中尤其如此。康德“思维无内容是空的，直观无概念是盲的”的名言[①]，可以很好地诠释这一关系。所以，诉讼技能，无疑应当是诉讼优势的构成要素，诉讼技能的差别，对当事人攻击防御的效果具有重要影响。第三，诉讼优势，是根据当事人诉答情况对案件可能的裁决结果的影响来衡量或者预测的，因此，在纠纷解决之前，它是一种综合的趋势性判断，而不是一种静态的确定性判断。了解和掌握诉讼优势的上述特征，有利于对诉讼优势的分析、确定和发挥，这正是诉讼策略应当具有的内容。

诉前当事人不能自行协商解决纠纷，总是因为各自认为己方有一定的道理而对方有无理的地方，且对方的无理是己方不能忍让的。诉前当事人对话的程度，决定了当事人对纠纷信息的掌握程度，这种掌握一般没有当事人在诉讼中了解得充分，同时，如果涉诉，还存在当事人如何主张的问题。随着纠纷向诉讼的发展，纠纷的信息逐步披露和固定，特别是涉诉后，当事人双方的主张、证据以及理由，不仅相对固定，同时随着诉讼资料的交换，相互间也做了充分的展示，因此，当事人在诉前对己方优势的认识，由于信息不同，一般也不能代替其在诉讼中的认识，还应当在掌握案件充分的信息后，重新分析认识己方诉讼中的优势情况，只有做到“知己知彼”，才能提出有效的诉讼策略。

在认识己方诉讼优势情况时，应当做到以下三点：第一，理性。感性，只是偶然性认识，只有理性，才能认识必然性。人们日常生活中的认识，总是感性与理性混杂在一起的，由于诉讼活动的理性特质，对诉讼优势情况的认识，就应当尽可能将认识中的感性成分上升为理性，去掉不能上升为理性的感性因素，才能做到以事实及其法效为圭臬，透过现象认识到诉讼态势的本质。一些当事人特别在意法官在法庭上对双方当事人的面容、语气等的差异，以及案件事实与法律以外的其他因素，并以此为据判断法官对当事人诉答的态度及案件可能的裁判结果，而不是理性认识己方是否具有优势并策略化地加以运用，这就是仅从感性出发，认识只停留在了现象层面，即便有优势因素，也未必能够认识并发挥。企业对诉讼优势的分析，应尽量克服感性认识的局限性。第二，客观。诉讼优势，是当事人在诉讼对抗关系中显现出来的一种客观情况，而不是一方拥有客观形态的证据材料的多寡或者诉辩理由阐述的文字、话语的多寡，对诉讼优势分析的客观要求，主要就是指，应当综合当事人双方攻击与防御方法，从诉讼对抗关系中去判断，而不是孤立地仅根据己方的情况去推想；同时，对当事人双方攻击与防御方法的判断，不是简单的方法的叠加或者对抗，而是对这些方法相互结合产生的对诉讼结果影响力的综合判断，因此，这种判断的类型主要是综合的，而不是分析的。对社会现象认识的客观性，总是与人们的“共识”相联系，人们在日常生活中“换位思考”或者听取专业人员意见的经验，就是克服自身认识主观性、增强其客观性的有效方法。很多企业自身已有法务部门和法务人员，但却专门建立了外聘律师应诉的制度，这样，既是为了

① 康德：《纯粹理性批判》，邓晓芒译，杨祖陶校，人民出版社2004年版，第52页。

解决身诉讼实务经验不足的问题，也是为了增强自身诉讼优势认识的客观性。第三，有效。对诉讼优势的分析，是为了充分发挥其作用，产生预想的攻击与防御的效果，避免本来具有的优势因没有认识或运用不当丧失，导致被动或者不利。诉讼优势有效，就是诉讼策略应当尽可能将诉讼优势转化为攻击与防御的方法，使其发挥作用。

（三）方法系统化原则

方法系统化运用的功效往往大于单个方法孤立叠加运用的功效，诉讼策略，不是攻击防御方法的清单，而是对攻击防御方法的组织和有序的运用，因此，应当尽可能按照不同的攻击防御方法的内在关联，使其系统化地发挥作用。所谓攻击防御方法的内在关联，是指种类或者形式不同的攻击防御方法，其攻击防御的意义应当具有一致性，不具有意义一致性的方法，一般不用。诉讼策略遵守方法系统化原则，首先就是要全面运用攻击防御方法。虽然每个案件的情况都不相同，每个案件的攻击防御方法也不尽相同，但就具体特定的案件来说，具有条件可资运用的攻击方法，均应当运用，具有条件可资运用的防御方法，也应当全部运用。如一起建筑工程合同纠纷案，甲作为建设方，将自己的厂房扩建项目交给乙建筑，双方据此签订了合同，明确约定了建筑费用、工期、质量标准以及合同解除条件等内容。合同履行过程中，因乙方工期再三延误，甲方即起诉请求解除合同。乙方同意解除合同，但反诉甲方支付建筑费用，甲方针对乙方反诉，以建筑质量不合格进行抗辩，法官征询甲方是否申请建筑质量鉴定时，甲方以“条件不成熟”为由，放弃了建筑质量鉴定申请。甲方的打算是，待合同解除后，对乙方建筑质量不合格的责任再另诉追究。最后，法院以双方同意解除合同，判决解除双方合同；以甲方应支付乙方××××万元为由，判决甲方向乙方支付；以甲方放弃建筑质量鉴定申请因而其抗辩不成立为由，对其抗辩不予支持。甲方本来将解除合同争议与建筑质量责任争议作为两个案件分别起诉解决是可以的，但当乙方反诉甲方支付建筑费用时，案件就不仅仅是解除合同的争议，增加了支付的争议，甲方对此已经主张了建筑质量不合格的抗辩，也使案件增加了建筑质量的争议，而建筑费用支付争议与建筑质量争议是紧密关联的，在此情况下，案件争议焦点发生了变化，由开始的合同解除争议变成了建筑费用和建筑质量的争议。甲方主张的建筑质量不合格的抗辩，是对乙方支付请求最有效的防御方法之一，甲方应当及时改变原来的诉讼策略，在解决支付建筑费用的同时，使建筑质量抗辩产生对抗效力，一并解决建筑质量责任问题，达到建筑费用数额与建筑质量赔偿数额相互冲抵的效果。甲方的失误在于，原来安排两次诉讼分别解决的两个争议，因乙方的反诉而应当合并成一案解决，但甲方没有及时调整诉讼策略，及时申请建筑质量鉴定，从而失去了对乙方反诉的有力抗辩，使其在建筑质量争议与建筑费用争议的解决中处于不利。其次，要注意攻击防御方法功能和效力在个案中的层次性。围绕诉讼主张，根据民事行为或者事件时间上的连续性、空间上的层次性、时空之间的联系性以及事物之间的因果、条件等关系，区分主要的攻击防御方法和次要的攻击防御方法，使这些攻击防御方法的运用，既有主次之别，又能相互协同，产生一种超越个别方法简单相加的综合的作用或效力。如司法实践中，一些当事人按照证明目的，将证据分成若干组，同一组的证据证明一事实，若干组的证据结合起来，从不同方面、层次上共同证明其主张的事实，由此达到一个系统的或整体的证明效果，这种做法，就是诉讼策略系统化原则的一种具体体现。

二、制定和实施诉讼策略的要点和步骤

由于每个民事案件都有其特殊性，每个案件的诉讼策略都不尽相同，因此，要提供一个可以适用每个民事案件的诉讼策略是不可能的。本书仅就制定和实施诉讼策略的一般要点和步骤，简要介绍如下：

（一）“再现”事实

无论当事人处于原告地位还是被告地位，其诉讼行为均要以诉讼前发生的事实为依据，因此，其诉讼策略应当建立在一定的事实基础之上。无事实基础的诉讼策略，除了徒增讼累外，在诉辩对抗中是起不到什么实质作用的。

民事活动的事实，在诉讼时并不存在于当下，而是存在于过去，在制定诉讼策略时，就必须先将其“再现”，然后根据“再现”的事实，对其进行认知、分析，以及对诉讼情况进行预测，由此提出的诉讼策略，才能起到作用。“再现”事实，首先应当是全面“再现”，即注意从事实发生、发展的时间连续性和空间的延展性还原事实，这样的事实才具有整体性。只有事实具有整体性，个别的或零散的事实之间才具有统一性，才可能发挥案件事实的作用。同时，“再现”事实时，应当客观，尽可能摒弃是非观念，因为掺杂是非观念，就会影响客观全面地再现事实。其次，在全面“再现”事实的基础上，汇集事实的所有证据材料及其证据线索，并将事实与证据材料及其证据线索对应起来，检查证据材料及其证据线索与事实之间的关联程度，确定是否完整、客观地“再现”了事实。

（二）明确诉讼主张

民事诉讼中的原告，必须提出一定的主张，而被告进行抗辩的，也必须提出一定的主张，当事人通过法院对其主张的支持，实现其诉讼目的。同时，当事人的主张，对其诉讼活动起着统摄的作用，其陈述事实、举证、质证以及阐明理由，均是围绕其主张进行的。不仅如此，当事人的主张，也制约着法院对案件的审理范围和案件事实的认定以及法律的适用，法院不能对当事人未主张的事实进行审理或裁判，也不能对当事人未主张的权利适用法律。可见，诉讼主张在逻辑上先于其他诉讼行为，是其他诉讼行为的根据。即使在被告单纯否认的情形下，原告的主张也是被告为否认行为的根据，没有原告的主张，就没有被告的否认，二者之间也存在因果联系，此时，否认也是被告对抗原告诉讼主张的一种诉讼策略。有时，被告的否认并非完全是被动的，如在原告主张含义不确、自相矛盾、违反法律规定以及含有有利于被告的内容等情况下，被告否认，不仅仅只是态度，还利用原告主张的上述失误，采取逻辑方法对其归谬，其否认即具有主动攻击的作用。在制定和实施诉讼策略时，应当在一定事实的基础上，明确诉讼主张，在存在多种主张可能的情况下，作出明智的选择，这本身就是一种策略。同时，明确诉讼主张，才能使诉讼策略更好地发挥作用，紧紧围绕实现己方诉讼主张或对抗对方诉讼主张服务。

明确诉讼主张，不仅应使诉讼主张的意思明确，而且应使其在法律上尽可能具有充足的理由。要做到这一点，一般来说，应做好以下紧密相连的工作：一是分析客观存在的民事活动事实以及纠纷事实的法律意义，据此判断其可能的法律效果；二是将初步判断的法律效果

归类，检索其可能的法律条文；三是将事实和经检索获得的法律条文对照起来，验证事实与法律效果之间的关系；四是以初步判断的并经上述验证的法律效果为据，明确提出一定的诉讼主张。在进行上述四个环节工作的过程中，要注意以下两个方面的重点：一方面，要以法律效果为准对前述“再现”的事实进行选择和组织，根据事实与证据材料的对应情况对事实进行建构，尽可能使主张的事实在客观上具有内在的层次结构及其因果联系，在意义上与法律规范中的构成要件具有归属的关系。另一方面，以法律效果为准对法律规范进行检索和分析，是为了确定诉讼主张的法律规范依据，但是，诉讼主张的法律依据，有时并非孤立的单个法条，而是一组法条，应当分析这些法条与法律效果之间的关联关系，相对诉讼主张来说，多个法条之间存在直接支持关系的，都应当作为诉讼主张的基础，把诉讼主张建立在充分的法律规范基础之上。同时，还要检索和分析与诉讼主张有关的反对法条及其适用条件，避免因未排除反对条文而致诉讼主张基础坍塌或诉讼主张落入反对法条规范的范围而不能获得法官的支持招致败诉。

（三）聚焦争点

争议焦点，简称争点，是当事人在民事诉讼中争议问题的集中点，这些集中的问题对争议的解决结果具有直接的影响。争议焦点一般有三个特点：第一，争议焦点就是当事人争议的问题，这是争议焦点最根本的特征，没有争议，既不可能成为需要裁判的问题，也不可能成为法官对案件审理的焦点。第二，并非当事人争议的所有问题都是争议焦点，争议焦点是对争议问题的概括和归并后形成的具有集中性或统摄性的争议问题，其他争议问题由此被争议焦点所包含或者替代。解决了争议焦点，其他争议问题亦随之得到解决。第三，争议问题并非都与案件处理结果有直接的影响，只有在对与案件处理结果有直接影响的争议问题的基础上概括的争议问题，才是争议焦点。与案件处理结果有直接影响，是指争议的问题具有事实构成要件及法律适用是否正当的意义。因此，相对争议问题来说，争议焦点对争议解决结果的影响更加直接。

法官对案件的审理，是围绕争议焦点进行的。参与整理争议焦点，既是当事人的诉讼权利，也是其诉讼义务，因此，争议焦点一般是在法官的组织下，由当事人共同参与整理确定的，在当事人怠于参与的情况下，法官可以依职权整理确定。争议焦点的整理和确定是否恰当和准确，直接关系到案件审理的方向和重点，这对当事人的主张、举证责任、事实的证明标准等等都有直接的影响。重视并积极参与争议焦点的整理，既是当事人行使诉讼权利和履行诉讼义务的诉讼活动，也是整体提高己方诉讼活动质量和效率、防止己方诉答走偏以及案件审理方向和重点不利己方的途径和方法。所以，企业应积极参与争议焦点的整理和确定，并围绕争议焦点制定和实施其诉讼策略。

（四）落实证据方法

所谓证据方法，就是指运用民事诉讼证据或者法律认可有证明能力的其他客观情况证明案件事实的方法，落实证据方法，就是按照民事诉讼法及其司法解释，对证据材料预先进行收集、整理、归类、分析、组合，使之在诉讼中发挥证明作用。

根据《民事诉讼法》第六十六条规定，我国的民事诉讼证据可被分为八种，分别是：当事人陈述、书证、物证、视听资料、证人证言、电子数据、鉴定意见、勘验笔录。就具体案件来说，究竟存在哪些种类的证据，应当根据实际情况，将“再现”事实过程中汇集起来的所有证据材料及其证据线索，归入上述证据种类。由于民事诉讼中举证是有期限的，因此，除在己方控制范围内的证据材料外，对不在己方控制范围内的证据，有的应当及时收集固定，有的不能自行收集的，应当根据证据线索及时向法院申请调查令；对属于法院可以依职权调查的事项，应当及时申请法院依职权调查；对属于只有通过鉴定或者勘验才能固定的证据，应当及时向法院申请司法鉴定或者勘验；对有理由表明证据由对方当事人控制的，应当申请法院责令对方当事人出示。有时一方主张的事实，属于公众周知的事实、自然规律及定理、定律，根据法律或者已知事实和经验法则能推定的事实、有效司法裁判文书或者有效仲裁裁决以及公证文书所确认的事实，主张者不承担举证责任，但是，除自然规律及定理、定律外的其他五种事实，另一方当事人应当及时落实可以推翻的反证，主张方也需要落实应对另一方反证的举证准备。交易习惯除已经成为公众周知的事实的以外，主张者也应当落实举证的证据方法。在证据可能灭失、毁损的紧急情况下，应当及时申请证据保全。司法实践中有些案例，当事人事前没有认真落实证据方法，事到临头胡乱应对，毫无章法，不仅浪费了举证机会和证据资源，也会导致其因此承担相应的不利后果。

由于民事诉讼证据有三个最基本的特征，即客观性、关联性和合法性，所以，在运用证据证明事实时，当事人通常局限于围绕这三个特征进行质辩，往往忽略了证据证明力的质辩。具有上述特征，是证据具有证明力的前提，但并不等于证据必然具有证明力。同时，具有证明力的证据，其证明力也存在大小强弱等不同情况，在落实证据方法时，除应当注意分析证据是否具有真实性、合法性和关联性的特征外，还要注意分析证据的证明对象、证明目的以及证明力的情况，按照证明对象组织证据材料，按照证明目的阐释证据作用，按照证据证明力大小强弱的情况综合运用证据，有效地开展攻击与防御活动。

（五）理由阐释

民事诉讼的诉讼理由，是诉构成的要素之一，是指当事人提起诉讼和进行诉讼所陈述的理由，是当事人诉讼主张得以实现的条件；同时，也是人民法院查明案件事实，分清是非，作出裁判的根据之一。

民事诉讼中的当事人，都面临着如何阐释诉讼理由的策略问题，这一问题又主要体现在阐释诉讼理由的内容和方式上。阐释诉讼理由，在内容上应当包括事实上的理由和法律上的理由。如侵权纠纷，原告起诉时要说明原告合法财产被被告损害的事实，这是事实上的理由；原告提出被告侵权行为是违法行为，应承担侵权赔偿责任，这是法律上的理由。企业在民事诉讼中，既要注意阐释事实理由，也要注意阐释法律理由，要将事实理由和法律理由结合起来。这是因为：第一，尽管事实是最好的理由，但毕竟理由不同于事实，事实是一种客观存在，而理由是事实之外的人对这种客观存在的主观认识。第二，事实本身不会叙说，不具有能动性，只有将人的主观能动作用运用于事实，事实才能进入民事诉讼中成为裁判的对象。第三，理由可以是对事实的阐释，事实因阐释而赋值，也可以是对援用法律的论证，法律因援用论证而具有正当性。虽然这种正当性可能只是当事人自己的认识，但也是其表明诉讼行为具有正当性之所需。

阐释诉讼理由，实际就是对诉讼理由的法律论证。在我国司法实践中，法官普遍采用两种法律论证方法：一是法律关系法，即从当事人之间的法律关系产生、变动、消灭的事实出发，分析其主体、内容和客体，确定当事人的诉讼主张是否具有法律依据的方法；二是请求权基础分析法，即从当事人权利主张出发，分析其请求权及其法律规范依据，以确定其诉讼请求是否应予支持的方法。请求权基础方法的模型是：谁得向谁，依据何种法律规范，主张何种权利①。方法的一致是有效对话的条件，在诉讼中当事人与法官的对话方法一致，无疑是说服法官认可其诉讼理由的一种优势。企业法务人员是法律专业人员，了解和掌握这两种法律论证方法是其基本的素质，在企业参与诉讼时，履行好职责，运用好这两种方法，直接代表企业或者配合外聘律师有效地阐释其诉讼理由。法律方法运用的熟练程度，反映了法务人员或者外聘律师专业技能水平的高低，这既包括事前融入专业技能拟定好诉讼理由阐释的提纲或者方案，也包括了在充分准备基础上的临场发挥，所以，专业技能的发挥不是事前不做认真准备而片面依赖临场的灵感。经验性知识缺少必然性，正如康德所言："经验虽然告诉我们某物是如此这般的状况，但并不告诉我们它不能是另外的状况。"②临场发挥具有偶然性，企业的诉讼命运不应立于这样不牢靠的基础之上。诉讼理由阐释的策略，是严格的论证和推理活动，对此，企业法务人员不仅仅应当在观念上予以重视，也要注意讲究方法。

（六）确定效果目标

诉讼策略围绕诉讼主张，由不同方面的内容组成，如果实现诉讼主张是诉讼策略的目的，那么，对诉讼策略各个方面的内容，也应当确定其效果目标。

诉讼目的与诉讼目标，都是通过诉讼所欲实现的诉讼结果，但是，诉讼目的是所欲的最终结果，而诉讼目标则是诉讼目的在不同阶段或方面的实现标准或者程度，即阶段或方面性目的。为实现既定目的，目标具有可选择性，因此，制定诉讼策略时，应当根据其内容，选择最符合诉讼实际的目标，即将诉讼目的细分成各个阶段或不同方面的最恰当的效果目标，以便向着实现诉讼目的更有节律地推动诉讼进程。确定诉讼策略的效果目标，也有利于对诉讼策略的执行效果及时进行评估，并根据评估及时调整和丰富诉讼策略。

（七）策略的调整

诉讼策略一旦确定，就应当严格实施。但是，出现当事人的追加、一方诉讼主张或理由的变更、对方证据方法的变动以及在攻击防御中发现己方诉讼策略亟需改进等情况，都可能导致诉讼策略的调整。

诉讼策略一旦确定，就有一定的系统性，其中任何内容的调整，都可能影响其先前的系统效果。因此，在调整诉讼策略之前，首先应当对诉讼策略调整的必要性进行评估。诉讼策略调整的必要性，应以先前的策略难以达到其效果目标或者调整后的策略效果可能更好为据。其次，还应当评估诉讼策略调整的可能性。诉讼策略的调整，可以分为积极调整和消极调整。

① 王泽鉴：《法律思维与民法实例》，中国政法大学出版社2001年版，第50页。

② 康德：《纯粹理性批判》，邓晓芒译，杨祖陶校，人民出版社2004年版，第2页

积极调整，就是攻击防御方法尚未用尽或者存在重新组织攻击防御方法的效果空间，根据调整必要性增加攻击防御方法或者对攻击防御方法重新组织，使其发挥出新的效果；消极调整，就是不对原有诉讼策略做任何积极调整，在原有策略基础上，制定出一定妥协方案，利用一定条件和机会，有步骤或者有梯度地做出让步，解决争议。当然，积极调整与消极调整，有时可以并用。再次，诉讼策略的调整，应当及时，因为诉讼活动是分阶段进行的，不同诉讼阶段的诉讼活动，内容不同，诉讼程序不同。在诉讼程序允许调整诉讼策略且诉讼策略也应当调整时，要珍惜这种诉讼机会，不要错失良机。

第三节　实务训练

一、案例讨论

（一）案例

原告是 A 省电信工程勘察、设计专业公司，被告是 B 省电信工程勘察、设计专业公司，双方于 2009 年 2 月签订了《勘察设计合作协议书》，约定被告将其受托的 B 省内电信设计项目交由原告设计，原告的设计成果被建设方采纳的，被告按照其与建设方签订合同的应收款比例与原告四六分成，被告四成，原告六成。依此计算，被告支付给原告的设计费可达 550 万元以上。原告在被告所在省份范围内，不再单独与其他客户签订设计合同。合同履行期为三年。上述合同签订后，原告陆续向被告交付设计成果，被告也陆续向原告支付设计费 300 万元。2011 年 11 月以后，原告认为已由其完成的并被客户采用的很多项目设计，被告未按照协议约定支付分成给原告。双方当事人因此发生争议。

（二）讨论

如何提起民事诉讼的请求金额，原告内部有两种意见：

第一种意见认为，双方签订的《勘察设计合作协议书》约定的被告应支付给原告的设计费，可能被法院认定只是一种预计的金额，而不是被告应当实付的金额，根据《勘察设计合作协议书》的约定，被告实付金额应以被告与客户签订的合同金额为据，按照双方分成比例计算。原告若以合同约定的设计费数额减去被告已付的金额计算出请求被告应支付的数额，在原告没有其设计成果已被采用的证据情况下，其诉讼请求可能存在被法院驳回的风险。因此，原告应当先调查收集其设计成果被客户采用的证据，掌握被告应当向原告实付的设计费金额后再起诉请求被告支付，比较稳妥。

第二种意见认为，在没有直接证据证明被告应当实付原告设计费数额的情况下，可以根据《勘察设计合作协议书》约定的被告应支付给原告的设计费减去被告已经支付的数额作为诉讼请求的数额。被告是本地公司，原告的设计成果都是由被告交其省内各下属分公司与客户签订施工安装合同而采用的，原告要调查收集这方面的证据，不仅可能存在被告下属公司及其客户是否愿意配合的问题，原告为此也可能耗费相当高的成本。原告根据《勘察设计合作协议书》约定的被告应支付给原告的设计费减去被告已经支付的数额作为诉讼请求的数额，虽然没有直接证据而是一种推算，但却是一种可采纳的诉讼策略。因为，原告据此提起民事诉讼，被告必定以双方合同约定其支付设计费是以原告的设计成果被客户采用为条件而不是合同的预计，被告之所以没有支付部分设计费，是因为原告的设计成果没有被客户采用。被告因此应该举证证明这一抗辩主张，从而举证负担即转移给了被告。在可能面临现场勘验的压力和承担隐匿证据的法律后果的情况下，被告必定要向法院提交原告设计成果全部被客户采用的合同文本。虽然诉讼证明被告最终应当支付给原告的设计费数额与原告主张的数额不一定吻合，但原告在节约大量诉讼成本的情况下，则基本可以实现其诉讼目的。

原告采纳了第二种意见，向有管辖权的人民法院提起了民事诉讼，请求判令被告支付其设计费 250 万元。诉讼进程正如原告第二种意见判断的那样，被告以原告的设计成果没有被全部采用为由进行了抗辩。法院责令被告在一个月内提供原告设计成果是否被采用的证据材料，被告在法院指定期限内提供了其下属公司与客户签订的全部安装施工合同，其中，除五份合同没有采用原告设计的成果外，其余的合同均采用了原告的设计成果。没有采用原告设计成果的合同金额总计 70 万元。法院认定扣除被告已经支付给原告的设计费外，被告还应向原告支付设计费 180 万元。法院据此作出了判决，原被告均服判。

二、案例分析

（一）案例

甲公司为路桥公司，是 M 地政府的平台公司，M 地政府计划修建 A—B 段高速公路，经招投标，甲公司获得 A—B 段高速公路的建设项目，因 A—B 段高速公路建设采取 PPP（Public Private Partnership，政府和社会资本合作）合同模式，因此 M 地政府与甲公司在该项目 PPP 合同中约定，A—B 段高速公路建设工程费用开始应由甲公司自筹，随后由 M 政府分年度支付。甲公司遂与省级路桥公司乙公司签订《委托代建协议》，委托乙公司对 A—B 段高速公路建设项目进行建设管理和融资，乙公司据此以自己的名义与丙投资公司签订《借款协议》，以 A—B 段高速公路建设代建方的名义，向丙公司借款 5 亿元人民币，两年内还清，期内利息为月息 0.01%，逾期罚息为月息的两倍。《借款合同》签订后，丙公司将 5 亿元人民币支付给了乙。随后，甲公司又与丁公司签订《公路工程建设合同》，约定该项目由丁公司具体施工，工期 3 年。《公路工程建设合同》签订后，丁公司遂进场施工。《借款合同》到期后，乙公司未偿还借款本金，丙公司向乙公司发送《催收借款通知》，乙公司回函称：A—B 段高速公路建设项目是甲公司的，乙公司借款是受甲公司委托，且借款全部用于 A—B 段高速公路建设项目，甲公司是借款委托人，乙公司仅仅是受托人即代理人，《借款合同》的还款责任应由甲公司承担；丁公司是项目建设施工方，也是实际用款人，应当与甲方一起承担连带还款责任；M 地政府是 A—B 段高速公路建设方，建设费用应由 M 地政府支付，乙方没有依约偿还借款，是因政府未支付建设费用给甲方，甲方未支付给乙方所致，因此，M 地政府也应承担连带还款责任。丙方鉴于乙方明示不承担还款责任，即准备通过民事诉讼解决争议。

（二）分析

如果你是丙公司的法务人员，你应当怎样拟定丙公司的诉讼策略？

思考方向

（1）根据事实和法律，先确定丙公司拥有的请求权性质和对象，再据此确定本案当事人范围；

（2）提出诉讼请求，根据其请求权基础，主张本案事实；

（3）根据事实主张和考虑对方当事人可能的抗辩，准备具体的证据和具体的诉讼理由；

（4）根据对方当事人答辩情况，确定争点及其范围，明确参加争点整理的准备工作；

（5）规划证明活动及其效果目标。

第十一章　诉讼请求法律实务

当事人请求与对请求的抗辩，是民事诉讼中当事人最基本的对抗方式，如何提出诉讼请求与如何进行抗辩，不仅直接影响当事人所欲的诉讼效果的实现，也影响当事人在诉讼中怎样提出事实主张，而一定的事实主张又对当事人的诉讼请求和抗辩产生影响。作为企业法务工作者，应当掌握这方面的实务知识和具有这方面的实务能力。

第一节　如何提出诉讼请求和事实主张

民事诉讼中的主张，就是当事人在民事诉讼中作出的关于案件实体权利存在与否和关于案件事实存在与否的陈述及理由。所以，民事诉讼中当事人的主张，包括当事人的“法律主张”和“事实主张”。法律上的主张，指当事人关于“具体权利关系存在与否和效力状态”的意见；事实上的主张，指当事人关于“具体案件事实存在与否”所作的陈述[①]。当事人主张，由其法律主张与事实主张这两个部分共同组成。对于原告来说，其法律主张就是其实体法上的权利主张，如原告主张其享有物权、债权、人格权等情形。当然，实体法上的权利主张，是从广义上来理解的，除实体法上的权利外，还包含实体法上的合法利益，如合法占有的收益等，在此情形，合法占有人可以基于占有的事实，向用益人提出收益主张。

原告的权利主张不等于其诉讼请求，日本法学家高桥宏志认为，诉讼请求有两层含义，一是对被告提出的权利主张，二是对法院提出的保护请求[②]。因此，原告的权利主张，蕴含在诉讼请求当中，构成诉讼请求的上述第一层含义。如原告诉讼请求通常为：请求判决确认原告享有×项权利或判令被告为××行为，其中，“原告享有××项权利”或“被告为××行为”的意见，就是原告的权利主张；而“请求判决确认或判令”部分，就是权利保护请求，即诉讼请求的上述第二层含义。诉讼请求的第一层含义，是诉讼请求的实质内容，也是法院裁判的主要对象；诉讼请求的第二层含义，是诉讼请求实质内容得以实现的途径或方法，也是法院行使裁判权的程序性根据。有时原告的诉讼请求并没有“请求法院判决或判令”的文字，但并不影响其诉讼请求含有这意思，原告向法院提起民事诉讼的行为本身，即表达了这一意思。

当事人主张，对于被告来说，除其主张法律规定的抗辩权情形外，就是其答辩的辩称事实和辩称理由。被告的辩称事实，属于当事人的事实主张，被告主张抗辩权情形，属于当事人权利主张，但是，其作用是防卫性的，是为了对抗原告的诉讼请求，而不是对原告提出了诉讼请求，如果被告对原告提出了实体法上的请求，则为反诉。被告答辩中的法律理由部分，就是被告的法律主张。

原告的诉讼请求，是原告通过诉讼所欲获得的法律效果，但当事人通过诉讼所欲获得的

① 闫庆霞：《当事人民事诉讼主张研究》，法律出版社2013年版，第11页。
② 高桥宏志：《民事诉讼法 制度与理论的深层分析》，林剑峰译，法律出版社2003年版，第55页。

法效，是否与法律规范的法效一致，是通过其诉讼请求中蕴含的权利主张与法律规范的法效内容比较来判断的。一方面，诉讼请求只有通过权利主张才可能与法律规范发生联系，无权利主张或权利主张错误，诉讼请求即无法律根据；另一方面，诉讼请求中的权利主张不同，其可能的法律根据也不同。因此，诉讼请求，是权利主张的表达，提出诉讼请求时，应当使之与权利主张一致。这一要求的思维过程，可以表达如下：

诉讼请求 ⇄ 权利主张 ⇄ 法条

也就是说，提出一项诉讼请求，应当根据诉讼请求是权利主张的表达的要求，检查诉讼请求是否依据了至少一项实体法上的权利，然后根据权利主张，检索其法律上的根据即法条，再倒过来根据检索到的法条，分析其所主张的权利是否包含在该法条的内容之中。如果法条包含了所主张的权利，而诉讼请求又是该权利主张的表达，则表明所提出的诉讼请求具有相应的法律依据。当事人作为原告，提出的诉讼请求，应当与其权利主张以及其所涉法条具有上述关系；反之则不然，当事人不享有实体权利或者其实体权利主张错误，意味着其诉讼请求没有法律依据，这样的诉讼请求，是不可能获得法院支持的。所以，我们通常说司法裁判是对合法权利的保护，即源于权利与诉讼请求的这一关系。

除了法律依据这一前提外，诉讼请求也应当具有事实根据，因此，原告的事实主张，也是其诉讼请求的一项前提条件。如果从逻辑三段论的角度，将法律依据看作诉讼请求的大前提，将事实看作小前提，诉讼请求则是结论。所以，诉讼请求与事实主张以及法律依据之间，应当具有前提与结论的逻辑关系，即事实主张应当能够归摄于法律依据之下，诉讼请求与事实主张和法律依据之间，具有逻辑必然性。但是，并非任何事实都可以成为诉讼请求的前提，诉讼请求所需的事实前提，应当是具有法律效果的事实，即法律事实，所以，提出事实主张，并非一种随意的行为，而是应当从所主张的事实的法律效果来权衡，尽管此时法律效果只是原告的认识，但通过这种认识，原告才能将所欲主张的事实与一定的法条联系起来，并通过法条检验其对法律效果认识的正误，如果其认识与法条中的法律效果一致，则进一步根据法条对事实进行取舍建构，提出事实主张。从法条的结构来看，原告应当主张的事实，就是该法条规定中具有构成要件性质的要件事实。通常情形下，原告提出事实主张，是按照事件发生的时间顺序或者因果联系对事实经过进行叙述，值得特别注意的是，在这样的叙述中，至少应当完整地含有法条规定的要件事实。这一要求的思维过程，也可以表达如下：

事实主张 ⇄ 法律效果 ⇄ 法条

即：在提出一定的事实主张之前，应当根据事实可能的法律效果，检索到相关联的法条，再根据该法条，倒过来对事实可能的法律效果及其构成要件要素进行衡量，检验所主张的事实是否完全符合该法条中的构成要件，如果完全符合，则表明这样的事实主张有法律依据，可以提出来；反之，如果该事实主张不符合该构成要件或者不完全具有该构成要件要素，则表明这样的事实主张不符合法律规定，不能产生原告所欲的法律效果，原告不应提出这样的事实主张。

上述思维过程的两个方面，即权利主张和事实主张的检验过程，可以完整地表达如下：

诉讼请求 ⇄ 权利主张 ⇄ 法条 ⇆ 法律效果 ⇆ 事实主张

以法条为中心或分界，左边以怎样提出诉讼请求为起点，右边从怎样提出事实主张为起点，其思维过程分别向中心推进，交汇点即是法条，这是两个方面的正向思维的进程，其目标均是法条，该法条应当是同一的；从反向思维进程来看，左边反向思维从法条回到诉讼请求，目标是诉讼请求，右边反向思维从法条回到事实主张，目标是事实主张。但是，思维不是简单地分别回到诉讼请求和事实主张，而是诉讼请求与事实主张均以相同法条为标准进行了检验和规整，经过检验和规整后提出的诉讼主张，合法性已经得到了检验。实际上，大多数法官也是采取这种方式审查当事人的主张的，如果当事人的思维方式与法官的思维方式一致，在案件其他条件相同情况下，当事人的诉讼主张获得法官支持的可能性，则会大大增加。

从上述思维过程，我们可以看出，法律规定是诉讼请求和事实主张的标准，因此，检索法条是提出诉讼请求和事实主张的关键，而检索法条无论是从所欲提出的诉讼请求方面还是从所欲提出的事实主张方面，均是根据法效，因为权利主张也是一种法效主张，在这一意义上，可以说诉讼请求和事实主张的法律审查，是从法效开始的[①]。当然，因法律专业人员具有一定的专业理论知识和操作技能，上述思维过程往往可以简化为：

诉讼请求 ⇄ 权利主张 ⇄ 法条 ⇆ 构成要件 ⇆ 事实主张

即省约了“事实→法律效果”的环节，直接对经“诉讼请求→权利主张→法条”过程获取的法条中的构成要件进行分析，然后根据法条中的构成要件，对欲主张的事实进行分析并建构，再倒过来将建构结果与法条中的构成要件比较，从而确定其事实主张。

需要明确的是，从法效开始不仅仅是司法过程中民商事法律的适用技术，其本质是法律对当事人解决纠纷的主体地位的尊重，在法律的范围内，当事人具有解决纠纷的主动性和解决纠纷的内容、途径以及方式的意志自由，在此意义上，司法权具有消极性；同时，司法具有维护公平正义的法律秩序的职责，司法裁判是法官基于对纠纷的认识做出的判断和决定，由于人的认识都具有能动性，在此意义上，司法职责的履行必然具有能动性，但是这种能动性，是以尊重和保障当事人的主体性为前提的。也就是说，法官只能在当事人和法律给定的前提下裁判，当事人如果对司法裁判的结果不满意，不应当仅仅审视法官的认识是否正确，也应当反思自己给定的前提有否有缺陷或者失误，理解这一点，才能客观地认识裁判的公正性。

第二节　提出诉讼请求应当注意的几个问题

一、诉讼请求类型与案由

事物是普遍联系着的，人们对普遍联系中各特殊事物或现象共通点的认识，就是类型。根据事物不同的共通点，事物被分为不同的类别，而具有共通点的事物，就属于相同类型的

① [德]Detlef Leenen：《请求权结构与制定法：案例分析法与制定法的互动》，贺栩栩译，载陈金钊、谢晖主编《法律方法（第19卷）》，山东人民出版社2016年版，第58页。

事物。在民商事法律中，根据权利不同的共通点，权利被分为不同的类别，相同类型权利主张的诉讼请求，即属于同一类型的诉讼请求。诉讼请求的类型，与民事案件案由密切相关。民事案件案由，是人民法院对民事诉讼案件所涉及的法律关系的性质进行概括后形成的案件名称，是民事法律关系类型的体现。诉讼请求是原告请求人民法院裁判的内容，反映了原告对本案法律关系的选择，同时也限定了法官裁判的范围。

最高人民法院将民事案件案由分为四部分，第一部分为合同纠纷案由，第二部分为权属、侵权及不当得利、无因管理纠纷案由，第三部分为婚姻家庭纠纷案由，第四部分为适用特别程序案件案由，共 54 类 300 种 393 个案由。这些案由，系统地反映了现行民商事实体法上法律关系的类型。

诉讼请求的类型与民事案件案由具有互释关系，根据诉讼请求的类型，可以确定民事案件案由。司法实务中，人民法院立案时，法官往往就是根据诉讼请求确定本案案由；审判过程开始时，主审法官往往根据民事案件案由的引导，确定案件类型和性质以及当事人争议所涉法律规范。考夫曼认为，法律适用的过程，就是类推[①]，而类推，无非就是类型的比较。“法律发现的过程依其本质并非逻辑的推论，而是一种比较。”[②]原告或者被告以及有独立请求权的第三人，都可以利用诉讼请求的类型与案由的互释关系。一方面，由诉讼请求的类型判断案件案由，或者由案由判断诉讼请求的类型，并由此确定案件法律关系的性质和内容，以便开展攻击防御活动；另一方面，则可以根据其预先对诉讼请求类型或者案由的判断，监督法官正确确定案由，以保障案件得到正确裁判。

二、请求权之间矛盾与互补关系

在同时存在多项请求权的情况时，要注意区分请求权之间可能存在矛盾或互补、聚合或竞合的关系。数个请求权并存，相互之间存在矛盾关系，那么只能主张其一，不能同时主张。如：甲公司与丁公司的股东乙公司、丙公司签订合作合同，约定甲公司向丁公司投资 2 亿元，成为丁公司股东，享有 51%股权，乙公司、丙公司应在甲公司投资后 3 个月内将丁公司采矿权过户到甲公司名下。甲公司全额投资后，乙、丙公司未依约将丁公司名下的采矿权过户给甲公司，也未办理甲公司享有丁公司 51%的股权工商变更登记，各方当事人也没有履行合作合同约定的其他合作事项。甲公司提起民事诉讼，其诉讼请求为：解除该合作合同；确认甲公司享有丁公司 51%的股份，判令丁公司名下的采矿权归甲公司享有。甲公司的这三项请求，即存在矛盾关系。如果数个请求权同时主张，相互之间并不矛盾，反而可以相互支持或补充，数个请求权之间则存在互补关系。这种情况最典型的是借款合同纠纷案，借款人未依约支付利息和归还借款本金，出借人起诉请求借款人归还借款本金、支付利息和承担逾期罚息，就是合同履行请求权、合同从债履行请求权以及违约次生请求权的聚合，原告的这三项请求权之间，存在互相支持和补充的关系。

---

① [德]考夫曼：《法律哲学》，刘幸义译，法律出版社 2005 年版，第 79 页。
② [德]考夫曼：《法律哲学》，刘幸义译，法律出版社 2005 年版，第 133 页。

三、请求权聚合与竞合

请求权聚合，即同一生活事件根据不同的法律规定产生不同的请求权，该不同的请求权可以同时行使的情况[①]。如《民法典》第五百七十七条规定："当事人一方不履行合同义务或者履行合同义务不符合约定的，应当承担继续履行、采取补救措施或者赔偿损失等违约责任。"这里就规定了继续履行请求权、采取补救措施请求权和违约损害赔偿请求权三种请求权，同一个不履行合同义务或者履行合同义务不符合约定的违约事实，对方当事人可以同时主张这三种请求权，同时主张时，即为请求权聚合情况。又如：《民法典》第五百六十六条第一款规定，合同解除后，尚未履行的，终止履行；已经履行的，根据履行情况和合同性质，当事人可以请求恢复原状或者采取其他补救措施，并有权请求赔偿损失。对合同已经履行的情况，当事人可以同时请求恢复原状、采取补救措施、赔偿损失，这就是多项请求权聚合的情况。

请求权竞合，即同一生活事件被纳入不同的请求权基础规范，根据不同的基础规范成立的请求权在内容上是相同的[②]，其中一种请求权得到实现，其余请求权即同时消灭。如《民法典》第一百八十六条规定："因当事人一方的违约行为，损害对方人身权益、财产权益的，受损害方有权选择请求其承担违约责任或者侵权责任。"这一条规定就是因同一个违约事实同时被合同法规范和侵权责任法规范调整，因而产生受损害方违约责任请求权和侵权责任请求权竞合的情况。又如房屋租赁合同到期后的房屋所有人物权返还请求权与合同到期后的标的物返还请求权，也属于请求权竞合情况。

请求权聚合与请求权竞合相同点在于：一是两者都是多项请求权同时存在，即请求权呈复数情况。二是两者的各项请求权法律规定（基础规范）不同。请求权聚合与请求权竞合不同点在于：一是在请求权聚合情况下，各项请求权内容指向的利益关系一般是不相同的，但是在请求权竞合情况下，各项请求权内容指向的利益关系一般是相同的。二是在请求权聚合情况下，因各项请求权的内容虽不同但可以在同一诉讼中同时分别实现，故一项请求权是否获得法院支持，对其余聚合的请求权原则上不产生影响；但是，在请求权竞合情况下，由于各项请求权内容基本相同，一项请求权获得支持，另一项请求权即失去了存在的意义。

由于不同的请求权具有不同的权利内容和构成要件，不同的请求权可能的证据情况、诉讼时效等也会存在差异，对当事人的举证责任的影响也可能不同，因此，在请求权竞合情况下，如何选择诉讼中所主张的请求权，将对当事人产生较大影响，选择得当，其权利将得到切实保护，选择不当，当事人则可能承担不利的诉讼后果。另外还应当注意，在请求权竞合情况下，如果举证难度相当，则应当考虑请求权主张的顺序。如因合同权利所生请求权一般应优先于法定权利所生之请求权；特别权利所生之请求权一般优先于普通权利所生之请求权。在合同权利所生请求权或者特别权利所生请求权能够实现的情况下，不应先主张法定权利所生请求权或者一般权利所生请求权，只有合同权利所生请求权或者特别权利所生请求权得不到支持的情况下，才考虑主张法定权利所生请求权或者一般权利所生请求权。如当事人之间存在合同关系时，解除合同的财产返还请求权和法律规定的不当得利返还请求权之间即存在这种顺位关系。同时还要注意，在请求权聚合情况下，原告同时主张多项请求权时，不属于诉的合并；在请求权竞合情况下，一项请求权未获支持，再另案起诉主张另一请求权，不属于同一诉，不应适用"一事不再理"原则。

---

① 邹碧华：《要件审判九步法》，法律出版社 2010 年版，第 62 页。
② 邹碧华：《要件审判九步法》，法律出版社 2010 年版，第 62 页。

四、责任并重和民事责任优先实现

在分析请求权时，还应当注意适用责任并重和民事责任优先情形下请求权的行使。所谓责任并重，就是一个生活事实，违反了多个不同性质的法律规范，如民法、行政法甚至刑法，应分别承担相应法律责任的情形，承担其中一种法律责任，对承担其他法律责任没有影响。所谓民事责任优先，是指在责任并重情况下，民事主体的财产不足以支付的，优先用于承担民事责任。

我国成文法上第一次确立责任并重原则的，是《中华人民共和国民法通则》（1986 年发布，现已废止）第一百一十条，该条规定："对承担民事责任的公民、法人需要追究行政责任的，应当追究行政责任；构成犯罪的，对公民、法人的法定代表人应当依法追究刑事责任。"随后，我国一些专门法律，也规定了这一原则。如《中华人民共和国专利法》（2008 年修正，现已修改）第六十三条规定："假冒专利的，除依法承担民事责任外，由管理专利工作的部门责令改正并予公告，没收违法所得，可以并处违法所得四倍以下的罚款；没有违法所得的，可以处二十万元以下的罚款；构成犯罪的，依法追究刑事责任。"《中华人民共和国侵权责任法》（现已废止）第四条规定："侵权人因同一行为应当承担行政责任或者刑事责任的，不影响依法承担侵权责任。因同一行为应当承担侵权责任和行政责任、刑事责任，侵权人的财产不足以支付的，先承担侵权责任。"这一法条不仅仅规定了责任并重原则，也是第一次在成文法上规定了民事责任优先实现的原则。2017 年我国颁布的《中华人民共和国民法总则》（现已废止）第一百八十七条，也规定了责任并重原则和民事责任优先实现原则，该条规定："民事主体因同一行为应当承担民事责任、行政责任和刑事责任的，承担行政责任或者刑事责任不影响承担民事责任；民事主体的财产不足以支付的，优先用于承担民事责任。"2021 年 1 月 1 日起施行的《民法典》吸收了上述法律规定，其第一百八十七条完全保留了《中华人民共和国民法总则》第一百八十七条规定的内容。

司法实践对民事主体同一行为应当承担民事责任和刑事责任的案件，称为"刑民交叉"的案件，过去对这类案件长期遵循"先刑后民"的原则，追究刑事责任优先于民事责任请求。先刑后民指在民事诉讼活动中，发现涉嫌刑事犯罪时，应当在侦查机关对涉嫌刑事犯罪的事实查清后，由法院先对刑事犯罪进行审理，再就涉及的民事责任进行审理，或者由法院在审理刑事犯罪的同时，附带审理民事责任部分。在此之前不应当单独就其中的民事责任进行审判。如 1985 年 8 月 19 日，《最高人民法院、最高人民检察院、公安部关于及时查处在经济纠纷案件中发现的经济犯罪的通知》（已失效）就对先刑后民原则有了规定："各级人民法院在审理经济纠纷案件中，如发现有经济犯罪问题，应按照《最高人民法院、最高人民检察院、公安部关于执行刑事诉讼法规定的案件管辖范围的通知》，将经济犯罪的有关材料分别移送给有管辖权的公安机关或检察机关侦查、起诉……"1987 年 3 月 11 日，《最高人民法院、最高人民检察院、公安部关于在审理经济纠纷案件中发现经济犯罪必须及时移送的通知》（已失效），又对这原则进一步规定："人民法院在审理经济纠纷案件中发现经济犯罪时，一般应将经济犯罪与经济纠纷全案移送，依照刑事诉讼法第五十三条和第五十四条的规定办理；如果经济纠纷与经济犯罪必须分案处理的，或者是经济纠纷经审结后又发现有经济犯罪的，可只移送经济犯罪部分。对于经公安、检察机关侦查，犯罪事实搞清楚后，仍需分案审理的，经济纠纷部分退回人民法院继续审理。”

随着我国法治建设的不断进步和责任并重原则的贯彻执行，司法实践对“刑民交叉”案件，采取了“刑民并立”原则。如《最高人民法院关于在审理经济纠纷案件中涉及经济犯罪嫌疑若干问题的规定》第十条规定：“人民法院在审理经济纠纷案件中，发现与本案有牵连，但与本案不是同一法律关系的经济犯罪嫌疑线索、材料，应将犯罪嫌疑线索、材料移送有关公安机关或检察机关查处，经济纠纷案件继续审理。”但是，单纯是财产性犯罪嫌疑的，则不属于“刑民交叉”的案件，而是刑事案件，应依刑事诉讼法追究犯罪嫌疑人的刑事责任。如 2014 年《最高人民法院、最高人民检察院、公安部关于办理非法集资刑事案件适用法律若干问题的意见》以及 2015 年《最高人民法院关于审理民间借贷案件适用法律若干问题的规定》（已被修改）等两个司法解释规定，人民法院审理的民事案件（民间借贷）涉嫌非法集资犯罪的应当不予受理或者驳回起诉，并将案件移送公安机关或者检察机关。

由此可知，“刑民交叉”案件与单纯刑事案件，其区别在于“刑民交叉”案件民事责任主体除涉嫌犯罪的行为外，与民事请求权人之间还存在独立的民事法律关系，在涉及“刑民交叉”案件时，企业在侦查机关侦查阶段，可以提起民事诉讼，请求民事主体承担民事责任；在单纯涉嫌刑事犯罪的案件中，犯罪嫌疑人与受害人之间的民事行为，仅仅是犯罪嫌疑人涉嫌犯罪的手段，相互之间不存在所欲的民事法律关系，企业应及时向公安机关或者人民检察院提出检举或者控告，而不能在刑事诉讼之前或者侦查阶段提起民事诉讼。在这类案件中，受害人的财产损失，一般通过刑事追赃予以返还。当然，如果受害人的财产损失通过追赃没有得到弥补的，受害人可以在刑事诉讼中提起刑事附带民事诉讼，请求犯罪嫌疑人承担民事责任，也可以在刑事案件审理结束以后，提起民事诉讼，请求民事主体承担损害赔偿责任。刑事附带民事诉讼案件或者刑事诉讼结束后的民事赔偿诉讼案件，均不属于“刑民交叉”的案件。但是，无论是上述“刑民交叉”案件、刑事附带民事案件以及刑事诉讼结束后的民事赔偿案件，其生效裁判文书中财产部分内容的强制执行，如果民事主体的财产不足以支付，企业可以依据《民法典》第一百八十七条规定的民事责任优先实现的原则，请求优先用于承担民事责任。

五、请求权主张与请求事项

原告存在数个诉讼请求时，应注意数个诉讼请求中请求权主张与请求事项的区别。诉讼请求与请求权不同，基于一项实体请求权，既可以仅提出一项诉讼请求，也可以同时提出多项诉讼请求，因此，存在多项诉讼请求时，并非每一诉讼请求都必须含有一项实体权利主张，多项诉讼请求可以同时依据一项实体请求权。如《民法典》第五百八十二条规定：“履行不符合约定的，应当按照当事人的约定承担违约责任。对违约责任没有约定或者约定不明确，依据本法第五百一十条的规定仍不能确定的，受损害方根据标的的性质以及损失的大小，可以合理选择要求对方承担修理、重作、更换、退货、减少价款或者报酬等违约责任。”这一条是关于瑕疵履行违约责任的规定，依据此条规定，受损方对违约方享有瑕疵履行违约责任请求权，在没有合同约定的情况下，受损方基于此项请求权，可以合理选择向对方提出修理、更换、重作、退货、减少价款或者报酬等内容的请求，这些请求，就是请求事项。在同时提出多项诉讼请求的情况下，通过诉讼请求中权利依据的分析，有助于确定多项诉讼请求之间的关系以及各项请求的法律依据。如果多项诉讼请求基于相同的请求权，那么该多项诉讼请求即为请求事项，这些请求事项应当是该请求权的内容或者可选择实现的方式，不属于该请求权内容或者可选择的实现方式的请求事项，由于没有法律依据，也不会得到法官的支持。如果同一诉讼中，原告的多项诉讼请求的权利依据不同，则表明当事人可能享有多项请求权，如果各项请求权分别属于不同法律关系的内容，除依法可以合并审理的情形外，一般不应合并审理，因此提出哪些诉讼请求，应当认真予以斟酌。此外，还应当注意请求权聚合与多数请求事项的区别。

六、部分请求问题

企业在诉讼中，应当注意避免部分请求。在原告享有一项可分性债权的情况下，原告先就部分提起民事诉讼，待先诉部分获得支持后，再就剩余部分提起民事诉讼，这就是部分请求的问题。如原告为一家酒店企业，被告为原告供应并安装中央空调，但由于被告产品质量不合格，延误了原告开业时间一年。按照原告开业前的测算和开业后的营业推算，原告估计其损失约 3 000 万元。但是，原告担心全部主张恐难获得法官支持，提起民事诉讼时，仅请求被告赔偿损失 1 500 万元。原告打算，待该诉讼请求获得法官支持后，对剩余的 1500 万元损失再提起民事诉讼，请求被告赔偿。原告先后提起的民事诉讼，就属于部分请求。日本法学家高桥宏志认为，对剩余部分的请求，采取部分请求否认说是比较妥当的[①]，这与我国司法实践的认识是一致的。在我国司法实践中，对于原告部分请求后的剩余部分的再诉，基本上也是持否定态度，法官对此的处理，一般是以一事不再理为由，不再受理原告对剩余部分的起诉或者驳回其起诉。故此，企业在享有一项可分性债权时，除种种原因放弃部分权利的情形外，一般应当在同一次诉讼中一并主张，不要部分主张，以免对剩余部分债权的请求因法院不予受理其起诉的案件而得不到实现。

第三节　实务训练

一、案例讨论

（一）案例

甲公司用其一栋房屋经营酒店。该酒店旁边是乙单位职工旧宿舍。乙单位决定改造其职工旧宿舍，将其扩容，并将改造工程交由有建筑资质的丙建筑公司施工，为此乙单位与丙公司签订了施工合同。合同约定，如建筑期间工程发生任何事故，概由丙公司承担责任，乙单位不承担责任。在该工程未获得规划和设计许可的情况下，丙公司即进场施工，导致甲公司毗邻乙单位一侧酒店房屋的墙体开裂，酒店不能继续经营，甲公司因此遭受经济损失 300 万元。甲公司多次与乙单位、丙公司协商解决，乙单位以其与丙公司合同有约定，应由丙公司负责为由，拒绝承担责任；丙公司愿意承担责任，但却表明暂无能力履行，要待工程竣工结算后再根据其能力予以赔偿。

① 高桥宏志：《民事诉讼法 制度与理论的深层分析》，林剑峰译，法律出版社 2003 年版，第 95 页。

（二）讨论

因协商未果，甲公司欲起诉维护其合法权利。仅起诉丙公司请求其承担赔偿责任与同时起诉丙公司和乙单位并请求两者承担连带赔偿责任，其请求权基础和举证责任是不同的。为此，甲公司内部有两种意见：

第一种意见认为，应当仅起诉丙公司，要求其赔偿甲公司的全部损失。首先，丙公司是有资质的专业建筑公司，其施工本应合法，在施工过程中也应遵守相应的安全规范，但丙公司并未履行相应的法律义务和遵守施工安全规范，主观上有过错。其次，甲公司酒店房屋墙体开裂，是由丙公司违法施工行为造成的，丙公司违法施工行为是甲公司遭受损失的直接原因。乙单位不是建筑企业，其将改造职工旧宿舍的工程交与有建筑资质的丙企业施工，就是希望其施工合法，并且，乙单位并未实施具体的施工行为，也就是说，导致甲公司酒店墙体开裂的原因当中，没有乙单位的行为，要求乙单位与丙公司承担连带赔偿责任，缺乏事实。再次，乙单位与丙公司签订的工程承包合同中，明确约定了施工中产生的事故均由丙公司负责， 乙单位不承担责任。这也可以证明，乙单位基于对丙公司的信赖，认可施工中可能产生的风险全部由丙公司防范和处理，因此，施工中发生的损害赔偿事故，理应由丙公司全部负责。甲公司请求权基础应当是《民法典》第一千一百六十五条第一款，其规定："行为人因过错侵害他人民事权益造成损害的，应当承担侵权责任。"

第二种意见认为，甲公司可以要求乙单位、丙公司连带承担修复酒店房屋墙体、赔偿酒店因此遭受的经济损失 300 万元。首先，乙单位改造职工旧宿舍，应当按照有关规定获得规划许可和设计许可，这是乙单位的法律义务而不是丙公司的法律义务，这一法律义务是强制性义务，当事人不得以其意思予以改变，即乙单位不得以合同形式要求丙公司承担此义务而使自己免除这一义务。因此，乙单位在是未获得法律许可情况下与丙公司签订工程承包合同，允许丙公司违法进场施工，乙单位与丙公司主观上具有共同故意。其次，虽然甲公司酒店墙体开裂的损害具体是由丙公司的施工行为造成的，但丙公司的损害行为正是履行工程承包合同的行为而非与合同无关的行为，对于合同关系以外的第三人的甲公司来说，乙单位和丙公司的合同，就是乙单位与丙公司的共同行为。虽然乙单位与丙公司在合同中约定因工程施工产生的事故与乙单位无关，但这一约定不能限制第三人的请求权。甲公司请求权基础应当是《民法典》第一千一百六十八条，该条规定："二人以上共同实施侵权行为，造成他人损害的，应当承担连带责任。" 再次，主张请求权之前考虑举证难易程度是对的，但也应当具体案件具体分析。对甲公司来说，仅起诉丙公司与同时起诉乙单位与丙公司，后者举证难度似乎要大一些，多了证明乙单位与丙公司具有共同的主观过错和共同侵权行为的内容。但是在本案中，这些证据材料都是不难获得的，乙单位与丙公司的工程承包合同以及施工现场的情况，足以证明乙单位与丙公司共同违法施工以及甲公司因此受损的情况。

最终，甲公司根据第二种意见提起民事诉讼，其请求判令乙单位与丙公司承担侵权损害赔偿的连带责任的诉讼请求，获得了法院的支持。

二、案例分析

（一）案例

2008年9月7日，原告A公司作为甲方，被告B公司作为乙方，双方签订了《×××矿联合投资开发合同书》，约定A公司用其享有的×××矿地质普查探矿权与被告B公司联合投资开发。

其中第三条约定如下：

一、合作方式与权益分配：

1. 甲、乙双方共同出资成立合资公司，该合资公司股东只限于A公司和B公司，合资公司名称暂定为C公司。C公司注册资本300万元，A公司出资63万元，占21%股份，B公司出资237万元，占79%股份。

2. A公司、B公司双方共同出资的C公司在建设年产量2 000吨五氧化二钒冶炼厂及配套矿山一座和2×5.5万KW的废热电厂一座的过程中如需增资扩股，A公司所占21%股份所需资金由B公司借款给A公司，增资后股本金由A公司、B公司双方投资用于C公司建设上述冶炼厂及配套矿山。该借款以A公司在C公司中应分配的21%的盈利优先偿还。

……

4. 探明成果后，若有进一步开发价值，由以上新注册的C公司申报采矿权及相关立项审批手续，进行该矿权的综合开发利用，首期建设年产量2 000吨的五氧化二钒冶炼厂即配套矿山一座。A公司、B公司双方及新注册的C公司全体股东一致同意并承诺C公司为该矿权及配套废热电厂综合开发的唯一合法主体，承担相应的义务，享受相应的权利。C公司的后期投资由A公司、B公司按照双方在C公司的股权比例投入，即A公司投入21%，B公司投入79%。鉴于A公司以优惠的价格将其拥有的探矿权转让到C公司名下进行综合开发以及考虑到A公司的实际情况，C公司首期建设年产量2 000吨的五氧化二钒冶炼厂即配套矿山按设计能力达到生产目标并实现销售的投资中应由A公司投入的资金由B公司负责垫资，该垫资以A公司在C公司中应分配的21%的盈利优先偿还。

……

二、付款及付款方式：

探矿权转让费共计300万元。C公司成立后，由C公司与A公司签订探矿权转让合同，探矿权过户资料正式递交省国土资源厅之前，由合资公司向A公司支付100万元矿权转让款，待探矿权转让申请得到省国土资源厅的批准后5日内由合资公司向A公司支付200万元矿权转让款。……

第四条“违约责任”约定如下：

……

3. 如B公司及C公司违约，导致合作无法进行，B公司及C公司无条件将该矿权转到A公司名下，矿权转移的一切费用由B公司承担，B公司支付给A公司的前期费用不再退还给B公司，B公司承担相应违约责任。

4. 如C公司不能按期支付相应款项，超过30天，A公司有权终止合同，且不退还已付资金，每迟延一天B公司应向A公司支付本协议项下总价款0.5%的违约金，按实际天数计算。

……

四、鉴于A公司以优惠的条件将×××钼矿探矿权与B公司联合开发，本着平等互利的原则，B公司借给A公司的借款，由A公司指定D公司与B公司另行签订借款合同，借款合同是本合同的不可分割部分，借款合同与本合同具有同等效力。

……

同日，D公司作为甲方，B公司作为乙方，双方签订了《借款合同》，主要内容为：

一、借款金额为1 691万元。

二、借款期限为五年，自2008年9月7日至2013年9月6日。

三、借款利息：本合同项下的借款为无息借款。

四、支付方式及支付条件：

第一笔：A公司与B公司签订联合投资开发合同书后10个工作日内，B公司向D公司支付200万;D公司收到200万元后10个工作日内A公司与B公司配合完成C公司的注册。

第二笔：A公司与B公司成立C公司后，由C公司与A公司签订×××钼矿探矿权转让合同，并随即向省国土资源厅递交转让申请及相关资料。待省国土资源厅受理后，B公司先将700万元划至C公司账上，待省国土资源厅批准转让申请后5个工作日内，由C公司将该笔款项代替B公司支付给D公司，B公司通过C公司支付给D公司的款项不得作为B公司对C公司的投资和借款。

第三笔：C公司取得×××钼矿探矿证后5个工作日内B公司向D公司支付500万元。

第四笔：×××钼矿勘查工作完成后10个工作日内B公司向D公司支付291万元。

……

六、违约责任：

1. 以A公司为主，B公司配合办理探矿权转让手续，如在90天内仍无法将探矿权转到C公司名下，B公司有权终止合作开发合同，A公司应在收到B公司书面通知后5个工作日内无条件退还200万元；

2. 如B公司不能按期支付上述应付款项，超过10天，A公司有权终止与B公司签订的合作开发合同，B公司及C公司无条件将该矿权转到A公司名下，矿权转移的一切费用由B公司承担，且不退还B公司已付资金。

七、本合同是A公司与B公司签订的《×××钒矿联合投资开发合同书》不可分割的一部分，与开发合同具有同等法律效力。

上述《×××钒矿联合投资开发合同书》和《借款合同》签订后，A公司和B公司于2008年9月26日成立了C公司，C公司依约向A公司支付了探矿权转让款300万元，2008年10月，A公司依约将探矿权转移到C公司名下。C公司对矿山进行了勘查，并于2009年8月编制出《×××钒矿总体规划方案》，结论是若按合同约定建设五氧化二钒冶炼厂并进行生产销售，年净利润可达到1.26亿元。但是，B公司未按合同约定出资至C公司用于建设五氧化二钒冶炼厂及其配套矿山，致上述合同无法继续履行。

2009年12月15日，B公司向A公司、D公司出具《承诺书》，载明：我公司决定待×××钼矿探矿权转至我方与A公司成立的合资公司名下后，随即免除D公司与我公司于2008年9月7日签订的《借款合同》项下D公司应偿还的1691万元的全部借款的还款责任。

2013年6月28日，A公司与B公司作出C公司股东会决议，内容为：由于C公司公章一直由B公司保管，C公司截至今日对外无任何债务，B公司承诺其将继续保管C公司公章，并保证不使用该公章对外借款、为他人提供担保等。但 2013 年 11 月 12 日、2014 年 11 月 21 日，× × 电力开发有限公司确认，B 公司在未通知 A 公司的情况下，以 C 公司对外作了担保。

2013 年 5 月 20 日，D 公司与 B 公司签订《借款合同补充协议》，主要内容为：B 公司支付给 D 公司的所有款项均以借款的名义支付，该借款为长期、无息借款，其实质为 B 公司应支付给 A 公司的探矿权转让费。……由于 B 公司出具的《承诺书》中免除 D 公司还款责任的条件已成就，故 D 公司、B 公司双方就有关事宜另行约定如下：

一、B 公司自 2008 年 9 月 19 日起至 2010 年 2 月 12 日止，共向 D 公司支付款项 1 300 万元整，该款项可由 D 公司继续长期无偿使用，B 公司免除 D 公司对该全部借款的还款责任。

二、其他条款与 2008 年 9 月 7 日双方签订的《借款合同》及 B 公司与 A 公司签订的《× × × 钒矿联合投资开发合同书》内容一致。本协议是该两份合同的补充，作为该两份合同的附件，与该两份合同具有同等法律效力。

2012 年 7 月 30 日，A 公司与自然人兰某某签订《地质钻探施工合同》，约定 A 公司委托兰某某开展 × × × 钼多金属矿矿区详查项目的钻探施工，工程款为 1 867 030 元。2012 年 12 月 30 日，兰某某出具收据，载明收到 A 公司支付的 1 215 000 元施工款。此外，A 公司代 B 公司支付勘查费、土地资源费、人员工资等各种费用 1 130 594 元。A 公司以上共支付费用 2 345 594 元。

A 公司与 D 公司提起民事诉讼，请求：1. 终止履行 A 公司与 B 公司签订的《× × × 钒矿联合投资开发合同书》；2. 终止 D 公司与 B 公司签订的《借款合同》和《借款合同补充协议》的履行；3. B 公司、C 公司将探矿权转移登记于 A 公司名下；4. 确认 B 公司不是 C 公司的股东；5. B 公司赔偿 A 公司人民币 2 355 440 元。

（二）分析

试评析原告的诉讼请求。

思考方向

（1）A 公司与 D 公司共同主张了几项请求权？

（2）这些请求权是否为 A 公司和 D 公司共同享有的？

（3）这些请求权之间的关系是？

（4）A 公司、D 公司的上述诉讼请求是否可以合并审理？

第十二章　诉讼防御法律实务

民事诉讼中，一方提出诉讼主张，另一方不予承认，则需要进行防御，否认、抗辩或者行使抗辩权，就是民事诉讼中主要的防御方法。

第一节　否认与抗辩的法律实务

一、否认的含义和种类

否认，从词义来说，就是不承认，民事诉讼中的否认，就是不负担证明责任的一方当事人，对另一方当事人的事实主张不承认的陈述。理解这一含义，应把握以下几点：首先，否认是一种陈述性的诉讼行为，而不是权利，这种诉讼行为的权利根据是当事人的辩论权。《民事诉讼法》第十二条对辩论原则规定："人民法院审理民事案件时，当事人有权进行辩论。"作为诉讼行为，陈述应当向审理案件的法院为之。其次，否认针对的对象，是对方当事人主张的事实，而不是直接对该事实的法律效果予以否定。如原告请求被告应归还其借款，被告答辩称其未向原告借过款，被告的这一答辩就是否认，其针对的对象就是原告主张的原告与被告存在借款关系且被告未归还其借款的事实。再次，否定作为防御方法，是通过否定对方主张的事实来排除对方主张的法律效果，这正是否定这一防御方法的主要特征。如上例，被告正是通过否认原告主张的要件事实来排除其还款请求权法律效果的，而不是直接否认原告还款请求权的法律效果。最后，否认者不承担证明责任。因为，根据危险负担说，证明责任是指引起法律关系发生、变更或消灭的构成要件事实处于真伪不明状态时，主张该事实的当事人因法院不适用以该事实存在为构成要件的法律而产生的不利于自己的法律后果的负担[①]，所以，证明责任只能在该事实真伪不明时，由主张该事实的一方当事人承担。否认的一方当事人为了使该事实处于"伪"或"真伪不明"状态，有时也会提供相应的证据支持其否认，但在不能将该事实证伪或使该事实处于真伪不明状态时，其承担的是否认不成立的不利后果，而不是证明责任。在诉讼实务中，这一区别常常容易混淆，应当予以注意。

根据否认是否附有理由，可以将否认分为单纯的否认和附理由的否认。单纯的否认，也称为消极的否认或者直接的否认，是指否认的当事人仅陈述对方当事人所主张的事实不真实，直接对其予以否定。附理由的否认，是指"不负证明责任的当事人针对对方当事人所主张的事实向受诉法院陈述了与该事实不能两立的事实"[②]，也就是说，附理由的否认，是否认的当事人提出了与对方当事人事实主张相对立的事实作为其否认的理由，间接地否定对方当事人的事实主张的否认。如原告称被告所养的犬将其腿咬伤，医治花去费用 2 000 元，要求被

① 常怡：《民事诉讼法学》，中国政法大学出版社 2001 年第 3 版，第 202 页。
② 占善刚：《附理由的否认及其义务化研究》，载《中国法学》2013 年第 1 期，第 104 页。

告承担赔偿责任。如果被告答辩仅称原告的伤不是被告所养的犬所咬造成，这就是被告单纯的否认；如果被告在答辩中称，原告是在工地不慎跌倒被铁钉扎伤的，这就是附理由的否认。在这里，被告提出的“原告是在工地不慎跌倒被铁钉扎伤”的事实与原告主张的“被告所养的犬将其腿咬伤”的事实不能两立。

否认作为一种防御方法，其意义主要在于：其一，向法官提示本案争点。一方主张的事实，因另一方的反驳而形成争议，而否认是反驳的一种方式，法官可以根据否认针对的对象，确定当事人对哪些事实有争议，并进而整理成争点，在此基础上，确定案件审理的方向和重点。法官确定的案件审理方向和重点，对案件最终裁判结果有着重要影响。其二，附理由的否认可以增加证明责任者的证明负担。在单纯否认情况下，承担证明责任的一方当事人，只要证明要件事实为真，即可卸掉证明责任负担，使法官形成心证；但是在附理由否认的情况下，如果否认的理由得到证明，则承担证明责任的一方当事人还应另外提供证据推翻否认的理由，才能证明其主张的要件事实为真，也才能使法官形成心证。否则，承担证明责任的当事人将因不能进一步证明其要件事实而承担不利后果。如甲以借条和银行支付凭证为据，起诉要求乙归还借款 100 万元。乙答辩称已全部归还甲的借款，并以银行支付凭证为据，乙的答辩即为附理由的否认。此时，甲需进一步提供证据，证明乙支付的 100 万元是乙与甲之间另外的经济往来，如果甲没有再提供证据证明其主张或者虽提供证据但仍然不足以推翻乙否认的理由时，甲将面临诉讼请求被法官驳回的风险。

二、抗辩的含义及种类

抗辩，就是在民事诉讼中，一方当事人并不否认对方当事人主张的事实，而是主张不同于对方当事人事实主张的事实，以排斥对方当事人主张的法律效果的防御方法。“其具体是指一方当事人为了使对方当事人提出的事实主张在法律上的效果不能发生或使其消灭而提出的与对方当事人主张的事实能够两立的并且能够引起独立的法律效果的要件事实。”[①]由此可以看出，首先，抗辩是一种事实主张，不仅仅是判断或者推论。一定的事实虽然客观存在，但未经当事人在诉讼中主张出来，其不能自动产生防御作用，因而抗辩必须具有事实主张的形式。其次，提出抗辩者并不是否认对方当事人的事实主张，只是在对方主张的事实之外另外主张了一个新的事实，以此对抗对方事实主张的法律效果。

抗辩依据不同的划分标准，有以下种类：

1. 永久性抗辩与暂时性抗辩

根据抗辩的效力不同，可以将抗辩分为永久性抗辩与暂时性抗辩。永久性抗辩，就是当事人主张的抗辩能够永久性地阻止请求权发生效力，如权利消灭抗辩（债务已经清偿）、交易违反法律强制性规定抗辩（合同应经审批而未经审批）、具有除斥期间的权利除斥期间已过等等。永久性抗辩成立，请求权人的诉讼请求就会被驳回。暂时性抗辩，就是当事人主张的抗辩能够暂时地阻止请求权的效力，当暂时性抗辩事由消失后，请求权效力才能恢复。如

① 占善刚：《民事证据法研究》，武汉大学出版社 2009 年版，第 9 页。

买受人的瑕疵抗辩，可以暂时阻却出卖人付款请求权的效力，如果瑕疵可以除去，当出卖人除去了瑕疵之后，出卖人付款请求权又恢复效力。需要注意的是，暂时性抗辩有时会转化为永久性抗辩，如上述瑕疵抗辩，当该瑕疵不可除去或者出卖人拒绝除去时，瑕疵抗辩即转化为永久性抗辩，出卖人付款请求权即被永久性阻却。

2. 全部抗辩与部分抗辩

根据抗辩针对的请求权范围，可将抗辩分为全部抗辩与部分抗辩。全部抗辩就是阻却整个请求权效力的抗辩，如不可抗力等完全不可归责于义务人的抗辩；部分抗辩就是阻却请求权部分效力的抗辩，如已经部分履行、与有过失等抗辩。应注意的问题是，抗辩人主张的全部抗辩不能成立时，其部分抗辩却可能成立。如甲主张是乙公司股东，请求乙公司向其分配五年来的股份红利和债权投资利润，公司抗辩称甲既是乙公司股权投资者，又是乙公司债权投资者，乙公司股东会有决议，在债权投资利润分配完毕之前暂不分配股权红利。乙公司已向甲支付了三年投资利润，尚欠两年投资利润未分配。如果乙公司不能证明股东会关于在债权投资利润分配完毕之前暂不分配股权红利的股东会议决议有效的事实，那么其第一项抗辩就完全不成立，但是，如果乙公司举证证明其已经向甲支付了三年利润的事实，那么其第二项抗辩是部分成立的。

3. 实体法上的抗辩和程序法上的抗辩

根据抗辩事由基础规范的不同，可将抗辩分为实体法上的抗辩和程序法上的抗辩。实体法上的抗辩，就是以实体法上的事由主张的抗辩，如权利消灭抗辩、与有过失抗辩等等；程序法上的抗辩，就是以程序法上的事由主张的抗辩，如无管辖权抗辩、有仲裁协议的抗辩、一事不再理抗辩、证据失效抗辩、对方已有自认在先抗辩等等。

三、诉讼实务中应重视的两个问题

（一）抗辩与附理由否认的识别

抗辩与附理由的否认，在表面上都是提出一定的事实对请求权进行辩驳，因此极易混淆。由于二者防御作用不同，实务中不认真加以区分，将对诉讼结果产生严重影响。所以，抗辩和附理由否认的识别，是涉诉企业法务人员在诉讼中的一项重要的实务性工作内容。

首先，从两者提出的事实来看，抗辩提出的事实，是能够产生法律效果的事实，其法律效果使对方当事人主张的事实应产生的法律效果停止或消灭。附理由的否认所提出的事实，其存在则使对方当事人陈述的事实本身为不真实，因此，其并非一定是能够产生法律效果的事实。

其次，从对抗方式上看，抗辩是以承认对方当事人所主张的事实的真实性为前提，只是由于抗辩事实的存在，排除了相对方所主张的事实产生的法律效果。因此，抗辩提出的事实与相对方主张的事实，是可以并立的事实。而附理由的否认提出的事实，是对相对方主张的要件事实本身真实性的否定，因此，其在性质上与相对方主张的要件事实不能并存，相互处于不能同真的对立的状态。

最后，附理由的否认，针对的是对方主张的要件事实，既可以是对整个要件事实的否认，也可以是对要件事实个别要素事实的否认，因为，要件事实要素不能全部得到证明，要件事实同样不能成立。但是，抗辩主张的事实不是针对对方主张的要件事实，因此其与对方主张的要件事实及其要素事实是否得到证明无关，只要是能够达到阻绝对方要件事实的法律效果的事实，都可以成为抗辩的事实主张。

（二）法官对抗辩事实援引的问题

可以作为抗辩事由的客观事实本无抗辩的法律属性和作用，只因当事人主张，才具有了抗辩的法律属性及作用。一般情况下，该事实尽管客观存在，但当事人不用作抗辩主张时，法官不可以主动援引。否则，有可能使当事人的对抗失去制度意义和当事人的主张失去制衡法官职权的作用。

但是，在以下三种情况下，法官可以主动援引可以作为抗辩事由的客观事实，在此情况下，被援引的事实只是案件事实，而非抗辩事实：

1. 违反法律强制性规范的事实

由于当事人不得以其意思排斥法律强制性规范的适用，法官有责任在适用法律过程中维护和贯彻体现为法律强制性规范的国家意志，因此，尽管当事人没有主张可以用于抗辩的民事行为违反法律强制性规范的事实，法官也有权主动认定该客观事实并据此作出裁判。如采矿权转让，未经审批，受让方即以采矿权投资，与人成立合伙企业。随后该企业投资人发生纠纷，受让方主张其他投资人应承担未足额投资的赔偿责任。其他投资人尽管没有以受让方受让的采矿权未获审批抗辩，法官亦可以主动认定该事实，并以此作出受让人赔偿请求权不成立的裁判。

2. 违反公序良俗的事实

一般认为，“公序”就是社会公共利益的意思，“良俗”就是社会公共道德的意思。《民法典》将民事活动不得违背公序良俗作为一项基本原则，其第八条规定：“民事主体从事民事活动，不得违反法律，不得违背公序良俗。”民商事法律在保障当事人意思自治的同时，也必须保障社会公共利益和社会公德，对当事人意思自治予以必要的限制，以维护社会公共利益、弘扬社会公共道德，巩固社会公共生活基础。因此，违反公序良俗的事实，法律应给与否定性评价。这类事实可以成为当事人的抗辩事由，尽管当事人没有主张，但法官在审理案件过程中知悉存在这类事实时，应主动依职权认定并作否定性评价。如甲与乙约定，甲借腹给乙生子，乙支付甲 40 万元。后甲为乙产子后，向乙请求支付借腹产子费 40 万元。尽管乙未以借腹产子违背社会伦理道德抗辩，法官也应主动依职权认定甲与乙借腹产子的约定无效。

3. 原告已经主张的事实

除上述违反法律强制性规范的事实和违反公序良俗的事实法官可以依职权主动认定外，其余事实应待当事人主张，法官才可予以认定。“法官不得认定当事人未主张的事实”的原则，即适用于这一情况。在原告主张的事实当中，有些事实被告可以用作抗辩，如果被告以这类事实抗辩，这些事实无疑具有了抗辩事由的属性和作用，但如果被告没有以之抗辩，由于这类事实已经原告主张，因此也属于当事人已经主张的事实，法官可以依职权认定之。如某电梯厂与某房地产开发商签订电梯买卖合同，约定某电梯厂生产的电梯必须符合国家质量标准。该电梯到货后，该房地产开发商未依约支付货款。该电梯厂提起民事诉讼，请求判令该房地产开发商支付货款。在事实陈述中，该电梯厂主张其生产的电梯虽然还未获得型式试验报告，但该厂有电梯生产许可证，因此其销售的电梯符合国家质量标准。因我国有关法规规定，只有在制造许可范围覆盖下的经型式试验合格的电梯才可以批量生产和销售，无型式试验报告的电梯，显然不符合国家质量标准。该房地产开发商未提出其所购电梯无型式试验报告不能销售以及不符合国家质量标准的抗辩，因该电梯厂已经主张了该电梯无型式试验报告的事实，法官即可主动依职权认定该事实并作出不利于该电梯厂的裁判。

此时，法官援引这样的事实，实际不是援引抗辩事实，而是主动认定不利于原告的案件事实，而此事实又是原告陈述的事实，该事实的法律效果产生阻却被告义务，是与原告请求基础的积极事实相反的消极事实。所以，可以阻却被告义务的事实本身，被告主张之，使其具有抗辩的性质，被告不主张之，法官不得主动援引之，但原告已经作了陈述，此事实即为案件事实，法官可以认定其法律效果。

第二节　抗辩权法律实务

一、抗辩权的含义和特征

抗辩权，就是法律规定被请求人对请求权人享有的拒绝给付的权利。对抗辩权含义的理解，应把握以下几点：其一，抗辩权是请求权的对抗权，请求权与抗辩权同时存在时，请求权被抗辩权所阻绝，因此，抗辩权又是相对权，只能针对请求权产生阻绝效力，不具有对世效力。其二，抗辩权是被请求人享有的权利，既是权利，被请求人可以行使，也可以不行使。因此，抗辩权并不会自动产生对请求权的阻绝效果，只有被请求人主张或者行使，才产生阻绝请求权效力的效果。其三，抗辩权是实体权利，同其他所有实体权利一样，都有其实体法基础规范，不存在无实体法基础规范的抗辩权，因此，抗辩权是法律明文规定的权利。据此，我们认为，抗辩权有以下特征：

1. 对抗性

民事权利与民事义务是相互依存的，民事权利被妨碍或者侵害时，总意味着民事义务人未履行其义务，此时权利需要救济，请求权就是对原权利的救济权。但是，权利有可能被不适当行使，因此，法律对权利的行使应加以必要的限制，以平等保护权利人和义务人的合法利益。限制权利的不适当行使，最好的办法就是赋予义务人必要的救济方法，以平衡权利人不适当行使权利可能导致不公平后果的产生。抗辩权就是法律规定的权利不适当行使时义务人可以拒绝履行义务的对抗权。法学理论对抗辩权性质的阐述，多认为抗辩权是请求权的对抗权，所以，对抗性是抗辩权最本质的法律属性。

认识抗辩权的对抗性具有理论和实践意义。就理论意义来说，可以从权利不适当行使与义务需要救济的矛盾关系中，更好地将权利不适当行使的情况类型化，总结出哪些类型可以赋予义务人抗辩权予以救济，哪些类型则无赋予义务人抗辩权的必要，使抗辩权体系更加系统和科学。就实践意义来说，一方面，有利于在民事活动中树立权利义务平等观，促使当事人诚信地行使权利和履行义务，顺利实现权利；另一方面，有助于指示司法工作者在法律的适用过程中，何种情况下需要平衡权利与义务的关系，从而更加公平地处理民商事争议。

2. 被动性

抗辩权是请求权的对抗权，两者都属于救济权，但请求权具有主动性，相对请求权来说，抗辩权却是被动的。这是因为，请求权的内容，就是请求权人可以请求义务人为一定行为或者不为一定行为，具有祈使和积极作为的意义，因此请求权只能是进取的、主动的，在原权受到阻碍或者侵害时，才能起到保护原权的作用。抗辩权是一种权利，权利是权利人的行为自由，权利人可以行使权利也可以不行使权利。但是，抗辩权与其他民事权利不同之处，就在于它没有支配一定标的物或者请求他人为一定行为或者不为一定行为的内容，它的内容是拒绝履行义务，拒绝就是对主动要求的不承认，对进取的抵抗或者阻挡等，在这个意义上说，抗辩权具有被动性。但是，应注意的是，权利的被动性质与权利主体行使权利的意志是有区别的，主体意志本身是具有能动性的。

3. 无期限性

抗辩权是一种无期间限制的权利。首先，抗辩权是防御性的，抗辩权的事由总是与请求权人的行为有关，如果对抗辩权规定一定的期限，等于要求抗辩权人承担其意志不能左右的情况的后果，这对抗辩权人显然是不公平的。其次，如果抗辩权存在期限，就可能出现抗辩权已过时效而消灭，但抗辩事由依然存在而义务人却无抗辩权的情况，这不仅背离了设立抗辩权制度的法律目的，也给权利人不是诚信实现权利而是可以投机的制度性激励，这不利于良好的法律秩序的建立。再次，抗辩权不设置期限，并未减损请求权人的权利，故而对其并无不利。因为，抗辩权只是阻绝请求权的效力，并无消灭请求权的作用，请求权人可以通过消除抗辩事由消灭抗辩权，从而顺利实现其请求权，这正是法律设置抗辩权的目的。最后，请求权消灭，抗辩权亦无存在之必要，因此，也无必要对抗辩权设置期限。

二、抗辩权与抗辩的主要区别

抗辩权与抗辩的主要区别有：

1. 两者对抗的对象和方式不同

抗辩是以请求权发生效果的事实以外的事实来对抗请求权效果，所以抗辩的内容是一种事实主张，因抗辩事实的存在，请求权发生的效果即被排除。抗辩权是抗辩权人可以拒绝履行义务的权利，抗辩权人以这种权利对抗请求人的请求权，从而使请求权受到制约，因而这种对抗方式是以权利对抗权利，而不是以事实对抗事实的效果。在中世纪日耳曼法上，近似今天的抗辩被称为事实抗辩，近似今天的抗辩权被称为法律抗辩，这可以帮助我们理解抗辩与抗辩权的区别。

2. 法律要求不同

一定的事实，只要能产生排除请求权效果的作用，即可以成为抗辩事由，因此，抗辩事由具有广泛性和多样性的特点，法律无须也难以对其构成加以典型化，抽象规定其构成要件。但是抗辩权是权利，其基础法律规范明确了抗辩权的构成要件，因此，抗辩权要件事实必须符合法律构成要件的规定。

对于企业法务人员来说，注意区分抗辩权与抗辩，还有下述意义：可以正确判断对已经所为的履行，之后是否可以请求返还，以避免无意义的讼累。由于抗辩的作用是排除对方请求权的效果，因此，如果义务人在抗辩事实存在的情况下仍然履行给付，一般情况下是可以依据不当得利请求返还。但在以下四种情况已为给付的，请求返还却存在风险：一是给付是为履行道德上的义务；二是债务未到期因清偿而为给付；三是于给付时明知无给付义务仍为清偿给付；四是因双方违法的原因而为给付。但是，由于抗辩权的前提是对方的请求权有效存在，其中就包括了受领权，如果义务人不顾抗辩权存在的事实而为给付的，则无权要求返还[①]。

三、有关抗辩权的几个实务问题

1. 同时履行抗辩权实务中应注意的问题

实践中遇到适用同时履行抗辩权的情形时，应注意以下几点：第一，不要忽略其附随效力。同时履行抗辩权的效力分为主要效力和附随效力。主要效力就是同时履行抗辩权的主要内容，即暂时阻绝给付。附随效力一则是禁止抵销，附有同时履行抗辩权的债权不得作为主动债权抵消。因为，如果允许抵消则无异于剥夺对方之同时履行抗辩权，使对方遭受不利益。二则是排除履行迟延的违约责任，即在一方未为对待给付前，另一方债务虽然已届清偿期而未为给付不负迟延责任。第二，在继续性合同、合伙合同、分批订货而逐批付款的惯常交易，以及合同解除、不成立、无效、被撤销等情形下，是否可以行使同时履行抗辩权，法律和司法解释没有具体明确的规定，理论上观点也不一致，但是，企业在司法实务上需要行使同时履行抗辩权维护自己的合法权益时，可以从以下两方面寻求理由，以争取法官的支持。一是以交易习惯为理由。因为，企业在交易活动中，往往会自觉不自觉地遵从约定俗成的习惯，使一定的习惯成为合同订立或履行的潜在基础，而一定的习惯又具有地域性、行业性以及当事人的相对性等局限而不为法官所知，企业即应该举证证明具有同时履行内容的交易习惯事实，支持其同时履行抗辩权主张。二是以社会公共生活规则为理由。法律规范与社会公共生活规则关系紧密，许多法律规范都是来源于社会公共生活规范，是社会公共生活规范的抽象和复述，同时，法律规范又必须维护社会公共生活秩序，因此，在法律规则不具体的情况下，社会公共生活规范也可以引导法官明晰其具体内容，帮助法官在法理和事理之间进行正当性论证，在法律规则与事理之间发现个案的裁判规则。第三，同时履行判决及其执行效力。在诉讼中，原告请求被告履行义务，被告主张享有同时履行抗辩，如果原告请求权与被告同时履行抗辩权均成立，法院应当作出双方同时履行的判决。如果法院直接判决原告或是被告先予履行，法院的判决即无法律依据。同时履行判决相当于附条件的判决，当条件成就时，该

① 尹腊梅：《民事抗辩权研究》，知识产权出版社 2008 年版，第 82-83 页。

判决才具有强制未履行一方履行的执行力。

2. 先履行抗辩权实务中应注意的问题

当事人互负债务，有先后履行顺序的，先履行义务人请求后履行义务人履行义务，后履行义务人可行使先履行抗辩权予以拒绝。但是，后履行义务一方未行使先履行抗辩权时，因先履行的义务是否是后履行义务产生的先决条件，对先履行义务一方诉讼请求有根本性影响：如果先履行的义务是后履行义务产生的先决条件，如“先款后货”情形，先履行义务未履行，先履行一方的请求权并未产生，先履行义务一方请求后履行义务一方履行义务，尽管后履行义务一方未行使先履行抗辩权，法官仍然可以直接驳回先履行义务一方当事人的请求。如果先履行的义务不是后履行义务产生的前提，双方的义务均已产生 仅是具有履行的先后顺序，如果后履行义务一方主张先履行抗辩权的，即应适用先履行抗辩权驳回先履行义务一方的请求，如果后履行一方不主张先履行抗辩权，法官则不能主动援引先履行抗辩权对案件进行裁判。

3. 不安抗辩权应注意的实务问题

不安抗辩权就是指在有先后履行顺序的双务合同中，有先为履行义务的一方，在对方之财产于订约后明显减少，以致难以履行对待义务时，有权在对方未为给付或提供充分担保前，拒绝自己的履行。首先，应全面理解“有先为履行义务”的范围。当事人双方不仅须因双务合同互负债务，且须一方当事人有先为履行义务。这里的“有先为履行义务”不仅仅是当事人的约定，还包括交易习惯表明先后履行顺序中有先为履行义务的情况、以及双方对待义务本身表明先后履行顺序中有先为履行义务的情况，这些都是事理使然，不能拘于当事人明确约定的范围。其次，后履行义务一方在合同订立后丧失履约能力，其“丧失履约能力”的时间，应当是订立合同之后出现的情况，订立合同前，后履行一方即无履约能力，先履行一方在订立合同后才知晓这一情况的，不适用不安抗辩权，先履行一方可以依据《民法典》第五百三十八条、第五百三十九条的规定，通过行使撤销权来寻求救济。但是，如果后履行一方经营状况在合同签订前后持续恶化，仅从签约后的情况即可表明其丧失履约能力的，先履行一方也可行使不安抗辩权。再次，不安抗辩权于先履行一方债务届期后才产生。不安抗辩权只能在先履行一方债务清偿期届满之后，后履行方请求给付时，先履行一方才能主张。因为，合同生效后，履行期届满前，后履行一方债权虽然已经成立，但其请求权尚未产生，由于抗辩权是请求权的对抗权，其存在是以请求权的存在为前提的，因此在先履行方债务未届清偿期前，不安抗辩权未产生，不存在先履行方行使不安抗辩权的余地，只有先履行一方债务届期后其才可能行使不安抗辩权。在先履行一方债务未届期之前，因后履行一方请求权未产生，其无权请求先履行一方履行。最后，先履行义务一方行使不安抗辩权中止合同履行，程序上应通知后履行义务一方。先履行义务一方中止履行未通知后履行义务一方，后履行义务一方起诉其违约，先履行一方在诉讼中主张其中止履行是行使不安抗辩权，根据《民法典》第五百二十七条、第五百二十八条的规定，先履行一方行使不安抗辩权，不是必须先通知后中止，可以中止后及时通知，因此其行使不安抗辩权中止履行未通知后履行一方，对行使不安抗辩权没有影响。但是，如果先履行一方没有确切证据中止履行，又未通知后履行一方的，先履行一方不仅仅承担违约责任，甚至可能还要赔偿因未通知后履行一方造成其信赖利益的损失。

4. 保证人抗辩权的实务问题

在法律上，保证人除享有一般债务人的抗辩权外，还享有两方面的抗辩权，一是保证人的一般抗辩权。保证人的一般抗辩权，是保证人因保证合同从属性而享有的抗辩权，主要是保证人基于主债务人的抗辩而享有的抗辩权[①]。因保证合同对于主合同来说具有从属性，如果主债务人对债权人主张抗辩，其效果即及于保证人，如果主债务人不主张抗辩，保证人仍然有权向债权人主张抗辩。因为，保证债务的强度不能超出主债务，否则即违背保证合同的从属性，在主债务人与保证人之间产生不公平的后果。故此，我国《民法典》第七百零一条对此有明文规定："保证人可以主张债务人对债权人的抗辩。债务人放弃抗辩的，保证人仍有权向债权人主张抗辩。"二是因保证合同补充性享有的抗辩权，主要就是一般保证的保证人享有的先诉抗辩权[②]。我国《民法典》第六百八十七条规定："……一般保证的保证人在主合同纠纷未经审判或者仲裁，并就债务人财产依法强制执行仍不能履行债务前，有权拒绝向债权人承担保证责任，……"诉讼实务中，通常对一般保证人的先诉抗辩权比较关注，容易忽略保证人基于主债务人的抗辩而享有的一般抗辩权。有的保证人因未及时行使保证人的一般抗辩权，因此承担了不利的诉讼后果，这是应当吸取的教训。保证人未及时行使保证人的一般抗辩权，应该说，主要还是保证人对主债务人可以主张哪些抗辩缺乏认识，因而在主债务人没有主张的情况下自己亦未主张，白白丧失了主张其抗辩权的机会。保证人行使一般抗辩权，不仅仅具有主债务人主张抗辩时阻绝债权人请求权的相同作用，还有防止主债务人与债权人串通故意不主张其抗辩而将债务危机实际转嫁给保证人承担的作用。

第三节　实务训练

一、案例讨论

（一）案例[③]

黄某向何甲、何乙和卢某供应乳胶，并于 2006 年 12 月 11 日向黄某出具欠条一张，确认欠黄某货款 63 590 元。此后，黄某又向何甲、何乙和卢某供应了价值 4 900 元的乳胶，两笔货款共计 68 490 元。何甲、何乙和卢某对欠条真实性及其又收取黄某价值 4 900 元乳胶的事实均予确认，但辩称欠条是在 2006 年 12 月 11 日上午出具，当天下午三人即清偿了 30 890 元，并提交了由黄某出具的收据一份。该收据载明黄某已收取货款 30 890 元，出具时间与欠条形成时间为同一天。黄某对收据的真实性没有异议，但称该笔款项系其与何甲、何乙和卢某另外一笔货物交易的货款，当天上午，其收取了该笔货款并出具了收据。当天下午，双方经结算，何甲、何乙和卢某在清偿 30 890 元货款后仍欠 63 590 元。何甲、何乙和卢某出具

① 尹腊梅：《民事抗辩权研究》，知识产权出版社 2008 年版，第 167-168 页。
② 尹腊梅：《民事抗辩权研究》，知识产权出版社 2008 年版，第 172 页。
③ 安建须：《同日出具欠条与收据之债权债务的司法认定》，载《人民法院报》2015 年 6 月 4 日，第 7 版。

的欠条即属对该欠款金额的确认。

一审裁判情况：一审法院判决何甲、何乙和卢某应向黄某清偿欠条上载明的欠款金额 63 590 元及其新收的货物价款 4 900 元，合计 68 490 元。

何甲、何乙和卢某不服该判决，提起上诉。二审法院审理情况：收据载明的还款金额是否应在欠条记载的欠款金额中予以扣减，是本案的争议焦点。围绕这一争点，存在三种观点：

第一种观点认为，本案收据上载明的还款金额应在欠条上载明的欠款金额中予以扣减。理由为：黄某持有的欠条虽能证明其与何甲、何乙和卢某之间存在 63 590 元货款的债权债务关系，但何甲、何乙和卢某持有的由黄某出具的收据，也同样能够证明其已向黄某清偿了 30 890 元货款的法律事实。黄某主张其已收取的 30 890 元货款不包含在欠条上载明的欠款金额内，则应由其承担相应举证责任。而在本案中，黄某对此不能举证加以证明，故可认定收据上载明的还款金额 30 890 元即是为清偿欠条上载明的欠款金额而为的部分给付。

第二种观点认为，本案收据上载明的还款金额不应在欠条上载明的欠款金额中予以扣减。理由为：如果收据上载明的还款金额是部分清偿欠条上载明的欠款金额，依生活常理及习惯，何甲、何乙和卢某则会要求黄某在收据或欠条上注明其已偿付部分欠款的事实。但本案所涉收据或欠条上均缺乏该种记载，由此可推定黄某已收取的货款并非清偿欠条上载明的欠款。故法院应对黄某的诉讼请求应予以支持。

第三种观点认为，黄某出具的欠条证明了其与何甲、何乙和卢某间存在 63 590 元的债权债务关系。何甲、何乙和卢某提出抗辩，称已清偿此债务中的部分货款，则应对该辩解举证证明。三人称欠条签署于上午，收据形成于下午，即主张收据形成于欠条之后，但却不能对此予以证实，也不能举证证明收据所载的还款金额是用于部分清偿欠条上载明的债务金额，故其抗辩主张不足采信，法院对黄某的诉讼请求应予以支持。

（二）讨论

本案之关键在于何甲、何乙和卢某所偿还的 30 890 元货款是否为清偿黄某所主张的欠条上载明的 63 590 元欠款金额而为的部分给付。在当事人双方均不能提供其他证据对各自的主张加以佐证的情形下，法官只能依据收据与欠条在形成时间上的先后关系作出判定。若出具收据的时间在出具欠条的时间之后，则可认定何甲、何乙和卢某已向黄某部分清偿了欠条上载明的货款债务金额；反之，若出具欠条的时间发生在出具收据的时间之后，则即可认定何甲、何乙和卢某对黄某仍负有 68 490 元的货款债务。

然而，本案的特殊性在于：收据与欠条的形成时间为同一日，即便借助现有司法鉴定技术，也不能准确鉴定出收据与欠条在时间上的先后顺序。在无其他证据佐证的情况下，两证据孰先孰后即处于无法辨别之状态，案件事实亦随之真伪难辨。

本案如何分配举证责任是关键。当案件事实处于真伪不明时，法官却不得因此而拒绝裁判，此时，举证责任如何分配就直接决定了案件的判决结果。联系本案，厘清收据与欠条在形成时间上先后关系的举证责任应由黄某承担还是应由何甲、何乙和卢某承担，则成为裁决本案争议之关键。

首先，根据“谁主张，谁举证”的民事诉讼原则及《最高人民法院关于民事诉讼证据的若干规定》（以下简称《若干规定》，2001 年公布，现已修改）第五条中“在合同纠纷案件中，主张合同关系成立并生效的一方当事人对合同订立和生效的事实承担举证责任”之规定，黄某作为主张货款债权的一方，应承担证明本案买卖关系成立及货款具体金额的举证责任。由于黄某作为证据提交的欠条的真实性已经由何甲、何乙和卢某确认，故该证据能够证明双方当事人之间存有 63 590 元货款之债权债务关系。因此，对于黄某的诉讼主张而言，黄某已完成了本案的举证责任。

何甲、何乙和卢某在承认欠条真实性的同时，提出了积极的抗辩主张，辩称三人已部分清偿了欠条载明的债务金额，意在表明欠条上载明的 63 590 元货款债务已因其部分清偿（30 890 元）而发生了欠款金额的变更。这实质上等于在诉讼过程中提出了新的事实主张。依据《若干规定》第五条中“主张合同关系变更、解除、终止、撤销的一方当事人对引起合同关系变动的事实承担举证责任”之规定，何甲、何乙和卢某应对其所主张的本案债权债务金额已发生变更的法律事实提供证据加以证明，即何甲、何乙和卢某应承担本案债权债务之法律关系已发生内容变更的举证责任。

为此，何甲、何乙和卢某须举证证明以下事实的存在：第一，黄某已收取过 30 890 元货款；第二，该款项是为部分清偿欠条上载明的 63 590 元欠款金额而为的部分给付。该第一项事实主张已因黄某本人对收据的确认而得以证明。问题的关键是，在没有其他证据加以佐证的情况下，何甲、何乙和卢某若要证明第二项事实主张，在逻辑上，就应当举证证明本案收据出具的时间发生在本案欠条出具的时间之后。只有这样，其所提交的收据才能在本案中被认定为有效的反证，其抗辩主张才能部分吞并黄某的诉讼主张。然而，何甲、何乙和卢某作为证据提供的收据只能证明黄某收取过其交付的 30 890 元款项，却不能够证明该款项偿付的时间发生在欠条形成的时间之后，即不能够证明其所偿还的 30 890 元是为抵充黄某所主张的欠条上载明的欠款金额而为的部分给付，那么，其抗辩主张则不能部分吞并黄某的诉讼主张。因此，何甲、何乙和卢某依法应向黄某清偿欠条上载明的欠款金额 63 590 元及其新收的货物价款 4 900 元，合共 68 490 元。

对讨论中三种观点进行比较：首先，前述第一种观点错误地将黄某的举证范围扩大，从而违反了举证责任的分配规则。本案中，黄某诉请法院判决何甲、何乙和卢某支付货款 63 590 元。对此，黄某提供了欠款为 63 590 元的欠条予以证明。在诉讼法理论上，可将黄某持有的欠条证据归属于本证范畴。相对于其诉讼请求而言，黄某已完成了自己的举证责任。当何甲、何乙和卢某依据其持有的收据主张其已清偿 30890 元货款债务的抗辩，而在黄某对其该笔还款有合理解释（黄某称该笔还款系双方另外的交易货款）但却不能提供证据予以证明的情形下，黄某并不额外负有证明双方之间除前述的 63 590 元货款债权债务关系外，尚另存在 30 890 元货款的债权债务关系的举证责任。此时，在何甲、何乙和卢某并未对其已偿还的 30 890 元货款属抵充欠条所载欠款金额的抗辩主张完成举证责任的情形下，法院不可将此 30 890 元还款非属清偿欠条债务的举证责任转移给黄某，让黄某承担举证不能的不利后果。

第二种观点结论虽然正确，但理由明显不充分。第二种观点笼统地以“如果收据上载明的还款金额是部分清偿欠条上载明的欠款金额，何甲、何乙和卢某则会要求黄某在收据或欠条上注明其已偿付过部分欠款的事实。反之，则有违生活常理及习惯”为裁判理由，表明其裁判逻辑只是依据生活常理及习惯而为判断，而不是依据法理、法律规定进行分析推理，且所谓的生活常理和习惯又不具有事实上的说服力。这必然导致裁判结论虽然正确，但判决理由明显不充分。因为，一方面，在债务部分清偿情形下，债务人要求债权人在收据或欠条上载明已清偿的欠款金额，虽有助于债权债务金额的清晰明确，但此种厘清债权债务的方式尚不足以被认定为生活必遵之常理，也无证据证明其为交易必行之习惯。另一方面，何甲、何乙和卢某辩称欠条是在上午出具，收据是在当天下午出具，也并非与交易常理不合而全无可信性。故该观点说理论证苍白。

第三种观点符合规则和法理，有较强说服力。第三种观点则依据法理、法律规定进行分析推理，主张把证明收据所载收款金额是用于清偿欠条所载欠款金额的举证责任分配给债务人何甲、何乙和卢某承担，符合"谁主张，谁举证"的民事诉讼原则及《若干规定》中的举证责任分配之规则，具有较强说服力。

裁判结果是：二审法院经审理认为，何甲、何乙和卢某辩称其已部分清偿欠条所载欠款金额，则应承担相应的举证责任。因其不能举证证明，故应承担举证不能的不利后果。遂判决驳回上诉，维持原判。

二、案例分析

（一）案例

2018 年 2 月 5 日，买方与卖方签订买卖合同，约定：买方向卖方购买设备，由买方于合同订立后三天内交付定金（占合同总金额的 40%），卖方应在收到定金后的 3 个月内交付货物，买方应在货物起运时交付第二笔款项（占合同总金额的 55%），在验收合格后交付最后一笔款项（占合同总金额的 5%）。

合同签订当日，买方向卖方支付了全部定金。2018 年 5 月 5 日前，卖方没有发货，买方也没有交付第二笔款项。卖方于 2018 年 4 月初曾经多次督促买方付款，买方未予答复。2018 年 5 月 20 日卖方发传真给买方，提出解除合同并由买方承担违约责任。同年 5 月 28 日买方复函称，合同并未规定其应于 2018 年 5 月 5 日之前支付第二笔货款，卖方以此提出解除合同于法无据。买方希望双方协商处理合同履行事宜。同年 6 月 20 日，卖方回复传真称，按合同约定买方应于 2018 年 5 月 5 日前支付第二笔款项，卖方已多次督促买方履行合同，买方未予答复，使卖方无法安排有关事宜，卖方同意共同协商处理此事。同年 6 月 25 日买方回复传真称，我公司现场施工条件尚不完善，如果马上发货，恐怕会造成设备损坏。可由买方 10 日内支付 20%的第二笔货款，卖方发货时再补齐全部第二笔款项，发货时间等买方通知。但卖方没有回复买方这一传真，而是于同年 7 月 20 日将货物转卖他人。

买方向人民法院提起民事诉讼称，其未依约支付第二笔货款是行使先履行抗辩权和同时履行抗辩权，因此卖方未依约发货并将货物转卖他人构成根本违约，故请求判令卖方承担违约责任，并双倍返还定金。卖方答辩称，原告未按合同约定在收到定金 3 个月内支付第二笔款项，违约在先，自己在合同目的已经无法实现的情况下将货物转卖他人并不构成违约，因此按照定金法则，无需返还已受领的定金。

（二）分析

（1）买方关于其行使先履行抗辩权和同时履行抗辩权的诉称是否有理？

（2）卖方的答辩是否有理？

思考方向

（1）根据行使先履行抗辩权和同时履行抗辩权的法律要件分析买方的诉称是否有理。
（2）根据本章介绍的抗辩的特点及效果分析卖方的答辩是否有理。

第十三章　诉讼主张法律依据

第一节　法律依据概述

一、法律依据的含义

在诉讼中，当事人要以一定的法律规范作为自己诉辩合法性的法律根据，法官也要依据一定的法律规范对案件进行裁判，这些作为当事人诉辩根据和法官裁判依据的法律规范，就称为法律依据。因此，法律依据就是被当事人或法官应用于个案的法律规范，可以分为当事人主张的法律依据和法官裁判案件所遵循的法律依据。由于法官拥有审判权，当事人主张的法律依据是否正确，应由法官裁判，所以，在个案中最终有效的，是法官裁判案件时所遵循的法律依据。此外，当事人进行民事活动也要遵守法律，在具体民事活动中当事人所遵守的法律规范，也是当事人民事活动的法律依据。当事人具体民事活动的法律依据，在当事人发生纠纷涉诉时，往往又成为当事人诉辩的法律依据。

法律依据实际就是在法律实务中被作为行为标准的法律规范，正确认识法律规范，是正确确定法律依据的前提。本书认为，法律规范就是法律中能够独立发挥规范作用的最小单位。法律的规范作用，主要是国家对社会成员的指引、评价、预测、教育、强制五个方面的作用。法律规范通过文字形式表达出来，表达法律规范的文字语句，是规范性语句，即具有“当为”特征的语句。规范语句的“当为”特征，就是其对人们具有“可以”“应当”“禁止”为某种行为的内容。规范语句对某种行为表达的“可以”“应当”“禁止”的内容，是基于一定的价值判断，而价值判断总是表现为评价性语句，所以规范语句与评价语句存在密切的联系，规范语句后面隐含着评价性语句。规范语句只表达“什么是应该做的”，而不直接表达为何这样做的理由，评价语句则表达的是“什么是有价值的”，其蕴含的价值判断构成了规范语句的正当化理由。“涉及规范性的核心范畴就是‘应该’，如果是两个词，就得加上‘好’（或者‘善’），一为义务性，一为评价性的，即分别跟规范性涵义的核心及调节方式的肇端相匹配。”①我们一方面应当将规范性语句与评价性语句区分开来，不能将规范性语句混同于评价性语句，因为评价性语句没有为我们提供行为模式及其实现行为目标的手段②；另一方面，我们对法律规范的理解，又不能仅限于对其规范语句的理解，应当透过规范语句，理解其背后的价值判断，如此，才能克服单纯概念分析的局限性，发现法律规范适用的正当性理由，正确地适用法律规范。“当我们说法律是‘有效的’或‘无效的’，不是因为这一法律在实际生活中是否被执行，而是因为法律必须具备这样或那样的合理性，必须符合正当性、善等应然概念的评价。应然性是法律的根本属性，而不是像有人认为的，法律的有效性仅仅依赖于

① 吴洲：《规范演化论》，商务印书馆2018年版，第7页。

② [丹麦]阿尔夫·罗斯：《指令与规范》，雷磊译，中国法制出版社2013年版，第51页。

统治者的权威或暴力威胁。”[1]另外，“具有一定法律知识并不等于就能体悟立法的价值设定，但要体悟立法的价值设定就必须具有一定的法律知识”[2]。因此，法官、律师以及企业法务人员，不仅应当是法律专家，也应当是社会生活中有道德品质的人，才能深刻体悟到法律规范中蕴含的价值判断。正是规范性语句与评价性语句的结合，共同为我们的行为提供了指引，其重要性在于，既可以帮助我们避免法律适用的道德化倾向，也可以帮助我们避免法律适用与社会主流价值观疏离。2000 多年前的柏拉图就认为：“如果在一个秩序良好的国家安置一个不称职的官吏去执行那些制定得很好的法律，那么这些法律的价值便被剥夺了，并使得荒谬的事情大大增多，而且最严重的政治破坏和恶行也会从中滋长。”[3]所以，法律工作者不仅要有理性，也要有良知。没有理性，就不可能有公正；但良知把握着理性发挥作用的方向，没有良知的理性是危险的，甚至是邪恶的。对于法律实务工作者来说，重要的问题是，“规则学习是实践意义的，而非字面意义的。衡量一个人是否承认某项规则，要看这个规则是否对他的内心和行为产生影响，而非他是否理解规则的字面意义”[4]。因此，积极参加法律实践，体验生活，是法律实务工作者体悟法律规范蕴含的价值判断的最好途径。

二、法律规范与法律条文

法律规范是法律条文的内容，法律条文是法律规范的表现形式或载体，但是，法律规范与法律条文不是一一对应的关系，主要有以下情形：第一，有的一个条文，就是一个法律规范的表述，如我国《民法典》第四百六十条“不动产或者动产被占有人占有的，权利人可以请求返还原物及其孳息；但是，应当支付善意占有人因维护该不动产或者动产支出的必要费用。”的规定，就属于一个条文对一个法律规范的表述。第二，有的法律规范，是由多个法律条文表述的，如我国《民法典》第五百零七十条规定的“标的物提存的条件”和第五百七十一条规定的“提存成立及提存对债务人效力”，就是法律规范的“行为模式”和“法律效果”两个部分的表述，只有将这两个条文结合起来，才是一个完整的法律规范。第三，有的法律条文，并不只表述一个法律规范，而是表述了多个法律规范，如我国《民法典》第四百九十四条关于应当依国家订货任务、指令性任务订立合同及强制要约、强制承诺的规定，就是有关民事主体应当依国家订货任务、指令性任务订立合同，负有法定要约义务的当事人应当及时发出合理要约，负有法定承诺义务的当事人不得拒绝对方订立合同的合理要求等三个法律规范的表述。第四，并不是所有的法律规范都必须通过法律条文来表现，在判例法国家，判例就是其法律规范的主要形式。在我国，除成文法条文外，全国人民代表大会常务委员会对法律的解释、决定等，也是法律规范的形式，如《全国人大常委会关于禁毒的决定》。第五，不是所有的法律条文都直接规定法律规范，有些法律条文是非规范性法律条文，如我国《民法典》第一条规定：“为了保护民事主体的合法权益，调整民事关系，维护社会和经济秩序，适应中国特色社会主义发展要求，弘扬社会主义核心价值观，根据宪法，制定本法。”这一条是关于民法典立法目的和立法根据的规定，就属于非规范性法律条文。

① 俞江：《规范的一般原理》，商务印书馆 2017 年版，第 82 页。
② 卓泽渊：《法的价值论（第二版）》，法律出版社 2006 年版，第 518 页。
③ 《西方法律思想史》编写组：《西方法律思想史资料选编》，北京大学出版社 1983 年版，第 26 页。
④ 俞江：《规范的一般原理》，商务印书馆 2017 年版，第 8 页。

三、法律规范的结构与法律条文的种类

法律规范是由构成要件与法律效果这两部分组成的[①]，构成要件与法律效果的结合，是法律规范的基本结构，任何法律规范都应当具有这两个部分。构成要件是法律规范调整的对象（某一类行为）的抽象标准，是该类行为的典型，生活中某一具体的行为符合某一法律规范的构成要件，即表明该行为应受该法律规范调整，或者说，该法律规范即可以或者应当适用于该具体行为。法律效果是法律规范对一定行为的调整内容，即一定的行为在法律上是许可的、应当的还是禁止的，许可、应当和禁止，也称为法律规范的“当为”内容，“许可”是赋予人们积极行为的可能性，“应当”是要求人们为一定行为，“禁止”则是要求人们不为一定行为。所以，法律规范一方面描述了特定的事实类型，即法定的构成要件，一方面赋予了该构成要件一定的法律后果。法律规范通过构成要件与法律效果的连结，对社会生活起到规范的作用。同时，法律规范中的法律后果，反映了立法者对法定的构成要件所涉及的生活事实的法律评价和价值判断，是构成要件所描述的行为是否具有正当性的标准。

法律条文是法律规范的载体，根据是否完整具备法律规范的构成要件和法律效果这两个部分，可以将法律条文分为完全性法条和不完全性法条[②]。完全性法条是具备了法律规范的构成要件和法律效果两个部分的法条，因此能够独立作为权利的依据。如我国《民法典》第五百七十七条规定：“当事人一方不履行合同义务或者履行合同义务不符合约定的，应当承担继续履行、采取补救措施或者赔偿损失等违约责任。”该条文中“当事人一方不履行合同义务或者履行合同义务不符合约定”的规定，就是法律规范中的构成要件，该条文中“应当承担继续履行、采取补救措施或者赔偿损失等违约责任”的规定，就是法律规范中的法律效果，因此，该条文是一个完全性法条，当事人可以依据该法条的规定，主张相应的请求权。不完全性法条不具有法律规范的完整结构，或者仅有构成要件部分而无相应的法律效果部分，或者仅有法律效果部分而无相应的构成要件部分，或者两者均无，法条仅仅是对相应法律概念的定义等等，因此，不完全性法条不能独立作为权利的依据，还需与其他法条相结合才具有法律规范的完整结构，才能与其他法条一道共同组成权利的法律依据，因此，不完全性法条又称为辅助性法条。不完全性法条主要有[③]：

（1）定义性法条或说明性法条，就是对法律中相关概念或词语内容予以明确的法条。如我国《民法典》第一百一十五条规定：“物包括不动产和动产。法律规定权利作为物权客体的，依照其规定。”这就是对“物”这一概念定义的法条，该法条既没有构成要件的规定，也没有法律效果的规定，不能单独作为请求权依据。

（2）指示性法条，也称引用性法条，就是指其构成要件或法律效果要参照另一法条才能确定的法条。如我国《民法典》第四百六十六条第一款规定：“当事人对合同条款的理解有

① 拉伦茨:《法学方法论》，陈爱娥译，商务印书馆 2013 版，第 144 页；黄茂荣:《法学方法与现代民法（第五版）》，法律出版社 2007 版，第 136 页。

② 另一种学术观点将是否独立成为请求权基础作为划分标准，值得商榷。我们认为，法条因具备法律规范的基本结构才是完全的，因而才能成为独立的请求权基础，而不是因能独立成为请求权基础，才是完全的。

③ 汪渊智:《民法中的不完全性法条》，载《山西大学学报：哲学社会科学版》，2004 年第 27 卷第 4 期，第 78-81 页。

争议的，应当根据本法第一百四十二条第一款的规定，确定争议条款的含义。”这一法律规定，其本身不能单独作为请求权基础，当事人对合同条款的理解有争议时其指示适用《民法典》第一百四十二条第一款的规定确定合同条款的含义。又如《民法典》第五百零五条规定：“当事人超越经营范围订立的合同的效力，应当依照本法第一编第六章第三节和本编的有关规定确定，不得仅以超越经营范围确认合同无效。”该条指示当事人超越经营范围订立的合同的效力，应当依据《民法典》关于合同是否违反了法律、行政法规效力性强制规范来确定。这种法条一般只有法条的构成要件部分，没有法律效果部分，或者只有法律效果部分，没有构成要件部分，但指明其应以某条的构成要件或法律效果为根据，因此，只有同其所指示的法条结合，才能作为请求权基础。法律之所以出现指示性法条，主要是立法技术上为避免法典重复累赘，因而将不同法条中相同的部分予以省略所致。

（3）限制性法条，是指通过增加法条构成要件要素或者限缩法条法律效果，来限制某法条适用的法条。如我国《民法典》第五百四十六条第一款规定：“债权人转让债权，未通知债务人的，该转让对债务人不发生效力。”这一法条就是增加了债权人转让债权对债务人发生效力的“通知”要件，以公正分配债权转让产生的风险，从而对该法第五百四十五条“债权人可以将债权的全部或者部分转让给第三人”的规定作了适当限制。债权人转让债权未通知债务人，债务人仍按合同约定履行债务，仍然产生履行的法律效果，由此产生的履行风险，应归属于债权人。但是，在债权人已通知债务人的情况下，债权转让即对债务人产生效力，债务人仍然向原债权人履行，就不产生履行的法律效果，由此产生的履行风险，由债务人自己承担。法律中的例外规定或者但书，大多属于限制性法条。

（4）拟制性法条，就是某一法条的构成要件与另一法条的构成要件虽然不同，但法律仍将二者视为相同并且赋予其相同的法律效果，被视为与另一法条具有相同法律效果的法条，就是拟制性法条[①]。拟制性法条依其功能又可分为隐藏的引用和隐藏的限缩两类[②]。隐藏的引用指将不同构成要件的规定用引用的方式完成拟制，使被引用的法条的法律效果适用于具有不同构成要件的情形。如我国《民法典》第十六条规定：“涉及遗产继承、接受赠与等胎儿利益保护的，胎儿视为具有民事权利能力。但是，胎儿娩出时为死体的，其民事权利能力自始不存在。”隐藏的限缩指通过拟制，限缩被引用法条的适用范围的法条。如我国《民法典》第十九条规定：“八周岁以上的未成年人为限制民事行为能力人，实施民事法律行为由其法定代理人代理或者经其法定代理人同意、追认；但是，可以独立实施纯获利益的民事法律行为或者与其年龄、智力相适应的民事法律行为。”该条的但书即为隐藏的限缩，因为依照前段的规定，凡是限制民事行为能力人实施民事法律行为都由其法定代理人代理或者经其法定代理人同意、追认，显然与生活现实不完全吻合，也与有些限制民事行为能力人的智力发展不适应，因此有必要通过拟制对前句适用范围予以限缩，其隐藏的被拟制法条即为我国《民法典》第十八条，该条规定：“成年人为完全民事行为能力人，可以独立实施民事法律行为。”

法律条文中，还有“但书”的情况。但书，是在同一法律条文中一般规定之后作出的特别规定。应当注意的是，相对于该条文中一般规定，但书是一种特殊的法律规范，也有完整的规范结构，有时只是由于立法技术的原因，其相应的规范结构常常被省略，适用但书时，

① 黄茂荣：《法学方法与现代民法》，中国政法大学出版社 2001 版，第 156 页。

② 龙卫球：《民法总论》，中国法制出版社 2001 版，第 52 页。

应当根据其与一般法条的意义关联，补充其法律规范结构中被省略的部分。如我国《民法典》第五百四十七条关于从权利转让的规定："债权人转让债权的，受让人取得与债权有关的从权利，但是该从权利专属于债权人自身的除外。"该法条中但书仅有"从权利专属于债权人自身"构成要件部分，而省略了"不得转让"的法律效果部分。但书与同一法条中一般规定的意义关联，主要是但书对条文中一般规定内容的例外、限制或者附加性规定。所谓"例外"就是对同一调整对象，法律条文作了一般规定，但不作出特别规定，一般规定就难以解决与所调整对象有关的特别问题，因此，必须同时以但书的形式，规定特殊与一般相异的法律效果，使法条内容全面完整。所谓"限制"，主要就是对条文一般规定适用范围、责任程度进行限制，以使法律规范的适用尺度更加合理。所谓"附加补充"，就是但书通过附加规定一定的义务或者权利来补充法条的一般规定，从而使法条内容更加周到和公正。

了解法律规范与法律条文相互关系以及它们各自的结构，有助于企业准确地查找法律依据，合法地进行民事活动或在民事诉讼中正确地进行诉辩活动。首先，作为诉辩主张的法律依据，应当是完全性法条，不完全性法条只能与完全性法条结合才能起到法律规范的作用。而区分完全性法条和不完全性法条，应当以法条是否具备法律规范的结构为标准，具备法律规范结构的，即是完全性法条，不具备的，则为不完全性法条。其次，由于不完全性法条对完全性法条起到说明、指引或者限制等辅助作用，因此，将查找到的完全性法条作为具体诉辩主张的法律依据时，还应当分析其与相关不完全性法条是否存在矛盾。如果不存在矛盾，相关不完全性法条对该完全性法条则可能起到支持作用，并与该完全性法条一道，成为诉辩主张的法律依据；如果相互存在矛盾，则应当进一步分析判断，该完全性法条是否适用于该具体情形，经确定该法条不能作为诉辩主张的法律依据时，应当另外查找其他的完全性法条或者改变相应的诉辩主张和诉讼策略。再次，在查找法律依据时，应当尽可能具体。在法条未分款、项时，尽可能查找到与民事活动类型相同或相近的分类中的法律条文，在法条分款、项时，应尽可能具体到款、项，如果法律条文中的项细化到了目，查找法律规定，还应当具体到目。

第二节　法律规范的种类

法律规范按其强制执行的程度，可以分为强制性规范、半强制性规范以及任意性规范[①]。强制性规范的强制，又有效力性强制和管理性强制之别。了解法律规范的种类，有助于企业在诉讼实务中正确识别法律规范，对运用法律规范维护自身合法权益，具有重要意义。

一、完全强制性规范

完全强制性规范，简称强制性规范，是指当事人不能以其意思排除适用或者变通适用的法律规范，其中当事人的意思，包括当事人自己的意思和当事人之间的合意两种情况。如《民法典》对物权种类的规定，即属完全强制性规范，当事人不得以其意思排除其适用而自由创

① 王莉君：《法律规范研究》，法律出版社 2012 年 8 月版，第 64-66 页。

设物权种类，当事人享有的物权必须符合物权法对物权种类的规定，离开法律对物权种类的规定，不存在其他可以被当事人拥有的物权类型。如当事人在交易中设定让与不动产所有权以担保借款之债的履行，因我国法律中无此担保物权，因此，当事人的此项约定应当无效。

（一）完全强制性规范的特点

完全强制性规范有以下特点：

1. 当事人不得以其意思排斥其适用或者改变其内容

如《中华人民共和国劳动合同法》（下文《劳动合同法》）第九条规定："用人单位招用劳动者，不得扣押劳动者的居民身份证和其他证件，不得要求劳动者提供担保或者以其他名义向劳动者收取财物。"这是一个完全强制性规范。如一用人单位聘用一经理甲，约定年薪20万，但只发80%，余下20%在聘用期满时甲无渎职行为，即全部一次性发给甲。此即变相要求甲提供担保，违反了上述完全强制性规范，因而该约定无效。

2. 有关职能部门或者人员也不得以其意思排斥适用或者改变其内容

如相邻纠纷，某甲擅自在扩大的宅基地上扩建其住宅，致某乙住宅通路、通风、采光受到影响，双方发生纠纷，乙诉到人民法院，后法庭调解，甲补偿乙 2 万元结案。此案解决不正确：其一，因为甲扩建其住宅，其扩建的宅基地部分未经批准，不享有物权，因相邻关系是不动产所有人因使用不动产发生的关系；其二，当事人、法院都不能改变法律对取得宅基地使用权的规定。《中华人民共和国土地管理法》第六十二条规定："农村村民一户只能拥有一处宅基地，其宅基地的面积不得超过省、自治区、直辖市规定的标准。……农村村民建住宅，应当符合乡（镇）土地利用总体规划、村庄规划，不得占用永久基本农田，并尽量使用原有的宅基地和村内空闲地。……农村村民住宅用地，由乡（镇）人民政府审核批准；其中，涉及占用农用地的，依照本法第四十四条的规定办理审批手续。农村村民出卖、出租、赠与住宅后，再申请宅基地的，不予批准。……"此条规定即为完全强制性规范，因此，该调解书违法。

（二）完全强制性法律规范的种类

完全强制性法律规范，主要有以下两种：

1. 效力性强制规范

效力性强制规范，就是强制当事人必须为或者不为一定的行为的法律规范，符合该法律规范的行为即发生当事人所欲的法律效果，不符合该法律规范的行为则无效，因此，这种法律规范对不符合该法律规范的行为是一种根本性的否定。如我国《劳动合同法》第二十六条规定："下列劳动合同无效或者部分无效：（一）以欺诈、胁迫的手段或者乘人之危，使对方在违背真实意思的情况下订立或者变更劳动合同的；（二）用人单位免除自己的法定责任、排除劳动者权利的；（三）违反法律、行政法规强制性规定的……。”

2. 管理性强制规范

管理性强制规范，就是强制当事人行为时应接受一定管理的法律规范，因此这种法律规范并不是根本否认当事人行为本身，而是当事人行为应当满足一定的管理要求，因此，这种法律规范一般不涉及行为的效力，违反该规范，当事人应承担一定的有关管理的法律责任，但行为仍然有效。如我国《劳动合同法》第八条规定：“用人单位招用劳动者时，应当如实告知劳动者工作内容、工作条件、工作地点、职业危害、安全生产状况、劳动报酬，以及劳动者要求了解的其他情况；用人单位有权了解劳动者与劳动合同直接相关的基本情况，劳动者应当如实说明。”这就是一个管理性强制规范，如果用人单位或者劳动者违反此条签订劳动合同，劳动合同并不当然无效，劳动合同还得按照有效合同处理，如合同因一方行使解约权而解除，未遵守如实告知法律义务的一方，即应当承担因解约引起的不利后果，等等。

二、部分强制性规范

（一）部分强制性规范的含义

部分强制性规范，又称半强制性规范，就是指法律规范只对其部分调整内容具有强制性，而不是对其全部内容具有强制性，具有强制性的部分，当事人或者裁判者不得以其意思排除适用或改变其内容，同时，法律规范给当事人预留了一定意思自治的空间，在此空间范围内，法律允许当事人意思自治。如我国《劳动合同法》第十九条第一款规定：“劳动合同期限三个月以上不满一年的，试用期不得超过一个月；劳动合同期限一年以上不满三年的，试用期不得超过二个月；三年以上固定期限和无固定期限的劳动合同，试用期不得超过六个月。”这条规定了劳动合同各种试用期的最长期限，当事人签订劳动合同的最长试用期，不得违反该规定，违反该规定而约定的试用期，超出部分无效；但法律并不禁止当事人约定短于上述期限的试用期，当事人约定短于上述期限的试用期，仍然有效。

（二）部分强制性规范的特点

（1）部分强制性规范是强制性规范与任意性规范的结合体，因此其兼具强制性规范与任意性规范的特点。

（2）部分强制性规范并不是从根本上否定某一类民事行为的效力，而是只否定其超出法律许可范围的内容，使超出法律许可的内容不具有当事人意欲的约束力，未超出法律许可范围的内容，仍然有效。

（3）部分强制性法律规范与社会公共政策有一定的联系，但其联系的程度不如完全强制性规范。一方面，部分强制性规范调整的民事行为，往往是社会生活中必需的，不能予以完全禁止，因此应当允许当事人意思自治；另一方面，这类民事行为完全由当事人意思自治，当事人之间的权利义务往往容易失衡，甚至阻碍公共政策的施行，破坏正常的民事活动秩序，故法律有必要对当事人的意思自治予以适当干预，设置一定的界限，对超越法律界限的内容予以否定，以保障社会的公平正义。

（三）部分强制性规范的种类

部分强制性规范因强制因素不同，可以分为以下三种情况：

1. 保障基本公平条件的部分强制性规范

法律为了实现公平，需要保障民事活动基本的公平条件。但是，有的民事活动，总是发生在强势一方与弱势一方之间，如果法律无视强势一方利用其优势强迫弱势一方接受其交易条件，则可能出现广泛的不公平现象。因此，法律需要在这类民事活动中设定部分强制规范，限制强势一方利用自身优势破坏民事活动的最低公平条件，对弱者的合法权利予以保护。因此，这类部分强制规范就是以保障民事活动最基本的公平条件为其内容的。如我国《劳动合同法》第二十条规定："劳动者在试用期的工资不得低于本单位的相同岗位最低档工资或者劳动合同约定工资的百分之八十，并不得低于用人单位所在地的最低工资标准。"该条规定只是限制了劳动者试用期工资底线，但并未限制用人单位给予劳动者试用期工资的上限，在法律限制的底线以上，劳动者试用期的工资标准，仍然允许当事人协商确定。

2. 补正交易瑕疵的部分强制性规范

在民事活动中，当事人缔结合同，应当受到其真实意思表示的约束，当事人意思表示不真实，合同则无效或者可以撤销，这是合同正义的基本要求。但是，法律又必须鼓励交易并维护交易安全，如果合同动辄无效或者被撤销，则不利于社会财富流转和增加社会福利。在有些民事活动中，当事人交易的意思表示本身是真实的，但交易因客体的因素偏离了当事人欲求的结果，这类交易可以通过补正交易瑕疵得到挽救，没有必要使其无效或者可撤销，同时，让一方当事人由此承受与其所欲不同的结果又有违合同正义，因此，法律设置了这类强制性规范，以当事人真实意思为据，强制对交易瑕疵予以补正，这既保障了当事人真实意思，又维护了交易安全。如我国《民法典》第六百三十六条规定："凭样品买卖的买受人不知道样品有隐蔽瑕疵的，即使交付的标的物与样品相同，出卖人交付的标的物的质量仍然应当符合同种物的通常标准。"

3. 无害履行的部分强制性规范

通常情况下，债务应当依约履行，债务人提前履行债务或者部分履行债务，不符合合同约定，债权人可以拒绝。但是，有时债务人放弃履行期限利益，提前履行债务，对债权并无不利，或者对应当一次性完全履行的债务分成各个部分履行，债务人自愿承担增加的债务履行成本，但对债权也并无不利。以上情况，即属于债务的无害履行。债务的无害履行，有利于提高实现债权的效率，鼓励债务人积极履行债务，因此，法律对当事人意思自治予以干预，强制债权人接受其结果，这样的法律规范，即为保障无害履行的部分强制性规范。如我国《民法典》第五百三十条第一款关于债务提前履行的规定为："债权人可以拒绝债务人提前履行债务，但是提前履行不损害债权人利益的除外。"该条第二款规定："债务人提前履行债务给债权人增加的费用，由债务人负担。"又如我国《民法典》第五百三十一条第一款关于债务部分履行的规定为："债权人可以拒绝债务人部分履行债务，但是部分履行不损害债权人利益的除外。"该条第二款规定："债务人部分履行债务给债权人增加的费用，由债务人负担。"

三、任意性规范

（一）任意性规范的含义

任意性规范，就是指当事人可以合意排除其适用的法律规范。法律之所以设置这类规范，一是因为只有当事人才是自身利益的最佳判断者，法律只能保障当事人公平交易，不可能为当事人提供其所需的一切利益判断标准；二是因为进行民事活动，当事人需要充分的意思自治，任意性规范就是对当事人意思自治提供最充分保障的一种法律规范；三是因为任意性规范在赋予了当事人最大空间的意思自治的同时，也提供了最基本的行为指引和规范标准，在当事人可能因没有约定或者约定不明对民事活动产生影响时，当事人或者法官可以依据任意性规范的标准，理顺当事人之间的法律关系，公平解决争议。

在民法领域，任意性规范是数量最多的一种法律规范，因此民法可被称为任意法。如我国《劳动合同法》第二十三条第一款规定："用人单位与劳动者可以在劳动合同中约定保守用人单位的商业秘密和知识产权相关的保密事项。"当事人可以约定，也可以不约定，因此是任意规范。又如我国《民法典》第六百零四条规定："标的物毁损、灭失的风险，在标的物交付之前由出卖人承担，交付之后由买受人承担，但是法律另有规定或者当事人另有约定的除外。"在当事人没有约定时，标的物毁损、灭失的风险，应适用该条的规定，即以标的物是否交付为准，但当事人可以约定风险不因交付转移而依其他标准分配，排除该条以交付为准的规定的适用。

（二）任意性规范的主要特点

1. 可排除适用性

任意性法律规范虽然设立了一定的行为模式或法律效果，但与强制性法律规范不同，并不强制当事人一定遵循，法律允许当事人自己确定不同于法律规定的行为模式或效果内容，对当事人来说，是否适用该规范取决于其意思。在当事人已有明确约定的情况下，当事人的约定不同于任意性法律规范的内容时，即表明当事人没有选择遵守任意性法律规范，当事人的约定排除了任意性法律规范的适用。此时，当事人的约定，可以成为其请求权根据[①]。

2. 补充适用性

在当事人没有约定或者约定不明的情况下，因当事人没有明示排除任意性法律规范的适用，这类规范即应当予以适用。此时，任意性法律规范对当事人没有约定或者约定不明确的内容，起到了补充的作用。这种情况下，当事人的请求权根据，即应是任意性法律规范。

（三）任意性规范的种类

1. 补充性的任意性规范

任意性规范允许当事人经过协商对其权利义务关系作出不同于该法律规定的安排，但是，

① [德]Detlef Leenen：《请求权结构与制定法：案例分析法与制定法的互动》，贺栩栩译，载陈金钊、谢晖主编《法律方法（第19卷）》，山东人民出版社2016年版，第58页。

在当事人没有约定时，任意性规范的内容就成为一种替代方案，当事人应遵照执行。如任意性规范通常成为合同的补充条款，弥补当事人没有约定的情况。当事人因合同发生争议，任意性规范就成为裁判者解决合同争议的裁判规范。如我国《民法典》第七百二十条规定：“在租赁期间因占有、使用租赁物获得的收益，归承租人所有，但是当事人另有约定的除外。”当事人对租赁期间因占有、使用租赁物获得的收益没有约定的，就应当适用本条规定，即归承租人所有。这就是补充了当事人租赁合同中对此没有约定的空白，该条规定就是法律中典型的补充性任意规范。

2. 解释性的任意规范

在当事人意思表示不明或者有歧义时，任意性规范即成为解释当事人意思的根据，这时，任意性规范就成为解释规范。如我国《民法典》第六百五十条规定：“供用电合同的履行地点，按照当事人约定；当事人没有约定或者约定不明确的，供电设施的产权分界处为履行地点。”此条就是典型的解释性任意性规范。

四、效力性强制规范与管理性强制规范的识别

强制性法律规范分为效力性强制规范与管理性强制规范，只有违反效力性强制规范才导致民事行为无效，因此，在实践中对这两种强制性规范的识别具有重要意义。对于法律、法规明文规定违反强制性规定将导致民事法律行为无效或者不成立的，该规定即属于效力性强制性规定，应无疑义。强制性规定未明确规定违反的后果是民事行为无效的，一般应从以下三个方面进行识别：第一，分析强制性规范的立法目的。如果强制性规范禁止某类民事行为的意旨，是为了保障公共利益和市场秩序而根本否认这类行为，不仅仅是管理需要，则为效力性强制规定。如《中华人民共和国证券法》第一百一十八条规定：“设立证券公司，应当具备下列条件，并经国务院证券监督管理机构批准……。未经国务院证券监督管理机构批准，任何单位和个人不得以证券公司名义开展证券业务活动。”根据这一规定，未经国务院证券监督管理机构批准，任何单位和个人证券经营业务行为即应当无效。如果强制性规范仅仅是为了实现管理的需要，并不是从根本上禁止该类民事行为，则可以认为其属于管理性强制规范规定，而不属于效力性强制规范。如《中华人民共和国公司法》关于一般公司的经营范围登记的规定即是如此。一般公司违反登记的经营范围的民事行为，并不当然无效。第二，分析强制性规范禁止的行为内容。如果强制性规范禁止的是民事行为的主要内容或根本因素，没有该内容或者该因素即无该民事行为，则是效力性强制规范；如果强制性规范只是对行为的手段、方式、外部条件等部分内容或者因素的强制，则是管理性强制规范，这类规范意味着其并非不允许当事人为这类民事行为，而是当事人为这类民事行为不应违背法律法规关于其手段、方式、行为外部条件的规定，但违背这些规定并不影响这类民事行为在民事法律中的效力。第三，分析强制性规范禁止的是一方当事人的行为还是双方当事人的行为。在合同类民事行为中，如果合同违反的强制性规范针对的是合同本身，则是针对双方的行为，这类强制性规范则可能是效力性强制规范；如果强制性规范只是针对当事人一方的，说明强制性规范不是针对合同本身，而是约束一方的管理性规范。

第三节　实务训练

一、案例讨论

（一）案例

某建筑公司乙与某房地产开发有限责任公司甲于 2005 年 7 月 20 日签订了《建设施工合同》，约定甲将其开发的商品房二期工程共计 19 990 平方米发包给乙承建。开工日期为 2005 年 8 月 10 日，竣工日期为 2006 年 9 月 25 日，总工期为 400 天，合同价款为 10 594 700.00 元。在上述合同履行期间的 2006 年 12 月 25 日，双方又签订《补充协议》，主要内容是约定了工程款的拨付方式和条件、补偿垫资的回报人民币 130 万元及其支付方式、工期顺延至 2007 年 5 月 30 日、付款逾期致乙方的损失每天按 1 万元计算，逾期竣工致甲的损失每天按 1 万元计算等内容。法院审理中，双方当事人就该二期工程进行了结算，结算金额为 10 444 880.18 元，双方对账，甲共欠乙工程款 3 337 880.18 元，对此双方无异议。

此外，双方于 2004 年 12 月 3 日还签订了一份《建筑工程施工合同》，合同约定甲将其一期工程商住楼 B-1、B-2 栋、还房 A 栋、B 栋和 C 栋交乙承建。上述一期工程乙于 2005 年竣工并交付甲。双方于 2008 年决算，决算金额为 9 993 801.06 元，甲采取多次支付款项和以物抵款等方式共计已支付乙 908 778.44 元，双方对此无异议。

该案所涉工程实为无建筑资质的自然人雷某某挂靠乙承建的工程，工程所垫资金均为雷某某个人投入的。雷某某以乙的名义提起本案民事诉讼，并将自己列为乙的特别代理人。

雷某某以乙的名义诉请：判令甲立即支付工程款 2 246 658.62 元、垫资补偿款 1 300 000 元，并从 2007 年 9 月 13 日起按每日 10 000 元支付违约金直至付清上述款项为止。甲答辩称，所欠 2 246 658.62 元属实，但工程没有通过竣工验收；垫资补偿款过高，应按银行同期同类贷款利率计算；违约金计算标准过高，乙已违约。

（二）讨论

一审法院认为：第一，挂靠行为不影响双方合同的效力，双方所签合同应有效。因为违反不得挂靠的法律强制性规范，属于违反管理性强制规范。第二，在合同有效的前提下，双方均违约，因此应各自承担相应的违约责任。双方约定的逾期补偿金，实际就是违约金，由于双方约定的违约金过高，应予以调整，即按每日 5 000 元计算，然后相互冲抵，支付余额。一审法院据此判决支持乙支付工程欠款和补偿金的请求，部分支持乙违约金的请求。一审法院判决后，甲不服提起上诉，二审法院维持了一审判决。

甲不服上述一、二审判决，提起再审申请。法院再审合议庭认为，该案一、二审法院适用法律均不当。理由是：第一，法院审理中查明双方当事人争议的合同，属于无资质的个人挂靠有资质的施工单位施工而签订的合同，却认定双方的建筑工程施工合同有效，属于认定事实错误。雷某某以乙名义与甲签订合同并挂靠乙施工，违反了《中华人民共和国建筑法》

第二十六条的规定，该条规定："承包建筑工程的单位应当持有依法取得的资质证书，并在其资质等级许可的业务范围内承揽工程。禁止建筑施工企业超越本企业资质等级许可的业务范围或者以任何形式用其他建筑施工企业的名义承揽工程。禁止建筑施工企业以任何形式允许其他单位或者个人使用本企业的资质证书、营业执照，以本企业的名义承揽工程。"这条法律规定，应属于效力性强制规范。虽然合同效力问题不是该案当事人争点，但法院查明的事实本身已经涉及合同效力的认定问题，法院应依职权认定之。一、二审法院认定合同有效，明显违背上述法律、司法解释的规定。第二，一、二审判决对乙主张的工程价款的处理缺少事实前提。《最高人民法院关于审理建设工程施工合同纠纷案件适用法律问题的解释》（现已废止）第二条规定："建设工程施工合同无效，但建设工程经竣工验收合格，承包人请求参照合同约定支付工程价款的，应予支持。"因此，在合同无效场合，支持当事人关于工程款应依合同约定结算请求，应以工程竣工验收合格为事实前提，但一、二审均未查明这一事实。第三，一、二审法院对垫资补偿的裁判，适用法律错误。由于上述合同无效，当事人关于垫资补偿的约定亦应无效，乙无垫资补偿请求权。该合同无效，因该合同取得的财产，应当予以返还；不能返还或者没有必要返还的，应当折价补偿。有过错的一方应当赔偿对方因此所受到的损失，双方都有过错的，应当各自承担相应的责任。据此，乙的垫资损失和甲因工程逾期所产生的损失，应根据双方的过错情况，按过失相抵原则处理。乙垫资部分的损失，应以相应的资金孳息损失计算为当。再审法院据此撤销了原一、二审判决，以事实不清对该案裁定发回重审。

二、案例分析

（一）案例

因村民组甲的集体土地被国家征用，当地政府划拨 10 亩（1 亩≈666.67 平方米）国有土地使用权给甲，以解决甲的村民再就业问题，政府在划拨文件中明确，甲"必须按照相关程序办理政府审批土地使用和投资项目手续"。随后，甲与某有限公司乙公司签订《国有建设用地承包经营合同》，主要内容为：甲将依法取得的该幅地块发包给乙开发建设商贸大厦；建设周期最长不超过 2 年，项目建设竣工验收后经营预热期 3 年，5 年后开始计算承包年限；承包期共计 30 年；地租价格每年 41 万元；租金交付时间从 2015 年 9 月 30 日起每年 9 月 20 日交纳，逾期一天按照应交租金的 0.3%计算罚金。同时，该合同还约定在 2 年建设期内乙应按每平方米 61 元交纳合同保证金。此外，合同还对双方的权利义务、在建设期土地承包经营权流转、违约责任、争议解决等作了约定。合同签订后，乙向甲交纳了 20 万元履约保证金。同时，甲向乙出具了一份《授权委托书》，授权乙办理项目建设需要的"三证一书"即《国有土地使用证》《建设项目选址意见书》《建设用地规划许可证》《建设项目规划许可证》等审批手续。至一审法庭辩论结束前，双方仍未获得相关行政审批。双方发生纠纷后，乙起诉请求：依法解除双方之间签订的《建设用地承包经营合同》；判令甲退还原告交纳的履约押金 20 万元。甲提出反诉，其请求为：判决确认双方签订的《国有建设用地承包经营合同》无效；判令乙返还该幅土地。

一审法院认为：关于合同效力的问题：首先，已实际取得，但尚未办理完善用地手续的国有建设用地出租合同未违反法律、行政法规的效力强制性规定，应认定为有效合同。因为，本案争议的10亩土地虽未办理完善用地手续，但系甲享有使用权并已实际取得的国有建设用地。当事人之间订立有关设立、变更、转让和消灭不动产物权的合同，除法律另有规定或者合同另有约定外，自合同成立时生效；未办理物权登记的，不影响合同效力。甲通过召开村民大会等民主议定方式实行对外招租，与乙签订《建设用地承包经营合同》，该合同的性质属债权合同，其效力并不因甲或乙是否办理完善用地手续而受影响。其次，合同内容不违反法律、行政法律的强制性规定。根据《建设用地承包经营合同》，甲将本案争议的10亩国有建设用地出租给乙用于开发商贸大厦，乙持甲的委托书已经向当地政府有关部门申请办理建设用地审批手续和规划审批手续。本案争议的10亩国有建设用地的用地手续正在完善过程中，合同内容符合《中华人民共和国土地管理法》关于土地利用规划及建设用地审批的规定，不存在违反法律、行政法规的效力强制性规定的情形。再次，《中华人民共和国城镇国有土地使用权出让和转让暂行条例》第二十九条规定，土地使用权出租，出租人与承租人应当签订租赁合同。租赁合同不得违背国家法律、法规和土地使用权出让合同的规定。该条例第十二条规定的土地使用权出让最高年限为居住用地七十年，工业用地五十年，商业、旅游、娱乐用地四十年。据此，甲与乙签订35年租期的承包经营合同，未违反行政法规规定的最高年限。乙以甲根本违约、不能实现合同目的为由诉请解除合同。本案中，甲反诉请求确认合同无效，并请求判决返还土地，其实质亦不愿再继续履行合同。当事人已经部分履行的合同之解除的法律后果，为恢复原状，采取补救措施，故甲理应退还乙所交纳的合同保证金20万元；乙应将本案争议的国有建设用地10亩返还给甲。据此，一审法院判决：一、解除双方当事人签订的《建设用地承包经营合同》；二、判决生效后10日内由甲退还乙合同保证金20万元；三、判决生效后10日内由乙返还甲本案争议的国有建设用地10亩。

甲不服一审判决，以其一审时相同的反诉理由提起上诉，乙以其一审相同的诉讼理由进行了答辩。二审法院查明的案件事实与一审查明的一致。

二审法院认为，首先，关于合同的效力，甲与乙签订的《建设用地承包经营合同》，内容为代为开发建设和房屋租赁，即房屋由乙代为开发建设，建设完成后由乙租赁，因而房屋开发建设与租赁融为一体。双方用于开发的10亩土地属划拨用地。根据《中华人民共和国城镇国有土地使用权出让和转让暂行条例》第四十四条“划拨土地使用权，除本条例第四十五条规定的情形外，不得转让、出租、抵押”的规定及第二十八条“土地使用权出租是指土地使用者作为出租人将土地使用权随同地上建筑物、其他附着物租赁给承租人使用，由承租人向出租人支付租金的行为”的规定，本案双方当事人签订的《建设用地承包经营合同》违反了行政法规的效力强制性规定，合同应当无效。一审判决认定双方签订的《建设用地承包经营合同》有效不当，应予以纠正。甲的上诉理由部分成立，应予以支持。一审判决中其余判项并无不当，应予以维持。二审法院据此判决：一、维持一审关于由乙返还甲本案争议的国有建设用地10亩的判决和由甲返还乙20万元保证金的判决； 二、撤销一审关于解除双方当事人签订的《建设用地承包经营合同》的判决； 三、改判双方当事人签订的《国有建设用地承包经营合同》无效。

（二）分析

评析上述案例一、二审判决的法律依据。

思考方向

（1）根据案情检索本案应适用的法律规范。

（2）分析检索到的法律规范是效力强制性法律规范、管理性强制法律规范还是任意性法律规范。

第十四章 民事案件事实法律实务

第一节 民事案件事实概述

一、事实的含义及主要特点

在民事诉讼中，法官对案件的裁判主要是两个方面，一是认定事实，二是适用法律，而事实认定又是法律适用的前提，在这一意义上，我们可以说，案件的事实情况，直接决定了案件的诉讼结果。因此，对于诉讼案件的裁判来说，事实问题往往具有重要意义。

要理解什么是案件事实，首先就必须理解什么是事实。因为案件事实是一种特殊的事实，毫无例外地具有一般事实的性质和特征。“事实乃是对呈现于感官之前的事物或现象的某种实际情况（某物具有某种性质或某些事物具有某种关系）的一种断定或陈述”[①]，因此，我们理解，事实是指事物的客观情况，而不是指事物本身。如房屋是事物，而房屋的存在或者毁损的情况，则是事实，而不是事物；又如民事行为是事物而不是事实，民事行为的存在或不存在的情况则是事实，而不是事物。事实具有以下三个方面的特征：

1. 事实是客观的

事物是客观的，事物所呈现出来的实际情况是不依赖于人的意识的，因此事实也是客观的。我们谈到事实都是指客观事实，世界上不可能有不客观的事实。有的事实是自然产生的，有的事实却是人的活动创造的，前者如太阳从东方升起，后者如人造卫星的发射。虽然人造卫星发射的事实是人创造的，但这一事实一旦产生，就不依赖于人的意识，无论人们愿意不愿意，它都是客观存在。事实的客观性决定了事实的真实性，即事实都是真实的，没有假的事实。创造与伪造不同，创造是产生新的客观事实，伪造除伪造行为本身的存在是事实外，被伪造的事物及其情况却是假的，所以并不是事实，不具有真实性。当事人在诉讼中提交的证据，要经受真实性的质辩和审查，实质就是要查明其客观性，排除虚假性。只有被客观的证据证明的案件事实，才是案件的真相。

2. 事实表现为一种陈述或判断，而不可能是自在的

一定客观事物的情况，如果没有进入人的认识领域，就不可能成为认识主体所把握的事实[②]。人的认识领域之外的客观事物，只是一种自在之物，对于人们来说，其真实情况如何无法判断，因此不可能是事实。事实必须具有可感知性和可陈述性，不能被人所感知并陈述的情况，也就不能被人所认识和把握，也就不可能是事实。由于人们在感知能力上存在差异，

---

① 彭漪涟：《事实论》，上海社会科学院出版社 1996 年版，第 65 页。
② 彭漪涟：《事实论》，上海社会科学院出版社 1996 年版，第 61 页。

对客观世界的感知范围和程度不同，以及人们的陈述能力以及价值观念的差异等等因素的影响，人们对客观事物情况的陈述与实际就可能产生差异。因此，企业在民事诉讼中，一方面应当重视全面准确地陈述案件事实，另一方面要积极运用证据说话，尽可能将可以证明案件事实的客观情况转化为证据并提交给法庭，帮助法官对案件事实作出判断。案件的客观情况不被证据陈述，是不可能自动成为案件事实的，因为这类情况不可能被法官认识和把握，并最终被裁判所陈述。所以，当事人不能仅凭自己的感知，纠缠于不能被陈述的案件“情况”之中。

3. 事实是具体的，而不是抽象的

因为，事实是人们对呈现在人们感官面前的事物、现象的实际情况所做的一种断定或者一种陈述，事物及其实际情况总是存在一定的时空条件之中，而人们感官对事物及其实际情况的呈现，也总是处于特定时空关系之中，因此，彼时的情况不可能同于另一时空关系中的情况。事实的这种具体性或特殊性，决定了事实本身是不能重复的，但是，类似的事实却是可以重复出现的。类似事实的重复出现，为研究确定法律规范构成要件及其适用提供了可能，法律构成要件，就是类似事实都具有的法律意义上的必要标准。根据法律认定事实，是因为，“认定法律中的事实的活动不属于从特殊到特殊的归纳，对事实及法律意义的认定恰恰是从一般到特殊。这种认定之所以是可能的，是因为特殊中包含着一般，而一般正是建立在特殊基础上的一般。”[①]事实的特殊性，也决定了对事实的表述只能是特殊命题，事实不可能用普遍命题来表述。这就告诉我们，在民事诉讼中对证据质证时，如果认为另一方的某项证据不真实，不能仅表示“对其真实性不认可”即完成质证，还应当具体揭示其不真实的情况。否则，质证仅有“质”而无“证”，没有完全发挥其应有的功能。

4. 事实是不变的

任何事物的客观情况，一旦产生，就是特定时空条件下存在的事实。事物的运动可能使旧的事实消失，产生新的事实，人们也可能在旧的事实基础上创造出新的事实，但这都是事物在新的时空条件下产生的事实，是新事实代替旧事实，而不是原来的事实的改变。因此，事实的不变性决定了，人们对于一定的事实，只能发现它、承认它、接受它、利用它但不能改变它[②]，人们可以改变的是事物本身。当然，人们对事实的发现或者理解、解释、把握以及创造，会依赖于一定的概念、理论和理论体系，但是，这些概念、理论和理论体系，就是在一定事实基础上建立起来的，这些概念、理论和理论体系不成立了或者发展了，只是意味着原来的概念、理论和理论体系对相应事实的理解或者解释不正确了或者进一步完善了，但相应事实仍然是原来的事实，它们是不会因概念、理论和理论体系的变化而变化的[③]。事实的不变性，决定了事实是可靠的，俗语“事实胜于雄辩”，具有真理性。在民事诉讼中，企业法务人员应当将案件的一切主张和理由立基于事实，不能为了利益而主张虚假的事实，甚至捏造事实，虚假的事实是不存在的事实，捏造的事实是被歪曲了的事实，对于案件来说，

① 陈金钊：《法律推理及其对法治的影响》，载陈金钊、谢晖主编《法律方法》第3卷，山东人民出版社2004年版，第19页。

② 彭漪涟：《事实论》，上海社会科学院出版社1996年版，第74页。

③ 彭漪涟：《事实论》，上海社会科学院出版社1996年版，第76页。

它们都不是事实，因而是不可靠的。

二、案件事实的含义及主要特点

民事诉讼中的案件事实，就是在民事诉讼程序中由法院认定的对案件裁判具有法律意义的案件客观情况。当事人将民事纠纷提交法院裁判，法院依法受理当事人对于该纠纷的裁判请求，由此形成民事案件。因此，民事案件事实，就是具体民事纠纷有关的客观情况，它是当事人纠纷所涉及的事实，与民事纠纷无关的客观情况，不是民事案件事实。如民事纠纷中涉及的犯罪情况或者违法行政情况，尽管这些情况可能成为刑事案件的事实或者行政案件的事实，但如果于民事案件的裁判没有影响，则不是民事案件的事实。民事案件事实，是法院在民事诉讼中认定的对裁判具有意义的事实。因此，民事案件事实是在民事诉讼中由当事人主张、提供证据证明并经法院认定等过程最终形成的事实，在此之前，当事人主张的事实、证据显示的事实只是具有成为案件事实的可能性，但还不是案件事实，成为案件事实还需由法院认定。同时，法院认定的案件事实，是其裁判依据的法律规范构成要件所涵摄的事实，因而，案件事实是对案件裁判具有法律意义的事实。

民事案件事实除应当具有一般事实的客观性、可陈述性和具体性等特征外，主要还有以下特征：

1. 民事案件事实，是当事人在民事诉讼中提出的事实范围内的事实。

当事人在民事活动中发生纠纷，如果没有提起民事诉讼，其民事活动及其纠纷事实只是一种生活事实。然而，尽管当事人提起民事诉讼，当事人也并非将发生纠纷所涉及的所有生活事实都提交法院裁判。我国《民事诉讼法》第十二条规定了辩论原则，尽管理论上对我国民事诉讼中的辩论原则有不同的认识，但司法实践比较一致的做法是，当事人提出的事实是法院裁判的基础，法院必须围绕当事人提出的事实进行审理和裁判，法院不可以超出当事人提出的事实范围进行裁判，当事人之间没有争议的事实，法院应当予以认可。当事人提出的事实，不限于原告主张的事实，也包括被告以及有独立请求权的第三人主张的事实，还包括当事人提出经法院认知的事实。所以，法院认定事实的范围，可能会超过某一方当事人的主张，但是不能超过案件所有当事人提出的事实范围。当事人主张的事实，仅具有成为案件事实的可能性，其并不直接等同于案件事实，只有经过证据证明并由法院认定为案件裁判的事实的，才成为案件事实。司法实践中，超越当事人提出的事实范围认定案件事实的情况，虽然鲜见，但不是没有。如某一相邻纠纷案件，原告住被告隔壁，与被告共用一通道从前门进出，原告在别处另建房屋后，很少回到与被告相邻的老屋。被告即在自己房屋旁边开辟另一通道直接与其住房连接，将共用通道用杂物堵塞，建成鸡舍养鸡。原告发现后，起诉请求法院判令被告拆除共用通道上的鸡舍和堵塞通道的杂物。被告答辩承认通道为共用，但鸡舍不是被告所建，杂物不是被告所塞，都是以前就有的。法院查明鸡舍是被告所建，通道的杂物也是被告所塞，但法院在现场勘验时，发现原告房屋后面是一片菜地，菜地中有一小径可以通往原告房屋的后门。法院以此认为，原告有其他通道可以进出其房屋，被告的行为未对其进出房屋造成妨碍，判决驳回了原告的诉讼请求。这一案件中，当事人均未主张原告房屋后面菜地小径可以替代正门通道的事实，法院却依职权径直认定了这一事实，使案件事实超出了当事人主张的范围，这实际就是裁判突袭。

2. 民事案件事实，是证据证明了的事实

当事人进行民事活动，发生纠纷、至当事人向法院提起民事诉讼时，当事人民事活动的事实大多已经成为过去，是一种“存而不在”的事实[①]。这种已经不存在于当下的事实，不可能直接呈现于人们的感官，因此人们无法直接感知。但是，事物是普遍联系的，是普遍联系中的存在，没有不与其他事物发生联系的事物，因此，事物的存在、发展、变化以及消亡，总是对其他事物产生影响，通过其他事物或多或少留下其存在、发展、变化以及消亡的印迹。人们可以通过对这些印迹的认识，以及运用事物普遍联系规律的知识，感知事物已经消失的客观情况，并将其再次呈现出来。案件事实存在过的各种印迹，在诉讼中就成为证明案件事实的各种证据，因此，案件事实是通过证据呈现出来的事实。但是，案件事实遗留的证据不可能是完整的，因为，能印证案件事实的有些事物本身可能会消亡，证据可能因当事人保管不善遗失以及当事人有意隐匿对其不利的证据等因素，致使再次呈现的案件事实，与本来的事实可能并不完全相同，总是存在一定的差异。并且，当事人和法官还要受到诉讼程序的约束，不能像历史学家有充足的时间考证历史事实那样发现案件事实，也不能像科学家那样可以通过反复试验结果来认识案件事实，发现真实并不是程序公正的唯一价值，避免诉讼拖延和节约司法成本也是程序公正的价值目标。因此，法律对案件事实的证明设置了一定的证明标准，只要达到一定的证明标准，法官即可以对案件事实予以认定。在某些情况下，如果没有相反证据，经验法则、自然规律、科学定律、定理和公知事实也可以帮助法官认定案件事实。司法实务中值得注意的是，证据事实不等于证据证明了的案件事实，因为案件事实是一个整体情况，既有空间广延性又有时间连续性，但某一证据则可能仅是案件事实某一方面某一时刻遗留的痕迹或碎片，其承载的仅是部分案件事实的信息，而不是整个案件事实的信息，某一证据与整个案件事实在空间广延性和时间连续性上是不相同的，各个证据的空间广延性与时间连续性也可能是不一致的，因此，同样是证据，其证明力大小可能是不一样的，有时相互之间可能还存在矛盾。只有在案件事实的整体中，各个证据才可能达到统一，也就是说，只有在综合证据事实的基础上，才能正确认识证据事实之间的联系，消除证据之间的矛盾，呈现案件事实整体。法官对案件事实的认定，就是法官对证据事实进行综合认识后获得的案件事实的确信性认识。有的当事人认为其某一或某些证据对方当事人并无异议，但法官认定的案件事实与其依据证据主张的事实仍然不一致，法官即认定事实错误。一些当事人的这种认识，是把证据事实等同于案件事实，因而是不正确的。

3. 民事案件事实，是在诉讼中建构的事实

按照现代交往理论，民事诉讼活动是一种诉讼主体间在诉讼程序中的对话与交往活动，这种活动是以诉讼主体的理性认识为基础的，因此，案件事实不仅仅是诉讼主体主观对客观单纯的反映或摹写，同时也是主体间相互关系影响的产物，在主观与客观之间，必然填充进主体间认识的相关内容，案件事实必然具有诉讼主体主观的因素，是诉讼过程中诉讼主体主观建构的产物。当事人主张一定的事实，不是为了陈述事实而陈述事实，总是作为意欲的法律效果的理由，将其与一定法律效果联系起来，有意无意中即按照其理解的权利义务或者责

① 彭漪涟：《事实论》，上海社会科学院出版社 1996 年版，第 37 页。

任等法律概念，对生活事实进行了格式化处理。当事人对案件事实的证明，是以实体法律规范预设的构成要件或者事实类型特征为标准展开的，法官也是根据实体法证明责任规范在当事人之间分配证明责任、引导当事人进行证明活动的。当事人举证，总是从己方利益出发，尽可能提出对己方有利的证据材料，隐匿对己方不利的证据材料。争点及待证事实的确定，则进一步将案件适用法律具有影响的待证事实与其他无须证明的事实区分开来，而待证事实，总是被法官认为可能具有法律意义的。当事人的自认，可能并非迫于证据短缺，也可能基于解决争议的其他价值的选择。法官对案件事实的认定，是在对证据综合评价、对非法证据排除以及对证据证明力比较的基础上，根据心证确信情况认定的。排除非法证据，有时被排除的非法证据并非不真实，但司法公正必须选择合法性价值，因为一般情况下，合法即正当。法官在对案件事实进行认定的过程中，除了依据法律规范的形式标准对事实进行剪裁外，实际也根据其理解的法律规范蕴含的价值标准对事实进行了评价。所以，我们认为，诉讼活动的主要内容之一，就是主体对案件事实的诠释过程，其目的是通过诠释建立一种关于过去发生过什么事情的版本，据此适用法律，解决纠纷，而不是为了追求真相而追求真相。

第二节　从生活事实到案件事实

在绝大多数情况下，案件事实不是诉讼程序一开始就明晰的，而是逐步查明的。因此，需要查明的案件事实，在诉讼的各个阶段，其法律意义和相互关系均有不同，司法实务中，常常据此将需要查明的事实划分为当事人主张的事实、争议事实、待证事实、主要事实、间接事实以及辅助事实等。

一、生活事实与当事人主张

当事人主张的事实，是当事人作为案件事实向法院陈述的事实，有时简称当事人的主张。当事人的主张，是其进行民事活动的情况，一般有两种情况：一是没有法律意义的事实，民法理论称这种事实为生活事实。如进行民事活动的动机、友情以及履行道德或者伦理义务的行为等；一是有法律意义的事实，民法理论称这种事实为法律事实。如双方当事人签订合同并履行合同或者遭受损失的情况等。这两部分事实，并不是从外在形体上分离的两个部分，而是同一民事活动中部分事实因符合法律规定具有法律意义而已。法律意义，是作为意识产物贴附于这部分事实之上的。所以，法律事实，是生活事实当中的事实，而生活事实，未必是法律事实。但是，法律事实只能从生活事实中发现，了解生活事实，才能更好地理解法律事实。

一个完整的生活事实，一般具有时间 T、地点 P、主体 W、主体主观心理状态 S、行为或事件 M、原因 R、过程 H、客体 O、结果 C、其他有关因素 E、其他无关因素 N 等十一个要素[①]。如果以“FO”表示生活事实，我们可以将其结构表示如下：

① 张步文：《司法证明原论》，商务印书馆 2014 年版，第 151 页。张步文认为案件的“原生事实”是十个要素，但缺少了当事人主观心理状态这一要素，本书认为一个完整的生活事实应当是十一个要素。

$$FO = T + P + W + S + M + R + H + O + C + E + N$$

了解生活事实的结构，其意义在于：第一，生活事实是原生性的事实，是民事活动发生时即直接形成的事实，法律事实是对生活事实的提炼和定型化，它往往不是全部生活事实，只是生活事实中某些要素事实。生活事实限定了法律事实的真实性，而法律事实则使一定的生活事实具有法律意义。生活事实与其基础之上的法律事实的这种关系，使它们具有互释性，在案件事实认定过程中，有时就需要将法律事实“放回”到生活事实这个整体中去认识，利用生活事实对法律事实进行诠释，从而解决案件事实的归类或者法律事实的类推等问题。行为的同一性，不是因为行为外观具有相似性，而是取决于其意向的投注。“在同一时间就不能同时完成两种行为，因为我们不能同时完成两种意向的投注。”[①]了解整个生活事实，有助于正确分析行为的意向及其投注。第二，当事人主张往往并不是对其整个民事活动的完整陈述，而是从中截取其认为对其有利的部分事实主张之。如此，有时难免就会出现当事人主张错误或者不适当等问题，将当事人的主张与整个生活事实对照，不失为实务中发现并修正主张错误或者不适当的一种有效的方法。第三，有时法律事实缺乏直接证据，但是，由于法律事实本身就是生活事实中的某一部分事实，其与同一生活事实中的其他部分要素事实，总是存在着一定的关联关系，因此，这些与法律事实具有关联关系的生活事实，往往就成为可以证明法律事实的间接证据及其辅助证据，这些间接证据通过辅助证据得到证明以及间接证据达到证明要求，也可以起到证明法律事实的作用，从而克服没有直接证据证明法律事实的困难。

二、当事人主张与争议事实

争议事实，就是当事人在诉讼中提出来的不同的事实主张，包括诉称事实和辩称事实。争议事实的范围可能与当事人的主张一致，也可能不一致，不一致的，包括两种情况，其一，一方的主张是对方主张之外的主张；其二，一方的主张是对方主张范围内不同的主张。争议事实的产生，是因当事人对生活事实的某些要素产生了不同的认知和解释，原本统一的事实才被当事人对立的事实认知叙述分割为不同的事实。尽管如此，划分争议事实，则有着重要的程序性意义。首先，可以提高诉讼效率。当事人的主张，往往出现有的有争议而有的没有争议的情况，将当事人有争议的事实同没有争议的事实区分开来，当事人没有争议的部分，法官根据裁判需要，可以直接作为案件事实予以认定，无需再通过当事人举证、质证等诉讼活动予以查明。这样法官可以集中审理当事人有争议的部分，法官、当事人都可以减少诉讼活动的负担，从而节约诉讼可能耗费的相关时间和精力，达到及时结案的效果。其次，是确定争点和待证事实的基础。将争议事实同其他无争议的主张区分开来，是确定事实争点以及待证事实的重要环节，事实争点以及待证事实，正是在这一区分基础上确定的。如果当事人忽略争议事实的重要性，应该争执的却未及时提出己方的争执意见，对方主张的相关事实就有可能成为无争议的事实，己方不争执的态度，甚至可能构成诉讼中的自认，使己方因此承担不利的诉讼后果。再次，有利于增进当事人相互理解。争议事实是当事人主张的事实，它可能是真实的，也可能不是真实的，甚至可能是真假不明的。当事人是民事活动的亲历者，

① 俞江：《规则的一般原理》，商务印书馆 2017 年版，第 121 页。

最清楚案件的事实真相，争议事实，可以对当事人起到相互的提示作用，让双方在事实层面反思，发生争议是否存在误解，以及争议是否可以和解等，有些案件的当事人，就是在争议事实的提示下增进了相互理解，从而自行和解或者调解解决了争议。

三、争议事实与待证事实

根据争议事实是否需要当事人提供证据证明，可以将争议事实区分为无须证明的事实和待证事实。无须证明的事实是当事人虽有争议，但无须其举证证明的事实。根据 2019 年 10 月 14 日修改并于 2020 年 5 月 1 日起施行的《最高人民法院民事诉讼证据的若干规定》第十条第一款的规定，主要有以下七方面的事实：（一）自然规律以及定理、定律；（二）众所周知的事实；（三）根据法律规定推定的事实；（四）根据已知的事实和日常生活经验法则推定出的另一事实；（五）已为仲裁机构的生效裁决所确认的事实；（六）已为人民法院发生法律效力的裁判所确认的基本事实；（七）已为有效公证文书所证明的事实。当然，该条第二款同时作了当事人对第二项至第五项事实有相反证据足以反驳的以及当事人对第六项、第七项事实有相反证据足以推翻的除外规定。

待证事实，是当事人有争议并需证明的事实，因此又称为要证事实或证明对象[①]。从当事人证明活动的过程来看，待证事实既是证明的出发点，又是证明的归宿。待证事实是证明的出发点，意思是指，待证事实一旦从其他争议事实中划分出来，证明的任务就开始了，因为证明对象已经明确具体，紧接着要解决的，就是证明其真伪的问题。待证事实是证明的归宿，意思是指，通过对待证事实的证明，待证事实要么被证明为真实，要么被证明为虚假，要么仍然处于真伪不明的状态，无论是哪一种结果，证明活动都完成了其发现事实真相的任务。从证明活动的方式和内容来看，证明活动主要是由当事人承担举证责任开展的，而举证责任是按照法律构成要件分类进行分配的，法律构成要件是制度性事实，我们“不能在普通场合把普通事物特殊化”[②]，但却可以在具体场合，确定具体事物的普遍属性。因此，一方面，我们在具体案件中将待证事实从当事人有争议的其他事实中区分出来，就是将证明对象特定化；另一方面，我们以法律构成要件分类为标准，确定待证事实所属的法律构成要件分类，就是确定其具有的普遍的法律属性。在此基础上，我们才能依照证明责任规范在当事人之间分配举证责任。同时，待证事实也决定了证明活动的内容，如工程质量是否合格是一待证事实，其证明活动就只能围绕工程质量是否合格展开；被咬伤者对他人饲养的动物是否进行了挑逗是一待证事实，其证明活动就只能围绕被咬伤者是否对饲养动物有挑逗行为展开。

值得注意的是，待证事实是诉讼证明活动开始前，诉讼主体对案件事实暂时的认知状态，其特征实际是这种诉讼认知状态及其程序性价值的反映，而非案件事实本身的特征。案件事实不是现在的事实，是过去的事实，从当事人的主张到案件事实，是一种回溯性发现，因为，任何对于案件事实的认识，都是“把这个事实推到了过去的位置，而不论它处在怎样的时刻点上或时间段内”[③]。待证事实除了应当是当事人有争议的事实和需要对其是否真实进行证明外，还应当具有成为案件事实的可能性，或者说，其可能影响案件的处理结果。这里的“可

---

① 樊崇义：《证据法学第三版》法律出版社 2004 年版，第 262 页。

② 俞江：《规则的一般原理》，商务印书馆 2017 年版，第 102 页。

③ 吴洲：《规范演化论》，商务印书馆 2018 年版，第 56 页。

能性”，不是事实本身具有可能性，而是诉讼主体，主要是法官获得事实真实的认识的可能性。待证事实总是与法律构成要件相联系，或多或少显示了某类要件事实的法律特征，这一特征在待证事实的诸多特征中居于主导地位，而其他特征均因此而有意义。我们要将待证事实从当事人主张的其他事实中区分出来，除了应当以其争议性、待证性为标准外，更主要的，应当以其可能影响案件处理结果为标准。

四、案件事实与要件事实

证明活动结束之后，法官即根据待证事实的证明情况，认定案件事实。由于相同案件应当适用相同的法律，案件不同，适用的法律则不应相同。这里的相同案件和不同案件，实际是指案情的类型相同或者不同，案件事实之于法律适用，具有决定的作用。案件事实，具有以下主要特征：

1. 案件事实，主要是证据证明了的事实

即使有些案件事实是逻辑推定的，也符合人们经验常识，因此，案件事实具有客观真实性。但是，在诉讼过程中通过证据呈现当事人有争议的民事活动的真相，又是一种相对的真实，即法律真实。首先，案件事实是一种既往的事实，只能由现在出发去发现过去，而过去已然不在，只遗留了并非完整的痕迹即证据，通过证据再现的案件事实，只是对民事活动客观真实最大限度地再现，而不可能完全再现。利用逻辑方法推定的事实，也不是绝对的，是在没有反证的情况下才成立的。其次，证明活动是一种人的意志行为，其中或多或少都会掺杂一定的人的主观因素或作用，使得运用证据叙述的案件事实，不可能达到完全客观的程度，只能是某种程度上对完全客观的接近。再次，案件事实的发现还受到实体法规范、程序法规范以及证据规则制约，如案件事实发现过程还必须遵循非法证据排除、证据失权以及审限的规定，因此，案件事实的真实，是一种在诉讼程序中规范化的主观判断，是满足了诉讼证明标准的客观真实。

2. 案件事实，是由法官认定的事实

案件事实是证据证明了的事实，但是，证据事实不等同于案件事实，证据与案件事实，不是一一对应的关系。因为，案件事实是一个整体，而证据总是其某一部分遗留的印迹，这些印迹除了可能不完整外，甚至也可能存在断裂或者相互矛盾的情况，如果以证据对应案件事实，难以完整地显现案件事实。法官是居中裁判者，认定案件事实，是其主要职责之一。法官是在归纳证据证明情况的基础上，从整体上判断其证明的结果即案件事实的。同时，案件事实主要是当事人的行为事实，而民事行为因主体的意思不同而具有不同的法律性质，如支票证明了支付行为的存在，但究竟是偿付价款、预付定金还是交付借款，仍然没有得到证明，支票只有同其他证据相结合，才能明晰当事人出票行为的意思，进而认定其法律性质。民事行为总是主体对一定民事活动场合的意向投注，同一场合不可能存在两种意向投注，虽然意向是无形的思维活动，但其须通过民事行为表示出来，这就会形成证据，为法官认定当事人民事活动的意思及行为性质提供了可能。法官对当事人民事行为意思的认定，正是在对证据综合理解的基础上，透过现象达至事物本质的一种判断。当然，法官个人的知识水平、司法经验以及综合判断能力等素质的差异，对案件事实认定存在一定的影响。不过，共同的司法观念、法学知识结构、裁判标准、审判方式以及合议制、二审终审制等，保障了绝大多数法官对相同案件的案件事实认定的一致性。法官对案件事实的认定，一致性是普遍的，差异性是个别的。

3. 案件事实，是能够引起法律效果的事实

案件事实由哪些事实组成？比较一致的看法，是按照能否直接引起法律效果为标准，将案件事实划分为主要事实、间接事实和辅助事实[①]。主要事实又称为直接事实，是指在判断出现权利发生、变更或消灭的法律效果中直接且必要的事实，就是与法条中构成要件相对应的事实。如合同关系中的违约行为，即是违约责任请求权发生的直接且必要的事实。间接事实，就是指借助于经验法则及逻辑法则的作用在推定主要事实过程中发挥作用的事实。如A事实是主要事实，没有证据证明其存在，但根据经验法则，B事实出现，一般A事实即出现，于是可借助于B事实的存在，推定A事实也存在。此处，A事实是主要事实，B事实即是间接事实。辅助事实是指用于明确证据能力的事实，如证据合法产生的事实[②]。

主要事实，是符合法律构成要件的案件事实，能够直接引起法律效果，因此也可称为要件事实。法律规范中的构成要件，是由要素组成的，某一事实是否符合构成要件，是以其是否实现了相应构成要件的全部要件要素为判断标准的。构成要件要素，就是构成要件必要的事实因素[③]。通常，构成要件要素是复数，对于构成要件来说，它们之间至少有以下三种关系：

第一种关系：法条明文规定了构成要件所有要素，且所有要素并列。

如果以“G”表示构成要件，“Y”表示构成要件要素，“+”表示并列，则可写成如下式子：

$$G = Y_1 + Y_2 + Y_3 \cdots \ Y_n,$$

第二种关系：法条明文规定了所有构成要件要素，但构成要件要素并列关系之中，有部分构成要件要素之间却是选择关系。如果以“or”表示选择，可以写成如下式子：

$$G = Y_1 + Y_2 + Y_3 \text{ or } Y_4$$

这一式子表示，Y_3与Y_4是选择性要件要素，构成要件G只要满足了Y_1、Y_2、Y_3要素的并列或者满足了Y_1、Y_2、Y_4要素的并列，即可以产生相同的法律效果。

第三种关系：所有构成要件要素是并列关系，但却在相应法条中规定了部分要件要素，其他的构成要件要素则规定在另外的法条之中或者没有明文规定，但意思上却不可或缺。这些没有规定在同一法条中或者没有明文规定但显然不可或缺的要件要素，就是隐含的要素。如果以“( )”表示隐含关系，则可以写成如下式子：

$$G = Y_1 + Y_2 + (\ Y_3\ ) \cdots \ Y_n,$$

如《民法典》第二百三十五条规定：“无权占有不动产或者动产的，权利人可以请求返还原物。”在这一法条中，返还请求权构成要件有以下要件要素，即“占有人”“占有”“动产或者不动产”“不动产或者动产权利人”。其中，“不动产”与“动产”这两个构成要件要

① 方金刚：《案件事实认定论》，中国人民公安大学出版社2005年版，第21页。
② 高桥宏志：《民事诉讼法·制度与理论的深层分析》，林剑锋译，法律出版社2003年版，第340页。
③ 许可：《民事审判方法：要件事实引论》，法律出版社2009年版，第42页。

素，是选择关系，“他人”则是隐含的构成要件要素，“无权”“占有”“动产或者不动产”，则是明文规定的且并列的构成要件要素。

隐含的构成要件要素，多数属于当然前提或者不言自明的内容，实务中要注意分析，正确补充。

第三节 实务训练

一、案例讨论

（一）案例

A公司是自然人甲独资企业，甲同自然人乙达成《股份转让协议》，内容为：甲将其拥有的A公司的100%股份中的90%作价2 800万元转让给乙，A公司名下商品房开发项目由乙继续以A公司名义经营管理，双方按照股份比例分配红利。《股份转让协议》签订后，A公司办理了投资人变更登记，并向甲支付了两次红利共40万元。半年后，甲与乙又签订一份《补充协议》，约定甲将其在A公司中的10%的股份作价300万元转让给乙，A公司今后的经营与甲无关。对此，A公司又办理了投资人变更登记。A公司在经营过程中，对其开发项目陆续投资了6 000多万元。上述《补充协议》签订后6个月，B公司获得了A公司开发项目四周的地块开发经营权，B公司为了成片开发，与乙达成《项目收购协议》，约定A公司的项目作价1 .5亿元，由B公司收购。甲知道后，认为其向乙转让股份，实际是转让A公司资产，但合同只约定了股份价格，未包括A公司资产价值，遂以乙为被告，以显失公平为由，向人民法院提起民事诉讼，请求撤销《股份转让协议》及其《补充协议》，并向其返还A公司资产或者该资产的对价。乙答辩称，双方合同约定是股份转让，其股份价格是以A公司当时资产和经营状况为基础估计的，因此双方合同中没有A公司资产转让的内容。双方合同已经履行完毕。A公司在经营过程中被B公司整体收购，其中资产价值已经不是甲向乙转让股份时的价值，乙在经营A公司过程中，陆续投入了6 000多万元，且B公司为了整体开发，愿意出高价收购A公司，也是B公司与乙交易时的基础决定的，这与乙同甲交易时的基础不同。当时A公司无资金运转，陷入了经营困难，是乙投入资金后，才盘活了A公司。甲与乙的《股份转让协议》及其《补充协议》不存在显失公平的问题，应当驳回甲的诉讼请求。

（二）讨论

要认定《股份转让协议》及其《补充协议》是否显失公平，其核心是认定《股份转让协议》及其《补充协议》是否包括了A公司资产的转让。围绕这一问题，存在两种意见：

第一种意见认为，《股份转让协议》及其《补充协议》仅仅约定了股份转让的内容，没有A公司资产转让的内容，且乙也不能提供股份转让价格的根据，因此，该两份协议不包含A公司资产转让，由此导致《股份转让协议》及其《补充协议》约定的股份转让价格明显低于其实际价值，因此显失公平。甲请求有理，应予支持。

第二种意见认为,《股份转让协议》及其《补充协议》虽然没有明确约定股份转让价格包括了A公司的资产价值，但股份价格是双方当事人根据A公司的资产、经营状况以及盈利能力等因素估计的，双方当事人具有一般商人的理性，在股份转让场合应当意识到股份价格的构成因素，一般是不可能离开这些因素确定股份转让价格的。同时，双方当事人采取估价并协商的方式确定股份价格，而没有通过专业评估机构对股份价格进行评估，这是双方当事人一致的考量，并无不妥。股份转让后乙对A公司进行了投资和经营，直至A公司被B公司收购，其资产和经营发生了变化，已经不同于股份转让时的情况。因此，不能以B公司对A公司收购的价格明显高于甲转让其A公司的股份价格的情况，得出《股份转让协议》及其《补充协议》显失公平的结论。据此，甲的诉讼请求没有事实根据，应当予以驳回。

最终，合议庭同意第二种意见，判决驳回了甲的诉讼请求。合议庭除同意上述第二种意见的理由外，还认为：

第一，从合同主体看,《股份转让协议》及其《补充协议》的合同交易双方均是自然人，而无公司。因为，一则股权属于股东，公司财产属于公司，股东个人对公司财产无处分权，如果个人处分公司财产，则可能产生其他法律后果，如无效或者股东触犯刑律等；二则有限责任公司股东财产不能与公司财产混同，个人公司亦然，否则，有限责任法律制度即失去意义。

第二，从交易客体看，股权是证券化的权利，不指向公司的任何具体财产，财产权的特征之一就是必须特定化，不特定的财产权交易是不可能存在的，因此是不受法律保护的。本案合同内容显示，双方当事人的一致意思表示指向的是股权，合同没有具体财产交易的内容，因此，具体财产不是双方当事人交易的客体。但是，公司股权仍然是以公司财产等为价值衡量依据的，甲获得的股份转让价款，就是甲在A公司财产中应享有的权利份额的对价。这一对价是甲乙双方协商确定的，不存在显失公平的情况。当乙向甲支付了其全部股份对价后，甲与A公司即不存在任何法律关系。此后，若甲仍然可以分享乙经营管理的任何收益，则相当于一物可以二卖，获得双份对价。这不仅与通常交易相悖，对乙来说才是真正的显失公平。

第三，从《股份转让协议》的内容看，除双方当事人约定的股权转让内容外，正如以上已经说明的，没有财产交易的内容，反而有公司今后经营管理的内容（项目开发等），由于股权转让后，转让方仍然是股东（保留10%股份），股东之间因公司股权结构发生变动而做出公司治理的约定，正是行使股权的表现，而非处分公司财产的意思。双方嗣后签订的《补充协议》，也仅仅是约定将甲10%的股份转让给乙，A公司的经营与甲无关。这部分内容反过来证明，合同无转让公司财产的内容。在甲与A公司无任何法律关系的情况下，A公司被B公司高价收购，乙与B公司的交易，与甲无关。甲以B公司收购A公司的价格来反证甲与乙的合同价格显失公平，其理由是不成立的，一是乙对A公司进行了投资，A公司的经营管理状况不同于甲与乙交易时的情况；二是B公司与乙交易的基础不同于甲与乙交易时的基础，B公司愿意出高价收购A公司，是符合其整体连片开发的战略目的的，因此，乙在与B公司的谈判中处于有利地位，能获得较好的对价。

二、案例分析

（一）案例

A公司租用某村闲置土地创办苗木基地，因该市规划建设航空港，陆续征收了该苗木基地周边集体土地，因征收土地产生的对村民的拆迁补偿事宜，均由政府平台公司B完成。2017年6月，B公司与A公司签订《搬迁补偿协议》，主要内容为：一、因建设航空港，A公司应搬迁，其投资形成的地面建筑物和果树苗，由 B 公司补偿，经第三方评估，补偿费 1 200 万元，A 公司在合同规定期限内完成搬迁并将苗木基地交 B 公司的，B 公司奖励 A 公司 200 万元。二、A 公司在一个月内完成搬迁并将苗木基地交 B 公司。三、合同签订后 2 日内，B 公司向 A 公司支付 300 万元，半月内支付 600 万元，余款 300 万元连同奖励费 200 万元，在 A 交付苗木基地后 2 日内支付。合同履行中，B 公司如约向 A 公司支付了补偿费 300 万元和 600 万元，共计 900 万元。但 A 公司认为补偿费评估过低，不能弥补其搬迁损失，要求 B 公司增加为 1 700 万元，被 B 公司拒绝。A 公司则长达半年仍未搬迁。2018 年 1 月，A 公司向法院提起民事诉讼，以双方合同约定的补偿费过低，显失公平为由，请求判决变更合同补偿费为 1 700 万元。B 公司答辩认为，A 公司搬迁补偿费是双方委托第三方按照征收补偿有关标准评估的，因此是符合实际的，A 公司的请求没有依据，应予驳回。在诉讼中，法院要求 B 公司提交 A 公司苗木基地地块属于征收范围的文件以及 B 公司与 A 公司签订《搬迁补偿协议》的授权委托书，但 B 公司在限期内没有提交。

法院认为：征收是政府行为，政府是征收补偿主体，由房屋征收部门组织实施征收与补偿工作，也可以委托房屋征收实施单位承担征收补偿的具体工作，但委托的后果仍由征收部门承担法律责任。本案中，B 公司不是征收部门，不能行使政府权力为征收补偿行为，其与 A 公司签订《搬迁补偿协议》也未经政府征收部门的授权委托。因此，上述《搬迁补偿协议》违反了《国有土地上房屋征收与补偿条例》第五条、第八条的效力强制性规定，应为无效。据此，法院驳回了 A 公司的诉讼请求。

（二）分析

试分析法院对本案事实的认定。

思考方向

（1）根据双方当事人的争议，本案当事人之间是什么法律关系？

（2）根据本案法律关系、原告的诉讼请求及被告的答辩，本案事实应当具有哪些事实要素？

（3）根据本案证据情况应当如何认定本案事实及其法律效果？

第十五章　举证责任法律实务（上）

第一节　理解举证责任的含义

诉讼中对要件事实的证明，可能出现三种结果：真实、不真实或者真伪不明。要件事实为真，法官则应适用相应的法律规范进行裁判；要件事实不真实，法官则应拒绝适用相应的法律规范进行裁判；要件事实真伪不明，法官则应适用举证责任规范进行裁判。

我国民事诉讼中的举证责任，就是指当事人对自己提出的主张有提供证据证明的责任，包括两层含义：一是指当事人对自己提出的主张有提供证据的责任，即提供证据的责任，这一意义上的举证责任是当事人为了避免败诉结果，有为提供证据行为的必要，因此又称为行为意义上的举证责任。行为意义上的举证责任，直接与当事人举证的意志有关，因此又称为主观的证明责任。如果当事人不及时举证或者举证不充分，应承担因此产生的不利后果。二是指当事人主张的要件事实真伪不明时，由其承担败诉风险的责任，简称结果意义的举证责任或证明责任。结果意义的举证责任，是当事人对法律预先分配的举证风险的承担，因此又称为客观的证明责任。

我国《民事诉讼法》明文规定了行为意义上的举证责任，其第六十七条规定："当事人对自己提出的主张，有责任提供证据。"结果意义上的举证责任，则预设于民事实体法规范之中。如我国《民法典》第五百七十条第一款规定："有下列情形之一，难以履行债务的，债务人可以将标的物提存：（一）债权人无正当理由拒绝受领；（二）债权人下落不明；（三）债权人死亡未确定继承人、遗产管理人，或者丧失民事行为能力未确定监护人；（四）法律规定的其他情形。"

在提存纠纷案件中，债务人主张其享有将标的物提存的权利，则应当证明存在上述法律规定的任一情形使其难以履行债务的事实，如果债务人不能证明上述事实，则应当承担不利的后果。可见，我国《民法典》第五百七十条第一款将主张享有标的物提存权利这一结果意义上的举证责任，预置由债务人承担。实体法与程序法因当事人的诉讼主张发生了关联，而"作为制定法的诉讼程序法和民事实体法是实现民事诉讼制度目的的正当性依据，两部法律应共同服务于民事诉讼制度目的的实现，并应在民事诉讼领域达到有机地统一，而证明责任法是联结诉讼程序法和民事实体法的一座桥梁，是实现民事诉讼制度目的不可或缺的组成部分。"①可见，举证责任的两层含义，正是实体法与程序法的法律正当性目的的具体体现，只有从实体法与程序法两者在诉讼中结合的角度，才能正确理解和把握举证责任的完整含义。

举证责任的两层含义中，结果意义的举证责任是举证责任内容根本的方面，行为意义上的举证责任，是结果意义的举证责任在诉讼程序中的"投影"②。因为，结果责任是在实体法中设置的，它与程序法中的行为责任没有关系，作为一种实体法律规定，无论当事人是否

① 陈刚：《证明责任法研究》，中国人民大学出版社2000年版，前言部分第2页。
② 陈刚：《证明责任法研究》，中国人民大学出版社2000年版，第47页。

提起民事诉讼，它都是预先分配好的，只要具体诉讼中的案件符合其适用的条件，它便被具体适用。同时，它也独立于当事人的具体诉讼活动，是为法院在要件事实真伪不明时提供的裁判规范[①]。反之，行为意义上的举证责任，则受到结果意义的举证责任的牵制，体现在：第一，行为意义上的举证责任，正是因为结果意义上的举证责任的存在而具有必要性。被法律分配承担结果意义上的举证责任的当事人，为了避免其主张的要件事实出现真伪不明的情况而实际承担不利的结果，则需要向法官提供有利于己方的证据，以证明己方主张的要件事实为真实，争取法院作出有利于己方的裁判。承担结果意义的举证责任的当事人提供证据证明其主张的同时，不承担结果意义的举证责任的当事人也才有提供证据的必要，以避免法官对承担结果意义的举证责任的当事人的主张形成确信，从而产生不利于自己的裁判。第二，诉讼证明活动，主要是一种本证与反证的对抗过程，被法律分配承担结果意义上的举证责任的当事人，其提供证据进行的证明活动被称为本证，而为反驳本证的当事人提供证据的证明活动，则被称为反证，当本证当事人提供证据对其主张进行证明之后，如果对方当事人不提供证据进行反证，本证当事人即完成了其提供证据证明其主张的行为意义上的举证责任，此时，案件的证据情况可能对本证当事人有利，以此为根据的裁判可能对本证当事人有利。对方当事人为了避免这种不利结果的发生，则有必要针对本证提供证据进行反证，削弱或动摇法官对本证可能形成的心证。当反证当事人提供的证据足以削弱或者动摇法官可能形成的心证时，本证当事人则又有继续提供证据证明其主张的必要，本证当事人继续提供的证据足以使法官形成心证时，反证当事人又有必要继续提供证据进行反证，再次削弱或者动摇法官可能形成的心证，此时本证当事人又有继续提供证据进行本证的必要，本证和反证可以如此多次在当事人之间转移，直至法庭调查程序终结。可见，本证与反证的对抗，是受到结果意义上的举证责任的牵制的，也就是说，行为意义上的举证责任的分配和转移，是受结果意义上的举证责任牵制的。理解这一点，对于司法实务中判断行为意义上的举证责任的履行情况具有意义，即在诉讼中某方当事人是否完成了行为意义上的举证责任，不是取决于在形式上是否完成了本证行为或者反证行为，而是取决于是否仍然存在提供证据的必要。

结果意义上的举证责任与行为意义上的举证责任的区别，主要有以下五点[②]：第一，对象范围不同。行为意义上的举证责任，其对象是当事人主张的能够证明要件事实的所有具体事实，而结果意义上的举证责任的对象仅是要件事实。第二，承担责任的原因不同。行为意义上的举证责任，其承担的原因在于，当事人如果不提出证据来证明自己的主张，就可能承担败诉的风险；结果意义上的举证责任，是因为当事人已经穷尽证明手段但要件事实仍然真伪不明而法院不得不判决将不利后果归于应当承担的一方当事人承担。第三，两者在诉讼中可否转移不同。行为意义上的举证责任在诉讼过程中，可以随着当事人举证必要的变动而由一方当事人转移至另一方当事人；结果意义上的举证责任，其承担则由法律规范作了分配，这种分配是固定好的，不会在当事人之间发生转移。第四，能否预先在双方当事人之间进行分配不同。行为意义上的举证责任，是不可能作一般预先的分配，只有在具体诉讼中根据证明必要进行具体的分配；结果意义上的举证责任，则在诉讼开始以前，即由法律规范对其分配预先作了规定。第五，法律依据不同。行为意义上的举证责任，一般是由程序法律规范予

① [德]汉斯·普维庭：《现代证明责任问题》，吴越译，法律出版社 2000 年版，第 26 页。
② 常怡：《民事诉讼法学（第二版）》，中国政法大学出版社 2010 年版，第 222 页。

以规定的；结果意义上的举证责任，则是由实体法律规范予以规定的。

理解民事诉讼中的举证责任，与理解民事诉讼中的主张责任是相关的。在辩论主义诉讼模式下，法官只能对当事人主张的事实进行裁判，当事人没有主张的事实，法官不得作为裁判的基础。基于这一前提，民事诉讼中的事实，应当是当事人主张的事实。民法规范是由一定的法律构成要件与一定的法律效果组成的，意为一定的法律事实具有一定的法律效果，故当事人进行民事诉讼，欲获得一定的法律效果，其主张，就应当是法律规范中具有该法律效果的构成要件相应的要件事实的主张。“主张责任是指当事人对自己没有主张的要件事实，因法院不认可相当于该要件事实为构成要件的法律发生效力而承担的诉讼上不利益。”[①]正是这种不利益风险的客观存在，决定了当事人具有为具体主张行为的必要。

虽然，从结果意义上看，举证责任是要件事实真伪不明情形下当事人所承担的不利益或风险，主张责任是因当事人未主张某要件事实所承担的不利益或风险，但两者具有高度的一致性，体现在：其一，两者针对的对象均是要件事实，而不是间接事实或者辅助性事实，因为间接事实和辅助性事实不能直接产生实体法上的法律效果。但是，在没有直接证据证明要件事实的情况下，或者证据能力本身存在争议的情况下，承担举证责任的当事人仍然应提供证据证明间接事实或者辅助性事实，也是基于其为证明要件事实并摆脱结果意义的举证责任的必要。其二，举证责任和主张责任，两者法律属性相同，均是当事人在诉讼中承担的一种不利益或风险负担，而不是一种义务或者责任；其三，两者的分配标准基本一致，即在一般情况下，“主张责任的分配标准遵从证明责任的分配标准”[②]；其四，两者的含义基本一致，举证责任有两层含义，即结果意义上的举证责任和行为意义上的举证责任，主张责任也有两层含义，也分为客观责任与主观责任，而且主张责任的两层含义之间的关系，也与举证责任两层含义之间的关系相同，即主观责任是客观责任在诉讼中的派生或投影，受到客观责任的牵制。在司法实践中，当事人可能出现主张不适当的情况，而客观责任即是判断主张是否适当的标准。

但是，举证责任与主张责任毕竟不是同一物，它们之间仍然存在明显的差异，体现在：

其一，两者的根据不同。诉权是宪法规定的公民的一项基本权利，它必须基本法律制度的保障，举证责任的设置，就是为了保障当事人诉权的措施，是克服在要件事实真伪不明时法官不得拒绝裁判并为法官此时的裁判提供法律依据的“装置”。而主张责任的根据在于辩论主义。一般而言，辩论主义包含三点内容，第一，法院不得将当事人没有主张的事实作为裁判的基础；第二，当事人自认的事实应作为裁判基础；第三，法院的证据调查以当事人主张为限。主张责任，是以辩论主义的第一点内容为其理论根据的[③]。

其二，两者在诉讼中的功能不同。举证责任作为一种不利的诉讼风险负担，在诉讼中的功能主要表现在两个方面：一方面，为法官诉讼指挥提供了基准，法官可以通过判定哪一方当事人承担举证责任，据此组织和管理当事人的诉讼活动，并确定是否行使释明权以及行使释明权的对象和内容。同时，举证责任及其分配还是区别本证与反证、抗辩及再抗辩的标准。当事人是否需要负担主张责任以及提供证据的责任，完全根据结果意义的举证责任的归属来判断。另一方面，在口头辩论终结时，因要件事实仍然真伪不明，结果意义的举证责任，才

① 陈刚：《证明责任法研究》，中国人民大学出版社 2000 年版，第 32 页。
② 陈刚：《证明责任法研究》，中国人民大学出版社 2000 年版，第 33 页。
③ 陈刚：《证明责任法研究》，中国人民大学出版社 2000 年版，第 32 页。

为法官提供裁判的依据，因此，举证责任并非一开始即指示法官如何下判。而主张责任的功能不同于举证责任，体现在三个方面：第一方面，主张责任是为解决诉讼要件亦即诉之合法性问题而设置。诉的要素是主体、标的及事实理由。当事人向法院起诉时，应当提出相应的主张，即事实，如果当事人没有提出相应主张，其起诉则不符合法律规定，法院则不予受理。如我国司法实务中一般认为，《民事诉讼法》第一百二十二条对当事人向人民法院提起民事诉讼设置了实质要件和形式要件，实质要件是指原告在起诉时应当“有具体的诉讼请求和事实、理由”[①]。第二方面，在个案中，当事人在承担主张责任的同时，也限定了法院审判的对象及其范围，而审判权不得超越这个范围。但是，司法实务中，有时还会出现法院的证据调查超出了当事人主张范围的情况，这不能不说是一种值得警惕的裁判突袭。第三方面，主张责任，具有诉讼信息提供的功能。承担主张责任的当事人提出其主张，即是向另一方当事人提供其诉答的信息，另一方当事人因此可以了解其主张的内容及证据信息，从而有针对性地进行诉讼活动。同时，当事人还可以根据证据共通原则，分析综合对方的主张及其证据情况，作出有利于己方的诉答。因此，主张责任发挥了组织当事人对话交流的作用。

其三，两者客观责任能否倒置以及主观责任能否转移不同。在一般情况下，客观的主张责任遵从客观的举证责任的分配原则，但是，客观举证责任有时因法律的规定而倒置，在这种情况下，客观的主张责任并不随之倒置。如我国《民法典》第一千二百三十条规定：“因污染环境、破坏生态发生纠纷，行为人应当就法律规定的不承担责任或者减轻责任的情形及其行为与损害之间不存在因果关系承担举证责任。”根据这一规定，请求污染者承担侵权损害赔偿责任的当事人，应就污染者侵权行为、损害结果以及二者之间存在的因果关系等要件事实为主张，并对侵权行为和损害结果承担举证责任，因法律推定存在因果关系，其对此不承担举证责任，污染者则对行为与损害结果之间不存在因果关系承担举证责任。但是，应由请求污染者承担侵权损害赔偿责任的当事人承担的侵权行为与损害结果之间存在因果关系的主张责任，并不因该因果关系举证责任的倒置而随之倒置。此时，承担举证责任的污染者也应承担相应的主张责任，但其应提出的主张有别于请求损害赔偿的当事人的主张。就举证责任与主张责任两者的主观责任方面看，主观举证责任围绕法官的心证的形成，可以在双方当事人之间转换，但是，主观的主张责任，是随着客观主张责任的分配而确定，不因当事人的举证或者法官的心证而发生转移。

举证责任与主张责任的关系主要体现在：第一，由于法律规定对某一要件事实真伪不明应承担举证责任的当事人，必须在诉讼中主张该要件事实，然后通过提供证据证明该要件事实，从而摆脱该要件事实真伪不明的状态，以避免承担不利的诉讼后果。因此，举证责任的存在及其作用使主张责任具有存在并发生作用的意义。第二，客观主张责任的存在决定了主观主张责任的必要，即承担主张责任的当事人应当为提出具体主张的行为，客观主张责任是主观主张责任的根据，而主观主张责任则是客观主张责任的具体体现，因此，客观主张责任先于主观的主张责任。民事诉讼实务中，一些法律实务工作者不能正确为提出主张的行为，原因之一，就是没有正确理解客观主张责任是主观主张责任的根据。第三，主观主张责任先于主观举证责任存在，具体主张的存在为主观举证责任提供了提出证据证明的具体对象，这

① 最高人民法院民事审判第一庭：《民事诉讼证据司法解释的理解与适用》，中国法制出版社 2002 年版，第 11 页。

只是主观举证责任的条件，而不是其根据，其根据是客观举证责任。正是如此，主观主张责任才与主观举证责任具有关联。但是，实务中常常对此产生误解，以为主观主张责任是主观举证责任的根据，因此产生不当主张与举证不能的误判，这是应当予以避免的。

第二节　举证责任分配的实务问题

举证责任分配，是按照一定的规则确定的，这些规则主要是举证责任分配的一般规则、举证责任的倒置规则以及举证责任在特殊情形下的举证规则等。举证责任分配中的实务问题，主要是对举证责任分配规则的理解和适用的问题。

一、举证责任分配一般规则的实务问题

与大陆法系其他国家一样，我国民事诉讼是法律规范出发型，因此，解决举证责任分配的问题，在理论上也借鉴了德国法学家罗森贝克的“法律要件分类说”。罗森贝克认为，在一切实体法律规范中，既有权利发生规范，也有妨碍权利的规范或权利消灭规范，这两类实体法规范存在着肯定和否定的对立关系。权利发生规范是基本规范，也是请求权规范，妨碍权利规范或权利消灭规范是反对规范，可以分为三类：权利妨碍规范、权利消灭规范以及权利受制规范。举证责任分配的一般规则，取决于上述规范的分类：主张适用权利产生规范的当事人，应对权利产生的要件事实承担举证责任；主张适用权利妨碍规范的当事人，应对妨碍权利的要件事实承担举证责任；主张适用权利消灭规范的当事人，应对权利消灭的要件事实承担举证责任；主张适用权利受制规范的当事人，应对权利受制的要件事实承担举证责任[①]。

在我国，举证责任分配的一般规则，主要体现在《民事诉讼法》第六十七条第一款，其规定：“当事人对自己提出的主张，有责任提供证据。”举证责任分配的一般规则的明确，统一了司法实践举证责任分配的标准，有力地保障了司法公正。但是，实践中也出现了一些问题，主要体现在以下四个方面：

1. 行为意义的举证责任的转移条件的把握问题

行为意义上的举证责任，是结果意义的举证责任在诉讼中的投影，结果意义上的举证责任始终由主张该要件事实的当事人承担，不会发生转移，当承担结果意义的举证责任的当事人通过履行行为意义的举证责任暂时卸掉了结果意义的举证责任时，其同时也卸掉了行为意义的举证责任负担。此时，对方当事人则应就其反对该要件事实而主张的事实提供证据加以证明，即行为意义的举证责任则转由对方当事人承担。可见，举证责任转移是指在民事诉讼中，承担结果意义的举证责任的当事人提出本证对要件事实予以证明后，相对方基于使该项证明发生动摇的必要性所承担的行为意义的举证责任，以及不承担结果意义的举证责任的当事人，在否认经本证证明的待证事实而提供反证后，承担结果意义的举证责任的当事人，为了使审理案件的法官对待证事实已经形成的心证不致发生动摇所承担的行为意义的举证责

① [德]罗森贝克：《证明责任论——以德国民法典和民事诉讼法典为基础撰写（第四版）》，庄敬华译，中国法制出版社 2002 年版，第 95-150 页。

任。所以，行为意义的举证责任的转移，是以承担举证责任的当事人暂时卸掉其举证责任为条件的，这个条件在承担结果意义举证责任一方即本证方，即是证明达到证明标准，在反证方，其反证的结果只需使审理案件的法官对待证事实已经形成的心证发生动摇即可。行为意义的举证责任的转移可以在双方当事人之间发生多次，直至法庭辩论终结。司法实践中，有的案件不应当发生举证责任转移而发生了转移，有的案件举证责任应当转移而未转移，究其原因，无不与未正确把握上述举证责任转移的条件有关。举证责任不当转移或者当转移而未转移这两种情况，都严重影响了公正裁判，“细节的差异常常导致重大后果”[①]。在诉讼实务中，有时法官不能正确把握举证责任转移的条件而错误分配举证责任，代表当事人参加诉讼的其他法律工作者，对举证责任不当转移或者应当转移而未转移能够及时提出正确的意见，可以对法官起到提示作用，促使其及时纠正错误，避免程序不公正甚至裁判结果不公正。虽然举证责任是否转移是由法官决断的，但是，同样具有法律判断能力的企业法务人员或者受聘律师，除维护涉诉企业合法权益外，也负有协助法官公正审判、实现法律公平正义的职责。“当我们知道法条与场合的关联需要得到法官确认时，就不会认为公正已经先在那个场景中。法律实在论者武断地认为，公正已经在那个场合中，一种行为的公正与否早已确定无疑。这种公正观是实在论者的幻象。”[②]所以，诉讼公正，应当是诉讼参加者合乎规则的积极对话交流的具体过程和结果的统一。我们认为，因法官对举证责任转移的判断失误，当事人因而承担了不利诉讼后果的，该失误构成上诉或者申请再审的理由，当事人可以通过上诉或申请再审获得救济。

2. 举证责任转移时法官释明的实务问题

法官在举证责任转移时，具有释明的义务。其一是因为，举证责任分配是由法律规定的，它属于法律问题，法官在诉讼中对影响诉讼公正的法律问题，有向当事人释明的义务。其二是因为，举证责任转移是一个动态的过程，这一过程实际是法官进行举证责任分配的过程，举证责任转移关系到当事人诉讼的成败，基于程序正义的要求，从保护当事人的合法权益出发，法官有就举证责任转移向当事人释明的必要。由于我国民事诉讼程序实行立审分离制度，在立案和诉答手续完备阶段，是由人民法院立案庭对案件进行控制与管理，在此阶段，案件未进行实质性审理，法官不可能对举证责任作出正确合理的分配，当事人的证明活动尚未开展，举证责任转移的情况亦不可能发生，更谈不上法官对举证责任转移的释明。法官对举证责任分配和举证责任转移做必要的阐明，应当是在对案件进行实质审理时起至法庭调查终结前的阶段。可见，人民法院立案后对当事人送达《举证通知》，只是起到举证责任一般告知的作用，并不能代替诉讼程序进行中发生举证责任转移情况时法官的具体释明，法官不仅应该就举证责任分配向当事人具体释明，而且应该就证明活动中发生的举证责任转移，及时向当事人释明。实际履行好举证责任释明义务，而不是仅仅依靠形式上的《举证通知》规避当事人的不满，是法官新时期践行司法公正要求应有的担当。其三是因为，结果意义的举证责任分配，是法律预先规定了的，它是一种举证责任的静态情况，在诉讼中不因当事人对要件事实的举证证明的情况而发生转移，因此一般并无根据当事人提供证据的证明情况而予以具体释明的必要；提供证据的举证责任则不同，它是一种动态情况，随着当事人提供证据的证

① [英]芬科:《古代世界的政治》，晏绍祥等译，商务印书馆2013年版，第107页。
② 俞江:《规则的一般原理》，商务印书馆2017年版，第142-143页。

明情况，则可能会发生转移，当提供证据的举证责任发生转移时，则有具体释明的必要。此时，法官应该释明而没有释明，违反了维护程序正义的职责。其四是因为，无论当事人对举证责任应当转换或者不应当转换是否存在争议，都需要法官对此作出明确的决定，法官对此的决定，性质上属于对当事人诉讼活动的指挥或者诉讼事项的决定，诉讼程序正是通过法官的不断指挥和数次决定予以组织和推进的。当事人对法官关于举证责任分配的决定不服的，“能因此拒绝提供证据进行证明活动，否则，将承担不利的后果。其五是因为，诉讼活动是一种基于理解的当事人与法官、当事人之间的交往活动，基于法官的释明义务，当事人即有申请法官释明的权利”。如果某些人参与的一桩或一系列行为是以彼此间的理解为目的，或者包含必不可少的试图彼此理解的环节，那就可以说，这些行为中的彼此理解之交织、重叠、配合、组合、内在融合或是相互刺激、相互制约的形态就是交往形态。[①]因此，法官及时释明和当事人及时申请法官释明，都是为了获得即时的理解。并且，法官在释明的同时，会对其决定进行反思，有可能发现其失误之处或者接受当事人正确的意见，更改其决定。如果法官不予释明或者虽释明但当事人仍然认为其决定错误的，对此的在案记录可以成为其日后上诉或者申请再审获得救济的理由。然而，在实务中，当发生举证责任转换且法官没有及时向当事人释明，而当事人在对举证责任转移存有疑问时，一些当事人往往忽略了自己拥有的诉讼权利，或者根本不知自己拥有这样的诉讼权利，没有及时申请法官对举证责任的转换予以释明，错失与法官及时交流的机会，如果法官的决定真有失误之处，因此也失去了提示法官予以及时补正的机会。虽然以后通过上诉或者申请再审可能会获得救济，但却增加了自己的讼累。企业法务人员或者外聘律师是法律专业人员，代表企业参加诉讼时，应当避免出现这样的失误。

3. 对举证责任对象的把握问题

举证责任的对象，因结果意义的举证责任和行为意义的举证责任有所差别。结果意义的举证责任，虽然一直对诉讼证明活动起到“撬动”或“牵引”的作用，但却是隐藏在证明活动背后的败诉风险，在要件事实真伪不明时，才从隐性成为显性，风险才变为败诉结果由承担结果意义的举证责任的当事人承担。故此，只有要件事实才是结果意义的举证责任的对象。这是因为，“法院要裁判当事人主张的权利是否存在，必须通过判断当事人主张的、相当于该权利发生、变更或消灭的法律构成要件的要件事实是否存在为依据。在要件事实被证明为存在的情况下，对该要件事实进行抽象的法律构成要件即可发生法律效力，证明为不存在的情况下，法律构成要件将不发生法律效力；反之，在该要件事实未被证明（真伪不明）的情况下，法官将适用证明责任法进行裁判。”[②]要件事实真伪不明，是指“在诉讼结束时，当所有能够释明事实真相的措施都已经采用过了，但是争议事实仍然不清楚（有时亦称无法证明、法官心证模糊）的最终状态。”[③]司法实践中绝大多数判决的案件，其判决都是在认定要件事实为真或为伪的基础上作出的，而这样的基础，正是在举证责任的牵引作用下达到的要件事实证明的最终状态，除此之外，在要件事实证明最终状态中，也会出现要件事实真伪不明的状态，此时就需作出举证责任判决。如果不能正确把握结果意义的举证责任的对象，则不能

① 吴洲：《规范演化论》，商务印书馆 2018 年版，第 242 页。

② 陈刚：《证明责任法研究》，中国人民大学出版社 2000 年版，第 69 页。

③ [德]汉斯·普维庭：《现代证明责任问题》，吴越译，法律出版社 2000 年版，第 22 页。

正确把握裁判的事实根据，以致将举证责任判决混同于其他类型的判决，影响了司法公正。如：甲与乙均为自然人，甲起诉乙归还借款，并提供了乙向其出具的借条。该借条内容为：今借到甲人民币5万元整，月息2分，期限半年。借条尾部签署的借款人名字和日期，甲主张是乙签署的。但是，因乙去向不明，法院不能直接向乙送达有关诉讼文书，只得公告送达。法院开庭时，乙未出庭，法院缺席审理，并判决支持了甲的诉讼请求。该案判决的问题是，乙虽然未出庭，但甲仍然应当证明其主张的要件事实。乙未答辩也未出庭，甲的证明没有反证，相对需要推翻反证来说，证明难度减轻了，但证明对象及其证明标准并没有改变。甲除提供乙向甲借款的借条外，还应当证明：甲向乙交付了约定的借款5万元、借条上的签名是乙所为。在甲没有继续提供证据证明上述两项事实之前，甲主张的乙应归还借款5万元的请求权要件事实并未得到证明，该要件事实处于真伪不明的状态，其不利后果，应当归属于甲，法院据此作出的判决，应当是适用举证责任，判决驳回甲的诉讼请求。此案判决支持甲的诉讼请求，意味着甲主张的要件事实得到了证明，这显然是说不通的。

行为意义上的举证责任，其对象是当事人的主张。理由主要有以下三点：其一，当事人的主张应当含有要件事实，但不限于要件事实，还包括间接证据和辅助证据反映的事实。虽然行为意义的举证责任是结果意义的举证责任在诉讼中的投影，其对象最终是当事人主张的要件事实，当事人除了应当提供证据证明其要件事实外，还应当提供间接证据和辅助证据。在没有直接证据证明要件事实的情况下，可以通过提供间接证据和辅助证据证明要件事实。在有直接证据证明要件事实的情况下，间接证据和辅助证据可以增强直接证据的证明力。其二，承担结果意义的当事人为支持其诉讼请求，必须主张要件事实，但是，不承担结果意义的举证责任的当事人，其主张的是反驳对方诉讼请求的事实，反驳性事实未必一定是要件事实，只要与要件事实在逻辑上具有矛盾关系或者具有不能同时为真的反对关系即可[①]。其三，我国《民事诉讼法》第六十七条规定，当事人对自己提出的主张，有责任提供证据，表明了行为意义的举证责任的对象，即是当事人的主张。

4. 举证责任适用条件的实务问题

在要件事实得到证实的情况下，该要件事实即应发生其对应的法律构成要件的法律效果，法官应依据该法律规范对案件裁判；在要件事实被证伪的情况下，因该要件事实不存在，对应的法律规范构成要件的法律规范对案件不发生法律效力，因此法官应以当事人主张的要件事实不存在为由裁判本案不适用该法律规范。在这两种情况下，均不存在结果意义的举证责任适用的问题。只有当要件事实未被证明即处于真伪不明情况时，法官才适用结果意义的举证责任规范进行裁判，由承担举证责任的当事人承担不利的诉讼后果。由此可见，要件事实真伪不明，是举证责任适用的条件。如何认定要件事实真伪不明？按照德国学者汉斯·普维庭教授的概括，其构成要件是："（1）原告方提出有说服力的主张；（2）被告方提出实质性的反主张；（3）对争议事实主张有证明必要，在举证责任规则领域，自认的、无争议的和众所周知的事实不再需要证明；（4）用尽所有程序上许可的和可能的证明手段，法官仍不能获得心证；（5）口头辩论已经结束，上述第（3）项的证明需要和第（4）项的法官心证不足仍没有改变。"[②]但是，在司法实践中，一些案件仍然存在证明必要且并没有用尽所有程序上许

① 彭漪涟：《逻辑学基础教程（第三版）》，华东师范大学出版社2017年版，第62页。
② [德]汉斯·普维庭：《现代证明责任问题》，吴越译，法律出版社2000年版，第22-23页。

可的和可能的证明手段，法官即进行证明评价，简单地以是否提供证据为标准认定事实，以致认定事实失误。

如前所述，提供证据对要件事实的证明是一个行为过程，在这一过程中，承担提供证据举证责任的当事人，有可能积极提供证据证明其主张，也有可能不提供证据对其主张进行证明，还有可能就是不能提供证据证明其主张。当事人提供证据证明了其主张时，对于本证方来说，就是其要件事实得到了证明，因此不存在行为意义的举证责任不利后果的承担问题；对于反证方来说，就是动摇了本证，其行为意义的举证责任转移给了本证方，对其也不发生行为意义举证责任的不利后果的承担问题。承担行为意义的举证责任的当事人不能提供证据证明其主张时，由此产生的不利后果才由其承担。可见，行为意义的举证责任产生不利后果的条件，是承担行为意义的举证责任的当事人的主张被证伪、没有得到证明或者真伪不明。当事人因此承担的不利后果，主要是当事人的主张被认定为不成立，这在于本证方，则不能产生其所主张的要件事实的法律效果，在反证方，则对本证不能产生反驳的效力。当事人的主张被认定为真伪不明，这在本证方，则由其实际承担结果意义的举证责任，在此情况下，对结果意义的举证责任的实际承担，也是行为意义的举证责任的不利后果；在反证方来说，其主张真伪不明，不利后果仍然是对本证不能产生反驳的效力，而不是由其承担结果意义的举证责任。结果意义的举证责任，始终是本证方主张真伪不明时由其承担的不利后果。

二、举证责任倒置规则的实务问题

在一般情况下，民事案件应当适用举证责任分配的一般规则，但在一些特殊情况下，仍然适用一般规则可能并不符合法律的公正要求，因此，有必要采取举证责任倒置的规则，以对一般规则加以修正。

举证责任分配的一般规则，是举证责任的正置。举证责任倒置，就是根据法律的规定，对一方当事人提出的权利请求所依据的某些要件事实要素主张，由否定该要件事实要素主张的对方当事人承担举证责任的举证责任分配规则[①]。

据此，我们认为，举证责任倒置与举证责任正置一样，都是对结果责任的分配，而不是对行为责任的分配；两者适用条件也是一致的，即法律规定的要件事实真伪不明。但是，两者仍有以下三点区别：第一，在举证责任分配上，两者不同。一般情形下，举证责任是由权利请求的一方当事人，就其主张的要件事实承担举证责任，而举证责任倒置，则是将一般情形下本应由权利请求一方对其主张的某些要件事实要素承担的举证责任，分配给反驳一方承担，而权利请求一方对其主张的这些要件事实要素，不承担举证责任。第二，在举证责任对象的范围上，两者不同。举证责任正置情形下，承担举证责任的当事人应就其主张的要件事实全部要素承担举证责任，举证责任倒置情形下，不是完全免除权利请求一方的举证责任，权利请求一方只是对其主张的要件事实部分要素不承担举证责任，除依法不承担举证责任的要件事实要素外，要件事实的其他要素仍然应由权利请求一方承担举证责任。其不承担的举证责任，法律分配给了对方当事人承担。当然，对方当事人应当承担举证责任的证明对象，

① 最高人民法院民事审判第一庭：《民事诉讼证据司法解释的理解与适用》，中国法制出版社 2002 年版，第 33 页。

是权利请求方主张的要件事实要素存在的反证事实，这种反证事实，也是实体法律预先规定了的。如我国《民法典》第一千二百三十条规定：“因污染环境、破坏生态发生纠纷，行为人应当就法律规定的不承担责任或者减轻责任的情形及其行为与损害之间不存在因果关系承担举证责任。”在这里，权利请求一方对要件事实中的行为人过错、损害结果与损害行为之间的因果关系等要素事实不再承担结果意义上的举证责任，这些要件事实要素的反证事实，如果真伪不明，则由反驳权利请求一方主张的当事人承担其真伪不明的结果意义上的举证责任，举证责任发生了倒置，其他要素事实，如损害行为、损害结果等则仍由权利请求一方承担。第三，在不利后果的承担上，两者也不尽相同。举证责任正置情形下，如果要件事实真伪不明，则由对要件事实承担举证责任的一方承担不利后果；在举证责任倒置情形下，如果反驳事实真伪不明，则应由对反驳事实承担举证责任的一方承担不利后果。

诉讼实务中应当注意的是，其一，举证责任倒置不同于举证责任转移。举证责任倒置，是对结果意义上的举证责任的分配，而举证责任转移是在结果意义上的举证责任既定的前提下，因举证必要的变动而发生的行为意义的举证责任的转移；举证责任倒置是法律预先设置的类案证明责任规则，先于具体案件而存在，而举证责任转移作为一种诉讼行为，则发生于具体个案的证明过程当中，不可能预先做统一的设置。其二，举证责任倒置也不同于举证妨碍。举证妨碍又称证明受阻，是指承担举证责任一方当事人有证据证明对方持有证据，并主张该证据不利于对方，在对方无正当理由拒不提供该证据时，则推定承担举证责任一方当事人的主张成立，由此产生的不利后果，由妨碍举证的一方承担。于 2020 年 5 月 1 日起施行的《最高人民法院关于民事诉讼证据的若干规定》第九十五条规定：“一方当事人控制证据无正当理由拒不提交，对待证事实负有举证责任的当事人主张该证据的内容不利于控制人的，人民法院可以认定该主张成立。”这一条司法解释，就是对举证妨碍及其后果作了明文规定。举证责任倒置与举证妨害的区别主要在于：举证责任倒置是法律预置的，而举证妨碍是具体案件的举证过程中发生的；举证责任倒置后，承担举证责任的当事人是对己方主张未获证明时承担的不利后果，而举证妨碍则是推定承担举证责任方的主张成立，持有证据方因此承担不利后果。

三、举证责任分配特殊规则的实务问题

举证责任分配的一般规则和倒置规则都是法定规则，但是，对于社会生活来说，法律永远都难以克服其滞后性，因此，举证责任的一般规则和倒置规则，也并不能完全满足司法实践出现一些特殊案件时的举证责任分配需要。因此，法律必须授权给法官，在法律没有明文规定的情况下，由法官根据诚实信用原则和公平原则以及当事人举证能力的情况对举证责任进行分配，这就是举证责任的特殊规则。举证责任的特殊规则，对克服成文法的局限性，实现法律的公平正义，具有重要意义。对举证责任分配的特殊规则的适用，主要是要正确把握好其适用的条件、适用的根据以及应考虑的因素。

1. 举证责任分配特殊规则的适用条件

适用举证责任分配的特殊规则，也应当符合举证责任分配的一般规则的条件，如法庭调

查和辩论已经结束、穷尽了一切能够证明要件事实的可能性但要件事实仍然处于真伪不明状态，除此而外，还应当符合其举证特殊条件：现行法律没有对该类案件设定举证责任负担，依据司法解释也不能确定该案件举证责任分配。适用举证责任分配的特殊规则，实质是法官依职权对举证责任分配的自由裁量，只有在法律对该类案件举证责任分配没有预置的情况下，才有法官裁量的必要。虽然没有法律的具体规定，但最高人民法院总是从审判实践的需要出发，及时出台相关法律适用的司法解释，其中就包括针对新类型案件法律适用问题的司法解释。虽然法律对该具体案件没有预设举证责任，但司法解释对此有明文规定的，法官应当按照司法解释的规定确定该案件的举证责任，此时法官并无自由裁量的余地。因此，只有依照法律和司法解释均无法确定该案件的举证责任时，法官才可以依职权确定该案举证责任的分配。

2. 举证责任分配特殊规则的适用根据

在适用举证责任分配特殊规则时，应根据诚实信用原则和公平原则确定举证责任的分配：在法律和司法解释均没有规定的情况下，法官对举证责任分配的自由裁量，并不是毫无限制和随心所欲的，而是要受到诚实信用原则和公平原则的制约并以之作为确定举证责任分配的准绳。一方面，法官不仅仅要审查当事人民事活动的诚信情况，也应当审查当事人诉讼行为的诚信情况，并根据当事人是否遵守诚信原则决定举证责任的分配。如一些新类型的涉及民生的案件、以合法形式掩盖损害他人合法权益的新类型债务案件以及债权人与债务人串通通过诉讼损害担保人合法权益的案件等，将举证责任分配给不诚信一方当事人承担，有利于保护受到侵害一方的合法权益，实现法律的公平正义。另一方面，法官对举证责任分配的确定，应当遵守公平原则，这不仅仅体现为结果的公平，同时也应当体现为过程的公平。结果的公平，应以举证责任分配导致适用的实体法律规范的效果为标准衡量；过程的公平，则是指举证责任分配的决定，应在合法程序中根据双方公开质辩过的证据确认的事实作出，且理由应当在裁判文书中公开。

3. 举证责任分配的特殊规则适用的考虑因素

适用举证责任分配的特殊规则，还应当以当事人举证能力的情况为重要考虑因素，通常，应当将举证责任分配给提供证据能力较强的当事人。对当事人举证能力的差异，主要从以下三个方面进行判断：一是当事人自身的客观情况，如职业、教育程度以及年龄等情况，当事人这些情况的差异，有时决定当事人对案件证据情况的认知和获取能力的差异。二是当事人行为在形成证据的原因力上的差异以及当事人对证据控制力强弱的差异，往往提供证据的能力也不相同。通常，其行为是证据形成主要原因力的当事人，对证据的感知程度则较强，提供证据的难度则相对较小，其承担举证责任则更公平；当事人对证据的控制力的强弱，如对证据的支配力强弱、与证据距离的远近等，也对当事人提供证据的能力有影响。由对证据控制力较强的当事人承担举证责任，有利于平衡当事人诉讼能力，也有利于发现案件的事实真相。三是当事人负担举证的经济能力的差异。有些案件需要进行专业鉴定、聘请专家运用专业设备进行实地勘验以及对实物、权利、损失进行评估等，需要一定的经济负担能力，如果由经济能力较弱的一方当事人承担举证责任，其可能因经济能力有限而放弃提供证据，并由此承担不利的结果，这不仅不利于发现案件真相，也有违司法公正。但是，由经济能力较强一方当事人承担举证责任，则可以平衡当事人的举证能力，克服发现案件事实真相的困难，实现个案裁判的公平正义。上述影响当事人举证能力的因素，在具体案件中可能不尽相同，究竟哪一因素是主要因素，法官应当具体案件具体分析，才可能作出正确的决定。

举证责任倒置不同于法官根据诚信原则和公平原则对举证责任分配的确定。在司法实践中，可能出现某些特殊案件，法律或者司法解释均未预置举证责任，法官可以依职权确定举证责任的承担。适用举证责任分配的特殊规则，不同于举证责任倒置的主要区别，一是前提不同。举证责任倒置，是以法律的预置为前提的，而适用举证责任分配的特殊规则，其前提是法律和司法解释均对举证责任如何分配没有规定。二是根据不同。举证责任倒置的根据是法律的明文规定，法官只能严格适用；而适用举证责任分配的特殊规则，其根据是法律的诚信原则与公平原则和当事人的举证能力，法官所作的举证责任分配决定，属于法官的自由裁量。三是对举证责任分配不同。举证责任倒置，法律是将本应由主张要件事实的一方承担的举证责任，分配给反驳方承担；而适用举证责任分配的特殊规则，既可能将举证责任分配给主张要件事实一方承担，也可能分配给反驳方承担。

第三节　实务训练

一、案例讨论

（一）案例

甲与乙均是运输个体户，相互不认识。某日，甲与乙驾车到某沙石场排队装载沙石，当日，装载机前排了很多车，甲的车排在乙的车的前面。甲被突然飞来的石子砸中头部，血流不止。乙劝甲立即到医院包扎处理，否则可能产生危险。甲不愿舍去所排的靠前的位置，乙对甲说：“放心去包扎伤口吧，轮到你时，我替你移车装沙，装满后把车停在开票处旁边，车钥匙放在开票处，你包扎好后再来结账开车。”甲表示同意，对乙连声说谢谢，并将车钥匙交给了乙。待甲的车装满沙后，乙在将甲的车开往沙石场开票处的路上时，车翻倒在了路边水沟里，车完全报废。甲提起民事诉讼，称其车价值 7 万元，乙的处置不当行为使该车完全报废，请求判令乙赔偿。乙答辩称其好意帮助甲装沙驾车，但该车刹车失灵翻到沟里，不是其处置不当，不应承担赔偿责任。

诉讼中，原告提交了以下证据：（1）甲购车的发票，该发票显示，甲的车购于五年前，车价 7 万元；（2）甲的驾驶证。（3）车辆修理厂出具的车辆报废证明。乙除提交了自己的驾驶证外，没有提交其他证据。乙经法院同意，要求甲提交符合交通法规要求的车辆年检和年审手续材料，但甲没有提交，称已经遗失。法院询问双方当事人，是否申请车辆事故原因鉴定，双方当事人均表示不申请。

（二）讨论

合议庭合议时，有两种裁判意见：

第一种意见认为，双方当事人均不能提供证据证明其主张，可以认定双方对甲的车辆的报废均无过错，根据公平原则，双方应合理分担甲的车辆报废的损失。甲所购车辆为 7 万元，已经使用 5 年，合理折价应为 4 万元，各承担 2 万元。故此，乙应当赔偿甲 2 万元。

第二种意见认为，甲主张乙操作失误致其车辆毁损，应当提供该车辆状况允许在道路上行驶的证据，即该车辆符合交通法规要求的车辆年检和年审手续材料，但甲未提供证据证明这一事实。此外，甲也可以申请该车事故原因鉴定，以此证明其关于车辆毁损是乙操作失误所致的主张，但甲在审判人员询问其是否对此申请鉴定时，其明确表示不申请。在甲没有提供证据证明该车辆状况允许在道路上行驶的事实以及该车辆毁损是乙操作失误所致的主张的情况下，虽然乙也没有证据证明该车翻到水沟里是因该车刹车失灵所致，但因本案证明责任应由甲承担，在甲未证明其主张的事实时，应承担败诉的后果。因此，应驳回甲的诉讼请求。

最后，合议庭采纳了第二种意见，判决驳回了甲的诉讼请求。

二、案例分析

（一）案例

2012 年 11 月 6 日，甲公司作为甲方，乙公司作为乙方，双方签订《某煤矿煤炭资源勘探勘查合同》，主要内容为：

一、委托勘查工作区域：甲方探矿证的许可范围，面积为 12.48 km^2。

二、勘查工作程度及要求：勘查工作程度是在原有阶段性详查工作基础上，继续开展勘探以达到相应的勘探工作程度要求，达到储量备案完成；勘探执行的主要技术标准及质量要求是：《煤、泥炭地质勘查规范》《固体矿产资源/储量分类》《煤矿煤炭资源勘探实施方案》。

三、委托勘查的条件和方式：

（一）在现已取得的地质工作成果基础上，由乙方负责完成本探矿权范围内的煤矿勘探等工作。

（二）勘探资金由甲方全额投入，相应的勘探费用由乙方包干使用。

（三）勘探费用付款方式分预付款、勘探进度款、尾款。

（1）预付款：合同签订之日起 5 天内甲方向乙方支付首期勘探工作费用预付款定金人民币 500 万元。

（2）勘探进度款：乙方进场后每月的 5 日前向甲方书面报告上月完成的钻探工作量及其他工作情况，甲方收到报告后 5 个工作日内没有提出异议的，视为确认，甲方确认工作量后于每月 10 日前按工程进度付款（暂按钻探综合单价 800 元/米计算进度款）给乙方作为工程施工的费用。如果甲方无正当理由未能及时足额付款，又经乙方催告后 10 日内仍未付款的，乙方有权停止后续所有工作，工期可以顺延。

（3）尾款：甲方在地质勘探、储量报告评审通过后5个工作日内向乙方支付勘探工作费至工程总价款的80%；在勘探、储量报告评审通过备案取得备案证明后5个工作日内付清余款。

（四）时间要求：乙方确保在2013年4月30日完成工作提交本项目地质勘探、储量报告送审稿交至评审机构接收窗口：在2013年5月30日报告评审并取得专家评审意见书，在取得专家评审意见书后3个月内取得备案证明。

（五）由于不可抗力或甲方原因导致停工的，工期相应顺延。

（六）勘探成果及其勘查资料归属：勘探成果及其勘查资料归甲方所有。完成全部勘探工作后，乙方将经评审通过勘探报告复制（纸质）一式8份、制作数字光盘一套交给甲方。项目结束后乙方将原始地质编录资料按规定进行归档存放于乙方资料室，原始地质编录资料甲方可随时（不限本合同期限）免费查阅。乙方交给甲方的勘探资料应符合地质规范要求。

四、双方的权利和义务：

（一）甲方的权利和义务：

1. 负责本项目勘探费用的全部投资，并按约分期按时支付足额勘探费用。

2. 提供勘探区内以往地质勘查成果及相关材料，所提供勘探区普查及详查报告必须通过评审并备案。

3. 本项目勘探报告由双方共同委托具备相应资质的机构或单位评审，乙方负责报告评审所需的费用，甲方协助乙方完成报告的评审工作。

4. 对乙方勘探工作中未按勘探技术标准、勘探实施方案及其批复意见执行的，有权提出纠正意见和责成乙方改正。

（二）乙方的权利和义务：

1. 甲方支付预付款后，乙方必须在20日内钻机到场，至2012年12月30日前须有12台钻机在现场开展施工工作。

2. 负责实施本勘探项目的勘探工作。依照项目的实施方案及其批复意见和本合同要求的技术标准执行，保证按时、按量、按质完成本项目勘查、申请储量备案等工作；完成本项目野外工作及时通知甲方参加野外验收；保证各项成果资料的客观性、真实性和可靠性。

3. 本项目勘探过程中原则上按照批复的实施方案（含各项实物工作量）及其批复意见实施。若遇重大地质情况变化，需要调整勘探方案和工程部署时，应及时通知甲方参加商议，批准同意后方可实施。

4. 每隔10日定期和有重大事项发生向甲方书面通报项目进展情况。

五、违约责任：

（一）本合同签订生效后，甲、乙双方均应信守合同约定的义务，任何一方不履行合同约定的一项或多项义务和责任，即为违约。

（二）如出现违约行为，守约方应以书面形式通知违约方已违反了本合同约定，违约方在收到该通知之日起15天内应全面地纠正其违约行为；逾期不纠正违约行为的，应承担违约责任，赔偿守约方的经济损失。在此情况下，守约方有权单方解除合同。

（三）若甲方不按时支付工程款，除工期顺延外，超过的时间按每日逾期支付额的千分之一支付给乙方违约金。乙方没有按期完成工作，地质勘探、储量报告评审稿延期送到窗口或者延期取得备案证明的，超过的时间按每日以项目工程总价款的千分之一计算损失偿付给甲方。

（四）乙方没有确保钻机按时按量在现场开展施工工作的，甲方可以解除本合同，乙方双倍返还已收取的预付款。

上述合同签订后，甲公司依约于2012年11月8日和2012年9日分两笔向乙公司支付了预付款定金共500万元，乙公司即依约开展勘探工作。乙公司于2013年1月26日向甲公司报送了2013年1月的《地质矿产月报》，载明完成主要实物工作量钻探4 850 m；同年2月26日报送的2013年2月《地质矿产月报》载明，完成主要实物工作量钻探3 410 m；同年3月25日报送的2013年3月《地质矿产月报》载明，完成主要实物工作量钻探2 780 m；同年5月1日报送的2013年4月《地质矿产月报》载明，完成主要实物工作量钻探2 665 m；同年6月1日报送的2013年5月《地质矿产月报》载明，完成主要实物工作量钻探4 748.31 m；同年7月1日报送的2013年6月《地质矿产月报》载明，完成主要实物工作量钻探1 220.64 m。截至2013年6月，乙公司累计完成钻探工作量20 177.22 m/孔，煤层气参数试井8层次，瓦斯压力测试16层次，常规测井、井径测量20 145 m。甲公司于2013年3月6日向乙公司支付200万元，同年4月8日支付300万元，同年5月16日支付300万元，同年7月16日支付300万元，同年9月18日支付500万元。甲公司以上共向乙公司支付2 100万元。

在合同履行过程中，乙公司于2013年3月7日向甲公司发送了《关于催收煤矿煤炭资源勘探项目勘查进度款的函》，要求甲公司于2013年3月17日前支付项目进度款4 608 000元；乙公司于2013年6月28日又向甲公司发送了《关于催收煤矿煤炭资源勘探项目勘查进度款的函》，要求甲公司于2013年6月10日前支付勘探进度款7 165 352元；乙公司于2013年7月30日再次向甲公司发送向甲公司发送了《关于催收煤矿煤炭资源勘探项目勘查进度款的函》，表明甲公司已欠5 286 016元。2014年5月4日，乙公司向甲公司发送了《关于催收煤矿煤炭资源勘探项目合同款的函》，表明已收到甲公司2 100万元，但甲公司尚拖欠项目尾款938万元。2013年5月2日，甲公司向乙公司发送了《关于煤矿煤炭资源勘探项目催促勘探进度的函》，载明：截至2013年3月18日，乙公司已完成钻探总工作量11 040 m，根据合同单价800元/m计算，应支付勘探费用8 832 000元，但甲公司签订合同后预付500万元、2013年3月6日付了200万元，2013年4月8日付了300万元，共计1 000万元，已超付116.8万元，因此，乙公司应抓紧勘探工作。2013年5月16日，甲公司又向乙公司发送了《关于煤矿煤炭资源勘探项目催促勘探进度函》，载明：根据乙公司4月的月报，截至2013年4月30日已完成钻探总工作量13 705 m，按合同约定的单价，应支付勘探费用为10 964 000元；甲公司签订合同后预付500万元，2013年3月6日付了200万元，4月8日付了300万元，5月15日付了300万元，共计13 000万元，已超付了203.6万元，因此，乙公司应抓紧勘探工作，确保按期完成任务。双方对此发生分歧，一直未能协商解决。

2013年3月14日，市国土资源局向乙公司下达了市国土资责停通字(2013)第02号《责令停止国土资源违法行为通知书》，主要内容为：因甲公司勘探许可证过期，责令乙公司停止勘探行为，听候处理。2013年4月12日，省国土资源厅分别作出了省国土资执法罚(2013)1号和2号《行政处罚决定书》，省国土资执法罚(2013)1号《行政处罚决定书》主要内容为：被处罚单位甲公司，在未取得有效勘查许可证的情况下委托乙公司于2012年12月至2013年3月开展勘查区煤炭勘查工作的行为，违反了《中华人民共和国矿产资源法》第三条的规定。根据《矿产资源勘查区块登记管理办法》第二十六条和《贵州省矿产资源条例》第三十四条的规定，处罚决定如下：责令你公司停止违法行为，予以警告，并处10万元罚款。省国土资执法罚（2013）2号《行政处罚决定书》主要内容为：被处罚单位乙公司在甲公司未取得有效勘查许可证的情况下，于2012年12月至2013年3月为其在勘查区开展煤炭勘查工作的行为，违反了《地质勘查资质管理条例》（现已废止）第二十四条的规定。根据《地质勘查资质管理条例》第二十九条的规定，处罚如下：一、责令你单位立即改正违法行为，在甲公司未取得有效勘查许可证之前，不得为其实施勘查工作；二、对你单位的违法行为处以20万元罚款。甲公司和乙公司在法定期限内未对上述行政处罚提出复议，甲公司交纳了10万元罚款，同时代乙公司交纳了20万元罚款。

甲公司的勘查许可证有效期为2007年7月25日至2010年7月25日，2010年7月取得首次详查，有效期为2010年8月26日至2012年7月25日。2013年3月22日，甲公司再次向省国土资源厅申请探矿权延续，直至2013年8月30日获准延续，甲公司于2013年9月9日领取了《矿产资源勘查许可证》，该证记载的发证日期为2013年5月3日。

双方当事人签订《煤矿煤炭资源勘探勘查合同》后，乙公司于2013年1月编制了《勘查区煤炭资源勘探实施方案》并通过专家评审。2013年10月，乙公司作为编制单位，甲公司作为提交单位，向省国土资源勘测规划研究院提交了《勘查区煤炭勘探报告》。2014年2月18日，省国土资源厅以省国土资退字（2014）137号《关于退回〈勘查区煤炭勘探报告〉矿产资源储量评审备案资料的通知》予以退件，载明的退件理由为：按照国土资源部《煤、泥炭地质勘查规范》实施指导意见“资源储量的估算深度在详查、勘探阶段，资源储量估算的范围应该和工作区一致”。请核准勘探区另有+200米以下煤炭资源量（331+332+333）9853万吨，未计入总资源量的原因；请明确+200米以下，是+200至多少米范围。根据省国土资源厅上述退件通知要求，乙公司重新修改了《勘查区煤炭勘探报告》，并于2013年12月6日又向省国土资源勘测规划研究院提交了《勘查区煤炭勘探报告》。对上述《勘查区煤炭勘探报告》，省国土资源勘测规划研究院于2014年3月24日出具了省国土规划院储审字（2014）027号《矿产资源储量评审意见书》，评审结论为：乙公司在勘查区开展的煤炭勘探工作及提交的报告，经修改后已达到勘探阶段的工作程度要求，专家评审组同意通过评审。2014年4月3日，省国土资源厅出具了省国土资源储备字（2014）36号《关于〈勘查区煤炭勘探报告〉矿产资源储量评审备案证明》，载明：经合规性检查，省国土资源勘测规划研究院及所报材料符合有关要求，同意予以备案。但因双方当事人对勘探工作的进展和付款方式争议，乙公司未领取上述评审意见书和备案证明。2014年5月29日，甲公司以特快专递的方式，向乙公司递送了《解除合同通知书》，以乙公司未按时按量完成勘探工作为由，解除双方当事人签订的《某煤矿煤炭资源勘探勘查合同》。2014年6月4日，乙公司向甲公司发送了《关于对甲公司〈解除合同通知书〉的复函》，对甲公司解除合同表示异议。2014年6月17日，甲公司提起民事诉讼。合议庭在审理中主持双方当事人调解，双方当事人对配合领取评审意见书和备案证明达成了调解，双方当事人于2014年7月22日配合领取了上述评审意见书和备案证明。

甲公司起诉主张：双方约定乙公司是在甲公司已经完成详查的基础上进行勘探阶段的工作，按照规范要求，勘探阶段算量范围应于勘查区范围一致，但是乙公司编制勘探实施方案却对矿权范围拐点14、15、16之三角区域未控制，导致该区域4 200多万吨资源量由于控制程度不足，未能通过国土部门备案。因此，乙公司报送的备案是不完整的，备案储量不能反映真实的储量。甲公司多次要求乙公司按《煤、泥炭地质勘查规范》完成勘探，但乙公司不仅不依照合同约定全面完成勘探工作，反而在工作逾期后将机械设备从工地撤离，其用行为明示其不再履行合同。甲公司只能另行委托其他单位进行补勘，因此补勘费用应从 3 038 万元工程款中扣减。其次，合同约定乙公司应确保 2013 年 4 月 30 日前完成勘探工作提交项目地质勘探、储量报告送审稿交至评审机构接收窗口，但乙公司 2013 年 5 月完成的工程量仅为 8 861.69 m；2013 年 7 月 1 日出具的 2013 年 6 月才完成 20 145 m，直至 2013 年 12 月 25 日地质勘探储量报告才通过专家评审，逾期 7 个月。按照合同第五条第三款，乙公司应向甲公司支付违约金，违约金按合同总价 3 038 万元的每日千分之一计算。鉴于乙公司以其行为表明不再履行合同，甲公司于 2014 年 5 月 29 日向乙公司发送了《解除合同通知书》，双方《某煤矿煤炭资源勘探勘查合同》已经解除。据此，甲公司请求：

一、确认《某煤矿煤炭资源勘探勘查合同》已经解除；

二、判令乙公司向甲公司移交已完成的勘探勘查资料、钻探记录的原始资料、配合甲公司完成探矿权年检、延续的相关手续；

三、判令乙公司出具已收工程款 2 400 万元的发票；

四、判令乙公司赔偿因其违约给甲公司造成的损失（按合同总价 3 038 万元的每日千分之一计算，直至甲公司取得备案证明及资料汇交凭证之日止，暂算为 12 182 380 元）；

五、判令扣减工程款 760 万元；

六、判令乙公司承担本案诉讼费。

乙公司答辩称：首先，合同履行延期是由于甲公司违约所致。甲公司拖延办理探矿权证延续且拒绝配合乙公司领取《评审意见书》和《备案证明》。双方签订《某煤矿煤炭资源勘探勘查合同》后，乙公司积极开展工作，逐月向甲公司报送《地质矿产月报》，但甲公司在签订《某煤矿煤炭资源勘探勘查合同》后未及时办理探矿权延续，2013 年 3 月 14 日该市国土局下达了市国土资责停通字（2013）第 02 号《责令停止国土资源违法行为通知书》，责令停工，乙公司不得已停工。为避免钻孔停止作业后可能会发生垮孔、埋钻等情况致使钻孔报废重做，乙公司于 4 月 18 日后逐步恢复性施工，到 6 月已完成全部野外钻探工作。总钻探工作量 20 357.52 米，超过了设计的工作量 19 890 米。在甲公司仍未完成探矿权延续工作的情况下，乙公司为避免因人员和设备闲置进一步扩大损失，人员和设备逐步撤离现场。2013 年 9 月 3 日，甲公司才完成探矿权延续工作，乙公司即向省地质资料馆申请项目野外验收，2013 年 9 月 24 日通过了野外验收。2013 年 12 月 6 日乙公司将《勘查区煤炭勘查报告》提交给省国土资源厅评审，2013 年 12 月 25 日通过了专家组评审，并报送省国土资源厅最后行文完成《评审意见书》和《备案证明》。黔国土规划院储审字（2014）027 号《评审意见书》和黔国土资储备字（2014）36 号《备案证明》于 2014 年 4 月 3 日下发给省国土资源勘测规划研究院，但甲公司拒绝配合乙公司出具《承诺书》领取《评审意见书》和《备案证明》，因此，造成合同延期履行不是乙公司的责任。在合同履行过程中，甲公司没有足额支付勘查进度款。乙公司从 2013 年 1 月 26 日起逐月向甲公司报送《地质矿产日报》，但甲公司一直未足额支付款项。按照合同约定，地质勘探储量报告通过专家评审，5 个工作日内甲公司应支付工程总价款 3 038 万元的 80%即 2 430.4 万元，但甲公司支付的预付款和进度款只有 2 100 万元，拖欠 330.4 万元。甲公司从 2013 年 1 月至 2013 年 9 月 18 日，每月都拖欠项目进度款，共拖欠项目余款 938 万元。其次，甲公司请求扣减勘探工程款 760 万元没有依据。根据合同约定，乙公司勘探工作只要达到勘探工作进度要求，达到储量备案完成，就完成了合同约定的义务。甲公司主张，乙公司编制勘探实施方案但却对矿权范围拐点——14、15、16 之三角区域未控制，导致该区域 4 200 多万吨资源由于控制程度不足，未能通过国土部门备案，这不是事实。乙公司完成了合同约定勘探工作，机械设备于 2013 年 6 月底 7 月初陆续搬离施工现场，是为了避免损失的扩大，不是以实际行为明确表示不再履行合同。乙公司已完成了合同约定的勘探工作，不存在补勘问题，至于甲公司自己要补勘，也与本合同无关。所以，甲公司要求扣减工程价款无依据。再次，甲公司请求乙公司赔偿甲公司损失（暂定 12 102 380 元）的理由不能成立。甲公司主张乙公司 2013 年 5 月完成的工程量仅为 8 861.69 m 不是事实，乙公司到 2013 年 5 月累计完成钻探的工作量为 18 956.69 m。由于甲公司探矿权未延续，2013 年 3 月 14 日市国土局到施工现场下达了停工令，乙公司不得不停工，直至 2013 年 4 月中旬才进入半施工状态，于 2013 年 6 月底完成野外工作。因甲公司探矿权延续不到位，造成现场从 2013 年 3 月 18 日至 2013 年 4 月 18 日全面停工一个月，2013 年 7 月至 2013 年 9 月 3 日处于半作业状态，按施工现场 203 人，室外每人每月 5 000 元、室内每人 3 000 元计算，为 227.225 万元；20 台钻机，每月每台租金 15 000 元，钻机油料及材料消耗每月每台为 30 000 元，共计 202.5 万元，以上两项合计 429.7 万元。乙公司 2013 年 7 月 20 日即已编制完成成果报告，但因探矿权没有延续，野外验收无法进行，成果报告无法送进评审窗口。由此可见，甲公司未及时延续探矿权合法手续是导致合同履行拖延的原因，不是乙公司的责任。甲公司主张按合同总价款 3 038 万元为基数，以日千分之一计算违约金的理由不能成立。相反，甲公司从 2013 年 1 月至 2013 年 9 月 18 日，每月都拖欠项目进度款，按照合同约定，工期应顺延 9 个月。故乙公司不仅未违约，而且依约履行了合同全部勘探义务。综上，甲公司的全部请求均无根据，应全部予以驳回，诉讼费用应由甲公司承担。乙公司反诉请求：

一、判令甲公司依约向乙公司支付所欠的工程款 938 万元。

二、判令甲公司依约承担拖欠勘探进度款而产生的违约金 103.22 万元。

三、判令甲公司向乙公司支付因拖欠尾款和余款而产生的违约金，暂算至 2014 年 5 月 31 日，按日千分之一计算，拖欠的项目款 330.4 万元的违约金为 49.56 万元，未付的余款 607.6 万元的违约金为 32.20 万元，两项合并计算为 81.76 万元，以后的违约金直至甲公司付清之日止。

四、判令甲公司因其违约赔偿乙公司损失 429.7 万元。

五、判令甲公司解除合同无事实依据，《某煤矿煤炭资源勘探勘查合同》继续有效。

六、判令甲公司承担乙公司因诉讼支付的律师代理费等合理费用 370 000 元。

甲公司针对乙公司的反诉请求答辩称：

一、乙公司以甲公司直到 2013 年 9 月 3 日才办理完成探矿权延续工作，直接造成 2013 年 3 月 18 日至 2013 年 4 月 18 日全面停工一个月，并以此主张工期顺延和追究甲公司违约责任的理由不能成立。

1. 2013 年 3 月 14 日下发停工通知是事实，但乙公司并未停工。3、4、5、6 月月报是乙公司向甲公司报告已完成的工作量，如果乙公司因政府停工通知而停工，也就不会有已完成的工作量向甲公司提交月报。该证据足以证明乙公司并未因政府的停工令而停工。所以乙公司称：“2013 年 3 月 18 日至 2013 年 4 月 18 日全面停工一个月。”这不是事实。

2. 乙公司 2013 年 3 月 25 日出具的 3 月份月报记载："根据项目合同相关条款和我乙公司 3 月 7 日发出的催收项目进度款的函，现场已于 3 月 18 日全面停止施工，请甲方尽早按项目合同有关条款支付工程进度款，缓解项目资金压力。"这足以证明乙公司称从 3 月 18 日至 4 月 18 日全面停工的原因是因国土部门责令而停工，不是事实。

3. 甲公司在 2013 年 5 月 3 日已完成了探矿权证的延续，2013 年 9 月 3 日领取了探矿权许可证。因此，2013 年 9 月 3 日领取探矿权证并不影响在 2013 年 5 月 3 日以后开展勘探工作的合法性，且探矿权延续也未影响乙公司的勘探工作。所以乙公司称"甲公司直到 2013 年 9 月 3 日才办理完成探矿权延续工作。"不实，以此主张工期顺延和追究甲公司违约责任的理由不能成立。

二、甲公司的主要合同义务就是按期足额付款。在这方面甲公司没有违约的情况。

1. 甲公司按合同约定在乙公司提交的 2013 年 1、2、3、4 月报的基础上均是履行了付款义务，到 2013 年 5 月 16 日已付款金额合计人民币 1 320 万元（其中代乙公司支付政府职能部门罚款 20 万元）。而 2013 年 5 月月报乙公司完成钻探 4 748.31 米，扣除上月余额 2 236 000 元，尚需支付钻探进度款 1 562 648 元。甲公司因乙公司严重违约（合同约定："乙方确保在 2013 年 4 月 30 日完成工作提交本项目地质勘探、储量报告送审稿交至评审机构接收窗口；……"。此时根据乙公司自报 4 月份进度才完成本项目地质钻探 13 705 米）。因此甲公司依法行使后履行抗辩权，故未支付该两期应付进度款。甲公司的抗辩行为不构成合同违约。

2. 乙公司是在 2013 年 12 月 6 日将勘探成果报告递交评审窗口，2014 年 3 月 24 日《勘查区煤炭勘探报告》才通过专家评审。之后，才得以于 2014 年 4 月 3 日在省国土资源厅进行资源储量备案。在此期间，甲公司按合同约定："甲方在地质勘探、储量报告评审通过后五个工作日内向乙方支付勘探工作费至工程总价款的 80%"，分别于 2013 年 7 月 16 日支付给乙公司 300 万元和 2013 年 9 月 18 日支付给乙公司 500 万元，共计 800 万元。加上以前支付给乙公司的预付款、进度款合计支付给乙公司 2 120 万元，距约定应付金额只差 330.4 万元（总价款 3 038 万元 × 80%=2 430.4 万元）。至此，甲公司除对因乙公司延期完工和勘探不符合要求（漏勘）的问题依法行使后履行抗辩权，扣付 310.4 万元工程款外，其余钻探进度款项均按合同约定付清。

3. 乙公司虽完成送审、备案和领取备案证明工作，但针对乙公司的上述严重违约行为，甲公司依法行使后履行抗辩权，暂停支付剩余款项不构成合同违约。

三、乙公司延期完工和勘探不符合要求（漏勘）属于严重的违约行为，依法应承担违约责任和赔偿损失。

1. 合同第三条第四款约定："时间要求：乙方确保在 2013 年 4 月 30 日完成工作提交本项目地质勘探、储量报告送审稿交至评审机构接收窗口；在 2013 年 5 月 30 日报告评审并取得专家评审意见书，在取得专家评审意见书后三个月内取得备案证明"。而乙公司却是在 2013 年 6 月 30 日才完成部分野外勘探工作，2013 年 12 月 6 日将部分勘探成果报告递交评审窗口，2014 年 3 月 24 日《勘查区煤炭勘探报告》通过专家评审，于 2014 年 4 月 3 日在省国土资源厅进行资源储量备案，于 2014 年 7 月 22 日取得备案证明和专家评审意见。乙公司延期履行合同约定义务，属于严重的违约行为。

2. 按照规范要求，勘探阶段算量范围应与勘查区范围一致。但是乙公司却对矿权范围拐点 14、15、16 之三角区域未控制，在乙公司编制《勘查区煤炭勘探报告》并报送省国土资源厅备案登记的时候，未将勘查区+200 米以下煤炭资源量（331+332+333）9 853 万吨计入总资源量。鉴于此，省国土资源厅作出省国土资[2014]137 号文件，要求乙公司核准勘查区另有+200 米以下煤炭资源量（331+332+333）9 853 万吨计入总资源量（331+332+333）9 853 万吨，未计入总资源量的原因；请明确+200 米以下，是+200 至多少米范围。按合同约定精神，乙公司应对该区域进行补勘作业，以确认该区域的资源量并进行储量备案登记。但乙公司并未对该区域进行补勘作业，而是对《勘查区煤炭勘探报告》进行了修改。根据修改后的《勘查区煤炭勘探报告》记载，乙公司将 ± 0 m ~ +200 m 资源计入了总资源量，但 ± 0 m 以下 4 200 多万吨资源量未计入总资源量。理由为："该地段煤层埋深过大，且标高 ± 0 m（垂深 1 200 m）以深至探矿权边界地段煤层埋藏深度达 2 000 m 以上，现我国西南地区煤矿的开采技术水平达不到该埋藏深度，该地段的煤炭资源开采出来不经济"。我们认为，该理由并不符合双方合同约定精神和《煤、泥炭地质勘查规范》之规定，开采技术水平是否达到该埋藏深度在双方签订合同时已确认，至于开采出来是否经济也与乙公司无关，乙公司只需做的是按双方签订的合同履行义务，且乙公司在编制《勘查区煤炭勘探报告》时并未和甲公司协商并经甲公司同意，最终导致该区域 ± 0m 以下 4 200 多万吨资源量由于控制程度不足，未能通过国土部门备案。属于履行合同不符合要求，同样属于严重的违约行为。

四、乙公司称甲公司以种种理由拒绝提供按有关规定履行资料汇交和资源储量登记义务的《承诺书》，这不是事实。

1. 甲公司在合同签订时，就向乙公司支付了预付工程款 500 万元，而在合同履行到 2013 年 2 月（合同履行的第二个月），乙公司就不承认上述已付 500 万元的预付工程款应予抵扣工程进度款，反而向甲公司追要工程款。继而在 2013 年 3 月月报（合同履行的第三个月）中，以甲公司拖欠工程进度款为由，声称于 3 月 18 日已全面停工，也就是说，乙公司从一开始就不承认甲公司已付 500 万元工程预付款应该用于勘探施工，在施工过程中，以不付进度款就停工相威胁，因此才造成勘探工期被严重拖延。对此，乙公司应承担勘探工作严重逾期的违约责任。

2. 关于资料汇交和资源储量登记义务的《承诺书》，也是乙公司拒绝签出承诺和移交资料，目的就是不断地逼迫甲公司付款。根据《地质资料管理条例》第七条的规定，甲公司是勘查区煤炭资源勘探地质资料的汇交人，理应由乙公司签出履行资料汇交和资源储量登记义务的《承诺书》，并将汇交所需资料一并移交给甲公司。但乙公司至甲公司起诉时一直未履行上述义务，其目的就是不断地逼迫甲公司付款。综上，应驳回乙公司的全部反诉请求。

合议庭认为，本案争议的焦点主要是：一、双方当事人究竟哪一方违约并应否依约承担违约责任；二、《某煤矿煤炭资源勘探勘查合同》是否已解除以及甲公司应否支付工程尾款 938 万元；三、甲公司应否扣减工程款 760 万元以及是否应赔偿乙公司损失 429.7 万元；四、乙公司应否履行移交资料、出具发票、配合甲公司完成探矿权年检、探矿权延续手续等义务；五、甲公司应否补偿乙公司支付的律师代理费 370 000 万元以及本案诉讼费应由哪一方当事人承担。

第一，关于双方当事人究竟哪一方违约并应依约承担违约责任的问题。

双方当事人签订《某煤矿煤炭资源勘探勘查合同》时，甲公司勘查许可证已经过期尚未延续，双方不得进行矿产资源勘查活动，因此该《某煤矿煤炭资源勘探勘查合同》尚未生效，对双方当事人没有约束力。甲公司勘查许可证于 2013 年 8 月 30 日获准延续，虽然，甲公司实际领证时间是2013年9月9日，勘查许可证填发时间是2013年5月3日，但双方当事人上述合同生效时间，根据《中华人民共和国矿产资源法》第三条第三款“勘查、开采矿产资源，必须依法分别申请、经批准取得探矿权、采矿权”的规定，应为甲公司勘查许可证获准延续之日的2013年8月30日。合同中约定的各种期限也相应顺延，从此时开始起算。合同未即时生效以及双方当事人违法开展勘探活动被处罚的事实表明，双方当事人对此均有责任，应各自承担相应的责任，甲公司请求乙公司偿还其代缴的罚款20万元有理，本庭应予以支持。

双方当事人签订上述合同是2012年11月6日，约定乙公司应于2013年4月30日完成工作提交项目地质勘探、储量报告至评审机构接收窗口，其间为198日；乙公司最后提交报告是2013年12月6日，实际为98日，未超过约定的期间；双方当事人约定2013年5月30日取得评审意见书，从提交报告之日起为30日，但从乙公司实际提交报告到评审机构之日至甲公司通知解除合同时止，为155日，已逾125日；同时，双方在合同中约定，在取得评审意见书后3个月内取得备案证明，以此计算，乙公司应于2014年4月5日前取得备案证明，但至甲公司通知解除合同时止，乙公司已逾44日未取得备案证明。乙公司答辩称其未取得评审意见书和备案证明是因甲公司不予配合出具《承诺书》所致，但乙公司未提供证据证明这一主张，且该主张与双方合同的约定不符，本庭不予采信。从乙公司逾期未取得备案证明之日起至双方当事人对此达成调解协议的2014年7月21日止，共计107日，按合同总价款3 038万元的日千分之一计算，乙公司应承担违约金3 250 660元。

在《勘查区煤炭勘探报告》未通过评审前，甲公司已支付勘探工作费用2 100万元。双方当事人在合同中约定，甲公司应在地质勘探、储量报告通过后5个工作日内向乙公司支付勘探工作费至工程总价款的80%，即2 430.4万元，《勘查区煤炭勘探报告》于2014年3月24日通过评审后，甲公司未向乙公司支付任何费用，甲公司逾期尚欠330.4万元勘探工作费用未支付。乙公司关于甲公司应支付该勘探工作费用的请求有理，本庭应予以支持。甲公司还应依合同约定按逾期支付勘探工作费用数额的日千分之一承担违约金，乙公司对此的请求有理，本庭也应予以支持。但乙公司请求支付的该部分违约金为103.22万元，其计算有误，从2014年3月30日起至本案判决确定之日的2014年11月30日止共计144日，其违约金共计475 776元。

第二，关于《煤矿煤炭资源勘探勘查合同》是否已解除以及甲公司应否支付所欠工程款938万元的问题。

从双方当事人签订的合同性质和主要内容看，该《煤矿煤炭资源勘探勘查合同》性质应为承揽合同，乙公司作为承揽人，其主要给付义务有三项：一项是利用自身技术开展勘探工作，探明矿产情况；二是根据勘探情况，利用自身专业知识编制勘探报告，送交有关评审机构评审和备案；三是确保编制的报告通过评审和获得备案证明。从本庭查明的事实看，乙公司于2013年底即完成了勘探工作并于2013年10月和12月向评审机构送交了《勘查区煤炭勘探报告》，该《勘查区煤炭勘探报告》于2014年3月24日通过评审，2014年4月3日省国土资源厅同意备案。至此，乙公司已履行了合同的主给付义务，虽然当时双方当事人尚未获得评审意见书和备案证明，但此义务属于乙公司的从给付义务。甲公司于2014年5月29日向乙公司表示解除合同，主张乙公司违反了上述合同第五条第四款的约定，但该约定内容为“乙方没有确保钻机按时按量在现场开展施工工作的，甲方可以解除本合同”，显然，该解约条件是乙公司没有依约履行“确保钻机按时按量在现场开展施工工作”的主给付义务，甲公司解除合同的理由不符合合同的约定以及乙公司已履行主给付义务的情况，本庭对其解除合同的行为效力不予确认，该合同对双方当事人仍有约束力，双方仍应履行各自的合同义务。由于甲公司已取得评审意见书和备案证明，故此，甲公司除应支付所欠勘探工作费用330.4 万元外，还应支付余款 607.6 万元，共计 938 万元。乙公司关于该合同继续有效、甲公司应支付剩余合同价款的请求有理，本庭应予以支持。

第三，关于甲公司应否扣减工程款 760 万元以及是否赔偿乙公司损失 429.7 万元的问题。

甲公司主张，乙公司编制勘探实施方案对矿权范围拐点——14、15、16 之三角区域未控制，导致该区域 4200 多万吨资源量由于控制程度不足，未能通过国土部门备案。甲公司多次要求乙公司按《煤、泥炭地质勘查规范》完成勘探，但乙公司不仅不依照合同约定全面完成勘探工作，反而在工作逾期后将机械设备从工地撤离，其用行为明示其不再履行合同。甲公司只能另行委托其他单位进行补勘，因此补勘费用 760 万元应从 3 038 万元工程款中扣减。本庭认为：首先，乙公司编制勘探实施方案对矿权范围拐点——14、15、16 之三角区域未控制，导致第一次报送的《勘查区煤炭勘探报告》被省国土资源厅退件，但乙公司对《勘查区煤炭勘探报告》按退件要求予以修改后再次报送即通过了专家评审，省国土资源厅也同意予以备案，其履行该项主给付义务符合合同约定，甲公司此项合同目的已经实现；其次，甲公司没有提供证据证明其要求乙公司进行补勘、在乙公司拒绝补勘情况下不得已另行委托其他单位进行补勘以及其因此支出补勘费用 760 万元的事实，相反，通过专家评审和省国土厅予以备案的《勘查区煤炭勘探报告》，其编制单位仍是乙公司，因此，甲公司关于应从支付给乙公司的 3 038 万元工程款中扣减 760 万元的请求理由不能成立，本庭不予支持。

关于乙公司请求甲公司应赔偿其损失 429.7 万元的问题。乙公司主张，因甲公司探矿权延续不到位，造成现场从 2013 年 3 月 18 日至 2013 年 4 月 18 日全面停工一个月，2013 年 7 月至 2013 年 9 月 3 日处于半作业状态，按施工现场 203 人，室外每人每月 5 000 元、室内每人 3 000 元计算，为 227.225 万元；20 台钻机，每月每台租金 15 000 元，钻机油料及材料消耗每月每台为 30 000 元，共计 202.5 万元，以上两项合计 429.7 万元。本庭认为，乙公司拥有专业勘探知识和技术，对开展勘探活动的法律要求是明知的，因此在甲公司探矿权未延续的情况下接受勘探委托并开展勘探活动，其行为本身具有违法性，因此其应承担相应的法律责任，其中包括其违法行为所致自身损失。同时，在甲公司已经支付勘探进度款的情况下，乙公司没有提供证据证明上述损失的事实，乙公司关于该损失应由甲公司赔偿的理由不能成立，本庭不予支持。

第四，关于乙公司应否履行相关移交资料、出具发票、配合甲公司完成探矿权年检、探矿权延续手续等义务的问题。

我国《地质资料管理条例》第四条规定：“国务院地质矿产主管部门和省、自治区、直辖市人民政府地质矿产主管部门的地质资料馆（以下简称地质资料馆）以及受国务院地质矿产主管部门委托的地质资料保管单位（以下简称地质资料保管单位）承担地质资料的保管和提供利用工作。”该条例第七条第一款规定：“在中华人民共和国领域及管辖的其他海域从事矿产资源勘查开发的探矿权人或者采矿权人，为地质资料汇交人。”该条例第十条规定：“地质资料汇交人应当按照下列规定的期限汇交地质资料：（一）探矿权人应当在勘查许可证有效期届满的 30 日前汇交；（二）除下列情形外，采矿权人应当在采矿许可证有效期届满的 90

日前汇交：1. 属于阶段性关闭矿井的，自关闭之日起 180 日内汇交；2. 采矿权人开发矿产资源时，发现新矿体、新矿种或者矿产资源储量发生重大变化的，自开发勘探工作结束之日起 180 日内汇交；（三）因违反探矿权、采矿权管理规定，被吊销勘查许可证或者采矿许可证的，自处罚决定生效之日起 15 日内汇交；（四）工程建设项目地质资料，自该项目竣工验收之日起 180 日内汇交；（五）其他的地质资料，自地质工作项目结束之日起 180 日内汇交。"该条例第十三条规定："汇交的地质资料，经验收合格后，由负责接收地质资料的地质矿产主管部门出具地质资料汇交凭证，并按照国务院地质矿产主管部门的规定及时移交地质资料馆或者地质资料保管单位。"该条例"附件"还规定："地质资料汇交范围：一、区域地质调查资料，包括：各种比例尺的区域地质调查地质资料。二、矿产地质资料，包括：矿产勘查和矿山开发勘探及关闭矿井地质资料......"。据此，本庭认为，甲公司作为探矿权人，负有向国家有关职能部门汇交地质资料的法定义务，该义务属强制性义务，不应因当事人的约定而改变。乙公司拒绝向甲公司移交地质资料，必然对甲公司履行上述义务造成障碍，因此，不符合上述法律规范的要求。双方当事人在合同第三条第（六）款约定：勘探成果及其勘查资料归甲方所有。完成全部勘探工作后，乙方将经评审通过的勘探报告复制（纸质）一式 8 份以及制作一套光盘交给甲方。项目结束后乙方将原始地质编录资料按规定进行归档存放于乙方资料室，原始地质编录资料甲方可随时（不限合同期限）免费查阅。乙方交给甲方的勘探资料应符合地质规范要求。双方当事人上述合同约定由乙公司保管原始地质资料，性质应为委托保管。《中华人民共和国合同法》（现已废止）第三百七十六条第一款规定："寄存人可以随时领取保管物。"因此，甲公司关于乙公司应移交勘探完成后的所有地质材料的请求有理，本庭应予以支持。乙公司认为其是法定保管该资料的主体，但没有提供法律依据，其关于此问题的答辩理由不充分，本庭不予采信。

甲公司支付合同价款后，乙公司应出具发票，虽然双方当事人在合同中对此没有约定，但此项义务属于乙公司的从义务，乙公司应当履行。甲公司请求乙公司对收到的合同价款出具发票的请求有理，本庭应予以支持。但是，甲公司请求乙公司出具 2 400 万元的发票，乙公司实际仅收到 2 100 万元，因此，乙公司仅应出具 2 100 万元发票而不是出具 2 400 万元发票。至于甲公司请求乙公司应履行配合义务，配合甲公司完成探矿权年检和办理探矿权延续的相关手续的问题，本庭认为，虽然双方当事人在合同中对此也没有约定，但探矿权的年检和延续与勘探工作的开展情况密切相关，在合同履行期间，若探矿权的年检和延续需要乙公司予以配合完成的，乙公司应予以配合，此配合义务也属于乙公司的附随义务。双方当事人履行完合同义务后，上述附随义务即成为后合同义务。合同权利义务终止后，当事人应当遵循诚实信用原则，根据交易习惯履行通知、协助、保密等义务。因此，甲公司请求乙公司继续履行上述配合义务有理，本庭应予以支持。

第五，关于甲公司应否补偿乙公司支付的律师代理费 370 000 万元以及本案案件受理费由哪一方当事人承担的问题。

乙公司因与甲公司发生本案争议，委托律师事务所律师作为本案诉讼程序中的代理人，支付了费用 370 000 元。乙公司认为，上述费用应由甲公司赔偿。由于双方当事人对本案争议的发生均有责任，且乙公司的答辩及其反请求未完全获得本庭支持，当事人委托律师作为代理人参与诉讼的费用应由当事人各自承担，乙公司请求甲公司赔偿其因办理本案而支付的律师代理费缺乏法律依据，本庭不予支持。

综上所述，本庭判决如下：一、甲公司应于本判决书生效之日起 15 日内向乙公司支付所欠勘探工程款人民币 9 380 000 元。二、甲公司应于本判决书生效之日起 15 日内向乙公司支付违约金人民币 475 775 元。三、乙公司应于本判决书生效之日起 15 日内向甲公司支付其代缴的罚款人民币 200 000 元。四、乙公司应于本判决书生效之日起 15 日内向甲公司支付违约金人民币 3 250 660 元。五、以上一、二、三项金额相抵，甲公司应于本判决书生效之日起 15 日内实际向乙公司支付人民币 6 405 115 元。六、乙公司于本判决书生效之日起 30 日内将地质资料移交给甲公司。七、乙公司于本判决书送达之日起 15 日内向甲公司出具 21 000 000 元的发票。八、本案本诉诉讼费甲公司自行承担，反诉诉讼费由乙公司自行承担。九、驳回甲公司的其余诉讼请求。十、驳回乙公司的其余反诉请求。

上述判决宣告后，双方当事人均服判。

（二）分析

试运用举证责任分配规则，分析该案例判决认定事实的证据情况。

思考方向

（1）根据甲公司的诉讼请求和事实主张，其应对哪些事实承担举证责任？
（2）根据本案证据情况，甲公司、乙公司各自主张的哪些事实没有得到证明？
（3）合议庭认定本案违约事实的根据是什么？

第十六章　举证责任法律实务（下）

第一节　当事人不承担举证责任的情形

当事人承担举证责任，是为了通过当事人提供证据证明其事实主张，通过当事人证明活动，发现案件事实真相，在当事人的事实主张得不到证明时，由承担举证责任的当事人承受不利后果。但是，在某些情况下，无需主张要件事实的当事人承担举证责任，法官仍然可以发现案件事实真相，认定案件事实，并据此作出裁判。在这些情况下，当事人无需承担举证责任。

一、众所周知的事实

众所周知的事实，是指当事人主张的事实，是被一定范围内的公众和审理案件的法官所知晓的事实。对此，我们可以从以下四个方面予以理解：

1. 众所周知的时空范围

具有一定时空范围，是众所周知事实与其他事实相区别的一个显著特征。众所周知事实的时空范围，是一个相对的概念，从时间方面看，司法实务中总是通过把握众所周知事实本身的历时性来把握其时间相对性的，即一定的事实总是被一定时期的人们所知晓，此时期被众所周知，彼时期则难为众所周知，故众所周知事实的历时性体现为具体的时期性，其时期性又必须与案件存在着时间关联性，因为没有时间关联性的事实，不可能成为案件事实，更谈不上当事人承担举证责任的问题。从空间范围看，某事实众所周知，总是有一定的地域范围，是在一定地域范围内人们对其广泛知晓的客观状态。这种状态的地域范围越广，其客观性就越强，越窄小，其客观性就越弱。司法实践中把握众所周知的地域范围，一般是以受理一审案件的人民法院的地域管辖范围为准来确定的，这样既可以保证众所周知具有可信的客观性，又不至因地域范围要求过广而难以达到众所周知的程度。

2. 众所周知的主体是公众

一定的事实是众所周知的，其知晓的主体在一定的范围内就应当是广泛的，即达到被公众所知晓的程度。所以，众所周知并不仅是人们认知对象本身的客观存在，同时也是人们认知范围的一种客观事实。公众具有两个特点：一是其在特定区域的普遍性，该普遍性是通过对该区域的覆盖性来把握的，这区别于主体的个别性，个别主体不能覆盖一定的区域。当然，公众的普遍性，并不是区域内的每个人的总和，而是大多数。二是公众在特定区域的一般性，该一般性是通过具有正常的一般认识能力为标准的主体来把握的，这区别于职业、教育程度以及生活经验等等特殊要求认知能力的主体要求。因此，在某一行业被广泛知晓的事实，在该行业之外并非被广泛知晓，具有一定教育程度的人公认的事实，并非所有人都能感知其存在。

3. 众所周知内容的确定性

众所周知的内容，应当是确定的客观事实，不能是对可能性的推测，因为可能性就是不确定性；对可能性的推测，或多或少都带有主观构想的成分，不符合事实的客观性要求。众所周知的事实，应当是被公众实际感知的情况，传闻应当予以排除。另外，企业法务工作者还应当注意区分社会生活语境中的“众所周知”和法律上的众所周知。社会生活语境中的“众所周知”，是社会语义上的众所周知，不具有法律概念的众所周知含义的确定性。“以社会语义来确定司法场景中‘周知事实’的内涵和外延，既不具有可操作性，又将赋予法官过大的自由心证空间和事实认定裁量权，从而很可能伤及个案公正和司法正义。”①司法实务中，正确区分这两种不同语义的众所周知，对案件裁判至关重要。如一个案例中，当事人在租赁合同中约定，如物价上涨，年租金则提高 5%。出租方起诉主张承租方应当按此约定多支付年租金 5%，并称近年来物价上涨是众所周知的事实。但是，法官认为，双方合同关于“物价上涨”的约定不明，因为据不完全统计，就有上百种物价，这么多物价的波动，并非总是一致。双方通过合同建立的是房屋租赁关系，其约定的物价，应当指不动产租赁价格。因此，物价普遍上涨，并不意味不动产租赁价格也随之上涨。因此，本案中不动产租赁价格上涨，并不是众所周知的事实。原告据此主张享有多收取 5%年租金的权利，应当对不动产租赁价格上涨的事实承担举证责任。在此，法官正确区分了社会语境中的众所周知的语义与作为法律概念的众所周知的含义，正确分配了当事人的举证责任，值得赞许。

4. 法官对众所周知事实的可认知性

众所周知的事实，应当为审理案件的法官所知晓，法官才能决定当事人不承担举证责任，同时将其作为案件裁判的基础。众所周知的事实虽然客观存在，但如果不为审理案件的法官知晓，法官仍会判定当事人应承担举证责任。我们认为，法官对众所周知的事实的知晓，一般有两种情况：一种情况是法官对众所周知的事实已经知晓，法官可以直接认定其为众所周知的事实，从而判定当事人不承担举证责任；另一种情况是法官事前并不知晓，审理案件过程中当事人主张后，通过主动认知而知晓。法官对众所周知事实的第一种知晓情况是基本的，因为，一审法官主要是在本辖区内工作和生活，对本辖区内有影响的事件，通常能够亲自感知，同时，由于履行职责之需，其往往对本辖区公众周知的事实，也较为关注。法官对众所周知事实知晓的第二种情况，是对第一种情况的补充和对审判权的制约。因为，一方面，法官对众所周知事实的第一种知晓情况，只是一般情况，并不能排除法官因某种原因确实不知晓的特殊情况的存在，如果客观上确实是众所周知的事实，但法官以其不知晓而仍然要求当事人承担举证责任，应是一种程序不公；另一方面，既然众所周知的事实是一种客观存在，但完全以法官是否知晓来决定其法律效果，理论上则陷入自相矛盾，实务上则容易导致法官擅断，为司法专横打开方便之门。故在法官事前不知晓的情况下，经当事人主张，法官通过主动认知，仍然可以获得对众所周知事实的认识。承认法官对众所周知事实的第二种知晓情

① 张东、张步文：《论证据规则中“众所周知的事实”——基于社会语境和司法语境的分析》，载《学术界》2009 年第 5 期，第 100 页。

况，可以弥补法官仅仅依靠第一种知晓情况的不足，更有利于正确适用不承担当事人举证的规则，限制法官的自由裁量权，实现司法公正。

二、自然规律及定理、定律

在有的案件中，当事人主张的事实，可能涉及自然规律或者定理、定律，当事人对此不承担举证责任。自然规律，就是指客观事物自身运动、变化和发展的内在必然联系，也称自然法则。 其主要特点是：第一，固有性，即自然规律是客观事物本来固有的属性或者联系，不是人发明或者创造的；第二，客观性，即自然规律具有不以人的意志为转移的客观性，人既不能改变它，也不能消灭它，只能利用它；第三，普遍性，即自然规律是存在于自然界的客观事物内部的规律，是客观事物的本质属性或者联系，因而具有普遍性。相同的客观事物及其联系，具有相同的规律。正是自然规律的上述特点，才使自然规律在诉讼中成为当事人不承担举证责任的事由。

定理，即用推理的方法判断为真的命题，它是建立在公理和假设基础上，经过严格的推理和证明得到的结论。定律，是为实践和事实所证明，反映事物在一定条件下发展变化的客观规律的论断。虽然定理、定律形式上是人们对客观世界认识的思维成果，但其内容却具有客观性和必然性，因此可以作为原则指导人们的实践活动。定理、定律的上述特点，使其在诉讼中可以成为当事人不承担举证责任的事由。

在司法实务中，适用自然规律或者定理、定律当事人不承担举证责任的规则时，应当注意两点：一是当事人虽然无须对自然规律或者定理、定律予以证明，但不等于其没有对自然规律或者定理、定律与本案标的关系的适当释明义务，由于其因主张自然规律或者定理、定律而不承担举证责任，如可以拒绝就此作出任何释明，则可能导致对方反驳举证困难，形成当事人实质上的不平等地位。因此，基于诚信原则，在此情形下不承担举证责任的当事人，仍然负有配合诉讼正常进行的义务。当法官对其主张的自然规律或者定理、定律有关问题进行询问时，其有义务如实地予以适当阐明[①]。二是在某些案件特别是知识产权纠纷案件中，主张定理、定律的当事人对此不承担举证责任，但其对利用定理、定律的方法仍应当承担举证责任。因为，定理、定律本身与运用定理、定律的方法是两个事实，在实践活动中，将同一定理、定律用于生产实际，可能会有多种方法，不同的方法可以成为不同的专利。方法是否相同，在知识产权的侵权损害赔偿案件中，往往是判断被告是否构成侵权的关键事实。

三、法律推定和事实推定

推定，就是指从已知事实推论未知事实的证明规则，已知事实是作出推论所要依据的事实，一般称为“基础事实”，未知事实是从已知事实中推断出的结论，一般称为“推定事实”。我国法律理论和司法实践，均采用大陆法系的二分法，将推定分为法律推定和事实推定，法律推定就是根据法律的规定，从某一事实推定另一事实的证明规则，而事实推定则是根据日

① 高桥宏志：《民事诉讼法·制度与理论的深层分析》，林剑锋译，法律出版社 2003 年版，第 467-469 页。

常生活经验法则，就已知事实推论出未知事实的证明规则[①]。于2020年5月1日起施行的《最高人民法院关于民事诉讼证据的若干规定》第十条第一款第（三）项对法律推定的事实当事人无须举证证明作出了明文规定，其第（四）项对根据已知的事实和日常生活经验法则推定出的事实无须举证证明作出了明文规定。

法律推定与事实推定有某些相同的地方，主要表现在：第一，推论的基本结构相同，即都根据一定的前提，运用一定的逻辑推理，从基础事实推导出推定事实，推论的前提反映了基础事实与推定事实之间一定的概率关系。第二，法律推定和事实推定都具有影响证明活动的意义，即二者均是为了避免举证责任判决的策略。根据举证责任分配理论，举证责任并不必然地由持有证明手段的当事人来承担，因此在事实真伪不明的场合，法院通过适用举证责任规范作出判决，该判决认定的案件事实的状态有可能与事实真相不符，判决有可能不符合具体正义。因此，法律或者司法活动有必要采取一定的法律技术，使案件事实尽可能少地处于真伪不明状态，使案件尽可能避免通过适用举证责任规范来裁判，法律推定和事实推定就是这样的法律技术[②]。通过推定，可以使一些案件的事实得到确认，避免出现真伪不明状态而法官不得不适用举证责任规范对案件裁判。第三，法律推定和事实推定，都需要按照举证责任规则对基础事实进行证明，二者的推论都是建立在基础事实真实的基础上的，也就是说，基础事实真实是适用法律推定和事实推定的条件。第四，法律推定与事实推定都可以被反驳。法律推定与事实推定都是建立在基础事实与推定事实之间具有的联系之上，而这种联系只是一种概率，因而具有或然性，并非必然，所以，无论法律推定还是事实推定，其推定事实都可以因反驳证据成立而被推翻。

但是，法律推定与事实推定的差异却是明显的，二者的主要区别体现在：第一，二者根据的前提不同。法律推定是以法律规定作为其推理的前提，而事实推定则是以已知的事实和日常生活经验法则作为其推理的前提。第二，方法不同。法律推定是法律将基础事实与推定事实之间的关系作了明确规定，只要基础事实得到证明，认定推定事实就是对法律规定的适用，无须考虑基础事实与推定事实之间实际的联系究竟是什么。但是，事实推定中，基础事实与推定事实之间的关系没有法定，完全依靠推理者的认识，基础事实与推定事实之间实际上究竟是什么联系，是因果联系、主从关系，还是包摄关系等等，都需要在推定时加以明确。推理者对基础事实与推定事实之间上述关系的认识，是事实推定得以进行的逻辑条件。第三，二者对法官自由心证的影响不同。法律推定是法律的强制规定，在应当适用法律推定的场合，直接排除了法官的自由心证；事实推定则不然，其推论依据是已知的事实和日常生活经验法则，而法官对已知的事实和日常生活经验法则与推定事实之间联系必然性程度的认知，对法官心证的确定具有重要影响。而法官的认知，往往又受其生活经验、理论修养以及审判实务经验的状况等等因素的影响。因此，事实推定并没有完全排除法官的自由心证，法官对推定事实的认定也受其心证的影响。

诉讼实务中适用法律推定或者事实推定，应当注意以下三个方面的问题：一是要正确理解法律推定和事实推定的意义，即法律推定与事实推定一样，两者都是为了避免出现案件主要事实陷入真伪不明的策略或者技术，因此，在有直接证据证明案件主要事实的情况下，应

① 最高人民法院民事审判第一庭：《民事诉讼证据司法解释的理解与适用》，中国法制出版社2002年版，第83-85页。

② 高桥宏志：《民事诉讼法·制度与理论的深层分析》，林剑锋译，法律出版社2003年版，第456页。

当根据直接证据认定案件事实，不应撇开已有的足以认定事实的证据而采取法律推定或者事实推定认定案件事实。二是要正确理解法律推定与事实推定对举证责任的影响。法律推定和事实推定使因推定事实而有利的当事人不承担举证责任，而由反驳推定事实的当事人对其反驳主张承担举证责任，但是，因推定事实而有利的当事人，仍然应当对基础事实承担举证责任。同时，反驳推定事实的当事人有相反证据足以反驳的，因推定事实而有利的当事人仍然应当对推定事实承担举证责任。三是要注意法律推定与法律上的权利推定的区别。在理论上，法律推定分为推理的推定和直接推定，推理推定是典型的法律推定，也是本书介绍的上述法律推定，直接推定就是权利推定，属于法律推定的一种例外情况[①]。推理推定与直接推定的主要区别是，前者推定的是事实，后者推定的是权利。第四，法律推定与法律拟制也不同。法律拟制就是法律将不同于 A 事实的 B 事实视同为 A 事实，使 B 事实具有与 A 事实相同的法律效果的法律规定，如我国《民法典》第十八条第二款将十六周岁以上以自己劳动收入为主要生活来源的未成年人视为完全民事行为能力人的规定和该法第二十五条将自然人与住所不一致的经常居所视为住所的规定，就是典型的法律拟制。法律推定与法律拟制都是一种推理，但是二者推理的方法不同，法律推定是逻辑演绎推理，而法律拟制是类推，类推本质上并非逻辑推理，而是一种比较[②]。

四、法院裁判或者仲裁裁决确认的事实以及公证文书证明的事实

法院裁判、仲裁裁决确认的事实或者公证文书证明的事实，主张该事实的当事人不承担举证责任，由反驳的当事人对反驳事实承担举证责任。诉讼实务中，应当注意以下问题：第一，法院裁判、仲裁裁决确认的事实或者公证文书证明的事实，与法院裁判、仲裁裁决或者公证文书有效的事实，是不同的两个事实，因法院裁判、仲裁裁决确认的事实或者公证证明的事实有利的当事人不承担举证责任，但是，其仍然应当对法院裁判、仲裁裁决有效的事实或者公证文书有效的事实承担举证责任。第二，法院裁判、仲裁裁决确认的事实或者公证文书证明的事实，与本案当事人主张的事实，有时可能是同一事实，有时则不是完全相同的事实。但是，在后一种情况下，法院裁判、仲裁裁决确认的事实或者公证文书证明的事实，与当事人主张的本案事实应该存在某种必然联系，因此才对本案当事人主张的事实具有证明作用。第三，当事人对法院裁判、仲裁裁决确认的事实或者公证文书证明的事实不承担举证责任，但是，对方当事人可以对法院裁判、仲裁裁决确认的事实或者公证文书证明的事实予以反驳，如果对方当事人有相反证据足以推翻法院裁判确认的事实或者公证文书证明的事实以及提供足以反驳仲裁裁决确认的事实时，因法院裁判、仲裁裁决确认的事实或者公证文书证明的事实有利的当事人，仍需就该法院裁判、仲裁裁决确认的事实或者公证文书证明的事实承担举证责任。应当注意的是，根据 2020 年 5 月 1 日开始施行的《最高人民法院关于民事诉讼证据的若干规定》第十条第二款的规定，对法院裁判确认的事实或者公证文书证明的事实的反驳事实的证明，其证明标准应当达到“足以推翻”的程度，该证明标准明显高于对众所周知的事实、法律推定的事实、根据已知的事实和日常生活经验法则推定出的另一事实以及仲裁机构的生效裁决所确认的事实的反驳事实的“足以反驳”的证明标准。

---

① 高桥宏志：《民事诉讼法·制度与理论的深层分析》，林剑锋译，法律出版社 2003 年版，第 457 页。
② [德]考夫曼：《法律哲学》，刘幸义译，法律出版社 2005 年版，第 132 页。

第二节 当事人自认的实务问题

一、自认的含义和特征

自认，是指当事人一方就对方所主张的于己不利的事实的承认。自认具有以下主要特征：

第一，自认是当事人一方就对方主张的事实的承认，不同于对对方权利请求的承认，后者理论上一般称为认诺；自认的效果是免除对方的举证责任和法院一般应对自认事实予以认定，认诺则是在当事人之间产生实体法上权利义务关系的相应法效。在我国，虽然两者都被称为当事人的承认，但在司法实践中，对两者实际是予以区别的。因为，自认仅产生免除对方举证责任的效果，对案件事实的认定具有影响，但并不直接在当事人之间产生实体法上的权利义务关系，而认诺则可以不经对案件事实进行认定即在当事人之间直接产生实体法上的权利义务关系。

第二，一方当事人自认的事实，是对方主张的于己方不利的事实。值得注意的是，己方提出的于己方不利的事实主张，对方认可的，可以构成己方的自认；己方就对方于己方有利的事实主张的认可，也可以构成对方的自认。自认一旦作出，一般不得撤销；但后两种事实主张，都属于当事人的陈述，具有当事人陈述的证据意义，作为证据事实，法律允许当事人以反证推翻之。

第三，自认以有认可对方不利于己方主张的意思为已足，并不一定采取陈述等作为的方式，在一定条件下，默认、不争执等不作为也可以构成自认，所以，自认的内容，即是己方认可对方于己方不利的事实主张，除了认可的意思表示外，并不要求还应有其他内容。

第四，自认应当合法，不得违背法律的禁止性规定，如不得违背诚实信用原则，不得利用自认进行虚假诉讼，也不得利用自认损害国家利益、社会公共利益和他人的合法权益等，违法的自认，不产生自认的效力。

二、自认的种类

自认，按不同标准可以作不同的分类：

一是以自认是否在诉讼中向法庭表示为标准，可以将自认分为诉讼中的自认和诉讼外的自认。诉讼中的自认，是指当事人在诉讼过程中向法庭承认对方所主张的于己不利的事实为真实，即承认相对方所主张的不利于己方的事实；而诉讼外自认是指当事人在诉讼过程之外所作的自认，是在诉前或法庭之外向对方当事人表示的承认，因此又被称为审判外的自认。

二是以自认的程度或者范围为标准，可以将自认分为完全自认和限制自认。完全自认是对对方当事人的事实主张的全部自认，完全自认产生免除对方当事人举证责任的效力；限制自认是有条件的自认，其不能产生完全免除当事人举证责任的效力，当事人仍应按照举证负担进一步举证证明自认当事人主张的限制条件事实。

三是根据自认的方式是明示还是默示，可以将自认分为明示的自认和默示的自认。明示的自认是当事人通过语言、积极行为等明确表示的自认，默示的自认，则是将当事人沉默、不争执等消极行为拟制为默认，所以，默示的自认又可以称为拟制的自认。

四是按照自认主体的不同，可以将自认分为当事人的自认和代理人的自认。当事人的自认是当事人自己亲自所为的自认，代理人的自认是代理人在代理权限内所为的自认，其实质是代理人代为自认，与当事人的自认具有相同的效果。代理人超越代理权限的自认无效，但是，作为委托人的当事人在场而不反对的，视为其对代理人自认的追认，该代理人的自认有效。

在我国，自认限于诉讼中的自认，诉讼外的自认只是证据资料，无自认的效力。诉讼中的自认，又可以分为完全自认和限制自认、明示自认和默示自认、当事人自认和代理人自认等。

三、限制自认、默示自认和代理人自认的实务问题

关于限制自认，因其多出现在抗辩中，常常容易被忽略，企业法律实务工作者在诉讼实践中应当注意识别，使其发挥应有的定纷止争和提高诉讼效率的作用。

关于默示自认的认定，应当注意把握其条件，防止其突然出现在裁判文书中，产生不应有的裁判突袭，影响司法公正。默示自认应当同时具备的条件，一是默示自认，应当是当事人在诉讼中的对决场合中的沉默或者不争执，一方当事人未实际参加诉讼，当事人之间未实际形成具体诉辩对决场合，因此不可能有具体指向的沉默或者不争执。诉辩对抗场合，是指当事人之间、当事人与法官之间在诉讼中产生意思交流的场合，它包括但不限于当事人之间、当事人与法官之间面对面的有形场合。二是一方当事人对另一方当事人不利于己方的主张表现为沉默或者不争执，既不表示承认也不表示否认的意识状态。三是经法官充分说明其沉默或者不争执的后果并询问其沉默或者不争执表现的真实性以后，其仍不明确表示肯定或者否定。实际上，严格按照条件认定默示的自认，是不会因对默示自认的认定而产生裁判突袭的。

关于代理人自认，实践中主要有两种情况，一种是代理人在代理权限内的自认，此种代理人的自认，无需当事人另行表示认可即具有自认的效力。另一种代理人的自认，是代理人超越代理权所做的自认，一般应当无效，但当事人当场不表示否认的，代理人的自认即有效的自认。

四、自认的构成要件

司法实践中对于民事诉讼中自认的识别，除限制自认、默示自认以及代理人自认各自应当符合其特定条件外，一般应当把握以下两个要件：

一是形式要件，即自认是诉讼行为，必须于诉讼过程中向法官表明。具体来说，就是当事人自认的时间，应当是从立案后直至法庭辩论终结前的阶段，因为，立案前诉讼程序还没有正式开始，当事人还没有进入诉讼程序，不可能为诉讼上自认的行为；法庭辩论终结后，案件的事实调查和当事人的举证证明活动已经结束，案件审理进入裁判阶段，当事人此时所为自认，实际上已不是诉讼上的自认，而是诉讼外的自认，自然不具有诉讼上自认的效力[①]。同时，自认可以口头明示表达或者通过行为默示表达，也可以通过书面陈述表达，但必须是

① 高桥宏志：《民事诉讼法·制度与理论的深层分析》，林剑锋译，法律出版社2003年版，第385页。

向法官表明。当事人未向法官表明的相互之间的陈述，尽管其中有承认对方陈述的内容，该陈述内容也不构成自认。

二是实质要件，即自认的内容，必须是己方当事人对他方当事人不利于己方事实主张的明确承认，不能是含糊其词、模棱两可的表示，也不能是假设的或者可能性的推测；自认必须是当事人真实的意思，而不能是虚假的或者受到胁迫、因误解产生的行为；自认的对象必须是具体事实，不是法律规范中抽象的事实构成，己方对他方事实主张的法律评价观点表示的同意，不意味着是对他方事实主张的认可，也不构成自认。

五、自认的效力

自认一旦成立，即发生相应的效力，主要体现为对当事人的效力和对法院的效力两个方面。

自认对当事人的效力，分为对自认人的效力和对其他当事人的效力。自认对自认人的效力，主要是：第一，当事人在作出自认之后，应当受自认内容的约束，不得再作出与其自认相矛盾的陈述，其与自认相矛盾的陈述无效。第二，自认当事人，不得任意撤回或者撤销其自认。

自认对其他当事人的效力，因当事人的地位不同而不同。第一，自认对对方当事人的效力，主要是免除了对方当事人主张的相应举证责任，完全自认即完全免除，限制自认则部分免除。第二，自认对共同诉讼当事人的效力，因共同诉讼种类不同而不同。我国《民事诉讼法》第五十五条第二款规定："共同诉讼的一方当事人对诉讼标的有共同权利义务的，其中一人的诉讼行为经其他共同诉讼人承认，对其他共同诉讼人发生效力；对诉讼标的没有共同权利义务的，其中一人的诉讼行为对其他共同诉讼人不发生效力。"因此，在必要共同诉讼，必要共同诉讼的一人或数人自认的，其自认应得到其他必要共同诉讼当事人认可，才对全体必要共同诉讼人有效；其中必要共同诉讼一人或者数人作出自认而其他必要共同诉讼人予以否认的，不发生自认的效力。其他必要共同诉讼人既不承认也不否认，经审判人员说明并询问后仍然不明确表示意见的，可以视为全体共同诉讼人的自认。第三，在诉合并审理的情形，因法律关系不同，一诉中的自认仅对该诉的当事人产生效力，对另一诉的当事人不必然产生效力，该自认在另一诉中仅具有证据资料的意义，另一诉一方当事人否认该自认的，另一诉的对方当事人仍应根据证据规则承担举证责任。

自认对法院的效力，一是当事人的承认符合自认的构成要件，法院应当认定其为自认，而不得将其认定为一般陈述或者其他诉讼行为；二是法院应当认定自认的事实为真实，并将其作为裁判的事实依据，不得对其再进行调查核实，也不得再组织当事人就自认的事实进行质证；三是法院不得对自认任意撤销或者否定。实践中法官因自认当事人又否认其自认或又作不同于自认的陈述时，又组织当事人对已经自认的事实进行审理，并根据审理的情况认定案件事实，而不是根据自认认定案件事实，这种做法实际就是对自认的否定，违背了自认的规则。

自认规则并不适用所有的民事案件情况，在我国，以下六种情况不适用自认规则，即使当事人的承认符合自认的构成要件，其承认也无自认的效力。

一是法律或者司法解释规定，当事人无须承担举证责任的情况。如 2020 年 5 月 1 日起施行的《最高人民法院关于民事诉讼证据的若干规定》第十条第一款就规定了当事人不承担举证责任的情况，属于这七类情况之一的，当事人不承担举证责任，法官可以根据其认知，直接对事实作出判断，因此，自认规则无适用余地。

二是法律或者司法解释规定应由人民法院依职权调查收集证据的情形。如《民事诉讼法司法解释》第九十六条规定人民法院认为审理案件需要的证据包括：（一）涉及可能损害国家利益、社会公共利益的；（二）涉及身份关系的；（三）涉及《民事诉讼法》第五十五条规定诉讼的；（四）当事人有恶意串通损害他人合法权益可能的；（五）涉及依职权追加当事人、中止诉讼、终结诉讼、回避等程序性事项的。 当事人对于上述五方面事项的承认，均不产生自认的效力。

三是明显虚构的事实。自认，是对已经实际发生的事实的承认，不得与现有证据已经明显显示的真实情况不符或者与法院已经司法认知的事实相反，也不应是现有人类知识认为根本不可能的事实。法院的裁判，不应以明显虚构的事实为其基础。

四是关于身份关系诉讼的事实。涉及身份关系的案件，如婚姻关系案件、亲子关系案件、赡养、继承等案件，不适用自认规则，自认不发生效力。因为，这类案件涉及社会基本的伦理价值，关系基本人权（生存权、自由、人格平等）的保护，与社会的公序良俗直接相关，因此，法律采取干涉主义，限制当事人的自由处分。

五是无诉讼行为能力或限制行为能力的当事人的承认。无行为能力人或限制行为能力人认识能力与完全行为能力人有差距，为了保护无行为能力人和限制行为能力人的合法权益，法律不仅通过无行为能力制度和限制行为能力制度对其民事活动效果予以规范，同时也通过诉讼行为能力制度对其诉讼行为效果予以规范。当事人的诉讼行为能力，与其实体法上的民事行为能力标准一致。无诉讼行为能力、限制诉讼行为能力的当事人，应由其法定代理人代理诉讼；未成年人虽然是限制行为能力人，但属于实体法拟制的完全行为能力人的，享有完全的诉讼行为能力，其在诉讼中的自认产生自认的效力。不过，还应当注意的是，无行为能力人或限制行为能力人的未成年人，可以成为证人。根据我国《民事诉讼法》第七十五条的规定，凡是知道案件情况并能正确表达意思的人，都可以成为证人，故无行为能力人或限制行为能力人的未成年人与完全行为能力人一样，只要符合法律关于证人条件的规定，可以作为证人接受法院的询问，其对知道的情况的陈述，可以成为证人证言。

六、自认的撤回和无效

在诉讼中当事人一旦作出自认，不得随意撤回，即自认对当事人以及法院均有拘束力。如果自认当事人可以随意撤回，一是使对方当事人因自认免除了举证责任，其可能丧失证据保全的机会或者提出证据的能力，致使其在自认撤回后再承担举证责任时陷入举证困境，这无疑使其遭受程序突袭，可见，允许随意撤回自认，有违程序公正原则；二是允许随意撤回自认，实际使法院已经进行的相关审理程序因此被废弃，这不仅浪费了诉讼资源，增添了讼累，有时还可能使法院难以重新组织当事人举证、质证，影响诉讼程序顺利进行。但是，程序应由当事人主导和通过程序发现真实，毕竟是诉讼程序的公正价值，因此，在符合以下任一条件时，自认的当事人可以撤回其自认：其一，对方当事人同意其撤回；其二，自认当事人有充分证据证明自认是在受胁迫或者重大误解情况下作出的；其三，自认与已经形成的其他案件事实明显矛盾。

自认符合一定的条件，即应当无效。除本节上述内容已经介绍自认无效的情形外，诉讼实务中应当特别注意的是：第一，有充分证据证明自认损害了国家利益、社会利益和他人合法权益时，自认应当无效。这种自认不仅仅是不真实，其性质就是一种违法的诉讼行为，特别是在串通型虚假诉讼中，当事人往往利用自认以损害国家利益、社会利益和他人合法权益，实现其非法目的。法官应对自认依法认知，正确确定其效力；因自认处于不利地位的当事人，也可以主张该自认无效，以自认损害了国家利益、社会利益和他人合法权益而主张其无效的当事人，应当对此承担举证责任。第二，自认与已经形成的主要案件事实相矛盾时，自认也应当无效。这主要是因为：首先，当事人的自认不能与明显的事实相矛盾，如果当事人的自认与明显的事实相矛盾，自认不仅违背了事理逻辑，自认当事人也违背了其真实义务，如果此时法院仍然应受已不真实的自认的拘束，其裁判即丧失了公正的基础。其次，自认与已经明显的事实相矛盾，说明案件事实真相已经可以确认，此时的自认，即已经失去了适用自认规则分配举证责任的意义。

第三节　实务训练

一、案例讨论

（一）案例

甲购买了湖边花园小区 A 栋 1 单元 3 楼 301 号房屋，其装修时在浴室内安放了一个大型浴盆。甲安装该浴盆时，因该浴盆过大（10 平方米），安装时必须更改下水管道，因此曾遭到小区物管制止，但甲仍执意安装。乙也购买了该花园小区 A 栋 1 单元 201 号房屋，正好是甲住宅的下面一层。乙入住一年后，甲也搬入该花园小区居住。甲入住两个月后，乙的浴室吊顶及墙壁开始渗水，继而浴室及临近房屋顶面及墙面也出现大面积水渍印迹。乙与甲协商解决，甲否认乙家中房屋渗水与其安装大型浴盆有关，而主张是开发商房屋质量不合格所致。乙即起诉甲，要求其停止侵害、对乙的装修恢复原状，并赔偿乙遭受的损失 5 000 元。甲答辩称，乙的房屋渗水是由于开发商修建的房屋质量不合格所致，不是其安装浴盆所造成，乙的诉讼请求无事实根据，应驳回乙的诉讼请求。

乙提供了以下证据：一是其湖边花园小区 A 栋 1 单元 2 楼 201 号房屋其住宅房屋所有权证；二是该住宅《商品房质量合格证》；三是该住宅部分房间顶面渗水和水渍的照片，该照片显示，其顶面和墙面装修部分毁损。甲对上述证据的真实性、合法性均予以认可，但认为上述证据均不能证明乙主张的事实与甲的房屋装修有关。诉讼中，法院对乙住宅受损现场进行了勘验，其勘验结果与乙提供的现场照片显示的情况吻合。法院征求双方当事人是否申请乙住宅受损原因司法鉴定的意见，双方当事人均明确表示不申请。

（二）讨论

是否依职权对乙的住宅受损原因进行司法鉴定，合议庭有两种意见：

第一种意见认为，合议庭应当依职权对乙的住宅受损原因进行司法鉴定。因为，乙作为原告，其提供的证据尚不能证明其住宅所受损害与被告甲的装修行为具有因果关系，在现有证据情况下，合议庭既不能认定乙的主张成立，在没有穷尽证明手段之前，也不能以乙的主张证据不足驳回其诉讼请求，这有违司法公正。乙住宅受损原因的事实，是可以通过司法鉴定查明的。

第二种意见认为，在现有证据情况下，乙主张其损害是由甲的装修行为所致的事实可以认定。一是乙的房屋损害是因为屋顶面渗水所致，说明水是从屋顶上面渗透下来的；二是甲居住在乙的上面，而甲的房屋顶面及四周墙面无渗水现象，说明乙的住宅渗水与甲的住宅有关，与甲的住宅以上的其他住宅无关；三是甲安装浴盆时，曾更改过其住宅内下水管道，甲未提供其更改过的下水管道处防水处理质量合格的证据。根据“水往低处流”的自然规律，乙可以不承担损害原因的举证责任，在甲不能提供反证的情况下，可以认定乙的住宅所受损害是由甲的装修行为所致。本案没有必要由法院依职权决定对乙主张的损害原因进行司法鉴定，这样还可以使当事人节约诉讼成本。

最终，合议庭采纳了第二种意见，支持了乙的诉讼主张。案件判决后，双方当事人均服判。

二、案例分析

（一）案例

自然人甲、乙共同向自然人丙借款 1 500 万元，借期 3 个月，月息 2 分，由自然人丁提供连带责任保证，由公司法人戊在获得征地补偿款 1 000 万元时，以 1 000 万元为甲、乙提供连带责任保证。借款到期后，丙以甲、乙、丁、戊为共同被告，提起民事诉讼，请求甲、乙承担还本付息责任，丁、戊承担连带保证责任。

法院审理查明，丙仅能提供其向丁支付 1 500 万元的银行流水凭证，没有直接证据证明借款 1 500 万元按照约定已经交付给甲、乙。丁不能提供接受甲、乙授权代表甲、乙收受该借款的证据，也不能提供将该 1 500 万元交付给甲、乙的证据。甲、乙在诉讼中承认得到了该 1 500 万元借款。戊答辩称，丙未向甲、乙交付借款，借款合同未生效，且戊的保证是附有条件的，即获得 1 000 万元土地补偿款之后，而直至丙起诉时，戊仍未获得该土地补偿款。因此，戊不应承担保证责任。甲、乙关于收到借款的自认不真实，损害了戊的合法权益。法院另查明，在丙提起民事诉讼时，戊尚未收到征地补偿款 1 000 万元。

（二）分析

如何认识甲、乙自认的效力？

思考方向

甲、乙承认收到向丙借的 1 500 万元的自认，与证据显示的案件主要事实是否存在矛盾？

第十七章　证明活动法律实务

当事人应当根据举证责任向法院提供证据证明其主张，同时，还应当根据证据规则向法院提供合乎要求的证据进行证明活动，即一方面其提供的证据应当具有证据能力和证明力，另一方面其证明应当达到一定的证明标准。虽然证据的审核认定是法官审判权的范围，但法官对证据的审核认定是建立在当事人举证、质证和辩论基础上的，因此，当事人举证、质证以及辩论的质量，无疑对法官关于证据的审核认定具有重要影响。

第一节　证据能力

证据能力，就是指在具体诉讼中，某项证据材料具有可以被采纳为证据的价值或者可以作为证据来使用。因此，证据能力，又被称为证据资格。证据能力是证据在法律上的本质属性，在我国，证据能力体现为证据的三性，即证据的真实性、合法性和关联性，证据材料同时具备这三方面的属性，即可以作为证据被采纳，否则应当从证据中予以排除，不能作为证据使用。证据这三方面的属性是统一的，对证据能力的判断就是对证据真实性、关联性、合法性的具体判断。

一、证据真实性的实务问题

证据的真实性是指证据必须是客观的情况，因此证据的真实性又可以称为证据的客观性。它包括两个方面：一是证据内容必须具有真实性，即证据在内容上必须客观反映了待证事实的存在或者不存在的某些情况。正因为如此，法官才能通过证据获得对案件事实的客观认识。二是证据的存在形式也必须是真实的，即证据的形式是其内容的真实表现。证据必须具备客观存在的形式，还在于，证据必须是人们可以某种方式感知的东西。无论是物证、书证，还是证人证言、鉴定结论，都必须有其客观的外在表现形式，都必须是看得见摸得着的东西。如果对案件有关情况的反映仅存在于某人的大脑之中，没有以证人证言或当事人陈述等形式表现出来，那它就不是证据。如《最高人民法院关于民事诉讼证据的若干规定》第十一条规定："当事人向人民法院提供证据，应当提供原件或者原物。如需自己保存证据原件、原物或者提供原件、原物确有困难的，可以提供经人民法院核对无异的复制件或者复制品。"。

在诉讼实务中对证据真实性的判断，应当从证据本身的客观性与其表现形式的客观性这两方面加以认识。证据本身的客观性与其表现形式的客观性是统一不可分的，一般证据本身不具有客观性，其形式也不具有真实性；其形式不具有客观性，证据也不具有真实性。但是，在诉讼实务中，证据本身的客观性与证据形式的客观性，并不总是统一的，其统一性有时会因种种原因而呈现出分离的情况，如遭到人为的破坏等。证据本身的客观性与其形式客观性发生分离，证据材料即失去了真实性，因而不具有证据能力。但是，如果能够通过辅助证据证明证据材料本身及其形式客观性的统一及其分离的原因，证据仍然具有真实性。

证据的真实性，是人的主观对客观的一种反映，因此这种反映必然离不开人的主观能动性的影响，如事实必须能够被陈述，作为客观事实的证据也不例外。陈述往往因人的认识能力以及表述能力而有所差异。另外，当事人因利益冲突的影响，有时也不能客观地认识证据的属性，这就使证据的真实性可能被假象所遮蔽。可能有人认为，物证就是纯客观的证据，其中不可能有人的任何主观因素。本书认为，物证本身是客观的，没有人的主观因素，但不等于说，人对物证的认识没有人的主观因素。没有人的主观认识，物证自身不能陈述任何问题，因此也不能“自动”证明案件中的任何问题。人要利用物证证明案件中的有关事实，物证就不能脱离人的意志，就必须依赖于有关人员有意识的证明活动。由于任何证据在不同程度上都包含有人的主观因素，这既是司法人员依靠证据处理案件时可能发生错误的根源之一，也是司法人员必须对各种证据认真审查评断的原因之一。企业法律实务工作者，不能消极对待证据真实性的判断，应当能动地利用其专业知识和技能，在诉讼中尽可能准确表述证据的真实性或揭示其假象，配合法官对证据的认证。

证据真实性的判断，要注意传闻证据的排除问题。传闻证据是指未出庭作证的其他人所作的被作为证据提出的陈述，其特征主要是：第一，它是由未出庭的人所为的一种陈述；第二，该陈述可能采取口头形式，也可能采取书面形式、视听传输技术或者视听资料；第三，该陈述与证明案件事实的真实性有关。由于传闻证据不是在法庭上当面陈述的，变相剥夺了当事人询问证人的权利，因此，在英美法系中，有所谓传闻排除规则，该规则是指，除法律另有规定外，传闻不得采纳为定案的依据。在我国，《民事诉讼法》第七十六条规定：“经人民法院通知，证人应当出庭作证。有下列情形之一的，经人民法院许可，可以通过书面证言，视听传输技术或者视听资料等方式作证：（一）因健康原因不能作证的；（二）因路途遥远，交通不便不能出庭的；（三）因自然灾害等不可抗力不能出庭的；（四）其他有正当理由不能出庭的。”本书认为，这一条法律规定与英美法国家法律中的传闻排除规则主要意旨一致，该条关于除特殊情形外证人必须出庭作证的规定，就是对传闻排除的原则性规定；该条对符合法律规定的特殊情形不能出庭作证的证人，经法院同意可以提供其陈述的规定，则属于特殊情形的传闻可以采纳为证据的规定。于2020年5月1日起施行的《最高人民法院关于民事诉讼证据的若干规定》第六十八条第三款明文规定：“无正当理由未出庭的证人以书面等方式提供的证言，不得作为认定案件事实的根据。”

二、证据关联性的实务问题

证据的关联性，就是证据与案件待证事实之间存在一定的联系，这种联系使证据能够全部或部分地说明案件待证事实存在还是不存在的客观情况，故又可以称为证据的相关性。对此，我们可以从以下三点来理解：第一，证据的关联性就是证据与待证事实之间的某种固有关系，这种关系的特性既存在于证据当中，也存在于待证事实当中，由此使证据与待证事实具有某种统一性；第二，证据的关联性是证据的内在属性，是人们认识证据能力的一个要素，虽然证据与待证事实的关联关系，有时是制度性的产物（如法律推定），但立法者一旦以规则的形式确定某种行为或者事件具有某些特征时的法律性质，也就赋予了呈现这种行为或者事件情况的事物所具有的证据能力属性。但是在具体案件中，证据能力则是不依赖于当事人或者法官主观意志的客观属性；第三，这种关系呈现的是待证事实存在或不存在的客观情况，与待证事实缺乏关联性的事物，不能呈现待证事实的客观情况，因此不具有证明能力，不能作为定案的依据。

证据与待证事实之间的关联关系，主要有以下类型：一是直接联系与间接联系。直接联系是证据能够单独直接证明案件的主要事实，此时证据为直接证据，但是，由于证据与待证事实的直接联系有不同的程度，因此不同的直接证据对案件主要事实的证明程度也有所不同。间接联系就是证据是与案件事实相关的某一方面的生活事实的联系，是案件事实存在或不存在的时间、地点、环境、条件、原因、结果等某一或某些方面的因素，这些因素不能单独直接反映案件主要事实的存在或不存在，只能结合起来从整体上共同反映案件主要事实存在或不存在的情况。因此，这种证据，也称为间接证据。二是必然联系与偶然联系。证据与待证事实之间的必然联系，就是二者之间存在一定如此的、确定的关系，因此是可靠的；而证据与待证事实的偶然联系，则是一种并非一定如此的关系，二者之间的关系具有或然性，因此是不可靠的。但是，由于必然性寓于偶然性之中，没有纯粹的必然性，而偶然性则是必然性的表现形式，没有脱离必然性的偶然性，二者具有统一性，因此，在诉讼实务中，应当注意从偶然性现象的分析中发现证据与待证事实的必然联系，既要从偶然性入手发现必然性，又要排除偶然现象对必然性认识的干扰；还要注意偶然性与必然性可能的转化，不能僵化必然性与偶然性区分的认识。在证据与待证事实的关系上，一般情况下的偶然联系，有时具备特定条件则可能成为必然联系，反之亦然，一般情况下的必然联系，有时欠缺特定条件则可能转化为偶然联系或者根本不存在任何联系。三是证据与待证事实存在过程的关联关系。待证事实是一个过程，与之关联的证据，可能与待证事实并存始终，也可能仅与待证事实存在过程的某个阶段或某个节点关联，待证事实不同阶段或者节点关联的证据，其证明力可能不同，有时甚至矛盾。如书面合同，可能与履行行为伴随始终，也可能被后来的实际履行行为补充、变更或者替代。在诉讼实务中，要注意正确判断证据与待证事实存在过程的关联情况，避免证明活动发生以偏概全等错误。

民事诉讼证据规则与刑事诉讼证据规则不同点之一，就是刑事诉讼严格排除品格证据，而民事诉讼则是以排除品格证据为一般原则，在特殊案件如婚姻家庭案件中可以采用品格证据。故在证据相关性判断过程中，一般民商事案件要注意品格证据的排除。这里所指的品格，就是以社会公共道德为标准，对人所具有的基本道德伦理素质的评价。品格不能作为案件事实的证据，是因为品格是社会对当事人或者证人基本素质的评价，这种评价与案件主要事实缺乏关联性。但是，品格证据在一般民商事案件的诉讼中并非丝毫没有作用，有时适当采用品格证据，可以补强直接证据或间接证据的证明作用，使案件裁判产生很好的社会效果，有助于社会伦理道德水平的提升。在某些婚姻家庭案件中，根据法律的规定，品格证据与待证事实则具有关联性，可以作为定案的依据。如我国《民法典》第一千零七十九条第三款第（三）项规定，一方有赌博、吸毒等恶习屡教不改的，调解无效应准予离婚，即是其一。又如探望权纠纷案件中，该法第一千零八十六条第三款规定，父或母探望子女不利于子女身心健康的，由人民法院依法中止探望的权利；中止的事由消失后，应当恢复探望的权利。在婚姻家庭案件中可以采用品格证据，是因为民事主体的品格往往对婚姻家庭关系的稳定和子女的健康成长具有重要影响，法律不得不予以干预。

三、证据合法性的实务问题

证据的合法性，就是证据的收集、证据的种类及形式应当合乎法律的规定，证据必须经过合法程序的审查，等等。诉讼证据是法律的产物，应当符合法律的要求，才能用于证明案件待证事实。证据的合法性是在证据的客观性和关联性基础上产生的另一属性，是法律对具有证明价值的事物合法利用的规范，法律的应然性不仅限定了证据的实然性，而且其本身也成为证据不可或缺的品质，与证据的真实性和关联性一道，共居于证据统一体之中。“特定的物质客体可能具有赋予它们的非物理性质”[①]，证据的合法性就是一种非物质属性，非物质属性也是人们能感觉到的实在，因此，本书认为，在个案中的证据合法性，虽然是一种非物质属性，但也是客观的。

民事诉讼证据的合法性，一是指证据的收集或取得应当符合法律的要求。首先，任何行为都不得违反法律禁止性规定，证据的收集或取得亦然。如不得采取胁迫、欺骗的方式收集或者获取证人证言；不得租借有资质的鉴定机构名义或者假冒有鉴定资格的人员名义作出鉴定结论；等等。其次，不得以损害他人合法权益的方式收集或者获取证据，如私自在他人私密的空间安装摄像头获取影音资料、盗取或者抢夺他人账册、技术资料或者未公开的商业资料等等。二是指证据种类应当符合法律的规定，我国《民事诉讼法》第六十六条第一款规定证据的种类有八类，即当事人陈述、书证、物证、视听资料、电子数据、证人证言、鉴定意见、勘验笔录。民事诉讼中的证据，应当属于上述种类中的某一类，不能归入上述种类的证据材料，不能作为证据使用。三是指证据的表现形式应当符合法律的规定。一方面，证据要符合证据本身的一般表现形式。如书面证人证言应当是证人陈述其知道案件情况的记载，不是经整理的文字材料；鉴定意见必须说明鉴定的根据和方法，并由鉴定人员签字并加盖鉴定机构印章；等等。另一方面，民事实体法规定的某些要式民事行为，其证据的形式往往也是特定的，如证明不动产抵押担保有效的证据，只能是不动产抵押担保登记及其凭证。四是指证据必须在法庭上出示，并经当事人质证，未在法庭上出示并经当事人质证的证据材料，不得作为定案的证据使用。

证据的合法性审查，就是要根据《最高人民法院关于民事诉讼证据的若干规定》关于证据的审核认定的规定，排除非法证据。在诉讼实务中，有两个问题值得注意：一是对私拍、私录的音像材料是否可以作为证据使用，应当具体分析。私拍私录的视听资料分为两种情形，一种是在通常的经济交往活动中私拍私录与对方当事人的谈话和交互行为，另一种是没有与对方发生交谈或者交互行为，而是采取跟踪、隐藏等方式，在他方对己方不公开的场合私拍私录获取的音像资料。前一种私拍私录，虽然拍摄、录制是秘密进行的，未取得对方的同意，但这样的行为一般都是在公开的场所、地点进行，与隐私或商业秘密无涉，通常不会侵害被拍摄者、被录制者的隐私权或者商业秘密。后一种私拍私录行为，涉及对方当事人与第三人之间的关系，往往会涉及隐私或者商业秘密问题。所以，在与己方通常的经济交往活动中私拍私录的证据材料，其取证方式并不违法，而对方在对己方并不开放的场合，己方私拍私录所形成的视听资料，则可能侵害对方的合法权益而不具合法性，应当予以排除。当然，非法

① 尼尔·麦考密克、奥塔·魏因贝格尔：《制度法论》，周叶谦译，中国政法大学出版社 1994 年版，第 14 页。

证据的排除，常常会遇到实体公正与程序正义、目的合法与手段违法、保护自己合法权益与侵犯他人合法权益等等矛盾与冲突，由于社会生活的广泛性和利益关系的复杂性，法律不可能对哪些情形应当排除哪些不予排除一一作出规定，因此在很多个案中，法官是以法律规定和司法解释的规定为价值取向，采取利益衡量方法进行分析，从而作出排除与否的决定的。

在排除非法证据过程中，还应当注意瑕疵证据与非法证据的区别。所谓瑕疵证据，就是指证据能力存在某些缺陷的证据，2020 年 5 月 1 日起施行的《最高人民法院关于民事诉讼证据的若干规定》第九十条规定了五类瑕疵证据：（一）当事人陈述；（二）无民事行为能力人或者限制民事行为能力人所作的与其年龄、智力状况或精神健康状况不相当的证言；（三）与一方当事人或其代理人有利害关系的证人陈述的证言；（四）存有疑点的视听资料电子数据；（五）无法与原件、原物核对的复印件、复制品。对瑕疵证据，不能适用非法证据排除规则，应适用瑕疵证据规则，即瑕疵证据不能单独作为认定案件事实的依据，需要与其他证据结合，使其瑕疵得到弥补，才能作为证据使用。

第二节　证据证明力与证明标准

一、证据证明力

证据证明力，是指证据对于案件待证事实有无证明作用以及证明作用大小的情况，它是证据证明价值的表现。从证明价值的角度来看，证据证明力即可分为形式证明力和实质证明力。证据的形式证明力，就是证据具有证据资格，在形式上可以作为证据使用；证据的实质证明力，就是证据能够实际证明待证事实的情况。证据的形式证明力是其实质证明力的前提，有形式证明力，才可能有实质证明力，无形式证明力就不可能有实质证明力，但是，有形式证明力，则不一定有实质证明力。法官一般不仅仅审查证据的形式证明力，还要对证据的实质证明力进行审查，最终才能确定证据的证明力。这一点，在诉讼实务中分析证据证明力时，应格外予以注意。如书面合同与双方实际履行行为，双方实际履行行为变更了书面合同的某些约定，书面合同的约定即仅有形式证明力，而实际履行行为则不仅具有形式证明力，同时还具有实质证明力。

在我国，法官对证据证明力的判断，原则上由法官根据自由心证决定，但是，法律和司法解释根据不同情况规定了证据证明力判断规则或者原则的，法官也要遵循这些规则和原则。

1. 完全证明力规则

这是就单个证据证明力的判断规则。具有完全证明力的证据，就是可以单独起到证明作用的证据，对方当事人虽然提出异议但没有足以反驳的相反证据，对这类证据，人民法院应当确认其证明力。在我国民事诉讼中，具有完全证明力的证据主要有：（1）书证原件或者与书证原件核对无误的复印件、照片、副本、节录本；（2）物证原物或者与物证原物核对无误的复制件、照片、录像资料等；（3）有其他证据佐证并以合法手段取得的、无疑点的视听资料或者与视听资料核对无误的复制件；（4）一方当事人申请人民法院依照法定程序制作的对物证或者现场的勘验笔录；（5）人民法院委托鉴定部门作出的鉴定结论，鉴定人出庭接受当事人质询，当事人没有足以反驳的相反证据和理由的；（6）具有真实性、合法性、关联性的电子数据；（7）一方当事人提出的证据，另一方当事人认可或者提出的相反证据不足以反驳的，人民法院可以确认其证明力。一方当事人提出的证据，另一方当事人有异议并提出反驳证据，对方当事人对反驳证据认可的，可以确认反驳证据的完全证明力；（8）自认。

2. 证明力补强规则

某些证据本身不能单独作为认定待证事实的依据，需要与其他证据一起才能证明某一待证事实，这类证据就是不具有完全证明力的证据。根据《最高人民法院关于民事诉讼证据的若干规定》第九十条，对不具有完全证明力的证据种类作了明确规定，这类证据的证明力需要其他证据予以补强。只有在其他证据以佐证方式补强这类证据证明力之后，这类证据才可以作为定案的依据。以其他证据补强这类证据证明力的规则，就是证据补强规则。上述证据未经补强即用作定案依据，产生两方面的问题：一是违反证据规则，属于程序违法；二是裁判认定事实不清。这两方面的错误，都可能因当事人的上诉而致本案被发回重审。

3. 最佳证据原则

在数个证据对同一事实都有证明力的情况下，其证明力大小，应当按照最佳证据原则进行判断。最佳证据原则，主要是最高人民法院根据我国司法实践，借鉴了英美法中最佳证据规则而确定的一项证据判断原则。英美法中最佳证据规则的含义主要是，对案件中的待证事实只能采用可能得到的最令人信服的和最有说服力的有关证据方式予以证明[①]。在我国，之所以称为最佳证据原则，意在为法官提供此类情况下判断证据证明力大小的方向性指导，但案件证据有其他特殊情况时，如当事人举出了足以推翻优势证据的证据后，不能机械地、绝对地适用最佳证据原则判断证据的证明力，还是应当根据实际情况对证据证明力进行判断，并据此认定案件事实。我国民事诉讼中的最佳证据原则，主要体现在以下几方面：

（1）国家机关、社会团体依职权制作的公文书证的证明力一般大于其他书证。对公文书证及其证明力的判断，主要应从公文书证制作的主体、程序、公文书证的种类以及格式四个方面把握。公文书证制作主体，只能是有职责的国家机关、社会团体，企事业单位无职权开展公务活动，因此不是公文书证的制作主体。公文书证一般有严格的制作和审核批准程序，如一般有拟文、审核、签发、登记、盖印、发送等程序，不符合制作程序的公文书证，可能存在程序违法的情况，在未补正之前，一般不具有证明效力。行政机关的公文，还应当有一定的种类和相应的格式，其种类和格式可以参照中共中央办公厅、国务院办公厅发布的《党政机关公文处理工作条例》（中办发〔2012〕14号）规定的公文要求、种类和格式进行判断。

（2）物证、档案、鉴定结论、勘验笔录或者经过公证、登记的书证，其证明力一般大于其他书证、视听资料和证人证言。这是因为，物证、档案、鉴定结论、勘验笔录或者经过公证、登记的书证，在证据关联性、合法性与其他书证、视听资料和证人证言这两项属性相当的情况下，其真实性相对高于其他书证、视听资料和证人证言。一者，物证、档案、鉴定结论、勘验笔录或者经过公证、登记的书证本身不易被伪造，即使伪造，往往也会留下伪造的

① 最高人民法院民事审判第一庭：《民事诉讼证据司法解释的理解与适用》，中国法制出版社2002年版，第368页。

痕迹而容易证伪；二者，档案往往是在民事纠纷发生之前形成，而鉴定结论、勘验笔录或者经过公证、登记的书证，均有严格的程序和方法保障其真实性，其可信度往往也较高。虽然物证、档案、鉴定结论、勘验笔录或者经过公证、登记的书证具有较大的证明力，但并不意味反驳的当事人无权举证推翻之，因此，其证明力优势也是相对的。

（3）原始证据的证明力一般大于传来证据。原始证据与传来证据，是根据证据来源不同对证据所作的划分，原始证据就是直接来源于案件客观事实的证据，其原始出处就是民商事活动本身，如书证原件。传来证据不是直接来源于案件事实的证据，其出处不是原始的，而是通过间接的非第一来源如复制、转述、转手等中间环节形成的，即从原始证据派生出来的证据。原始证据与传来证据同案件事实的联系不同，原始证据与案件事实有直接的联系，在原始证据与案件事实之间，没有中间环节，往往是案件事实直接留下的痕迹、证人直接的感知等等，因此，其可靠性相对较大。传来证据则是原始证据通过中间环节派生的，在通过中间环节形成过程中，由于种种原因，其存在差错的风险，因此失真的可能性较大，故其可靠性相对较小。原始证据与传来证据以上两方面的区别，决定了原始证据证明力与传来证据证明力的差异，原始证据证明力大于传来证据。因此，当事人向人民法院提交证据时，首先应当提交原件或者原物，如果需自己保存证据原件或者原物的，或者提交原件、原物确有困难的，可以提供经人民法院核对无异的复制件或者复制品。在证据质证时，应当注意审核对方提交的证据来源，其来源不清或者有疑问的，可以要求对方说明并证实其来源，以确定其属于原始证据还是传来证据，并据此确定其证明力情况。

（4）直接证据的证明力一般大于间接证据。根据证据与待证事实的联系，可将证据分为直接证据与间接证据。所谓直接证据，就是指能够直接地、单独地证明案件主要事实的证据；所谓间接证据，就是指不能直接地证明案件的主要事实，只有与其他证据结合组成一个完整体系时，才能证明案件主要事实的证据。直接证据与间接证据的区别主要是：直接证据与案件主要事实具有直接联系，因此其对案件主要事实具有直接的证明力，间接证据与案件主要事实没有直接联系，因此其对案件主要事实没有直接的证明力，其只有与其他证据结合并形成证据锁链，才能共同起到证明作用。当然，在诉讼实务中，直接证据与间接证据不仅仅是证明力的比较，其相互关系错综复杂，有时直接证据被对方当事人隐藏难以获得时，间接证据可以提供相应线索，使举证责任转移于对方当事人；在无直接证据的情况下，间接证据可以成为寻找其他间接证据的向导，使案情得到证明；在直接证据与间接证据相结合时，间接证据往往又是直接证据的有力佐证。

（5）证人提供的对与其有亲属或者其他密切关系的当事人有利的证言，其证明力一般小于其他证人证言。证人证言是指知道案件真实情况、能够正确表达意志、接受人民法院传唤的自然人，向法庭作出的关于其知道的案件真实情况的陈述。证人陈述的案件情况受证人意志的支配，证人对事物的认识能力，证人的立场、价值观、情感、方法等因素都对证人意志产生影响，虽然证人知道案件真实情况，但如果证人与当事人有亲属关系或者其他密切关系，往往会因此作出有利于该当事人但在一定程度上却不符合实际情况的陈述，其证言的真实性、客观性因而受到影响。作为言辞证据，与当事人有亲属关系或者其他密切关系的证人证言，相较其他证人证言，其证明力一般要小，这既是审判实践经验的总结，也符合一般生活常识。我们认为，规则既存在于系统中，即规则必须符合制度理性，规则也存在于常识中，即规则必须符合生活理性。在诉讼实务中，还应当注意的是，有时企业员工也可能成为企业涉诉行为的证人，企业员工提供的有利于企业的证言，根据这一规则，其证明力也小于其他证人的证言。同时，这一规则实际是一个推定，因此，因适用此规则受到不利益的当事人，可以举证反驳，推翻这一规则的适用。

4. 对证据综合判断的原则

在一般情况下，仅凭单一证据难以达到证明案件事实的目的，同时，在绝大多数案件中，也存在多数证据，案件中的证据不仅仅与案件事实具有关联，同时相互之间也具有关联。因此，单一证据的审核认定和全部证据的综合审核判断，是认定证据的两个不同的环节和阶段，对单一证据的审核认定，是从单一证据与案件事实之间个别联系入手，解决单一证据有无证据能力、有无证明力以及证明力大小强弱的问题；而对案件全部证据进行综合审查判断，则是根据各个证据与案件事实的比较关联程度以及各个证据相互之间的一致性情况，判断证据整体的综合证明情况，以解决案件事实是否达到了证明标准的问题。《最高人民法院关于民事诉讼证据的若干规定》第八十八条规定："审判人员对案件的全部证据，应当从各证据与案件事实的关联程度、各证据之间的联系等方面进行综合审查判断。"这一规定，虽然明确的是审判人员在民事诉讼中对全部证据综合审核判断应当遵循的原则，但对涉诉企业法务工作人员证明活动也具有规范的指导意义。

对证据的综合审查判断，首先就是在对各个证据审查判断的基础上，将各个证据证明作用综合起来判断，以确定其整体上的证明效果，是否全面地而不是片面地呈现了案件事实。由于诉辩双方往往提供的是不同类别的证据，在综合判断时，要将其看作不同类别的证据形成的组合，在同一组合中，各个证据之间应当是协调一致的关系，因此，要对双方当事人的证据组合进行比较，以确定哪一方的证据组合更协调一致地指向待证事实。如果一方全部证据的组合中，证据相互之间存在矛盾或者相互联系不如另一方全部证据协调和联系紧密，就可以确定其综合证明的结果不如另一方证据的综合证明的结果更接近客观真实。

二、证明标准

现代民事诉讼，采证据裁判主义和自由心证主义，法官应当根据证据证明的结果，依法按照自由心证认定案件事实。一方面，通过对案件证据的审查、判断、认证，法官在其内心形成对事实的判断，另一方面，法官对事实的这种判断应达到其内心确信的程度，即形成心证。当事人对案件事实的证明应达到法官形成心证的程度，就是证明标准。德国著名学者汉斯·普维庭曾言："证明尺度（有时也称证明标准、证明额度或者证明强度）则是一把尺子，衡量什么时候证明成功了；证明尺度也决定对某个具体内容的法官心证，它决定着法官必须凭什么才算得到了心证。"①在我国民事诉讼中，对案件待证事实的证明，一般应达到高度盖然性的证明标准；对法律规定的某些特殊类型的案件，则应达到排除合理怀疑的证明标准。

① [德]汉斯·普维庭：《现代证明责任问题》，吴越译，法律出版社2000年版，第91页。

1. 高度盖然性的证明标准

盖然性是人们对事物发展概率情况的一种判断，高度盖然性是人们对事物发展具有高度概率但还达不到逻辑必然性认识的一种不得已的思维方法。所谓高度盖然性证明标准，就是将高度盖然性的思维方法运用于民事诉讼中，在当事人提出的证据对待证事实的证明无法达到确实充分的情况下，如果一方当事人提出的证据已经证明该事实发生具有高度盖然性时，法官即可确认该事实。高度盖然性证明标准，理论上一般认为，法官通过证据虽未形成对事实必定如此的确信程度，但内心却形成了事实极有可能或非常可能如此的判断。采用高度盖然性证明标准，一是因为，在对待证事实的证明无法达到确实充分的情况下，认定盖然性高的事实发生，较认定盖然性低的事实发生，更接近于真实；二是因为，高度盖然性是法官对当事人证据证明力比较的认识结果，具有相对性，一方面，双方当事人对待证事实分别举出相反的证据，但都没有足够的依据否定对方的证据，在这种情况下，法官可以根据自由心证的规则，对双方证据的证明力大小进行自由裁量；另一方面，法官根据对双方当事人证据证明力大小比较的结果，可以采信证明力较大的证据作为认定案件争议事实的依据。这样，即可以使部分达不到证据确实充分的案件事实得到认定，避免了久拖不决、难以下判的情况发生。三是因为，高度盖然性较证据确实充分的证明标准要低，从而降低了民事案件的证明难度，减少了案件事实真伪不明时法官不得已适用证明责任进行判决的情况。如《最高人民法院关于民事诉讼证据的若干规定》第八十六条第二款规定："与诉讼保全、回避等程序事项有关的事实，人民法院结合当事人的说明及相关证据，认为有关事实存在的可能性较大的，可以认定该事实存在。"

高度盖然性证明标准，是通过证据证明力的比较实现的。在双方当事人对待证事实分别举出相反的证据，但都不足以否定对方证据的情况下，就需要比较正反两个证据证明力大小，以确定哪方证据证明力明显大于另一方证据证明力。证据证明力的比较，应当遵循证明力判断规则。在正反两方面证据来源都具有合法性的情况下，证据证明力大小的比较，主要就是其真实性和关联性的比较。如果正反两个证据的真实性相当，但其中一方提供的证据与待证事实的关联性明显要强，法官就会确信这个证据的证明力明显大于另一方提供的证据的证明力。证据与待证事实的关联性的比较，可以从以下几方面进行：一是直接证据与间接证据的比较，直接证据与间接证据并存情形下，直接证据证明力大于间接证据；二是正反两个证据都是直接证据的情形下，一般可以从两个证据形成的原因、条件、时间先后等因素进行分析，确定哪一个证据证明力较大更加合理；三是正反两个证据均是间接证据情形下，则需要将所比较的证据分别放入其证据关系中进行分析，确定其与其他证据是否形成了证据锁链，形成证据锁链的间接证据，其证明力大于未形成证据锁链的间接证据。如果两个证据与待证事实的关联性相当，就需要对证据的真实性进行比较并做出取舍。证据真实性的比较，主要是原始证据与传来证据、出庭作证的证人证言与传闻证据、具有完全证明力的证据与需要补强证明力的证据的比较。原始证据与传来证据并存时，原始证据证明力大于传来证据。正反两个证据均是原始证据时，可以从待证事实分别形成两个证据的时空距离以及原因力、行为指向与行为场合的关系等因素进行分析，确定证据证明力大小。对证人证言的比较，要注意传闻证据排除规则的适用；同时，证人与当事人存在亲属或者其他密切关系时，其提供的对其亲属或者其他密切关系的当事人有利的证言，其证明力一般小于其他证人证言。除对单个证据证明力进行比较外，法官还要对多个证据证明力进行综合判断，以确定哪一方的证据总体上对待证事实的证明，更加符合高度盖然性的标准。

2. 排除合理怀疑的证明标准

在民事诉讼中，除了高度盖然性证明标准外，对某些类型的案件，适用的是排除合理怀疑的证明标准。《民事诉讼法司法解释》第一百零九条规定："当事人对欺诈、胁迫、恶意串通事实的证明，以及对口头遗嘱或者赠与事实的证明，人民法院确信该待证事实存在的可能性能够排除合理怀疑的，应当认定该事实存在。"在高度盖然性标准之外，对欺诈、胁迫、恶意串通、口头遗嘱或者赠与等民事案件事实的证明，适用排除合理怀疑的证明标准，虽然理论上仍有不同的观点，但是，我们认为，证明标准的类型化，使证明标准更加符合不同类型的民事案件不同的证明需要，为法官在裁判活动中认定案件事实提供了更加类型化的科学指导，使纠纷解决的司法程序更加公正，也使实体法和程序法对合法民事权益的保护更加切实合理，因而，证明标准的类型化，无疑是证据制度的一种进步，值得赞同。在美国的民事司法实务中，法院也是采取多元证明标准的。"在大部分民事案件中，双方当事人的道德成本相等，因此当事人承担较为可靠的说服责任即可。在少数民事案件中，因某一民事争议而可能产生多种错误，其中一种错误可能比另一种错误的道德成本更大，因此是当事人要承担确凿可信的说服责任。"①

排除合理怀疑的证明标准，是建立在人们对案件事实的认识最大可能地接近于客观真实的基础之上的。排除合理怀疑，是刑事案件的证明标准，其证明要求高于高度盖然性的一般民事案件证明标准，而对欺诈、胁迫、恶意串通、口头遗嘱或者赠与等民事案件事实的证明，适用排除合理怀疑的证明标准，说明这几类民事案件事实的证明标准，高于其他民事案件事实的证明标准，与刑事案件事实的证明标准一致。适用排除合理怀疑的证明标准，就是在案件事实认定的过程中，一方面，事实的合理疑点均被排除，可靠性得到有力的证明；另一方面，事实不存在的结论没有合理的理由支持，法官相信其认定的事实是唯一的结论。

排除合理怀疑中的"怀疑"，通常指人们对某命题内心存有疑问的一种心理状态，在司法程序中，就是指法官对案件事实的认识仍然还有疑问而不能确信。由于诉讼对抗的本质决定了对案件事实的怀疑其数量可能是很多的，因此，排除合理怀疑的标准，并不是要求排除案件中的一切怀疑，需要排除的仅是"合理"的怀疑。合理怀疑，即是一个具有正常心理状态和智力水平的司法人员，在充分了解证据情况并对案情进行分析的基础上所产生的对案件事实关键环节的怀疑，它是根据证据情况、一般性知识及生活常识产生的现实性怀疑，而不是"想象的怀疑""推测的怀疑"以及对案件主要事实的认定没有影响的怀疑。合理怀疑的范围，可以是对单个要件事实的前提、推论和结论的怀疑，也可以是对全部要件事实要素的怀疑。

对"合理怀疑"的排除，在诉讼实务中，通常采取证据疑点排除法或矛盾排除法。有矛盾就有可疑之处，矛盾解决的过程就是合理怀疑消除的过程，也是心证形成的过程。疑点排除方法的要点，一是发现疑点，即对证据和事实作合理怀疑检验，注意发现矛盾与可疑之处；二是进行疑点验证，即用经验和逻辑法则验证怀疑是否合理。如果存在矛盾，属何种性质，是根本性矛盾还是非根本性的，能否合理解释，是否可能解决；三是进行疑点排除，通过证

① [美]迈克尔·D. 贝勒斯：《法律的原则——一个规范的分析》，张文显等译，中国大百科全书出版社1996年版，第68页。

据综合分析，以及进一步收集运用证据，看疑点和矛盾能否消除，最终确定事实可否认定。

3. 司法认知

案件事实的证明，与司法认知有着密切的关系。所谓司法认知，是指法官在案件审理过程中，对案件所涉某些无需当事人举证证明的特定的事项，根据自身的理解和推理，对其真实性直接予以确认的思维方式。在诉讼实务中，可以从以下几点对司法认知予以理解：首先，司法认知的事项，是根据证据规则当事人不承担举证责任的事项，如众所周知的事实、科学定理等，同时，也包括当事人承担举证责任的事项中涉及的法官需要进一步理解的特定问题。后一种情况，往往是当事人举证之后，法官对证据与待证事实的实质联系仍需要进一步认识，此时，法官需要认识的问题，属于法官对证据和事实主观理解的范围，不属于当事人举证的范围。其次，司法认知，实质上是法官对裁判对象承担的知悉义务。证据与事实之间，不是一一对应的现象的联系，尽管当事人已经举证，但实质上是否证明了案件事实，也就是证据与案件事实是否具有内在联系，有时仍然存在需要正确理解的问题，特别是证据与案件事实涉及法官并不知悉的事项时，法官对证据与案件事实及其关系，就需要从现象深入到本质、感性上升到理性加以认识。因此，法官对案件审理中所涉及的某些特殊事项的知悉义务，是法官审判职责的内容之一。再次，正因为如此，不仅法官可以依职权决定对不属于当事人举证的特殊事项进行司法认知，当事人也有权向法官申请对有关事项予以司法认知。对于当事人司法认知的申请，法官根据案件情况和其对当事人申请认知事项的理解，可以同意也可以不同意。无论是法官依职权还是依当事人申请进行的认知，均应向当事人公开认知的结果和理由。法官在其认知过程中，可以利用其掌握的普遍性知识衡量证据和理解案件事实，但不得利用其个人的偶然知识补充证据的意义，否则，极易产生偏见。在企业涉诉过程中，企业法务人员可以根据司法认知的性质、范围、要求和方式，不失时机地申请法官对案件特定问题予以司法认知，或者对法官司法认知的结果是否公允，作出正确恰当的判断。

第三节　实务训练

一、案例讨论

（一）案例

原告甲诉称：其与第三人乙于 1990 年登记结婚，2011 年离婚。2001 年，甲所在单位集资建房，甲、乙要了一套住房，一间一层 17 平方米的门面，集资款通过银行按揭贷款，门面每月偿还银行贷款 100 元。同年，乙将门面交甲同事丁的丈夫丙占有使用。丙对该门面进行了装修，并出租给多人使用至今。2012 年甲办理了该门面所有权证，并向人民法院提起民事诉讼，请求判令丙返还该门面。

原告甲主张该门面属其所有的不动产，其只知乙将该门面交丙占有使用，不知乙与丙之间有转让行为。若乙与丙之间有转让行为，丙明知该门面是甲与乙的夫妻财产而未告知甲，丙主观上也无善意，该转让行为应无效。丙每月替甲偿还的按揭贷款 100 元，实际是丙应向甲支付的门面租金。

为此，甲提交了以下证据：

（1）2011 年甲办理的该门面房产证，该证记载的所有权人为甲，证明该门面产权人为甲；（2）甲所在单位集资建房登记表，表中登记的该门面集资人为甲，以证明甲因建造即享有该门面所有权；（3）甲所在单位制作的偿还贷款清单，证明该门面贷款是以甲的名义偿还的。（4）甲与乙于 2011 年的离婚协议及离婚证，离婚协议财产分割内容为：住房一套归甲所有，证明甲与乙已离婚，离婚时住房分给甲所有，门面与住房是挂在一起的，因此离婚时门面也分给了甲。

被告丙答辩称：该门面是甲、乙 2002 年转让给自己的，双方虽未签订书面协议，但当时乙在集资住房清单中已注明“门面已转，价 1 万元”字样。丙多年对该门面占有使用和收益，多次对该门面装修并租与多人使用过，甲与丙系邻居，对此甲从未过问并提出异议，因此甲对该门面的转让是明知的。甲的单位集资建房按揭贷款是分为两个小组，甲是第二组组长，丙的妻子与甲是同事，也分在第二组，丙按时逐月偿还甲的按揭贷款，单位制作的按揭贷款偿还清单记载明确，对此甲也是知情的。甲主张该门面是其前夫乙租给丙的，甲没有证据。

为此，丙提交了以下证据或证据线索：

（1）《集资住房清单》中争议门面一栏中有“门面已转，价 1 万元”字样和乙的签名。（2）2002 年至 2011 年《按揭贷款偿还清单》中，该门面贷款偿还情况一栏记载还款人为丙，收款人为甲，金额为每月人民币 100 元。（3）证人陈某、赖某和冯某某证言，均证明向丙租用过该门面，租金每平方米 30 元或 40 元。（4）甲的单位工会干部邵某某、王某某可以证明该门面已转让的事实。

乙作为第三人参加了诉讼，其主张：乙与丙就该门面转让达成的口头协议，约定转让金额 1 万元，先付 5 000 元定金协议才生效，余下 5 000 元一年后支付。按揭贷款由丙偿还。但是，丙未支付定金 5 000 元，该转让口头协议没有生效。

一审法院开庭审理时，乙陈述该门面是 2002 年即交付给丙占有使用的；证人邵某某、王某某出庭作证，证明知道乙将该门面转让给丙并由丙偿还按揭贷款的事实。

一审法院认为，乙将该门面转让给丙，乙与丙的陈述一致；双方虽没有签订书面合同，但双方对口头合同约定的主要义务已经履行完毕，所有权应当归属于丙。乙所称该口头协议有定金条款，且该定金条款的实现是口头转让协议生效的条件，因丙未履行定金条款，该口头转让协议未生效，但没有提供证据证实。乙转让该门面时，甲与乙是夫妻，甲系单位集资建房第二组组长，与丙系邻居，与丙之妻子系同事，丙对该门面占有使用收益多年，甲从未提出过异议，因此，甲对乙转让该门面给丙是明知的。甲主张与丙之间是租赁关系，没有提供证据证实，甲返还财产的诉讼请求，无事实根据。据此，一审法院判决驳回了甲的诉讼请求。

甲不服一审判决，以一审诉称请求和理由提起上诉，丙以一审答辩理由进行了答辩。二审审理中，甲提交了证人邵某某、王某某的书面证言，该两份书面证言内容一致，均否认对乙与丙转让该门面知情。二审法院传唤证人邵某某、王某某出庭作证，但证人邵某某、王某某未出庭作证。

（二）讨论

二审审理中，围绕以下三个焦点，法官们进行了讨论：

第一个焦点：被告占有该门面的原因是租赁还是买卖？原、被告及第三人均承认该门面从2002年起即由被告占有使用，但原告主张被告与原告之间是租赁关系，被告因租赁而占有使用该门面至今，原告对此没有提供证据证明这一主张。相反，被告提供的有第三人签字的《偿还按揭贷款清单》载明，被告缴纳给“集资建房按揭贷款小组”的款项，是按期偿还的按揭贷款，而非租金。被告主张其占有使用该门面是因第三人将该门面出卖给被告，第三人将门面交付给被告的。对此，被告提供了《集资建房清单》，记载该“门面已转，价1万元”的文字，是由第三人书写，第三人并签了名。第三人对此承认。在当事人陈述与原始书证矛盾时，应以原始书证为依据认定案件事实。第二，第三人对被告占有使用该门面是基于买卖的承认，与《集资建房清单》等证据一致，在原告没有提出其他反证的情况下，应予以认定。被告因此免除了对门面买卖关系的举证责任。第三，一审审理时，证人邵某某、王某某出庭作证，证明知道第三人将该门面已转让给被告并由被告偿还按揭贷款的事实。虽然二审上诉人（原告）提供了邵某某、王某某对第三人将该门面已转让给被上诉人（被告）并由被上诉人偿还按揭贷款并不知情的书面证言，但经法院合法传唤，证人邵某某、王某某未出庭作证，上诉人二审提供的邵某某、王某某的书面证言为传闻证据，其无证明力。在该传闻证据与出庭作证的证人证言矛盾时，应以出庭作证的证人证言为证据认定事实。故此，被告占有使用该门面，是基于第三人将该门面出卖给了被告，而非原告主张的基于租赁。

第二个焦点：当事人之间的买卖合同是否有效？因该门面在第三人出卖给被告之前，属于第三人与原告的夫妻共同财产。对于夫妻共同财产，夫妻任何一方均无权擅自处分，除买受人属于善意取得应受保护外，擅自处分应为无效，于此，夫或妻均有财产返还请求权。本案中，原告主张其对第三人出卖门面给被告不知情，属于对权利产生的主张，因此应对权利产生的事实承担证明责任，但原告对此没有举证证明。被告对原告此一主张进行反驳，主张原告对该门面转让的情况“应当知道”。被告为此提供了以下证据：一是原告是集资建房第二组组长，其对集资建房有关资料和情况是知晓的，其中就包括了对该门面转让情况的了解。二是原告与被告是邻居，与被告的妻子是同事，该门面就位于原、被告双方住宅楼下的一楼，被告从2002年起至今，一直占有使用该门面，其间多次对该门面进行装修和出租给多人使用，但原告十年来从未提出过异议。三是该门面的按揭贷款从2002年开始一直是被告在偿还，原告也从来没有提出过异议。虽然被告提供的上述证据均是间接证据，在原告没有提供相反证据的情况下，上述间接证据基本形成证据锁链，由此可以推定原告对该门面转让的事实是“应当知道”的。因此，第三人将该门面转让给被告，是原告与第三人的共同意思，而非第三人擅自的处分行为。原告关于其不知情的主张，不能成立。第三人与被告关于争议门面转让的口头合同，应当有效。

第三个焦点：该门面的所有权是否已经转移？当事人均陈述该门面于2002年即由第三人交付给被告。民事案件的法律适用，应适用民事行为时的法律。在《物权法》施行前，不动产所有权转移的法律依据，是《民法通则》第七十二条的规定，即交付。该条规定：“财产所有权的取得，不得违反法律规定。按照合同或者其他合法方式取得财产的，财产所有权从财产交付时起转移，法律另有规定或者当事人另有约定的除外。”因此，该门面所有权因交付已经发生转移。原告和第三人均未提出被告没有付清该门面价款的主张，因此，该门面转让口头合同的主要义务，当事人已经履行完毕。当事人办理所有权过户登记的义务，在《物权法》施行前，属于合同的辅助义务，该义务的履行延至《物权法》施行之后时，应当按照《物权法》的规定履行，但并不影响之前已经发生的不动产所有权的转移。故此，对该门面所有权的转移，应当依据《民法通则》第七十二条的规定判断之，对过户登记义务的履行，应当按照《物权法》的相关登记条款要求之。本案中，原告与当事人应当依照与被告的口头合同，履行该门面过户登记的义务，在具备办理该门面所有权过户条件时（按揭贷款本息已经偿还完），原告未适时履行该义务，反将该门面所有权登记于自己名下。原告的这一行为，是不诚信的违约行为。虽然原告持有该门面的所有权证书，但该所有权证书与该门面所有权已经属于被告的事实不符，因此，该所有权证书不具有证明效力。

基于以上理由，二审法院判决驳回了上诉人的上诉，维持了一审判决。

二、案例分析

（一）案例

当事人诉辩情况：

原告甲起诉主张：2014 年 11 月 25 日，被告乙以做生意需要资金周转为由向原告甲借款 1 575 000 元，约定月利息为 3%，原告甲履行了出借义务。2015 年 11 月 25 日，双方通过结算，被告乙尚欠原告借款本金 700 000 元，利息 85 000 元，被告乙于当日向原告甲出具了新的借款情况说明。2016 年 11 月 24 日，原告甲与被告乙再次进行结算，被告乙尚欠原告甲借款本息共计 1 037 000 元（本金 700 000 元，利息 337 000 元）。被告乙向原告甲作出承诺，重新约定了往后的借款利息按月利息 2%计。被告丙与被告乙系夫妻关系，该笔借款作为夫妻共同债务，经原告甲多次催要未果，故请求：判决二被告偿还原告甲借款本息 1 037 000（利息计算至 2016 年 11 月 24 日），之后的利息按月利率 2%支付至还清本金之日止。

被告乙答辩称：向原告甲借款 1 500 000 元，借款后总共偿还了原告甲 1 370 000 元，原告甲起诉要求偿还的 1 037 000 元不属实。被告丙答辩称：对该笔借款不知情，也不是共同借款人，不应承担连带偿还之责。

当事人举证情况：

原告甲提交的主要证据材料：（1）原告甲通过中国银行转账 1 500 000 元给被告乙的凭证；（2）被告乙 2014 年 11 月 25 日出具给原告甲的 75 000 元的收据；（3）被告乙出具给原告甲的《情况说明》和《承诺书》。

被告乙提交的证据材料：（1）被告乙的中国银行交易明细清单一份和收付通知书 3 分，证明收到原告甲 150 万元事实；（2）被告乙工商银行明细清单一份，证明被告乙将 150 万元转给了丁，实际用款人为丁；（3）丁的工商银行交易明细清单复印件 7 页，证明丁自 2015 年 1 月 26 日至 2015 年 10 月 25 日分 6 次向原告甲账户还款 1 077 000 元。（4）被告乙的建设银行明细清单复印件 4 页，证明共向原告甲还款 220 000 元。

被告丙未提交不知情的证据材料。

一审法院判决情况：

2014 年 11 月 25 日，原告甲向被告乙转款 1 500 000 元。同日，被告乙向原告甲出具收条一份，写明收到原告甲现金 75 000 元。2014 年 12 月 23 日，被告乙向原告甲转款 75 000 元，2015 年 3 月 27 日，被告乙向原告甲转款转款 35 000 元。2015 年 3 月 27 日，原告甲向被告乙出具收条一份，写明："今收到乙还来借款本金 800 000.00 元。" 2015 年 11 月 20 日，被告乙向原告甲出具情况说明一份，写明："我于 2014 年 11 月 25 日向甲所借款项，截至 2015 年 11 月 25 日尚欠本金柒拾万元整（700 000 00），利息捌万伍千元整（85 000.00），特此说明。自 2015 年 11 月 25 日起按月利息 3%计算"。2016 年 11 月 24 日，被告乙向原告甲出具承诺书一份，写明："本人于 2014 年 11 月 25 日向甲借款 157.5 万元，截至 2016 年 11 月 24 日，共欠甲本息共计 103.7 万元。本人承诺从今天开始，借款利息按月 2%支付，借款期限为直到本息还清为止。特此承诺。" 2016 年 12 月 23 日，原告甲出具收条一份，写明："今收到王某某交来给乙作担保的 73 000 元（柒万叁仟元整）。" 原告甲经索要借款未果，故诉至法院，请求判决二被告偿还原告甲借款本息 1 037 000（利息计算至 2016 年 11 月 24 日），之后的利息按月利率 2%支付至还清本金之日止。

一审还查明二被告于 2015 年 10 月 20 日办理离婚登记。另外，一审案卷内材料显示，证人丁系被告乙侄子。

一审法院认为：合法的借贷关系受法律保护。被告乙向原告甲借款 1 575 000 元，有转款凭证、收条、情况说明、承诺书为证，故双方的借贷关系成立。被告乙主张实际借款金额为 1 500 000 元，但除原告甲向其所转款项外，其另行向原告甲出具了 75 000 元的收条，所出具的收条，应视为收到款项的确认，且在其 2016 年 11 月 24 日向原告甲出具的承诺书中再次对借款 1 575 000 元的金额进行了确认，故对被告乙的该辩称理由不予采信。从庭审中双方的陈述能够看出借款时双方系约定了借款利息的，但双方对借款利息的约定不能达成一致意见，而被告乙主张所约定的借款利息为月息 5%未提供有效证据予以证明，故对其该主张不予采信。借款后乙从 2014 年 12 月 23 日至 2015 年 4 月 25 日分三次共计向原告甲支付了 185 000 元，因被告乙未能举证证明该款系用于偿还借款本金，而双方借款时系约定了利息，故该款视为用于偿还借款自借款之日即 2014 年 11 月 25 日至 2015 年 4 月 25 日期间的利息，所偿还标准未超出月息 3%，故对被告乙主张偿还款项应自本金中扣除的理由不予采信。2015 年 3 月 27 日被告乙向原告甲偿还借款本金 800 000 元后，于 2015 年 11 月 20 日向原告甲出具情况说明，表明尚欠借款本金为 700 000 元，利息为 85 000 元。2016 年 11 月 24 日，被告乙又向原告甲出具承诺书，表明截至当日所欠原告甲本息共计 103.7 万元。从承诺书能够看出，双方将前述借款本息进行了结算，并将结算后的本息金额确认为新的欠款金额，并约定自结算之日起按月息 2%支付利息。因原告甲自认 2016 年 12 月 23 日被告乙偿还了 73 000 元，故被告乙尚欠甲借款金额为 964 000 元。现被告乙并无证据证明该款已偿还，故其应偿还原告甲的借款本金为 964 000 元。因双方在承诺书中约定了利息为 2%，原告甲主张自 2016 年 11 月 25 日按月息 2%计算利息并未超出双方的约定及法律法规的强制性规定，故被告乙应按月息 2%支付原告甲 2016 年 11 月 25 日至本判决确定的履行期限届满期间的利息。对原告甲主张被告丙承担共同偿还责任的请求，虽然该借款产生于二被告夫妻关系存续期间，但对于该较大金额的借款，原告甲并无证据证明被告丙对该借款系知情并认可，也无证据证明被告乙所借款项用于了二被告的夫妻共同生活、生产、经营，故对原告甲的该主张不予支持。

一审法院判决：一、被告乙于本判决生效后十日内偿还原告甲借款本金 964 000 元；二、被告乙于本判决生效十日内支付原告甲按本金 964 000 元按月息 2%计算的自 2016 年 1 月 25 日至本判决确定的履行期限届满期间的利息。如果被告乙未按本判决指定的期间履行给付金钱义务，应当依照《中华人民共和国民事诉讼法》第二百五十三条（现为第二百六十条）的规定，加倍支付迟延履行期间的债务利息；三、驳回原告甲的其他诉讼请求。

（二）分析

本案诉讼中，当事人的证明活动是否达到了证明标准？

思考方向

被告乙答辩称共偿还了原告甲 1 370 000 元，并提供了案外人丁替其还款的工商银行交易明细清单复印件 7 页，证明丁自 2015 年 1 月 26 日至 2015 年 10 月 25 日分 6 次向原告甲账户还款 1 077 000 元。原告甲对此虽未反驳，但乙提供的上述证据与其后来所写的《承诺书》内容矛盾。因此，法院应当核实案外人丁替其还款的 7 页工商银行交易明细清单复印件的真实性和关联性，以排除上述两项证据的矛盾。在未核实上述工商银行交易明细清单复印件的真实性和关联性并排除上述两项证据矛盾之前，案件的证明并未达到证明标准，因此不应对案件事实予以认定。

第十八章　诉讼结果评价法律实务

第一节　诉讼结果评价概述

一、诉讼结果评价的含义

我国民事诉讼实行的是两审终审制，每一审级的诉讼程序，最终都会以一定的方式终结，诉讼结果就是诉讼程序终结时产生的结果。诉讼结果可以分为形式结果和实质结果，形式结果就是诉讼程序终结的方式，如当事人撤诉、达成调解协议或者人民法院裁判；实质结果就是诉讼程序终结的内容，如人民法院通过裁判对当事人民事权利义务关系的确认或者调整。诉讼结果的评价，就是以一定标准对诉讼结果从形式和实质两方面进行衡量，以判断其是否合乎该标准的认识活动。所以，诉讼结果评价的对象，就是诉讼的形式结果和实质结果；其范围就是诉讼活动与裁判；其标准就是法律；其目的就是检验诉讼结果是否公正。

依评价主体不同，诉讼结果的评价可以分为人民法院的评价、监督机关的评价、社会评价和当事人的评价等。人民法院的评价，可以分为审判评价与工作评价，审判评价就是人民法院依照法定程序行使审判权对诉讼结果的评价，如二审对一审裁判的评价、再审对原审裁判的评价等。审判评价是人民法院行使审判权的评价，因此对被评价的诉讼结果具有一定的影响，会产生一定拘束力的法律效果，如二审对一审的维持、发回重审、改判等，再审对原审的改判或驳回当事人的再审申请等。人民法院对诉讼结果的工作评价，则是人民法院自身审判管理的范畴，如对审判态势信息的收集与分析、对工作经验或者存在问题的总结、对类案审判尺度的规范与统一，等等。工作评价不是行使审判权的评价，因此不产生具有拘束力的法律效果，但对人民法院正确行使审判权、实现法律公正以及维护法律秩序具有重要的指导意义。在我国法律制度上，法律监督机关是各级人民检察院和专门检察院，各级人民检察院和专门检察院行使法律监督权对诉讼结果的评价，是其履行法律监督职责的一种主要方式。就人民检察院对于人民法院民事审判活动的法律监督来说，是通过对人民法院已经发生效力的判决、裁定的评价，对发现违反法律、法规规定的，即依法提起抗诉。所以，人民检察院依职权对民事诉讼结果的评价，是其决定是否提起抗诉的前提，对人民检察院依法提起抗诉的案件，人民法院应当依法审理并作出裁判。民事诉讼结果的社会评价，是社会各类主体对民事诉讼结果发表的意见，这类评价是非职权性评价，因此不具有法律拘束力，但是，对人民法院裁判的评价，则具有舆论监督的作用。舆论，是社会公众针对某一公共事件公开表达的基本一致的意见，不等于社会个别主体发表的意见，也不等于理论权威的意见，因为理论理性不等于实践理性。舆论监督，就是社会主体通过舆论对国家机关行使职权的过程或者结果予以监督的活动，不等于社会个别主体按照自己的意见进行的监督，因为个别主体的意见很难说具有客观性和代表性。司法独立与舆论监督，两者均以维护社会的公平正义为根本目标与价值追求，在本质上两者具有一致性，因此，真实、合法、符合我国社会主义核心价值观的舆论，对维护司法公正、帮助司法机关了解民意、改进司法工作、预防司法腐败具有重要意义。

诉讼结果与当事人的权益直接相关，无论其与当事人预判是否相符，当事人都应当及时对其进行评价。一是因为，对诉讼结果的评价，是当事人对诉讼活动反思的主要方式。当诉讼呈现一定的结果时，当事人对诉讼活动进行反思即具备了相对确定的条件，通过这种反思，当事人才能根据诉讼结果理性地判断其诉讼得失以及这种得失的“当”与“不当”，才能对诉讼结果是否公正形成自己的具体认识。二是因为，当事人对诉讼结果的评价，决定了当事人是否采取进一步的行动。如果当事人认为需要进一步行动，诉讼结果的评价情况，可以向其揭示进一步行动的方向、内容、策略以及方式等。“而要分析什么是公正的，就总是要求作出某种评价的决定。”①如当事人面对一审或者二审裁判结果，总是存在其权利是否得到完全和切实的救济，或者是否承担了不应承担的责任等问题，当事人只能通过对诉讼结果的评价，才能具体回答这些问题，并据此决定是否上诉、申请再审以及怎样提出上诉或者申请再审的请求和理由等。三是因为，诉讼行为，不应被单纯的愿望或者感性冲动所驱使，而应是理性决策的结果。当诉讼产生一定结果时，对当事人来说，下一步如何行动，既要从法律公正的角度考虑，但又不仅仅是对法律公正与否的考虑，还要从诉讼活动的目的与价值的角度考虑，对其经济或者社会关系等的损益进行综合权衡，如此，才能作出适当的抉择，对其来说，即是合理的抉择。“对行动的合理性的最根本的要求是：每一项行为或对行为的抑制都应当是根据某种行动的理由证明其是合理的。这个要求可以用以下两种一目了然的方式予以满足：或者一项行为或抑制可被认为其本身是对的或其本身是好的（在这种情况下它就是‘价值上合理的’），而不考虑任何进一步的目标；或者一项行为或抑制可被认为倾向于达到某种期待的目的和后果（在这种情况下它就是‘目的上合理的’）。”②当然，有时价值上的合理性与目的上的合理性会产生矛盾，麦考密克认为，在行动抉择中解决这样的矛盾，可以采取“递归论证”的方法，即低一层次的理由的矛盾，可以通过高一层次的理由的论证获得解决，而且，“递归论证”在这里是实践性的，以行动理由的矛盾获得解决而终止，一般不会产生“无穷递归”的问题③。在这一点上，麦考密克的观点与我国学者俞江的观点也基本一致。俞江认为，“合理性是可以进行论证的。而论证是依据更加基础的理由。这些理由或是经过科学证明，或者已经成为社会共识。”④如对具体法律规范的适用产生矛盾，可以通过法律原则对具体规范的解释获得解决，等等。涉诉企业虽然多数情况下都外聘了诉讼律师，但企业的法务工作人员自身也应胜任这项工作，即对其诉讼结果进行独立评价，而不是完全依赖于外聘律师。同时，虽然诉讼结果大多数情况体现了形式公正与实质公正的统一，但仍然不可避免会出现形式公正与实质公正难以统一的情况。由于法律规范普遍适用的性质，决定了形式公正与实质公正不能统一时，形式公正应当优先。“形式公正、程序第一优先于实质公正、内容第一，将成为中国走向现代化的必经之路。”⑤在此情况下，企业的决策者通常更多的是从

① 麦考密克、维因贝格尔：《制度法论》，周叶谦译，中国人民大学出版社 1994 年版，第 197 页。
② 麦考密克、维因贝格尔：《制度法论》，周叶谦译，中国人民大学出版社 1994 年版，第 229 页。
③ 麦考密克、维因贝格尔：《制度法论》，周叶谦译，中国人民大学出版社 1994 年版，第 230-231 页。
④ 俞江：《规则的一般原理》，商务印书馆 2017 年版，第 136 页。
⑤ 李泽厚：《人类学历史本体论》，青岛出版社 2016 年版，第 49 页。

实质公正的角度认识诉讼结果，其与企业法务人员对诉讼结果的评价难免不一致，这就需要企业法务人员秉持对法律的信仰和忠诚，尽可能努力将企业的意志纳入法律规范指引的方向和范围。“评价和决策被认为总是属于对行动的考虑，这些考虑受一个由行为人的愿望和希望构成目标制度的支配。……形式上的最低限度的正义主张，即在评价和决定中的形式上的平等，以及对作为法律判决基础的事实的正确判定，总是被认为具有绝对约束力的先决条件，它们绝不可能从任何关于效用的主张进行交换或竞争。”[①]所以，这意味着，企业法务人员对诉讼结果是否公正的评价，应当首先考虑法律是否得到正确的适用，而将企业的效用考虑，放在其次的位置。

第二节　诉讼结果评价的标准与方法

一、诉讼结果的评价标准

诉讼结果，是司法过程中法律适用的产品，因此，诉讼结果的评价，实际就是对司法是否依照正当程序和正确适用法律的衡量和评判，法官裁判的根据只能是法律，而衡量和评判诉讼结果的标准，也就只能是法律。虽然，法律适用论证过程中，对作为个案规范前提的法律的正当性解释或者论证会涉及法理、社会政策、伦理道德规范以及对逻辑规则的运用，但是，这仍然是围绕法律作为适用标准的解释、论证和运用，经过解释或者证立而对裁判结果适用的，仍然是法律而非法理、社会政策、伦理道德规范或者逻辑规则。在我国，法官对个案的裁判，要尽量做到法律效果与政治效果、社会效果的统一，这三个效果的统一，实际是基于社会公共理性的客观要求。“现代社会性道德正是为了从个人内在心理树立起这一‘公共理性’的公德规范，来帮助实现现代化的外在伦理、政治、制度、秩序的构建。”[②]就现代社会关系的复杂性和社会公共理性的发展水平来说，在不同的社会生活中社会公共理性具有不同的体现，但是，这些不同方面的体现基于社会公共理性本身的限定而应当是统一的。因此，在裁判过程中，法律适用应当做到三个效果的统一。强调法律适用三个效果的统一，是保障法律的适用不至脱离其社会公共理性的限定，而不是以政治原则或者伦理道德规范替代法律标准。

法律标准有两个方面，一是程序法标准：二是实体法标准。由于实体法律适用的充要条件，是在法定程序中产生的，因此，实体法与程序法，是具有内在联系并统一于诉讼结果之中的。违反程序法的诉讼结果，其实体法的适用不具有正当性，因此人们有理由拒绝承认其具有公正性；诉讼程序虽然合法，但适用实体法错误，其诉讼结果也不具有公正性。不具有公正性的诉讼结果，当事人可以依照法定程序要求审判机关予以废弃并有权获得公正的救济。

当然，诉讼结果的公正性，并不是绝对的，而是相对的，表现在：首先，由于司法活动认知能力的有限性和诉讼规则的确定性，人民法院只能根据现有的证据予以判断并认定案件事实，通过证据认定的案件事实只能是法律事实，它与纯粹的客观事实既可能存在重合的一

① 麦考密克、维因贝格尔：《制度法论》，周叶谦译，中国人民大学出版社 1994 年版，第 192-193 页。
② 李泽厚：《人类学历史本体论》，青岛出版社 2016 年版，第 95 页。

面，也可能存在冲突的一面，从这个意义上讲，司法公正也是相对的。其次，法律规范中构成要件与具体案件中要件事实之间的一致，也是相对的，因为，法律规范中的构成要件，是法律对典型事实类型的共同要素的抽象，具体案件中的事实与法律规范中的典型，其要素总是存在或多或少的差异，因此，具体案件中的事实，是否完整地具有法律规范中构成要件的要素，不完全取决于客观证明，也与法官的主观认识有关，而不同的法官可能具有不同的认识。最后，合议庭进行评议的时候，如果存在意见分歧，应当按多数人的意见作出裁判，而“多数人”的意见，其正确性也是相对的而非绝对的。

企业法务人员把握住诉讼结果评价标准的唯一性和诉讼结果公正性认识的相对性，对正确理解和运用诉讼结果评价方法具有重要意义。首先，对诉讼结果的评价，实际是对法官裁判的检验，裁判应当遵循的标准与检验裁判的标准应当同一，如前所述，这个标准就是法律，如此，才能保证对诉讼结果的评价的正确性和准确性，否则，对诉讼结果的评价则可能偏离主题和不着要点，从而影响对诉讼结果的正确认识和正确作出是否进一步依法采取权利救济行动的决定。其次，了解在个案裁判中公正的相对性，有利于正确判断裁判前提、推论及其结论的正当性和正确理解诉讼结果的可接受性。“作为裁判结果可接受性的获得，在现有的法律体系下，不仅是法律程序运行的结果，而且也是法官依据一定的规范性命题进行恰当论证的结果，因此，我们对于判决书中法官裁判正当性的考察，便主要集中于对法官论证判决合理性的考察。”[①]因此，通过对诉讼结果的评价，有利于正确认识裁判是否公正，发现裁判存在的问题及其错误程度。正确认识裁判存在问题的性质及其错误程度对当事人至关重要，一方面，在一般情况下，几乎裁判都会存在这样那样的问题，但是，并不是所有的问题对诉讼结果的公正都会产生不利影响，对诉讼结果的评价，就是要分辨出诸多问题中对公正产生影响的问题，以此为理由再次启动权利救济程序以获得公正结果。另一方面，则有利于避免对诉讼结果认识的绝对化，对那些并未影响裁判公正的问题，如并未构成裁判推论的主要前提的错误或者并未影响文义的字、词、标点以及语法错误等，则应当予以忽约或者予以包容，因为纠缠这些问题，没有法律意义。所以，法院往往将裁判中存在的问题分为错误和瑕疵两类，因认定事实错误或者适用法律错误导致裁判不公正而当事人要求依法纠正的，法院则应当依法予以纠正；对于一般不影响裁判结果公正性的裁判瑕疵，则不足以动摇原裁判结果。裁判瑕疵有补正必要的，法院则予以补正，没有补正必要的，法院一般是通过内部评审或考核程序总结经验教训，对法官予以警示，以使今后的裁判不再出现类似瑕疵。

二、诉讼结果的评价方法

（一）程序是否公正的评价

诉讼结果的公正，包括程序公正和实体公正两个方面，而公正司法总是具有以下三个基本特征，一为公正司法所输出的正义是一种法律之内的正义；二是公正司法所输出的正义是一种有限的正义，必须与其他伦理价值相兼容；三是公正司法所输出的正义是一种抽象的形式的正义，表现为法律之善优先于事实之真、形式合理性优先于实质合理性、程序正义优先

① 蔡琳：《裁判合理性理论研究》，法律出版社 2009 年版，第 155 页。

于实体正义[①]。因此，对诉讼结果的评价，应当先依照法律关于诉讼程序的规定，对其是否实现了程序公正进行评价。

1. 先围绕已经发现的程序问题或者程序性争点展开

程序公正实质是形式公正，因此一般具有外观化的特点，程序是否公正，在诉讼程序中已经表现出来，而不像实质公正，一般通过诉讼结果的确定才表现出来，当事人对实质是否公正，只有待裁判以后才会获知。在企业涉诉的个案中，如果诉讼程序存在违法或者错误的情况，这对于具有法律专业知识和法律实务经验的企业法务人员或者外聘律师来说，是不难发现的。个案中存在的程序问题，一般在程序进行中即已出现，有些会成为当事人的争点，有些问题当事人则没有争执，没有成为争点，但无论当事人是否争执，人民法院都应当正确依照程序法规定执行之。因为，正确完整遵守并适用诉讼法律规范，是人民法院行使审判权的前提，诉讼中一方已经提出来的程序性问题，无论对方当事人是否争执，人民法院都应当依法予以回应并在裁判中阐明其理由。当事人通过对裁判的分析，即可获知人民法院是否依法回应了案件审理中已经提出过的程序性问题及其理由，并据此可以作出恰当的判断和决定是否进一步依法采取权利补救行动。

如在一建筑工程欠款纠纷案件中，双方当事人对工程款计算标准没有异议，仅对实际工程量有争议，于是法院决定进行工程量司法鉴定，被告表示鉴定只能依据经过双方质证过的工程量计算资料，且应由双方当事人提交到法院并由法院审查无误后提交给鉴定机构鉴定。法院对此没有回应，要求双方当事人直接将工程资料提交给鉴定机构鉴定。法院组织对鉴定机构提交的鉴定报告质证时，被告认为该司法鉴定程序违法，结论不具有真实性。但是，法院仍然依据该鉴定报告结论认定了案件事实和被告应支付工程款的责任并作出了判决，其判决书中对被告提出的“鉴定程序不合法”的异议，仅仅表述了一句“其理由不成立不予采信”，没有阐明具体理由。该判决书送达被告后，被告经评价后认为，一审法院以未经质证的材料鉴定并以该鉴定结论认定案件事实，违反了《浙江省人民法院实施〈人民法院对外委托司法鉴定管理规定〉细则》第二十三条的规定和《民事诉讼法》第六十六条第二款“证据必须查证属实，才能作为认定事实的根据”的规定，遂以一审法院审理程序违法，判决认定事实错误为由提起上诉，请求二审法院将案件发回重审或者查明事实后改判。二审法院经审理后认为，司法鉴定结论应当具有真实性、合法性和关联性，才能作为定案的事实依据，而其真实性、合法性和关联性，是建立在鉴定资料的真实性、合法性和关联性基础之上的，司法鉴定机构对鉴定资料的审核，不能替代人民法院审判组织依法组织当事人对鉴定资料真实性、合法性和关联性的质证以及人民法院对证据的审核。上诉人上诉有理，应予采纳。据此，二审法院裁定将该案件发回原审法院重审。原审法院重审中重新对外委托了鉴定机构，并对当事人提交鉴定的资料进行了质证，重审判决后，双方当事人均服判。

对诉讼结果的评价，应先围绕已经发现的程序问题或者程序性争点展开，一是因为，在现代法治国家的司法过程中，程序公正具有优先性，如果司法的程序违法或者错误，诉讼结果就不具有正当性；如果容许程序违法或者错误的个案诉讼结果，则最易产生司法的“破窗

① 章武生等:《司法公正的路径选择》，中国法制出版社 2010 年版，第 36 页。

效应”[1]，司法公正将难以获得普遍的认可，诉讼程序就会成为儿戏，程序公正不存，实体公正焉附？所以，只有程序公正，对实体是否公正的评价才有意义。二是因为，当事人参与诉讼时即怀有诉讼程序公正的主观意愿，对诉讼程序可能发生的不公正保持着警觉，而程序法赋予了当事人充分的诉讼权利，在诉讼程序逐渐展开的过程中，当事人具有充分的机会审视程序是否公正和行使诉讼权利表达自己的主张，其对所审视和主张的程序问题，会一直关切，直至其对诉讼结果的评价。如果当事人所关切的程序性问题在诉讼中应予解决但没有得到解决，以及当事人认为解决得不正确，从而影响了诉讼结果的公正，当事人在对诉讼结果评价时，就会将这些问题作为主要的内容。由于当事人对这些问题的思考比较成熟，对诉讼结果的评价首先针对这些问题展开，可以达到既集中又有效率的效果。

2. 查验程序及其要素是否合法

当事人除了首先针对诉讼结果中自己在程序中已经意识到的程序性问题的解决情况进行评价外，还应检查整个程序中各个环节的诉讼要素是否合法。所谓诉讼要素，即程序法律规范规定的诉讼行为或者诉讼事实的构成要件，以及程序法律规范适用的条件。诉讼程序是由各个前后相继的程序性活动组成的一个完整过程，这些前后相继的程序性活动，是诉讼程序中相对独立又相互依存的不同环节，每个环节的法律规范目的不同，其诉讼要素亦不同。如案件的受理环节，就涉及人民法院对案件的管辖权和诉的规范要素，送达环节就涉及送达方式和受送达人资格的规范要素，法庭审理环节就涉及审判组织及其组织指挥庭审活动和对案件事实调查的权力、当事人诉讼权利的保障及其陈述、举证、质证等的规范要素。哪一环节的诉讼活动不具备诉讼法规定的要素，都将影响整个诉讼程序的合法性。法官对诉讼程序的掌握，形式上也是以诉讼程序各个环节的要素作为标准和根据的。当事人对诉讼结果的评价，除对自己已经意识到的程序性问题的解决情况进行评价外，还应包括对整个程序中各个环节的诉讼要素是否合法进行评价。如此，一方面可以保证当事人对诉讼程序是否公正的评价，更加全面和准确；另一方面，可以帮助当事人避免对诉讼程序的评价出现“挂一漏万”的情况。有时，当事人对诉讼结果评价过程中所遗漏的问题，其对诉讼结果公正性产生的负面影响，可能并不小于当事人早已关注的其他问题，其在诉讼结果评价中更具重要性，遗漏这样的问题，或将影响当事人在诉讼中对自身合法权利的维护。例如，在一审普通程序中，案件由三名法官组成合议庭审理，合议庭是审理案件的主体而不是其中的任何一名法官，庭审应当由合议庭主持，三名法官同时出席庭审，是庭审合法性的必要要素。如果只有一名主审法官出席庭审，尽管双方当事人在庭审中对此并未提出异议，但审理程序的违法性并未因此从诉讼结果中涤除。案件判决后，一方当事人不服提起上诉，如果以此为由请求二审法院将案件发回重审，该案则可能会被二审法院以程序不合法为由发回重审，但当事人上诉时未以此为由请求将此案发回重审，根据《民事诉讼法》第一百七十五条规定的第二审人民法院应当对上诉请求的有关事实和适用法律进行审查的审理范围，以及《民事诉讼法司法解释》第三百二十一条的规定，二审法院对一审审理中可能存在的但上诉人在上诉时未提出请求的问题则不予审理。此案例中提起上诉的当事人上诉时遗漏了这一可能获得二审法官支持的重

① 乔治·凯林、凯瑟琳·科尔斯：《破窗效应：失序世界的关键影响力》，陈智文译，生活·读书·新知三联书店2014年版。

要请求及其理由，对其来说，是一种诉讼利益的损失。如果企业涉诉，企业法务人员应当充分利用其专业知识和技能，维护企业正当的权利，避免发生这样的损失。

当然，在对诉讼程序是否违法进行评价时，应当注意：一是在同一诉讼程序中，后程序对前程序具有覆盖性，即前程序的错误，在后程序中可能得到了纠正。所以，诉讼程序评价中认定的程序错误，应当是在整个诉讼程序中没有得到纠正的错误，这样的错误才会对程序公正产生影响，当事人才可以将其作为程序不公正的理由，请求人民法院予以纠正。二是诉讼程序中的错误，应当是欠缺发生诉讼效果的法定要素的诉讼行为事实，如应当适用普通程序而适用简易程序，不发生合法审理程序的效果；未经合法传唤即缺席审判，不发生缺席审判的效果；证据未经质证即作为认定案件事实的根据，不发生证明案件事实的效果；判决未经送达即终结诉讼程序，不发生终结诉讼程序的效果；等等。因此，当事人在对诉讼程序评价时，应当区分程序错误与程序瑕疵，程序瑕疵一般是指，审理程序虽未明显违反诉讼法律的强制性规定，但并未完全满足个案的审理需要，审理程序中存在着这样那样的缺陷或者不足，这些缺陷或者不足，并不影响诉讼程序的效果。如法官应当向当事人释明而未释明，并不影响审理程序的进行；庭审中证人出庭作证但未接受当事人交叉询问，并不影响对该证人证言质证的效果；以判决送达代替公开宣判，并不影响该案件已经判决的效果；等等。从诉讼功利的角度来说，当事人应当以是否存在程序性错误作为评价诉讼程序是否公正的理由，而不是程序性瑕疵。

（二）实体是否公正的评价

对诉讼结果，除了从诉讼程序方面进行评价外，还应从实体方面进行评价。诉讼结果的实体评价，就是当事人对具有实体法上的权利义务关系内容的诉讼结果是否公正合理的评价。当事人需要进行实体评价的诉讼结果，主要是司法裁判，而司法裁判主要是法官通过司法推理和价值判断得出的个案处理结果，因此，诉讼结果实体评价，在内容上主要就是对司法裁判认定事实和适用法律是否正确以及裁判尺度是否合理的分析，在方法上主要就是对司法推理有效性和法官法律判断的正确性以及裁判结果合理性进行分析。如果经分析，司法推理不具有有效性，或者法官法律判断不正确，或者裁判尺度不合理，则司法裁判很难说在认定事实或者适用法律方面是正确的，同时也就很难说是公平合理的。

1. 检验案件事实是否被法律构成要件所涵摄

第一，司法裁判，是法官通过推理得出的结论，而司法推理，就是法官将案件事实和法律统一起来并使事实产生一定法律效果的过程。司法推理的主要形式是司法三段论，即根据案件的事实，确定可适用的法律规范，并将该法律规范作为裁判的大前提；将案件事实作为小前提，以确定案件事实是否被作为大前提中的构成要件所涵摄。如果案件事实可以被法律规范中的构成要件所涵摄，则将法律规范中的法律效果赋予该事实，得出推理结论，这意味着，支持主张该法律效果的当事人请求的判决在逻辑上是正确的；如果该事实不能被法律规范中的构成要件所涵摄，则表明该法律规范不能适用于该事实，这意味着，不支持主张该法律效果的当事人的判决在逻辑上是正确的。案件事实被法律规范的构成要件所涵摄，是裁判中法律适用的最基本要求，如果案件事实不能被法律规范所涵摄但适用该法律规范对案件予以判决，除法无明文规定而类推适用的情形外，一般则意味着该裁判存在错误，因而可能不公正。企业法务人员从实体上评价诉讼结果时，可以先运用司法三段论对裁判进行逻辑检验，如果司法三段论推理错误，则可以直接得出裁判错误的结论，而不必再考虑法官建构大小前提的复杂过程和理由，这样可以明显提高评价的质量和效率。

一定的事实被一定的法律构成要件所涵摄，就是该事实可以归入该法律构成要件之下。检验裁判的司法三段论推理是否有效，就是根据裁判所适用的法律规范之构成要件所示的事实特征，对一定案件事实进行认识，以确定该案件事实是否具有该法律构成要件的全部特征，或者，该事实是否与法律构成要件相符，是否属于法律构成要件所示类型的一个具体事例。如果法律构成要件在该事实中得到实现，则可以认为，该事实被该法律构成要件所涵摄，反之则不然。在评价案件事实是否被法律构成要件所涵摄时，由于裁判所适用的法律规范和案件事实已经确定，因此，企业法务人员只需检验法律构成要件与案件事实是否相符即可，暂时可以不涉及法官构建司法推理前提的理由。当然，这种检验是双向的，一方面，从法律规范出发，将构成要件作为标准，检验法律构成要件是否在案件事实中得到了实现，这就是法律规范在个案中具体化的过程；另一方面，从案件事实出发，对案件事实进行分析概括，检验案件事实中是否具有构成要件相同特征的事实，这一过程就是具体案件事实向法律构成要件抽象化的过程。上述两个方面的检验，如果均相符，则说明案件事实被法律构成要件所涵摄。与构成要件特征相符的具体案件事实，通常称为要件事实，在司法推理中能够作为小前提的，只能是要件事实，案件事实中的其他事实，在裁判评价中，可以忽略，因为，要件事实仅是符合法律构成要件的那部分事实，并非是在案件中呈现的所有事实。

法律构成要件是由构成要件要素组成的，如果以“*T*”表示作为司法三段论大前提的构成要件，以“*M*”表示构成要件要素，二者关系可以表示为：

$$T=M_1+M_2+M_3+\cdots\cdots+M_n$$ [1]

如《民法典》第五百六十九条关于债务约定抵销的规定“当事人互负债务，标的物种类、品质不相同的，经双方协商一致，也可以抵销”，我们可以得知，“*T*”与“*M*”的关系为：

构成要件 T 为：当事人互负债务，标的物种类、品质不相同的，经双方协商一致；

其中构成要件要素为：

M_1：当事人互负债务；M_2：标的物种类、品质不相同；M_3：双方协商一致。

要件事实符合法律构成要件，即要件事实具有构成要件的全部特征，用“*T*”和“*M*”的关系来解释，就是法律构成要件要素在要件事实中应当得到全部实现。只有实现了法律构成要件全部要素的事实，才是要件事实，才能产生其法律构成要件相联系的法律效果。即：

$$T=M_1+M_2+M_2+M_3+\cdots\cdots M_n\rightarrow R$$

$$\frac{S\rightarrow T}{S\rightarrow R}$$

如果仅有部分法律构成要件要素在案件事实中得到实现，而部分未得到实现，该案件事实则不是要件事实，不能被法律构成要件所涵摄，因此，该案件事实不能适用法律构成要件

① 许可：《民事审判方法——要件事实引论》，法律出版社 2009 年版，第 38 页。

所属法律规范赋予该案件事实相关的法律效果，否则意味着裁判存在着错误和不公。

2. 检验裁判中司法推理大小前提是否正当

在检验案件事实是否被法律构成要件所涵摄之后，还需要检验司法推理大、小前提是否正当。司法推理最为重要的，是其大、小前提的建构，而司法推理大、小前提的建构，就是作为大前提的法律规范和作为小前提的要件事实的发现与解释。对此，法官主要有以下方法，

首先，法官是根据其前见将案件事实归类，再根据案件事实类型的指引，检索到一定的法条。这是为司法推理初步建立法律规范与案件事实的联系，接下来，法官还需根据案件审理情况对法律规范与案件事实的这种联系予以进一步检验。经检验，法律规范与案件事实初步联系可能被最终确定，也可能被否定而重新检索法律规范并建立与事实新的联系。但是，司法裁判一经作出，其大、小前提就是确定的。司法实践中，裁判大、小前提的建构错误，往往是对案件事实归类的错误所致，因此，企业法务人员可以通过司法裁判确定的案件事实类型是否正确，对司法裁判大、小前提是否正当作出评价。

其次，由于法律规范是一般性的规定，具有抽象性，而个案事实是个别的、具体的，因此，规范不能直接适用于案件事实，案件事实也不能直接产生一定的法律意义，需要法官将规范与事实按照“事物的本质”进行双向“调适”，即一方面对规范进行解释，使寻找到的法律规范成为适用于具体案件的裁判规范，另一方面对案件事实进行解释并剪裁建构，使之成为适合于法律规范的类型化制度性事实。对作为裁判大前提的法律条文的解释，主要运用法律解释的方法，即文义解释、体系解释、目的解释和价值补充的方法。文义解释是最基本的解释方法，在文义解释不能消除歧义时，可运用体系解释方法；体系解释不能消除歧义时，可运用目的解释方法；目的解释仍难以消除歧义时，则可采取价值补充方法。对法条解释时，其内容应当尽可能地具体，以符合案件的具体情况。对要件事实的解释，不仅应符合其相应的法律概念，还应当符合事实本身的事理。在这里，我们可以将事理理解为，主要指人们关于事物的本质属性或因果联系的一般认识或观念[①]。

评价裁判中司法推理大、小前提是否正当，除了前述检验要件事实是否涵摄于构成要件外，还应当注意：一是在绝大多数案件中，司法推理的大前提，应当是适于该个案情境的明确的法律规范；在无明确的具体法律规范时，应当是多个法律规范联合证立的规范性命题；在多个法律规范难以形成联合论证时，应当是相应的法律原则；在无相应的法律原则时，可以是社会公共政策。缺乏基本规范支撑甚至与基本规范相矛盾的司法推理大前提，可以认为其不具正当性。二是作为司法推理大前提的法律规范适用于该案件时，与法律体系内相应的其他法律规范不仅不应存在矛盾，而且还能够获得它们的支持，这种支持越充分，该法律规范作为司法推理大前提的理由也就越充分，也就越具正当性。这不仅仅是需要满足法律论证融贯性原则的要求，而且也是在多个不同法效的法律规范均可适用于该当案件而究竟那一规范更适合时，有利于作出正确的判断和选择。因为，能够获得其他法律规范最充分支持的法律规范，无疑是最具正当性的。如果裁判中的作为司法推理大前提的法律规范，与未被适用于裁判中的相应法律规范相比较，后者获得体系支持的充分性明显强于前者，则可以认为前者作为裁判中的大前提缺乏正当性，而该案件应当以后者作为司法推理的大前提。三是对事

① 张文立:《理》，中国人民大学出版社 1991 年 10 月版，第 20-22 页。

实的解释，应当建立在事实真实的基础上，事实不真实，司法推理即无正当性。对事实的解释，主要是通过对证据意义的判断实现的，这种判断应当具有客观性，对证据意义不具客观性的判断，必然导致对事实认定的错误。事后检验裁判中证据意义的判断是否具有客观性，可以将证据“放回”其存在的情境之中，因为，人们通常是通过事物与其情境的客观联系而获得对事物客观意义的正确认识的。同时，在事实解释中，法理与事理应当可以互释，没有法理统摄，事理则没有法律意义；法理不建立在事理基础上，法律适用则可能脱离个案实际。出现这两种情况，都可能导致认定事实错误。要件事实是一种制度性事实，具有可普遍化的特征，因而其法律意义具有客观性，检验司法裁判认定的个案事实是否可以转化为要件事实，就是检验其是否具有可普遍化特征，据此可以判断，司法裁判对其认定的事实的解释是否具有客观性。通过不具客观性的事实解释建构的司法推理小前提，不具正当性。

再次，司法推理大、小前提的建构，贯穿着法官的价值判断，而最终影响司法裁判的价值判断，必然体现在司法裁判之中。从这一意义上说，法律适用过程，也就是法官价值判断的过程。“法律适用总是一种价值实现的行为。”[①]法官在审理案件时，总是要基于一定的价值观、站在一定的价值立场上，对案件事实、案件可能适用的法律规范以及案件事实与法律规范相互关系进行价值分析、价值评价以及价值选择，据此作出其价值判断，确定其司法推理的大、小前提，并得出裁判结论，使案件纠纷得到解决。司法裁判中的价值判断，应当具有客观性。因此，除前述评价方法外，我们还可以通过检验司法推理大、小前提建构中体现的价值判断是否具有客观性，对司法裁判是否公正进行评价。如果司法推理大、小前提建构中体现的价值判断不具有客观性，则有理由认为，司法裁判是不公正的，适用法律是不正确的。

价值判断的客观性，简言之，就是价值判断体现了超脱于个体而存在的一定的社会公共意识。“不同国家和民族的文化世界大都有稳定统一的结构与秩序，同时也就形成供他们稳定的思想框架和价值参照系统。”[②]中国特色社会主义法律体系，是司法推理中的价值判断的客观价值标准，法官在审判中进行价值判断时，应以我国的法律制度、法律原则和法律规范所体现的价值准则为依据。在现行法律制度内找不到明确的价值判断准则时，司法推理中的价值判断仍应限定在我国社会主义法律体系框架内，法官应通过探知社会普遍存在的、为社会绝大多数成员所承认的价值观念、价值标准来确定法律价值判断的标准[③]。因此，司法推理中价值判断是否具有客观性，一是看其是否以法律体系体现的价值准则为依据，二是看其是否是客观存在的社会共识。

3. 检验司法裁判尺度的合理性

法律规范是由文字表达的，因此存在着一定的意义宽度，这就决定了司法裁判是有尺度的。司法裁判适用法律正确，包括了裁判尺度合理，裁判尺度合理是司法公正的必然要求之一。“仅有合规性审查，法律是狰狞的，可能成为酷法；仅有恰当性审查，法律是神秘的，可能成为滥用权力的借口。两种审查权既是法官的权力，也是法官必须履行的义务。否认任

① 魏德士：《法理学》，丁小春、吴越译，法律出版社2005年版，第331页。

② 司马云杰：《价值实现论》，陕西人民出版社2003年版，第85页。

③ 郝建设：《司法推理大前提建构中的价值判断问题》，载陈金钊、谢辉主编《法律方法》第12卷，山东人民出版社2012年4月版，第286页。

何一种都可能妨碍法律适用的目的。”①司法裁判尺度的合理性，就是司法裁判在所适用的法律的宽度内，确定的权利边界或者义务边界以及当事人行使权利的方式或者履行义务的方式等是适当的。由于民商事活动大多数是当事人意思表示一致的行为，而民事责任主要是填补性的责任，因此，裁判尺度的合理性问题，易被法官或者当事人所忽略。企业法务人员在评价涉及其企业的司法裁判是否合理时，应将裁判尺度是否合理作为评价的内容之一。

裁判尺度的公正性，首先体现为裁判尺度的一贯性，也即“对同类场合中的相同行为，裁判尺度应保持一贯性”②。如果同一法院对同类场合的相同行为的裁判，未遵循一贯性原则，那么，因该裁判尺度不一而遭受不利益的当事人，就有理由认为该裁判不合理。如同样是银行起诉要求借款人归还流动资金借款本息的借款合同纠纷，甲案法院裁判借款人自动履行归还责任的期限为 10 日，而另一案则为 15 日，虽然仅 5 日之差，但债务人均不自动履行时，法院适用处罚规则的起算点则不同，当事人承担惩罚性责任的轻重则不同。人民法院大多数案件的裁判文书，是在裁判文书网上向社会公开，因此，企业法务人员，可以通过人民法院裁判文书网查阅同一法院对同类场合的相同行为的案件裁判情况，与企业当下的案件的裁判情况予以对比，以检验司法裁判的尺度是否遵守了一贯性原则。另外，有经验的诉讼律师，也会收集整理丰富的案型，对当地法院裁判各类案件的一贯尺度，形成大致的预判根据。企业外聘有经验的诉讼律师，不仅可以弥补企业诉讼经验的不足，也可以让律师运用其知识和经验，帮助企业正确评价裁判尺度是否合理等诉讼结果中的法律问题。其次，司法裁判尺度的合理性，还体现为符合社会生活的常识或者常理。社会生活中的常识或常理，是人们在历史的长河中解决各种日常生活问题所积累的经验和实践知识，它与法律规范存在共同演化和依存的关系，一方面，常识或者常理是法律的部分基础和内容来源；另一方面，生活中的常识或者常理，常常与善良风俗、经验法则有着密切的联系，法律也宣称，违背公秩良俗的行为无效。适用法律与生活常识一致，法律才不至僵化，才会在其具体化过程中体现公平正义，并获得实效。因此，评价司法裁判尺度的合理性，还可以运用相应的生活常识或者常理对其分析。如果司法裁判尺度明显违背生活常识或者常理但又没有阐明充分理由，则可以认为其缺乏合理性。

第三节　实务训练

一、案例讨论

（一）案例

A 银行、甲公司、乙公司、丙公司签订借款担保合同，约定甲公司向 A 银行借款，金额 2 亿元，借期两年，并约定了利率和罚息。甲公司每月支付利息，如逾期两个月没有按时支付利息，则视为甲公司根本性违约，A 银行有权通知甲公司终止合同，并有权要求甲公司立即归还借款剩余的本息，并承担罚息。甲公司以其房产作抵押担保，A 银行与甲公司还约定，无论甲公司上述借款是否有其他担保，A 银行都有权要求其承担抵押担保责任。乙公司、丙公司为甲公司提供连带保证责任担保，保证期限两年。A 银行与乙公司、丙公司还约定，无论甲公司的上述借款是否有其他担保，A 银行均有权要求乙公司、丙公司承担连带保证责任。

① 俞江：《规则的一般原理》，商务印书馆 2017 年版，第 342 页。
② 俞江：《规则的一般原理》，商务印书馆 2017 年版，第 337 页。

合同签订后，A 银行和甲公司就甲公司提供的房产办理了抵押登记。

A 银行依约将借款支付给了甲公司。在合同履行 14 个月后，甲公司连续两个月未依约向 A 银行支付利息，A 银行即向甲公司、乙公司、丙公司送达终止合同并立即偿还借款本息、承担罚息并由甲公司承担抵押担保责任，由乙公司、丙公司承担连带保证责任的书面通知。甲公司、乙公司、丙公司收到 A 银行的上述通知后，均未按照通知要求向 A 银行偿还借款本息和承担罚息。A 银行向人民法院提起民事诉讼，请求判令：一、甲公司立即偿还借款本金、利息和罚息，借款利息从欠息之日起算，直至还清本金之日止；罚息从合同终止之日起算，直至还清本息之日止。二、甲公司承担抵押担保责任，A 银行就抵押物变卖、拍卖的价款拥有优先受偿权。三、乙公司、丙公司对甲公司上述债务承担连带保证责任。诉讼中，甲公司对偿还 A 银行借款本息以及利息计算方法以及承担罚息均没有异议；乙公司、丙公司同意甲公司关于还本付息及承担罚息的答辩，仅称在债务人提供物的担保与第三人的保证并存时，应当优先以物的担保承担责任，乙公司、丙公司对甲公司抵押物价款优先清偿债务仍有不足的部分，才承担连带保证责任。

一审法院经审理后认为，当事人之间签订的借款合同、抵押担保合同及其保证合同均不违反法律强制性规定，应当有效，且被告甲公司的抵押物已经办理了抵押登记，A 银行对抵押物享有抵押权。原告 A 银行主张合同已经终止，请求被告甲公司偿还借款本金和所欠利息并承担罚息，对抵押物享有优先受偿权，被告甲公司对 A 银行的诉讼请求无异议。乙公司、丙公司亦同意甲公司关于其还本付息、承担罚息及抵押担保责任的答辩，故原告关于被告甲公司应偿还其借款本息、承担罚息和承担抵押担保责任的诉讼请求应予支持。乙公司、丙公司答辩认为其应承担连带保证责任，仅认为原告 A 银行要求其在甲公司上述债务的相同范围内承担连带保证责任的请求没有法律依据。关于乙公司、丙公司应在什么范围内承担连带保证责任的问题，因《民法典》第三百九十二条明文规定："被担保的债权既有物的担保又有人的担保的，债务人不履行到期债务或者发生当事人约定的实现担保物权的情形，债权人应当按照约定实现债权；没有约定或者约定不明确，债务人自己提供物的担保的，债权人应当先就该物的担保实现债权；第三人提供物的担保的，债权人可以就物的担保实现债权，也可以要求保证人承担保证责任。提供担保的第三人承担担保责任后，有权向债务人追偿。"据此，乙公司、丙的答辩有理，应予采纳。一审法院判决：一、甲公司于判决生效后 10 日内偿还 A 银行的借款本金和利息，并承担罚息；利息按照约定利率计算，从欠息之日起至本金偿还完毕之日止；罚息从合同终止之日起计算，直至本息清偿完毕之日止。二、甲公司承担抵押担保责任，A 银行对甲公司的抵押物在变卖、拍卖的价款范围内有优先受偿权；三、乙公司、丙公司在甲公司的抵押物变卖、拍卖的价款不足以清偿上述债务时，对不足清偿的部分承担连带清偿责任。

一审判决宣告后，A 银行经过评价，有两种认识：一种意见认为，一审判决认定事实清楚，适用法律正确，审理程序合法，结果公正，应当服判。另一种意见认为，一审法院在乙公司、丙公司连带保证责任方面认定事实和适用法律均错误，结果不公正，乙公司、丙公司应当对甲公司的所有债务承担连带保证责任，因此，应当提起上诉，纠正一审判决的错误。

（二）讨论

第一种意见的主要理由是:（1）A银行与甲公司、乙公司、丙公司签订的借款担保合同明确约定，借款人甲公司提供自己的房产为借款作抵押担保，A银行与甲公司办理了抵押担保登记。A银行又与乙公司、丙公司约定，由乙公司、丙公司为甲公司的借款提供连带责任保证。一审法院认定A银行对甲公司的抵押房产享有抵押权，A银行与乙公司、丙公司的保证合同有效，因此，一审法院认定本案担保存在既有债务人提供的物的担保又有第三人提供的人的担保的事实正确。（2）在既有债务人提供的物的担保又有第三人提供的人的担保的情形时如何适用法律，《民法典》第三百九十二条作了明确规定，一审法院依照法条的明确规定，判决在甲公司的抵押物变卖、拍卖的价款仍不足清偿其债务时，乙公司、丙公司对不足部分承担连带保证责任，完全符合该法条的规定，因此，一审法院判决适用法律是正确的，A银行应当服判。

第二种意见的理由是:（1）并非债务人提供的物的担保与第三人提供的人的担保并存，就一定适用《民法典》第三百九十二条规定的"债权人应当先就该物的担保实现债权"。因为，该规定适用的条件是当事人"没有约定或者约定不明确"，在当事人有明确约定的情形，债权人应当根据当事人的约定实现债权。显然，《民法典》第三百九十二条规定的"债权人应当先就该物的担保实现债权"是弹性条款，当事人可以另行约定排除其适用。（2）A银行与乙公司、丙公司在合同中均约定，无论甲公司的借款是否有其他担保，A银行均有权要求乙公司、丙公司承担连带保证责任。这一约定是明确的，但是一审判决没有认定这一事实及其法律效果，一审判决认定事实错误。（3）在A银行与乙公司、丙公司对债务存在其他担保时乙公司、丙公司如何承担保证责任有明确约定的情形下，一审判决仍然适用《民法典》第三百九十二条规定的"债权人应当先就该物的担保实现债权"的规定，判决乙公司、丙公司在甲公司的抵押物变卖、拍卖价款仍不足清偿其债务时，在不足清偿范围内承担连带保证责任，显然不符合该法律的规定，适用法律错误。

最终，A银行以第二种意见为理由，向二审法院提起了上诉，请求二审法院改判乙公司、丙公司对甲公司的全部借款债务承担连带清偿责任。二审法院经审理，支持了A银行的上诉请求。

二、案例分析

试用本章介绍的方法，评价上述案例中的一审判决。

思考方向

《民法典》第三百九十二条规定了几种实现担保物权的情形？这几种情形的事实要件有何区别？根据本案当事人诉辩主张应当查明哪些事实？根据查明的本案事实，应当怎样适用法律？

参考文献

[1] 卓泽渊．法的价值论[M]．2 版．北京：法律出版社，2006．
[2] 陈金钊，谢晖．法律方法[M]．济南：山东人民出版社，2004．
[3] 孔祥俊．法官如何裁判[M]．北京：中国法制出版社，2017．
[4] 迪克西特，奈尔伯夫．策略思维[M]．王尔山，译．北京：中国人民大学出版社，2013．
[5] 余定宇．寻找法律的印迹：从古埃及到美利坚[M]．北京：电子工业出版社，2010．
[6] 德鲁克．卓有成效的管理者[M]．许是祥，译．北京：机械工业出版社，2016．
[7] 丹宁勋爵．法律的界碑[M]．刘庸安，张弘，译．北京：法律出版社，2011．
[8] 吴江水．完美的合同：合同的基本原理及审查与修改[M]．北京：北京大学出版社，2010．
[9] 费拉斯科纳，赫瑟林顿．法律职业就是谈判：律师谈判制胜战略[M]．高如华，译．北京：法律出版社，2005．
[10] 克里格，诺伊曼．律师执业基本技能：会见、咨询服务、谈判、有说服力的事实分析[M]．中伦金通律师事务所，译．北京：法律出版社，2006．
[11] 王建明.商务谈判实战经验和技巧：对五十位商务谈判人员的深度访谈[M].北京：机械工业出版社，2010.
[12] 希尔伯曼．职业经理人管理工具精选[M]．胡玉铃，译．北京：电子工业出版社 2015．
[13] 陶光辉．公司法务部：揭开公司法务的面纱[M]．北京：法律出版社，2016．
[14] 黄婷．法律谈判的法理分析[D]．湘潭：湘潭大学，2008．
[15] 韩世远．合同法总论[M]．北京：法律出版社，2008．
[16] 徐国栋．民法基本原则解释：成文法局限性之克服[M]．北京：中国政法大学出版社，1995．
[17] 史尚宽．债法总论[M]．北京：中国政法大学出版社，2000．
[18] 王利明．合同法研究：第一卷[M]．北京：中国人民大学出版社，2002．
[19] 盛骏飞．企业集团全面管理提升指引[M]．北京：中国市场出版社，2013．
[20] 石卫国．企业财务目标再认识[J]．济宁学院学报，2008，29（3）：110-112．
[21] 赵婧，蔡昊，高璐．企业财务法律风险与防范探究[J]．现代商业，2018（6）：196-197．
[22] 杨蕊，梁健秋．企业财务会计[M]．北京：高等教育出版社，2018．
[23] 乔路．企业法律顾问实务全书[M]．北京：法律出版社，2009．
[24] 陈晓峰．企业投资融资法律风险管理与防范策略[M]．北京：法律出版社，2009．
[25] 金占明，白涛．企业管理学[M]．北京：清华大学出版社，2010．
[26] 李旋．现代企业财务风险问题及其对策研究[J]．经贸实践，2018（9）：140-142．
[27] 阿基森，赖泽署．资产保全：概念与战略[M]．北京：中国人民大学出版社，2008．
[28] 加达默尔．真理与方法(上) [M]．洪汉鼎，译．上海：上海译文出版社，2004．
[29] 宋朝斌.民事诉讼法学[M]．北京：高等教育出版社，2017．
[30] 林旭霞.民法典合同编释论[M]．北京：中国法制出版社，2020．
[31] 杜万华．中华人民共和国民法典实施精要[M]．北京：法律出版社，2021．
[32] 王利民．合同法研究：第二卷[M]．北京：中国人民大学出版社，2003．
[33] 闫庆霞．当事人民事诉讼主张研究[M]．北京：法律出版社，2013．

[34] 俞江．规则的一般原理[M]．北京：商务印书馆，2017．
[35] 阿列克西．法律论辩理论：作为法律证立理论的理性论辩理论[M]．苏国滢，译．北京：中国法制出版社，2002．
[36] 方金刚．案件事实认定论[M]．北京：中国人民公安大学出版社，2005．
[37] 雷彦璋．民商诉讼博弈与律师技能突破[M]．北京：知识产权出版社，2008．
[38] 康德．纯粹理性批判[M]．邓晓芒，译，杨祖陶，校．北京：人民出版社，2004．
[39] 王泽鉴．法律思维与民法实例[M]．北京：中国政法大学出版社，2001．
[40] 高桥宏志．民事诉讼法：制度与理论的深层分析[M]．林剑峰，译．北京：法律出版社，2003．
[41] Detlef Leenen．请求权结构与制定法：案例分析法与制定法的互动[M]．贺栩栩，译//陈金钊，谢晖．法律方法：第 19 卷．济南：山东人民出版社，2016．
[42] 考夫曼．法律哲学[M]．刘幸义，译．北京：法律出版社，2005．
[43] 邹碧华．要件审判九步法[M]．北京：法律出版社，2010．
[44] 周瑞平．50 万结婚“彩礼”引发拉锯战[N]．人民法院报，2016-02-22．
[45] 常怡．民事诉讼法学[M]．北京：中国政法大学出版社，2001．
[46] 占善刚．附理由的否认及其义务化研究[J]．中国法学，2013（1）：103-113．
[47] 尹腊梅．民事抗辩权研究[M]．北京：知识产权出版社，2008．
[48] 安建须．同日出具欠条与收据之债权债务的司法认定[N]．人民法院报，2015-06-04．
[49] 吴洲．规范演化论[M]．北京：商务印书馆，2018．
[50] 罗斯．指令与规范[M]．雷磊，译．北京：中国法制出版社，2013．
[51] 《西方法律思想史》编写组．西方法律思想史资料选编[M]．北京：北京大学出版社，1983．
[52] 拉伦茨．法学方法论[M]．陈爱娥，译．北京：商务印书馆，2013．
[53] 黄茂荣．法学方法与现代民法[M]．5 版．北京：法律出版社，2007．
[54] 汪渊智．民法中的不完全性法条[J]．山西大学学报：哲学社会科学版，2004，27（4）:78-81．
[55] 龙卫球．民法总论[M]．北京：中国法制出版社，2001．
[56] 周旺生．论法律但书[J].立法技术研究，1991（4）：54-62．
[57] 王莉君．法律规范研究[M]．北京：法律出版社，2012．
[58] 彭漪涟．事实论[M]．上海：上海社会科学院出版社，1996．
[59] 陈金钊．法律推理及其对法治的影响[M]//陈金钊，谢晖．法律方法：第 3 卷．济南：山东人民出版社，2004．
[60] 张步文．司法证明原论[M]．北京：商务印书馆，2014．
[61] 樊崇义．证据法学[M]．北京：法律出版社，2004．
[62] 许可．民事审判方法：要件事实引论[M]．北京：法律出版社，2009．
[63] 陈刚．证明责任法研究[M]．北京：中国人民大学出版社，2000．
[64] 普维庭．现代证明责任问题[M]．吴越，译．北京：法律出版社，2000．
[65] 最高人民法院民事审判第一庭．民事诉讼证据司法解释的理解与适用[M]．北京：中国法制出版社，2002．
[66] 罗森贝克．证明责任论：以德国民法典和民事诉讼法典为基础撰写[M]．4 版．庄敬华，

译．北京：中国法制出版社，2002．
[67] 芬科．古代世界的政治[M]．晏绍祥，等译．北京：商务印书馆，2013．
[68] 彭漪涟．逻辑学基础教程[M]．3 版．北京：华东师范大学出版社，2017．
[69] 张东，张步文．论证据规则中“众所周知的事实”：基于社会语境和司法语境的分析[J]．学术界，2009（5）：99-103．
[70] 麦考密克，魏因贝格尔.制度法论[M]．周叶谦，译．北京：中国政法大学出版社, 1994.
[71] 贝勒斯．法律的原则：一个规范的分析[M]．张文显，等译．北京：中国大百科全书出版社，1996．
[72] 李泽厚．人类学历史本体论[M]．青岛：青岛出版社，2016．
[73] 蔡琳．裁判合理性理论研究[M]．北京：法律出版社，2009．
[74] 章武生，等．司法公正的路径选择[M]．北京：中国法制出版社，2010．
[75] 凯林，科尔斯．破窗效应[M]．陈智文，译．北京：生活・读书・新知三联书店．
[76] 张文立．理[M]．北京：中国人民大学出版社，1991．
[77] 魏德士．法理学[M]．丁小春，吴越，译．北京：法律出版社，2005．
[78] 司马云杰．价值实现论[M]．西安：陕西人民出版社，2003．
[79] 郝建设．司法推理大前提建构中的价值判断问题[M]//陈金钊，谢辉．法律方法：第 12 卷．济南：山东人民出版社，2012．